十二五规划教材

心 理 学

梅宪宾 主 编

王海燕 高普梅 史志明 王君君 田 萌 副主编

人民出版社

编 委 会

主　任：梅宪宾
副主任：旦勇刚　孟　丽　张　涛　冀红举　王洪亮

前　言

　　心理学是高等院校师范专业的公共课程,是教师教育的重要内容。学习心理学不仅是师范生成为合格教师的必要前提,也是促进教师专业化发展的重要措施之一。当前高等院校师范专业积极推进师范教育改革和教材建设,作为教师教育的公共基础课程,心理学教材建设也是其中一项重要的内容。

　　我们组织了长期从事心理学理论研究和心理学教学的骨干教师,借鉴了已有的优秀心理学教材,在吸收已有心理学理论和实践成果的基础上,结合我们的教育教学实践,编写了这本《心理学》。

　　全书分十二章,共计50万字左右,内容包括心理学的研究与发展、感觉与知觉、记忆、动机、意识、思维、智力、情绪、人格、个体心理发展、学习心理、教学心理等内容。在编写过程中,我们力求体现以下特点:

　　1. 兼顾心理学基本理论及发展心理学、社会心理学、教育心理学等与教育、教学密切相关的内容。使课程内容既能体现心理学理论的基本架构,也能与当前教育改革与素质教育的现状相契合。适应教师教育的发展需要,促进教师专业化的队伍建设和发展。

　　2. 结合师范教育的特点,突出教育心理学的分量和内容。对于师范专业的学生而言,教育心理学对未来职业素养的培养具有更加直接和深远的意义。所以在材料编写上，努力将心理学的学科知识与学校的教育、教学实践结合起来，力求教材更加具有实用性和针对性。

3. 注意基本理论和经典实验案例相结合，并积极吸取国内外的一些先进研究成果，以体现教材的时代性和实用性。

本书结构严谨、内容充实、语言生动、通俗易懂。书中涉及到了普通心理学、发展心理学、社会心理学、教育心理学等领域的基本内容。本书既可以作为高等院校师范类专业学生的教材，也可以用作中小学以及幼儿园教师职后培训的教材。另外，还可作为心理学初学者和心理学爱好者的一本心理学入门书籍。

本书在编写过程中参阅和借鉴了诸多国内外学者的著作和研究成果，并且得到了人民出版社大力支持和帮助，在此一并致以衷心的感谢！

本书由梅宪宾主编，负责整体框架的设计及全书的总纂、修改和定稿。具体编写人员有（以章节的先后为序）：王海燕（前言、第一章、第十一章、第十二章）；史志明（第二章、第七章）；高普梅（第三章、第四章、第十章）；田萌（第五章、第六章）；王君君（第八章、第九章）。

由于编者水平有限，不足之处在所难免，恳请专家、读者和使用者批评指正。

编 者

2012 年 10 月

目　　录

第一章　绪　　论

● **内容提要**

　　本章作为心理学的绪论,首先介绍了心理学的基本概念和研究对象。从现代心理学的发展流派、学科性质、学科分类三个方面入手对现代心理学的发展历史做了一个概括性的介绍。在心理学的研究部分里简介了心理学的研究任务和研究方法等。本章旨在帮助读者了解心理学的基本框架,建立起对心理学知识体系的初步了解。

第一节　心理学概述

　　在生活中,当我们得知某人是学习或研究心理学的时候,我们往往会思考这个人是不是可以看透我们的内心,在产生敬畏的同时又会有一些担心和疑虑。拥有心理学专业知识的人确实可以通过人的言谈、行为举止来推测这个人的心理活动,心理学的研究也主要是通过研究人的行为来认识人的内心世界。但心理学的研究范围不仅仅局限于对人个性的探知,心理学已经深入到我们生活中的很多领域,在生活、生产、经济、教育等领域中都有着广泛的应用,并起着独特的作用。尤其在当代社会,心理学的触角已经深入到了我们生活中的每一个角落,影响着我们每一个人。

一、心理与心理学

无论我们自己是否意识到,只要是有生命的人,就无时无刻不在进行着心理活动。但心理的本质是什么? 心理现象是如何发生的? 心理活动有什么样的规律? 这些都是许多心理学家关注并努力探索的问题。

心理现象是与人类生活关系最密切也是最复杂的现象之一,比如人类是如何感知外界环境的? 人每天会接收到各种各样的信息,为什么有些内容会在人的记忆里保存下来,而更多信息却被遗忘了? 我们眼睛所看到的东西一定是真实的么? 人的情绪和情感是怎样产生的? 我们是否能控制自己的情绪和情感? 为什么有些学习努力的学生成绩并不好? 为什么在人际交往中第一印象很重要? 如何判断一个人的心理是否健康? 是性格相近的人更容易相互沟通还是性格迥异的人更容易相互吸引?

上述这些问题涉及到人的感觉、知觉、动机、思维、情绪、人格等心理过程,这些过程通过人脑的活动而实现。外界信息经过人脑的加工、处理,从而产生了一系列的心理活动。

心理学是一门科学。历史上心理学长期依附于哲学,但心理学成为一门独立学科后,经过一百多年的发展,其科学内涵日益突出。人们通常把心理学界定为研究人的行为和心理规律的科学。

二、心理学的研究对象

人的心理现象纷繁复杂,很难具化。但人的行为与人的心理是密切相关的,并且行为是外显的,可以被直接或间接地观察到。所以心理学主要通过对人的行为的观察和研究,来分析人的心理活动,并探索其中的原因和规律,进而调节和控制人的心理活动。

(一)行为

行为指机体的任何外显的、可观察的反应动作或活动。比如说写字、骑车、说话等。但并不是所有的行为都可以被直接地观察到,比如神经系统的活动、人的心跳、血压的变化等,这些身体的生理变化也是心理学研究的行为之一,只是这些行为需要借助一定的仪器或特殊装置才可以被观察到。心理学家们也会从不同行为水平上来进行研究,有的心理学家比较关注神经系统的变化,有的心理学家则更关注可直接观察到的行为。

个体行为是心理学研究的主要对象,比如一个刚入幼儿园的儿童、一名宇航员、一个罪犯甚至一只被母象抛弃的小象等。但有时心理学家也会以群体行为作为研究对象,来探究社会心理的规律及其影响因素。

人的心理活动主要是在大脑内部进行,无法被直接观察和探知,但每一种心理活动几乎都会有相应的外部表现,这种表现就是行为。有些很细微的心理活动,用肉眼可能很难直接观察到,但借助于专门的仪器仍然可以捕捉到这种行为水平上的变化。比如我们经常会用"面不改色心不跳"来形容某些撒谎的人,但实际上如果利用专业仪器就可以测出血压、心跳频率等神经系统的变化,测谎仪就运用了这样的工作原理。

人的行为总是受一定的心理活动支配,但是由于人的心理活动极其复杂,所以,人的行为往往也显示出较强的复杂性。比如对待同样一件事情,我们常常会用"仁者见仁,智者见智"来形容人们的不同看法和反应。

有这样一个故事,在美国有一间鞋子制造厂。为了扩大市场,工厂老板便派一名市场经理到非洲一个孤岛上调查市场。那名市场经理一到达便发现当地的人们都没有穿鞋子的习惯,回到旅馆,他马上拍发电报告诉老板说:"这里的居民从不穿鞋,此地无市场。"

当老板接到电报后,思索良久,又派了另一名市场经理去实地调查。当这名市场经理到达后,一见到当地人们赤足,没穿任何鞋子的时候,兴奋万分,回到旅馆,马上电告老板:"此岛居民无鞋穿,市场潜力巨大,快寄一百万双鞋子过来。"

不同性格特征的人对待同一件事情会表现出截然不同的态度,但即便是同一个人在不同心境或情境中也可能会出现不同的反应。比如一个人在心情沮丧的时候,即使风景宜人,依然会觉得周围的一切都是那么的无趣。但当一个人情绪高昂的时候,会觉得最普通的鸟鸣都是那么的动听。在这些认知过程中,都伴随着情绪的体验和认识,进而作出相应的行为反应。反过来,行为的产生又会在某种程度上促使人产生新的心理活动。人的心理与行为是一种相互依存相互影响的过程,通过对人行为的观察、测量和分析,就可以揭示心理活动的规律,预测和控制人的心理活动,进而影响人的行为。

（二）心理

1. 共同的心理过程

人共同的心理过程就是个体心理活动和行为反应的一般过程，是每个人在心理活动中都会出现的心理和行为表现。心理过程包括认知过程、情绪情感过程和意志过程三个方面。

认知过程主要是人初步认识事物的过程，人对事物的认知过程遵循着由表及里的规律，会从对现象的认识逐渐过渡到对本质特征的认知，这其中主要包括了人的感觉、知觉、记忆、思维、想象等。比如当你刚见到一位新老师的时候，首先你会从这位老师的外部形象来进行感知，从而形成一个初步的印象。比如这位老师的身高、肤色、长相、穿着、声音等，会通过不同的感知通道在你的头脑中形成一种认识，并进而将这些个别特征综合在一起勾勒出老师的整体形象，这就是一个具体的印象。但是，这种通过感知得到的印象和经验并不会随着老师的离开而消失，而是会在你的头脑中保存下来，这就是记忆。同时，你会根据老师的言行举止来进行一定的想象和推理，推断老师的性格和经历等，这就是人的思维。

但人类是一种极富情感的动物，我们的心理过程绝不会只是一种单纯认知的结果。你在对新老师进行认知的同时或随后，会根据自己的推断和好恶，对老师产生一定的情绪情感体验，如果最初的认知结果是让你满意的，你会产生对老师的正面情绪，表现出喜欢的情感。反之，可能会产生厌恶的情绪体验。这就是心理过程中的情绪情感过程。情绪情感过程其实就是人对事物是否符合自身物质精神需求的一种态度体验。如果满足了人在物质或精神上的某种需要，就会使人产生积极肯定的情绪情感体验；反之，就会产生消极、否定的情绪情感。

但我们对于一个人或一件事的认识，不会仅停留在情绪情感体验的阶段，接下来，我们会根据自己的认知和情感体验，表现出相应的行为。如果这位老师是你喜欢的，那么你会盼望着下次课的到来，会寻找机会接近老师，会在课堂上更加专注，表现出更多积极的行为；反之如果你不喜欢这位老师，你就会对以后的课产生逃避的心理，表现出更多消极的行为，这些心理活动就是意志过程的表现。这是人的一种意识能动性的体现，人会根据自己的情绪情感体验，去促使或避免某种情境的发生。人在意志过程中还会主动地确立目标，克服一定的困难，从而实现预定的目标。

人的认知过程、情绪情感过程、意志过程构成了人共同的心理过程。这三个过程相互联系,相互影响,是一个有机的整体,人的认知过程是人整个心理过程的基础,没有对事物的认知,也就不会产生情绪情感体验,更不会有意志产生。情绪情感和意志过程反过来又会影响人的认知过程,促使认知过程的深入。

2. 个性心理

虽然每个人都会经历认知、情绪情感和意志三个共同的心理过程,但在复杂的现实生活中,由于每个人先天素质和成长环境的差异,人总会在共同的心理过程中表现出不同的心理和行为特征,这就是人的个性。

个性心理是指一个人在心理过程中经常表现出的稳定的心理倾向和心理特征。不同的人总会表现出不同的心理倾向,人们的需要、动机、兴趣、理想、价值观等各方面,总会有很多的差异,这些差异影响着他们的选择与趋向,从而表现出不同的行为。比如有人考大学,只是为了混一个文凭,就会表现出较低的学习动机,出现上课不听课甚至旷课的行为;而有的学生认为大学是一个让自己快速成长的地方,就会非常珍惜在大学的时间,不仅会努力学习自己的专业,还会主动去学习更多的知识,从而提高自己的能力。对于同一个人而言,在不同的年龄阶段,会表现出不同的心理倾向。支配儿童心理与行为的主要动力是儿童的兴趣;在青少年阶段,理想与信念的支配作用就会上升;进入青年后期和成人期,价值观就会成为影响心理与行为的主要动力。

个体在心理过程中还会形成带有个体特点的心理特征,会表现出不同的性格、气质和能力。比如有的人擅长写作,有的人精于运算,有的人专长音乐,有的人善于管理,这些就是能力的差异;有人积极主动,有人消极被动,有人畏难退缩,有人百折不挠,这些行为方式上的不同就是性格的差异;有人温文尔雅,有人粗犷随意,有人热情友善,有人冷漠无情,这些情绪情感的不同特点就是气质的差异。这里我们需要注意的是,在心理学的学习过程中,会出现一些在生活中常用的词,比如"个性"、"气质"等,心理学中的个性主要是指个体的心理倾向性,但在生活中我们形容一个人有"个性",主要是说这个人比较有主见或有些与众不同。在心理学中对于一些词的定义和解释与生活中是有很大区别的,所以必须将有些概念在生活中的含义与心理学中的定义区分开。

人的心理过程与个性心理是相互影响和相互制约的。心理过程是个性心理形成的基础。而已经形成的个性倾向与个性心理特征又会影响心理过程，使心理过程带有个性标识。所以，心理过程与个性心理是心理现象的两个方面，必须将这二者结合起来进行研究，才能了解心理的全貌。心理学就是要研究人的行为与心理活动的发生和发展规律，研究个性心理的发展变化，研究两者之间的相互关系的科学。

个体作为社会的成员，生活在各种各样的群体中，总会与群体中的其他人结成各种关系，如与亲人之间、朋友同事之间等结成的多种人际关系。从宏观角度看，还有国家关系、民族关系、地区关系等。群体心理也有一定的规律，比如人会随着群体人员数量的增加表现出更多的从众行为；无论朋友关系或爱情关系中都存在着相似性吸引等现象，这些在群体中表现出的共同心理现象称为社会心理，这也是心理学的研究对象。

3. 意识

意识是人类特有的心理现象，是一种高水平的心理活动形式。表现为人不仅能意识到客观事物的存在，也能觉知到自己的存在和心理的变化。意识通常包括对自身的觉知、对外部事物及其关系的觉知。自我意识是人对内部刺激的觉知以及人对于内部心理活动的反映，包括自己的感觉、知觉、动机、思维等。比如在受到强烈的外部刺激时，心跳的加快和恐惧；对自己某种行为的主观认知和情绪体验；会思考如何去进行接下来的事情等，这些都是人对自身的觉知。对外部事物的觉知则是人会感受到外部发生的事情，会对外界刺激进行综合分析，还会思考自身心理和行为与外部世界的关系等。

人的意识是自然界长期进化和社会发展的产物，具有极强的主观能动性。人不仅可以能动地作用于外部世界，也可以对自我作出评判和控制。在意识中，体现出了人的目的性和创造性。人在做一件事情前，总会先思考一定的方案和计划，然后再去实施，并且在操作中，还会根据实际情况修正自己的计划，甚至改变计划。人对外部世界的反映不是简单的复制，而是一种融入人类智慧的创造过程。马克思说："蜘蛛的活动与织工的活动相似，蜜蜂建筑蜂房的本领使人间的许多建筑师感到羞愧。但是，最蹩脚的建筑师从一开始就比最灵巧的蜜蜂高明的地方，是他在用蜂蜡建筑蜂房以前，已经在自己的头脑中把它建成了。"[1]

---

[1] 《马克思恩格斯全集》第23卷，人民出版社1972年版，第202页。

在人的日常生活中,人的心理活动大多受意识支配,但在人的心理活动中还有一种无意识现象存在。这种现象是在人的意识控制之外,不能被觉察,也不能进行调节和控制。比如在人的梦境中出现的内容,虽然人们常说"日有所思,夜有所梦",但人并不能预知和控制梦境的内容,甚至人在清醒的状态下,也会产生无意识的现象,比如反复看到或听到的事物,抑或是重复多次后的技能动作,都会逐渐演变成一种无意识的现象。意识和无意识现象都是心理学重要的研究对象。

第二节　现代心理学的发展

一、现代心理学的学科性质

心理学是一门科学,每一门科学的学科性质都是由它的根本性质和研究对象所决定的,并由此界定它在科学谱系中的位置。从心理学的研究对象和性质上来看,心理学一方面研究心理的神经生物学基础和大脑的相关功能机制,同时还利用现代科技研究人工智能等,从这个角度上讲,心理学具有一种自然科学性质。

但心理的发生离不开社会环境,人的心理活动与社会实践活动密不可分,人的个体心理尤其是社会心理都是社会发展的产物。对心理现象的研究必然要涉及到很多的社会领域和社会规律。比如要研究团体组织中的人际关系与工作效率的关系问题,就会涉及到人员的差异、工作环境、劳资协调以及团体效能等方面的情况,要便于发挥团体成员的积极性,还要研究管理者的性格和能力倾向等。这些内容都需要相关的社会科学知识作为研究基础。从这个意义上讲,心理学又具有社会科学的性质。

所以心理学是一门兼具自然科学和社会科学性质的学科,是一门中间学科。这一特点决定了心理学的研究内容和研究方法会同时具有自然科学和社会科学性质,我们无法完全放弃其中一个方面,既要科学地对待和理解人类心理的实质和规律,又要结合人的社会性特点来思考。

从心理学的研究领域来看,心理学既是一门基础学科,又是一门应用学科。心理学首先要研究心理发生的物质基础——人脑,还要研究人的生理和心理成长,以及社会生活对人心理发展的影响等,所以心理学是一门基础学科。同时,人类的广泛的社会实践范围决定了人的心理反映的多样化,对心理发展规律的揭示可以使人们理解社会活动对心理的影响,从而提高社会活动的效率并促进自身心理的健康发展,所以心理学还是一门应用学科。

二、现代心理学的流派

"心理学有着漫长的过去,但只有短暂的历史。"最早的实验心理学家之一艾宾浩斯(Hermann Ebbinghous,1908)这样写道。[①] 心理学起源于哲学,而哲学拥有很长的历史,但心理学作为一门科学独立存在才经历了一百多年的历史。在这一百多年的发展过程中,由于人们对心理学采用了不同的研究方法和建构角度,从而形成了不同的理论流派。这些流派从不同的角度对心理学进行理论体系建构和探究,使心理学的研究不断走向繁荣。

(一)结构主义心理学

1879 年,德国著名心理学家冯特在德国莱比锡大学建立了第一个正式用于实验心理学研究的实验室,研究人类的意识体验。从那时起,心理学才正式从哲学范畴中脱离出来,成为一门独立的科学,冯特也因此被称为"心理学之父"。

冯特的心理学研究趋向深受物理学与化学的研究方法影响,均以实验作为研究基础。对于冯特来说,心理学的对象是正在发生着的人的意识。冯特感兴趣的不是物理世界的本质,而是想理解我们经验物理世界时的心理过程。[②] 冯特受到化学研究中对物质进行元素分析与合成的方法启发,将人类的心理结构分离成一定的心理元素,而后将心理元素结合成更复杂的心理经验。冯特的这一思想体系被后人称为是结构主义。冯特的学生铁钦纳(Edward Bradford Titchener)将冯特的这一理论发扬光大,成为了结构

冯特
(Wilhelm Wundt,
1832—1920)

---

① [美]理查德·格里格、菲利普·津巴多著,王垒、王甦等译:《心理学与生活》,人民邮电出版社 2003 年版,第 7 页。

② [美]B. R. 赫根汉著,郭本禹等译:《心理学史导论(上册)》,华东师范大学出版社 2004 年版,第 391 页。

主义的代表人物。

这种思想强调心理结构的组成,希望能像分解建筑结构一样将心理结构分解成思维元素,要实现这一目的,就要关注人的直接经验。所以,结构主义采用了"内省法"的研究方法。这是一种由被试者凭感官接受到的刺激来自己描述心理感受的方法。比如,让被试者听有控制的滴答声,然后让被

冯特(右一)建立世界上第一个心理学实验室

试者说出不同节拍控制下的心理感受。经过研究,结构主义学派认为任何复杂的心理经验均可分解成三种感觉(sensation)、意向(image)和感情(feeling)三种元素,心理学研究的主要目的就是研究不同刺激情境下各种元素的结构。

结构主义提出后,就一直受到心理学界的质疑和抨击,到20世纪20年代,随着铁钦纳的去世,结构主义也逐渐衰落了。但任何科学研究正是在不同的思想争论中逐渐形成清晰的脉络的,所以,尽管结构主义对后来的心理学研究发展没有很大的影响,但在心理学的发展历史上,仍然具有重要的意义。

(二)机能主义心理学

结构主义兴起不久,就招致了很多的抨击,美国著名的心理学家詹姆斯(William James)就是主要的反对者之一。詹姆斯深受19世纪英国生物学家达尔文进化论的影响,以适者生存和自然选择为研究基础,认为人之所以能够超越其他物种,主要是人能够对外界刺激产生意识,研究意识的功能才是心理学的根本目的,而不应该局限于研究意识的结构。詹姆斯于1890年发表了《心理学原理》,并在书中提出了机能主义的概念。因此詹姆斯的心理学思想被称为机能主义。

詹姆斯反对结构主义只关心构成意识的元素,认为人的意识是连续的"意识流",是不能被分隔开来研究的,意识是不断变化的,人不可能拥有完全相同的感受,所以,意识是无法被统一成相同元素的结构的。另外,人的

意识还具有选择性,进入意识的刺激有的被加工,有的则被抑制。所以,意识的功能才是心理学研究的重点。

相对于结构主义主张的实验室里的"内省法",机能主义则认为心理学研究不应只局限在实验室内,而要扩展到人的生活环境中,用测验、调查、观察等多种方法,来考察人是如何通过心理影响行为的。机能主义还扩大了心理学的研究对象,将动物研究引入了心理学。

机能主义兴起后不久就逐渐为其他心理学理论所代替,但机能主义的思想对后世科学心理学的发展产生了很大影响,对于人的个体发展、教育心理等诸多应用心理学的研究都有重要的先导作用。

詹姆斯
(William James,
1842—1910)

(三)行为主义心理学

从构造主义开创科学心理学的时代开始,心理学家们就不再满足于对心理进行主观推测的研究,心理学家希望更多地采用自然科学的研究方法通过观察和测量来研究心理现象,揭示心理规律。在20世纪初,出现了对心理学发展影响深远的流派——行为主义。美国心理学家华生(John Broadus Watson)在1913年发表了一篇题为《一个行为主义者眼中的心理学》的论文,标志着行为主义的诞生。

行为主义主张心理学研究要像自然科学一样,用客观的方法来研究人的行为。反对传统心理学以人的意识为研究对象,也反对用内省法来研究,因为人的意识是一种主观的体验,无法进行准确的观察和测量,也无法进行重复性和客观的研究。所以,科学心理学必须以行为作为研究对象,用实验法作为研究方法。华生受到俄国心理学家巴甫洛夫条件反射学说的影响,建立了刺激—反应(Stimulus-Response)的研究模式,也简称为S—R模式。华生认为不必去考虑刺激与反应之间的心理过程,只需要考察刺激影响下的反应活动,也就是行为就可以了。

华生
(John Broadus Watson,
1878—1958)

从这种观点出发，华生尤其强调环境决定论，曾说过这样一段非常极端的话："如果给我十二个健康并发育正常的婴儿，允许我按我的方式把他们抚养成人，我保证可以把其中随意挑选出的任何一个孩子培养成我想要的任何一类人，不论是医生、律师、艺术家、百万富翁，还是乞丐或窃贼。"虽然华生的这段话非常极端，但华生及其所创立的行为主义流派在心理学发展历史上仍然占有重要的地位。行为主义主张客观研究，主张心理学要以测量和观察为手段，心理学的研究要以预测和控制为目的，这推动了心理学在其他领域的应用。

斯金纳
（Burrhus Frederick Skinner,
1904—1990）

但行为主义过于排斥心理学的内部结构，否定了对意识进行研究的重要性，把心理现象简化为刺激—反应的模式，限制了心理学的发展，20 世纪 50 年代逐渐没落，逐渐为新行为主义所代替。

新行为主义的代表人物是美国心理学家斯金纳（Burrhus Frederick Skinner）。斯金纳依然坚持行为主义的基本宗旨，认为没有必要用心理内部的事情来解释行为。新行为主义者修正了华生的刺激—反应公式，在刺激与反应之间增加了一个代表内部心理过程的中介变量，就是影响刺激与反应之间关系的条件。斯金纳认为人的行为是由奖励或强化的作用来影响并控制的。为此，他特意制作了斯金纳箱，箱子里的动物通过无意按压杠杆获得食物，从而使按压杠杆行为而得到强化，由此增加了

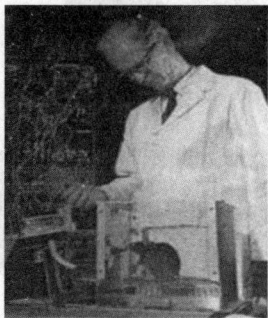

斯金纳在利用斯金纳箱
进行动物实验

按压杠杆的次数。他认为这种强化的作用对于人类也同样适用，比如用奖励来引导或矫正人类的行为。

行为主义的思想曾被广泛地应用于工厂、教育和医疗领域，至今仍发挥着一定的作用，但当代的心理学研究已不再局限于纯粹的行为主义角度。

（四）格式塔心理学

20 世纪初在德国出现了一个新的心理学派别——格式塔心理学（gestalt psychology）。"格式塔"是德文"gestalt"的音译，其主要含义为整体或完形，

所以格式塔心理学又叫完形心理学。其主要代表人物有维特海默（Max Wertheimer），苛勒（Wolfgang kohler）和考夫卡（Kurt Koffka）。

维特海默　　　　　　　考夫卡　　　　　　　　苛勒
（Max Wertheimer,　　（Kurt Koffka,　　　（Wolfgang kohler,
1880—1943）　　　　1886—1941）　　　　1887—1941）

图 1 - 1　部分与整体关系图

格式塔心理学反对结构主义将意识进行元素分析，也反对行为主义的刺激—反应模式。认为人的认识是整体性的，并坚信"整体大于部分之和"，人接收到的外界刺激可能是零散的，但知觉到的却是一个完整的印象。所以整体不能被简单地分割为部分之和，整体的意义要大于部分之和。维特海默在研究中发现许多相似的静止的图片在连续出现时，会出现一幅连续运动的图，这就是"似动现象"。这也是他完形主义心理学思想的灵感启发。比如图 1 - 1 是由不完整的圆形构成的，然而人们的知觉会倾向于将其知觉成富有意义的结构。所以我们会在这幅图中发现一个三角形，虽然这只是我们的想象，但可以说明我们的心理具有将零散刺激整体化的特点。

苛勒将完形主义概念扩展到了学习的研究领域，从认知的角度而非行为的角度说明生物体是通过尝试—错误的方式来解决问题的。为此，苛勒用黑猩猩做了一系列的实验，比如他将黑猩猩喜欢吃的香蕉挂在了一个比较高的地方，然后他将一些工具比如两根可以接在一起的棍子或可以叠加的箱子放置在香蕉的附近，发现黑猩猩会利用棍子或箱子来获取食物。并由此提出了"顿悟学习"的理论，认为取食的成功就是建立了新的完形，是一种创造性思维。考夫卡在 1935 年出版了《格式塔心理学原理》，全面、系统地阐释了格式塔心理学的理论。

格式塔心理学将心理学的研究范围扩展至了知觉、学习、思维等领域，为后来的认知心理学的发展奠定了基础。其主要特征为现代心理学研究所吸取，但作为一个流派的地位已逐渐失去。

图 1-2　猩猩在利用箱子获取食物

（五）精神分析心理学

弗洛伊德

（Sigmund Freud,
1856—1939）

精神分析学说由奥地利精神病学家弗洛伊德（Sigmund Freud）在 19 世纪末 20 世纪初创立。精神分析最初是应用于精神病治疗当中的一种方法，是弗洛伊德在多年的医疗实践中提升出来的心理学理论。其代表性的著作有《梦的解析》和《精神分析理论》。弗洛伊德认为，人的心理世界就像一座冰山，暴露在海面之上的只有一小部分，这就是人的意识，而还有很大的一部分隐藏在海面之下，弗洛伊德把它称为潜意识。这些潜意识因为受到社会或文化的限制而无法表达或实现，尤其是与性本能相关的欲望和要求，它们长期被压抑到意识的下层，常常会在梦里或口误中出现，当这些潜意识被压抑过度时，就会导致心理疾病或心理障碍。弗洛伊德尤其关注童年的经验对成人的影响，认为童年时期的潜意识导致的内心冲突是导致成年后心理障碍的根源。弗洛伊德的潜意识理论、梦的学说和泛性论构成了精神分析理论的概念体系，也建构了精神分析学说的理论基础。

从结构主义到行为主义，虽然在研究主题上有意识和行为的差别，但都是以正常人作为研究对象。精神分析学派则诞生于对精神病人的治疗当中，研究的对象主要是精神异常的人，关注的主题是人的潜意识。虽然弗洛伊德的理论因为过分宣扬性本能的作用而广受诟病，但精神分析学说对整个心理学的影响非常大，不仅在精神病的治疗中得到很多的应用，在心理学的主流研究中也有很多的渗透。弗洛伊德的研究不仅拓宽了心理学的研究领域,也提供了一个研究异常行为和正常行为的新方法。

精神分析学说经过后继者几十年的努力,已经有了新的发展。新精神分析学派虽然依然采用了潜意识、精神分析等概念和治疗方法,但他们开始更多地关注文化环境社会对人的影响,不再单纯地局限于人的潜意识对人行为的影响研究。需要说明的是,弗洛伊德开创的精神分析理论不仅在心理学领域显示了重要的作用,对于人类社会的其他文化领域比如文学、哲学、艺术等也都有着深远的影响。所以,弗洛伊德的理论也常常被誉为人类历史发展的里程碑。

(六)认知心理学

当行为主义的影响在心理学的发展过程中逐渐减弱的时候,控制论、信息论以及计算机科学的发展,为 20 世纪中期心理学的发展提供了新的研究视角,逐渐形成了一个新的心理学学派——认知心理学。与其他学派不同的是,认知心理学不是某一个或几个心理学家提出的理论体系,而是融合了很多学者的研究成果。美国心理学家奈瑟(U. Neisser)在 1967 年所写的《认知心理学》一书,被视为是认知心理学学说的开端。

认知心理学关注的是人的高级心理过程,包括了人在认识事物过程中的各种活动,比如知觉、思维、想象、记忆、语言以及问题解决等。认知主义认为人不是被动的信息接受者,而是会主动地对信息加以选择并在头脑内部对信息进行积极的再加工,这个过程就是认知过程。人们在理解一篇文章的时候,会从文章的字句中,感知文意,进而分析文章的结构和文体,并从中借鉴一些方法运用到自己以后的写作或阅读过程中。认知心理学认为心理学的研究必须采用科学的方法从人的内部心理活动入手,然后才能理解其行为。

认知心理学受计算机科学的影响,认为认知活动像计算机信息输入一样,首先进行感觉登记,然后运用各种程序、策略对输入的信息进行编码、储存,最后进行提取,类似于计算机的信息输出。

人们在使用认知心理学这一术语时,存在广义和狭义两种含义。在广义上,凡是用人的知觉、注意、记忆、学习、理解、想象以及思维等认知过程来解释人的心理现象的研究,都属于认知心理学,泛称认知理论。在狭义上,认知心理学与旨在解释人接收、存储和利用信息的过程的信息加工论等同,受计算机科学的影响较大,其主要代表人物为美国的著名心理学家西蒙

（Herbert Alexander）。①

认知心理学在借鉴计算机科学发展成果的同时，心理学的研究成果也延伸到了计算机领域，通过计算机模拟人的心理过程，产生了人工智能的专门研究领域。认知心理学也没有将研究仅局限于人的认知过程，而是将研究主题扩展到了人的动机、情感等方面，并将认知心理学与其他相关学科相结合，产生了持续的影响。

（七）人本主义心理学

进入到 20 世纪 60 年代，构造主义已经不复存在，机能主义、格式塔心理学也逐渐被吸收进其他学派，只有行为主义和精神分析依然是当时具有重要影响力的心理派别。但行为主义与精神分析所提供的研究视角受到了新的挑战。由美国心理学家马斯洛（Abraham H. Maslow）和罗杰斯（Carl Rogers）为代表的人本主义心理学开始兴起。

人本主义反对行为主义只是在实验室里用动物和儿童作为对象来研究，批判行为主义只关注人类的行为表现，忽视人的整体性。同时人本主义也反对精神分析学说只将有精神疾病的人作为研究对象，反对弗洛伊德的人受潜意识支配的观点。因为人本主义晚于行为主义和精神分析，又反对两大学派的决定论观点，故而又被称为现代心理学的第三势力。

人本主义认为心理学必须以"健康人"为研究对象，要关注人的整体性，而非某一个方面。要尊重人的价值与尊严，强调人的自主性和自由性。认为人是一种具有发展潜能和自我成长的特殊群体，人在发展的过程中，会不断追求理想的自我，最终达到"自我实

西蒙
（Herbert Alexander，
1916—2001）

马斯洛
（Abraham H. Maslow，
1908—1970）

罗杰斯
（Carl Rogers，
1902—1987）

---

①　全国十二所重点师范大学联合编写：《心理学基础》，教育科学出版社 2002 年版，第 14 页。

现"。这也是马斯洛提出的重要概念。人本主义心理学主张心理学的研究应该从人的整体性出发,帮助人们寻求更好的环境和方法来实现自己的潜能,使其达到自我实现的境界。

人本主义心理学关注人本身的尊严和价值,强调人的社会性,主张心理学从一种促进人类潜能发展的角度进行研究,为现代心理学开辟了一个新的研究方向,拓宽了心理学的研究领域。但人本主义心理学主要倾向于理论的推理和思辨式的研究方法,缺少严谨的逻辑体系,也很难用实验来验证其结论,所以这也是人本主义心理学的局限所在。但不管怎样,人本主义心理学都为心理学的发展注入了新鲜的血液,为心理学的研究拓展了新的空间。

三、现代心理学的学科分类

心理学在成为独立学科之后,经历了一百多年的发展,不仅在基础理论研究领域内有了很大的拓展,另一方面在社会实践领域也有了很多的应用,逐渐分化出众多的分支学科。按照研究的内容和性质,可将其归纳为基础心理学与应用心理学两大类,以下分别在两类中选取部分分支学科,加以说明。

(一)基础心理学

1. 普通心理学

普通心理学是心理学最重要的基础研究,主要研究正常成人的心理过程,研究心理现象产生和发展的一般规律。普通心理学是研究心理学的最一般的理论。比如人的感觉、知觉、记忆、注意、思维、动机、情感的一般规律,也研究心理现象的物质基础、心理现象之间的关系、以及心理学的一般研究程序、研究方法等。普通心理学不仅包括已经被证实的理论和规律,还包括心理学发展中的新成果和新发现。

2. 生理心理学

生理心理学是心理学基础研究的重要组成部分,主要是研究个体生理因素与行为及心理过程之间的关系。生理心理学以现代脑科学的研究和现代科技为基础,用生理学的知识和方法,研究神经系统特别是脑的功能,以及它们与个体行为及心理过程之间的关系。比如感官系统的机制、神经系统的机制、各种腺体的功能、遗传的作用等都是生理心理学的研究内容。

3. 社会心理学

社会心理学主要是研究社会环境对个体发展和行为的影响,研究个体在特定社会条件下的心理、行为、人际关系的规律,以及群体力量对个体的影响等。社会心理学关注个体行为的社会动机,个体社会化的条件和规律,个体与个体、个体与群体、群体与群体之间的关系和相互影响等问题,比如社会认知、群体心理、同辈压力等。

4. 发展心理学

发展心理学是研究个体生理心理发展变化规律以及心理与年龄之间关系的学科。重点探讨个体一生中身心与年龄变化的关系,分析遗传、环境、个体成熟、教育几种因素对个体身心发展的影响。具体可分为婴儿心理学、儿童心理学、少年心理学、青年心理学、中年心理学、老年心理学。

5. 差异心理学

差异心理学主要是探究个体之间以及群体之间在心理过程中的差异现象,以及差异的程度和形成原因。通过对不同环境下的个体及群体行为进行比较分析,从遗传、文化、社会等角度来研究心理与行为的异同。差异心理学除了研究个体间与群体间的差异,也关注个人心理特质的差异。

6. 实验心理学

实验心理学主要是通过科学的实验研究方法,也就是在严格条件控制下的实验室内,控制有关变量,观察记录某种刺激下的行为,并对结果进行统计学意义上的分析。借以发现行为变化的影响因素和因果关系,从而解释、预测个体或群体的行为。但实验的方法并不是实验心理学的专利,其他的心理学分支学科也会经常用到这种方法。

7. 变态心理学

变态心理学是以各种变态心理和异常行为作为研究对象的心理学分支学科。变态心理学侧重研究异常心理的性质与特点,变态行为的成因以及变态行为的诊断、预防和治疗,关注心理差异以及环境差异对异常心理行为的影响等。研究范围主要包括心理障碍、社会异常、精神疾病等方面。

8. 认知心理学

认知心理学主要研究人的高级心理过程,比如知觉、记忆、想象、思维、语言、问题解决以及创造等较复杂的心理活动。认知心理学家关注人类行为背后的心理机制,并吸取信息加工理论的观点来研究心理学,认为认知类似于信息加工,从信息输入到信息输出,所以主要是通过可观察到的现象来研究人类的心理活动。

9. 比较心理学

比较心理学是以比较的观点来研究动物行为之间的异同和变化规律,并探究不同进化水平的行为特点,以及各种动物的进化过程和适应方式等。比较心理学的研究不仅为生物医学提供了动物行为进化的知识,也为人类行为的研究提供了参考和借鉴。

10. 心理测量学

心理测量学是指依据一定的心理学理论,按照一定的操作程序,制定心理测量的方法和工具,对人的智力、能力、人格、心理健康等心理特质作出测量和评估,来说明个体的心理倾向和行为特征。可以通过上述的测量和评估,来确定个体的优势和不足,分析行为变化的原因,提供决策的依据。具体表现为设计智商、情商、人格等方面的测验,评估相应的心理特质状态。

(二)应用心理学

1. 教育心理学

教育心理学是研究教育和教学过程中教师和学生的心理活动规律的学科。它包括了德育心理、学习心理、教师心理、教学心理、教学评定等多方面的内容。它涉及到了教学和学习中的心理活动特点和规律,道德品质与行为养成的规律,家庭、学校、社会对学生的影响等。主要的目的就是使教育教学过程更加符合学生的身心发展特点,实现更加理想化的教育。

2. 管理心理学

管理心理学研究某一个团体中的组织管理中的人事问题,它是把心理学的知识应用于分析管理活动中的个体及群体行为,研究管理过程中人的心理过程及心理规律。它涉及到对管理者心理特点的研究、群体内人员的差异研究、人际关系、团体效能等,进而提高管理者引导、控制人心理和行为的能力,以促进团体的发展,提高工作的效率。

3. 工业心理学

工业心理学主要是运用心理学的理论与方法,研究在工作中的人的行为和心理规律。研究的内容包括人与工作环境的关系、人员的合理配置、劳资双方的协调、团队成员的合作以及态度和士气等问题。工业心理学关注组织中的协调管理、人与机器之间的关系以及人力资源的开发和工作质量的提高等。随着社会的发展,服务业也逐渐进入了工业心理学的研究范围。

4. 消费心理学

消费心理学的研究对象是社会大众的消费行为,主要是研究消费者在消费活动中的购买行为、购买动机、消费倾向以及影响消费的因素等。其目的是研究人们在消费过程中的心理活动和规律,提高消费和经营的效益。

5. 司法心理学

司法心理学是研究司法领域中的心理问题,包括对违法行为以及预测、防止、控制违法行为等心理问题的研究,比如违法事实的认定可信度,证据的效度等。它涉及到了犯罪、审讯、审判、矫正等过程,比如犯罪心理主要研究罪犯的心理特点、犯罪动机、人格情绪特征、犯罪因素等。审讯心理主要研究审讯审判过程中审讯人员的心理素质和心理技能等。矫正心理则侧重研究犯人的心理改造。

6. 咨询心理学

咨询心理学是研究心理咨询的理论、方法、技巧以及咨询人员的教育与培训的心理学分支学科。咨询心理学的主要研究目的是解决人们在工作、学习、生活等方面出现的心理危机、心理异常等问题,为出现这些问题的人提供帮助,使他们可以更加了解自己、改变不良的情绪或习惯、改善与周围环境的关系,更好地适应社会,促进身心的健康。

7. 临床心理学

临床心理学主要是为有心理障碍和心理异常的人提高评估、诊断和治疗,帮助病人改变自己心理和行为障碍。临床心理学研究心理异常的原因、发病的症状、病情的诊断、预防和治疗等。临床心理学会涉及到严重的心理变态疾病,也会涉及一些由心理因素引起的生理和心理疾病。心理测验、心理援助、心理咨询、心理危机干预等都是临床心理学的一些治疗方法。

8. 运动心理学

运动心理学主要是研究人们在进行体育运动、比赛活动时的心理过程;研究人的心理特点以及在体育运动中的作用;研究个体人格、情绪、意志、思维等方面的特点对个体进行体育运动的影响;研究体育教学和竞赛过程中的心理状态和心理训练。研究内容涉及到运动动机、比赛心理、教练与运动员之间的关系、运动心理的治疗等方面。

9. 航空心理学

航空心理学是研究人在高空中或太空中飞行时的心理活动规律,以及人员心理素质与飞行能力的关系。在航空领域中,因为人是在特殊条件下从事驾驶或操作仪器,对航空人员的心理素质和人格特征有着非常高的要求。所以航空心理学不仅要研究与航空相关的心理问题,还要研究飞行员和航天员的心理素质测定和训练方法,以选出和培养更加优秀的飞行和航天人员。

10. 艺术心理学

艺术心理学是研究各种艺术领域中艺术创作和艺术欣赏过程中的心理现象及规律的学科,包括绘画心理、音乐心理、舞台心理、雕塑心理等领域。研究内容涉及艺术创作中的审美情感、审美思维、审美想象以及艺术的理解、鉴赏等。另外艺术心理学还研究从事艺术的人的心理素质、个性差异、心理特长的鉴别及测量等。

表 1-1　心理学家的一些专业分类①

专业	研究性质	具体工作
生理心理学	基础	研究导致行为产生的大脑、神经系统及其他生理根源。
临床心理学	应用	进行心理治疗;研究临床治疗中的各种问题;研究新的治疗方法。
认知心理学	基础	研究人类的思维和信息加工能力。
社区心理学	应用	通过对心理疾病的研究、预防、教育和咨询,促进社区心理卫生水平的提高。
比较心理学	基础	研究和比较不同生物的行为,尤其是动物的行为。
消费心理学	应用	包装和广告的研发与测试、营销方法研究、消费者特点的调查等。
咨询心理学	应用	开展心理治疗和个人咨询;研究人类的情感障碍及相关咨询方法
文化心理学	基础	研究文化、次文化及种族团体对人们的行为的影响方式。
发展心理学	基础、应用	婴儿发展、儿童发展、青少年发展、成人发展的基础和应用研究,残障儿童的临床治疗与研究,家长及学校的咨询顾问。
教育心理学	应用	课堂动力学研究,教学风格及各种学习变量的研究,试卷编制,教育计划评估等。
工程心理学	应用	为商贸企业、工厂和军队开展机械、计算机、飞机和汽车设计等心理学应用问题的研究。
环境心理学	基础、应用	从事有关城市噪声污染、拥挤、人对环境的态度、人类空间利用等问题的研究,环境课题顾问。
司法心理学	应用	犯罪和防止犯罪的研究,服刑期间自新计划的编制,监狱中各种心理问题的研究,法庭动力学研究,警务人员选拔等。

① ［美］库恩等著,郑刚等译:《心理学导论——思想与行为的认识之路》,中国轻工业出版社 2008 年版,第 27 页。

续表

专业	研究性质	具体工作
性别心理学	基础	研究课题包括男性与女性之间的心理差别、人类性别身份的获取方式,以及性别在人的一生中的作用。
健康心理学	基础、应用	研究行为与健康之间的关系;运用心理学原理促进健康、预防疾病。
工业与组织心理学	应用	人员选拔、工作技能分析、在职培训效果评估、工作环境改善、工作环境中的人际关系等。
学习心理学	基础	发掘学习根源,研究学习方法,开发新的学习理论。
医学心理学	应用	运用心理学原理处置医疗问题,如疾病对情绪的影响、癌症的自我筛查、患者服药的遵从性。
人格心理学	基础	研究人格特征和人格动力学,开发新的人格理论,编制对人格特征的测验。
学校心理学	应用	学生的心理测试,心理治疗转介,情绪问题咨询,择业咨询,学习困难学生的发现与治疗,研究提高课堂学习效率的方法等。
感觉与知觉心理学	基础	研究感觉器官和知觉过程,研究感觉机理,开发新的知觉理论。
社会心理学	基础	研究人类各种社会行为,包括态度、从众、说服、偏见、友谊、攻击、帮助等。

四、当代心理学的发展方向

(一)心理学研究的高度多样化

随着社会的发展,人类活动和认识领域的扩大,心理学的研究视角更加宽泛,专门化的研究日益增多,呈现出快速分化的趋势。尤其是在应用心理学领域,有很多新的分支学科出现。

生活生产实践的发展是心理学学科分化的一个主要动力。随着科学发展的深入,人类开拓了很多前所未有的新兴领域。比如航天心理学,在人类没有进入太空之前,心理学是不可能触及到这个领域的。但随着航空航天科技的发展,宇航员的心理测试与心理障碍等问题促使着航天心理学的产生。另外,心理学的学科性质也决定了心理学的应用范围。心理学兼具自然科学与社会科学的双重特点,在发展中不断与其他学科相结合,产生了很多交叉学科。比如社会心理学、教育心理学、环境心理学等。同时随着科技的发展,心理学研究手段和方法更加科学和准确,研究的层面更加微观和细致,比如神经心理学、气质心理学等的发展。

(二)心理学研究的本土化

在心理学的研究历史中西方的心理学一直占有主导和支配地位,但不同地区、不同民族的文化传统和社会环境都有着很大的差异,对心理学的理解和应用也必然会以本国、本民族的心理文化传统为出发点。但西方心理学是根植于西方文化进行研究的,研究的对象是西方人,其理论构架体现的是西方的社会文化特征,在文化差异较大的国家,西方心理学的适用性就会大大降低。所以,心理学研究的本土化是未来心理学发展的一个方向。

开展心理学的本土化研究并不意味着与西方心理学的割裂,而是要在探究人类共同心理规律的基础上,以本国本民族的社会文化为心理学研究取向,探寻出本国人的心理特征,使心理学的理论具有更强的针对性和适用性。

(三)心理学研究的综合化

心理学在成为独立学科以后,发展的初期出现了众多的心理学流派,其研究内容和观点有着很多的对立。但心理学历经百余年的发展后,各个学派之间相互借鉴、相互吸收,出现了融合的趋势。美国心理学史家舒尔茨指出:"今天的心理学家已不再集结于格式塔心理学、行为主义或机能主义的旗帜之下。就理论、方法和概念来说,已有走向折中主义的一个较强大的趋势了。"[1]今天的心理学研究不再是简单地遵从某一种心理学学派的主张或观点,而是从各种心理学学派的研究之中吸取符合当代人类社会发展的东西,在继承的基础上进一步发展。所以,综合运用几种心理取向研究分析人的心理机制和行为成因已成为当代心理学研究的一个必然方向。

(四)提倡大心理学观

传统的心理学研究多沿袭自然科学的研究传统,崇尚生物还原论,用动

---

[1] 杨鑫辉:《当代心理学的发展趋势》,载萍乡高等专科学校学报 2000 年第 1 期。

物心理的研究成果分析人类心理,推崇客观主义和实验主义,过分强调环境决定论和实验室的定量研究,对个体研究较多,忽略了群体对个体的影响作用,被视为是一种狭窄的心理学观,导致西方传统的心理学出现了一定的衰落和危机。心理学中的第三势力人本主义的逐渐兴起和心理学本身变革的需要,促使着一种大心理学观的产生。

大心理学观提倡要坚持心理学的中间学科性质,既要借鉴自然科学的研究方法和思维方式,又要突出心理学精神科学的特点;在研究对象上,要研究个体也要研究群体;既要研究心理也要研究行为;要坚持心理学的人学特质,关注人的生活现实和整体性研究。要拓宽心理学的研究领域,将心理学与相关学科相结合,体现交叉学科研究的特点。

(五)心理健康教育的发展

心理健康教育是针对人类的心理问题而进行的一项特殊的教育活动,其主要目的是改善人类不良的心理机能,帮助人们认识了解自己的心理机能,使人们能避免或应对不良心理的发生,促使人类心理健康全面的发展。随着现代社会的发展和人类生活方式的变化,心理健康教育已经从心理学领域延伸至社会的各个领域当中,成为人们共同关注的问题。特别是在教育领域,得到了很高的重视和广泛的应用。世界的许多国家,都在学校开设了心理健康教育的课程和专门的心理健康教育机构,运用有关的心理教育方法和手段,培养学生良好的心理素质和健全的人格。

已有的心理教育的实践大致分为以下九个方面:(1)以思维训练为中心的智力与创造力教育;(2)学习能力和机能教育;(3)适应能力教育(包括人格的完善教育和各种生活技能的训练);(4)个人与社会教育;(5)心理学教学的改革,开设新型心理学课程;(6)人本主义教育研究;(7)心理咨询与治疗技术的扩展应用;(8)大众心理教育;(9)各种专门用途的心理训练等。[①]

(六)积极心理学的兴起

从科学心理学诞生以来,心理学的研究主题经历了从意识到行为的巡回变迁,有以正常人为研究对象的诸多心理学学派,也有独树一帜的精神分

---

① 全国十二所重点师范大学联合编写:《心理学基础》,教育科学出版社 2002 年版,第 20 页。

析学派,但这些心理学研究关注较多的是都是人的消极心理,常常把人的不良或异常心理作为研究的重心。但在近些年来,心理学家逐渐认识到心理学除了要帮助人们解决心理存在的问题,使心理异常的人归于正常化之外,利用心理学知识使正常的人们过上更加优质、健康的生活同样具有重要的意义,这促使了积极心理学的诞生。

积极心理学主张心理学研究人类积极的心理品质,挖掘人潜在的力量,使普通人更好地生活和发展,同时促使社会更加完善地发展。积极心理学认为心理学不仅要对人类精神的缺陷、损伤进行研究,也要对人类的优秀品质进行研究。认为心理学不仅是研究人类疾病的科学,也是关注人类成长与幸福的科学。

第三节 心理学的研究

一、心理学的研究任务

心理学的基本任务就是探索人的心理发生、发展的机制和规律,揭示心理事实和心理本质。主要包括四个方面的内容。

(一)描述已经发生的事情

心理学最基本的一项工作就是通过对行为准确的观察,来对已经发生的事情进行质和量上的事实描述。研究者必须对心理现象和行为进行精确的观察和测量,形成一定的数据资料,并以此为基础作出分析和判断。但在进行数据收集时,研究者必须要选择合适的方法,以保证数据的客观性和准确性。心理学家首先要对所观察的行为进行定性,确定如何进行测量,比如,在研究人的学习动机对行为效果的影响时,就要根据任务的难度对行为作出区分研究,在简单、难度适中、复杂三个维度下研究动机对行为效果的影响。其次,还要把动机与行为质量结合起来进行研究,才能对整个事情作出准确的描述。

另外,对心理现象的描述水平也有差异。心理学家可能会从宏观的角度来研究人类的心理本质,比如复杂社会环境中的人的整体行为,但有时也可能会从微观水平来研究人的心理发生机制,比如对人类神经系统的研究。

无论在哪种研究水平上,心理学家都要按照事实的本来面目去收集数据,而不能用自己的想象和期望来进行研究。让研究数据带上主观色彩是违背科学的基本原则的。

所以,心理学应该不断发展测量所用的技术和手段。一种测量取得的数据是否真实可靠,主要有两个方面的要求:一是信度,信度是指一种测量方法的可靠性,就是用同一种测量方法和工具在进行多次测量后,测量的结果必须保持基本一致,这样的测量结果才具有可靠性,比如同一种测试方法在对相同的测试对象进行重复测试时,如果被试者的成绩出现较大的波动,就说明这种测试方法缺乏信度。但一种测量方法即使拥有很高的信度,若效度很低,这种测试方法或工具依然是无用的。二是效度,效度指的就是测量的有效性,也就是测量的准确程度。一种测量方法总是要针对一定的测量对象,判断其效度的高低主要看它是否实现了测量的目的,也就是它是否测量到了所想要测量的东西。信度与效度有着密切的关系。一种测量方法或工具必须有信度,没有信度效度也无从谈起,但有了信度也不一定就有效度。所以信度是效度的必要条件,但不是充分条件。比如我们想要了解某个阶层的消费心理,我们也许可以得到准确的收入数据,但这并不能说明他们的消费水平。所以心理学家在对事情进行描述和测量时,必须要从信度和效度两个方面来考虑,从而设计最佳测量方法。

(二)对发生的事情作出解释

心理学的研究不仅仅是对已经发生的事情作出准确的描述和测量,还要根据描述和测量的结果作出分析,解释行为发生的原因和心理规律。所以,对心理现象作出解释和说明,并探究心理现象发生的原因也是心理学研究的一个任务。心理学家一般先对观察和收集到的数据事实进行概括和总结,并对其中的原因和规律进行一定的推理假设,然后再通过一定的方法来验证假设,在多次的验证之后,得出一定的结论。

但需要注意的是,"描述必须忠实于可知觉到的信息,而解释却谨慎地超越了能够被观察到的现象"[①]。解释是一个创造性的过程,收集来的数据种类繁多,研究者必须审慎地处理这些数据,用洞察力和想象力来探索多种

---

① [美]理查德·格里格、菲利普·津巴多著,王垒、王甦等译:《心理学与生活》,人民邮电出版社2003年版,第5页。

解释的可能性。心理学家对一种行为进行分析时,都要考虑到多种变量对结果的影响。一般来说,大多数行为都会受到两种因素的共同影响,一种来自机体的内部,称为机体变量。另一种是机体之外的因素,也称环境变量。比如一个学习非常刻苦的学生,可能是自我的人格因素促使其努力,也可能是因为家长或老师的要求,抑或是周围同学的比较促使其产生了学习的动机。一种行为往往是内因和外因共同促成的结果,所以在对心理现象进行分析和解释时,也必须从综合的角度进行探究。

对心理现象的研究和心理规律的探求往往是从生理、心理、行为、社会四种层次水平来解释的。以学习为例,在生理层次上,可以探究学习时大脑内部的活动和过程、神经活动方式以及生化物质变化情况;在心理层次上,可以探究学习者认知结构的演变过程,学习者对信息的接收、存储、转换以及提取过程,对学习过程的自我管理过程,学习者的学习需要、动机、情感以及价值观对学习的影响;在行为层次上,可以调查学习者的阅读习惯、记忆行为等;在社会层次上,可以探究师生关系、班级气氛、社会文化对学习的影响。①

(三)预测可能发生的事情

在对行为发生的原因和机制作出精确的解释之后,心理学家往往可以对即将发生的行为作出比较准确的预测。比如当心理学家了解了一个学生的智力、学习动机等情况后,就可以预测这个学生在学校的学习表现。预测不仅是对某一种特定行为的可能性加以判断,还要对行为发生时各种影响因素的关系进行分析,以便对将要发生的行为的条件进行界定。比如一个学生因学习动机因素导致了学习成绩的落后,但有可能随着年龄的增长改变学习动机的强度,从而改变以后的学习状态和效果。

心理学的预测任务被广泛地应用于生活之中,比如对消费者消费心理的研究,发现人们的消费需求并不单单是一种纯粹的物质需要,人们会在同样用途的商品中选择满足自己心理需求的东西,像名牌产品等,这可以用来作为制定消费策略的依据。心理学的研究以及心理学对行为的预测是心理学又一项重要的任务。

---

① 全国十二所重点师范大学联合编写:《心理学基础》,教育科学出版社2002年版,第4页。

（四）控制事情发生的可能性

对行为的预测实际上是为了对行为的改变和控制，这也是大多数心理学家研究的目标和核心，也是心理学最吸引人的特点之一。控制行为就意味着可以让某种行为发生或不发生，可以影响行为发生的几率和强度。心理学对行为的控制主要是利用对行为及心理现象的精确解释，来改变或创造为发生的条件，从而实现对行为的控制，所以一种心理学上的解释能够提供影响行为的条件，才具有说服力。

心理学的控制被广泛地应用于现代社会中，用以改善人们的生活质量。比如心理学可以通过对不健康行为的研究来降低人们不健康行为的几率。将长期吸烟或因吸烟导致严重疾病的人的人体器官图片印制于烟盒之上，就可以使吸烟者的心理产生不适，从而减少吸烟的行为。也可以利用心理学的研究增加人们希望出现行为的概率，例如对学生良好行为的及时肯定和鼓励，就可以增加个体及群体良好行为的概率。

二、心理学的研究方法

心理学的研究通常会采用自然科学常用的方法，但心理学是研究人性的科学，其研究方法和目的具有一定的特殊性，常见的几种研究方法主要有以下五种。

（一）观察法

心理学研究人类的行为和心理现象，一个主要的途径就是对可观察的事实进行研究。而观察法就是对可观察的活动进行追踪式的观察和记录，收集相关的数据，来分析多个变量之间的关系，从而探寻心理发生的规律和原因。

根据观察的情境，观察法可分为自然观察法和控制观察法。自然观察法是研究者在自然情境中，对人和动物的行为和心理现象进行有系统、有计划的观察记录。这种方法特别强调观察对象的"自然表现"，所以在观察时，要保持发生环境的自然状态。比如珍妮·古道尔和她的助手从 1960 年开始就一直在非洲的坦桑尼亚观察黑猩猩，这几乎花去了她一生中的大部分时间。因为她知道如果她不在黑猩猩的自然栖息地观察，她可能无法有真正

图1-3　珍妮·古道尔正在观察黑猩猩

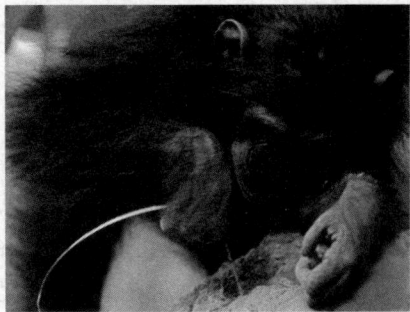

图1-4　珍妮·古道尔通过对黑猩猩进行自然观察,发现一只黑猩猩用一根草梗从白蚁穴中抽出食物

的发现。她曾经用这样一段话来描述她在进行科学研究时兴奋的心情。

> 很快调好双筒望远镜后,我发现那是一只黑猩猩,而恰在此时它转向了我……它正蹲在一个白蚁穴的土墩旁边,我看见它小心地把一根长草梗插进土墩的一个洞中,过了一会儿,抽出来,用嘴从草梗的末端舔食一些东西。我离得太远,看不清它吃的是什么,但是很明显,它把草梗当作工具了。①

控制观察法主要是在预先设置的情境中进行观察。这种观察法根据研究者的目的,根据研究者的研究假设,来设置情境,去除或降低无关变量的影响,突出对条件的控制性。

根据观察者的身份,观察法还可以分为参与观察和非参与观察。参与观察就是观察者在不暴露身份的前提下作为被观察的一员,参与到观察活动中。在非参与观察中,观察者作为旁观者来观察和记录。可以采用单向玻璃或监视摄像等方式来观察,对被观察者在不知情的情况下进行观察记录,这种方法主要用以对儿童和动物的研究。

观察法的主要优点就是可以保持被观察者的自然状态,获得的资料比较真实客观。其主要缺点是容易受到观察者的知识能力和心理因素等因素的影响,对于观察的结果很难进行重复验证和精确分析。但观察法作为科

①　[美]库恩等著,郑刚等译:《心理学导论——思想与行为的认识之路》,中国轻工业出版社2008年版,第32页。

学研究的基础方法,仍然具有重要的作用。

（二）调查法

调查法就是以被调查者所了解或关心的事情为范围,预先拟定好问题,让受调查者自由表达意见或态度的一种方法。调查者往往会针对多个对象,通过个体反馈的资料收集,探究群体的心理倾向和规律。

调查法主要有两种方式,一种是问卷调查,也称问卷法。这种调查方法会事先拟好试卷,通过让被调查者回答试卷上的问题来收集数据。发放问卷的方法有很多种,可以是现场发放,也可以用邮寄的方式。问卷调查不受人数的限制,可以同时调查很多人。调查用的问卷一般包括个人背景资料和所要回答的问题两部分。个人资料里可能会涉及年龄、职业、学历等信息,但一般不会要求填写姓名。问题的设计一般采取是非题、选择题和简答题等形式。

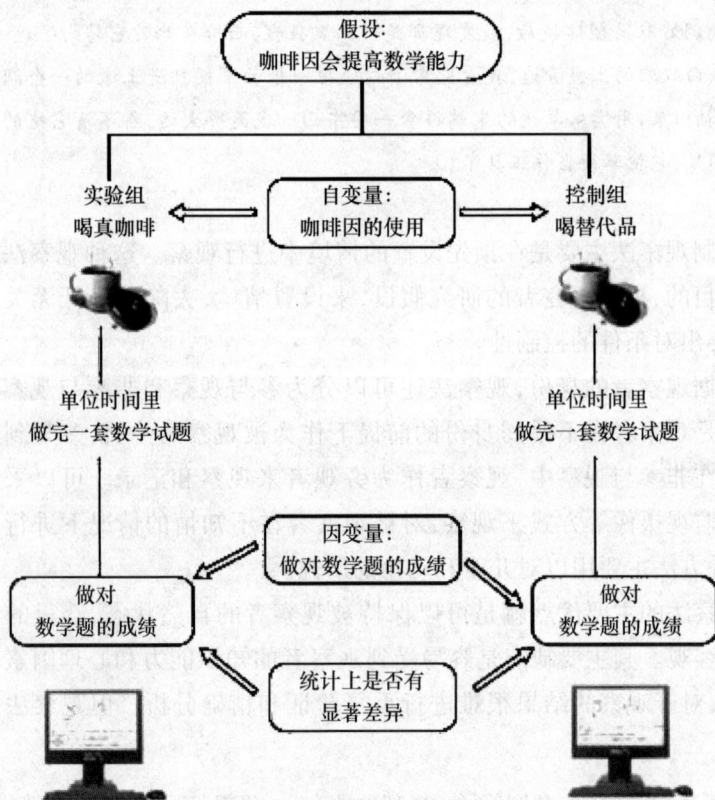

图 1-5 咖啡因会提高数学能力的实验验证程序

访问调查主要是通过面谈的方式来收集资料,随时记录被访问者的反应和回答。访谈法一般不需要特殊的条件,使用起来比较容易。但访问调查耗费时间较多,容易受访问者主观因素的影响,从而影响数据的客观性。

整体而言,调查法能够同时收集大量的资料,使用起来成本较低,效率也比较高。但调查法的缺点是容易受到其他因素的干扰,问卷必须在使用前进行科学的检验,调查者也要具有一定的专业知识和能力。所以,调查法与观察法一样,往往需要和其他方法结合在一起,才能完成心理学研究的任务。

(三)实验法

实验法是自然科学研究经常采用的方法,也是心理学研究的主要方法。如果说观察法和调查法主要解决的是"是什么"的问题,实验法则不仅能解决"是什么",还能回答"为什么"。

实验法是在有目的、有计划的控制条件下,来操作一个自变量,来观察研究自变量变化对其他变量的影响。这种由自变量的变化而发生变化的变量也称为因变量。在实验法中,必须要控制无关变量的影响,即除了自变量以外一切可能影响实验结果的变量。所以,实验者往往要设置实验组和控制组,使这两个组在除了在自变量上有差异外,其他条件基本相同。比如要研究某种教学方法对学生成绩的影响,就需要找两个同年级且学生人数、学习基础以及男女生比例大致相同的班级,将其中一个作为实验组使用要研究的教学方法,另一组仍采用原来的教学方法。

实验法可以根据研究的场地分为现场实验和实验室实验。现场实验是在学校、企业等真正的生活情境中进行,对实验条件进行适当的控制来进行的实验。这种方法把现实场景与条件控制结合起来,有更强的真实性。但同时也容易受到无关因素的影响,实验的控制条件不好操作。

实验室实验则是在严格的实验条件控制下,借助于一些现代化的仪器设备来进行的。比如用科学仪器来测量人看到不同情境(快乐的或悲伤的)的反应。实验者可以给被试呈现不同的情境资料,用仪器记录下人的情绪反应,通过多次测量,统计出人在积极和消极情绪下的个体反应。实验室实验的方法可以控制无关变量,更容易梳理出准确的因果关系。但因为脱离真实情境,一些涉及伦理道德的问题很难用实验法测量,同时实验室的结果在生活中推广时也会受到一定的限制。

(四)测验法

测验法主要是运用事先制定好的量表或问卷,通过被试者对量表或问卷的回答,得到所要研究问题的资料。典型的心理测验要求被试对问题进行真实的作答,然后对收集的数据进行分析,得出相应的结论。为了数据的科学性和客观性,量表或问卷的制定就是一个科学研究的过程。

心理测验的种类非常多,比如智力测验是为了解不同年龄阶段的智力水平;人格测验是为了分析人们的心理倾向和特征。以智力测验为例,要研究人的智力发展,首先要根据不同年龄特征设计出有针对性的测量项目,然后在相同年龄的人群中进行大面积的检测,用统计学的知识对设计的项目进行修订和完善,最后才能得出标准化的量表。

测验法的优点在于一旦测验的量表或问卷制定好,就可以在对应的人群中大规模地使用。但由于人的主观差异,所以任何一种量表所测量的结果都无法说是绝对准确的判断。

(五)个案研究法

个案研究法主要是以单个被试为研究对象的方法。这种方法需要收集个人的相关资料,比如个人基本资料、家庭背景、人际关系、生活经历、社会生活以及心理特征等。研究者为了收集更加准确的资料,也可能会对被试做相应的智力和人格测验,或者从被试的书信和日记中收集资料进行综合的分析。

个案研究法可以使个体的研究更加全面和深入,但个案的研究因为研究范围的限制,其研究结果往往不能进行进一步的推广。

三、心理学的研究程序

(一)确定研究课题

选择确定明确而具体的研究课题是进行心理学研究的第一步。确定课题决定着研究的方向以及研究的深度,对整个研究的成果起着重要作用。

选题必须具有一定的学术价值和实践意义。在选择课题时要多关注生活实践或科学理论发展中亟待解决的问题,实践领域的热点问题,理论领域中有争议的问题等。比如学生的心理健康问题,积极心理学的理论研究等。

另外问题的选择要有新颖性和独创性,避免重复性的研究,同时也要注意研究方法和技术手段的创新。

(二)提出研究假设

在确定研究课题之后,要通过大量的文献研究和理论研究来分析事项之间的关系,要预先提出一种带有推测和假定性质的设想或解释,这种设想要说明不同因素间的关系及相互影响的程度,这就是研究假设。比如学生的智力水平与学习成绩是正相关的关系,学习策略的训练可以提高学生的学习成绩等。但研究假设的提出必须建立在事实的基础之上,是一种有依据的推断和设想,能否用科学的方法进行验证是研究假设是否具有可行性的标准。

研究假设是关于条件和结果之间关系的表述,符合"如果……那么……"的逻辑形式。这种关系一般有两种类型:一种是因果假设,即一种变量是导致另一种变量发生变化或产生某种结果的原因。比如使用发现教学法可以提高学生的创新能力。另一种就是相关假设,即两个变量之间存在相关关系,一种变量的变化会影响到另一种变量的变化。比如学生的动机水平与学生的学习成绩存在相关关系。动机水平高的学生学习成绩并不一定高,如果学习任务难度较大,动机水平过高反而会降低学习效果。同时,学习成绩还会受到行为效果的影响,也就是说,动机只是影响学习成绩的一种因素,二者之间不是绝对的因果关系,只是相关关系。

(三)确定研究对象

根据研究的目的和研究假设,还要确定研究的范围和研究的对象。在心理学研究中,通常会选择部分被试作为研究对象,然后根据对部分研究对象的研究来推理和解释同类研究对象的行为。比如研究大学生的心理健康状况,不可能对全国所有的大学生进行研究,只能选择部分大学生作为研究对象,来推测所有大学生的心理状况。像这样,被选出来的部分对象就叫作样本。样本的选择对于研究结果而言非常重要,样本是否可靠,要看样本是否具有代表性。因为研究者需要根据样本的研究结果来推测解释总体。抽取样本的常见方法就是随机抽样,但随机抽样并不是可以随意地选择样本,而是按照均等的机会在规定的总体中进行选择。但有时也会根据研究需要选择在某方面有代表性的样本,这是非随机性抽样。

(四)设计研究方案

1. 确定研究类型

在设计研究方案时,首先要考虑研究的类型。按时间的延续性划分可分为纵向研究和横向研究。纵向研究主要适用于对个体心理做系统、长期的研究,能够对相同的对象做比较详尽的记录和了解,也称为追踪研究。横向研究是在同一时间段内,对不同对象做出的比较研究,比如对小学生不同年级的学习方法进行的比较研究。

按研究对象来说,也可分为个案研究和成组研究。个案研究的对象是一个或几个被试,往往采用纵向研究的方式,比较系统但同时会缺乏一定的代表性。成组研究选取的研究对象较多,具有较强的代表性,但会影响到研究的细致性。二者往往可以结合起来使用。

另外一种分类方式就是按照变量的关联程度,分为因果研究和相关研究。但因果研究需要梳理更为清晰的逻辑关系,所以需要设置更严格的实验情境,降低无关变量的影响。

2. 界定研究变量

在一项研究中,常常会涉及到多种影响因素,研究者必须根据研究假设将影响行为或心理变化的因素罗列出来,并加以分类。所以,必须对各种变量进行标识,并根据研究目的来确定或控制所需要的变量。

心理学的研究变量有很多,根据变量之间的关系可以分为自变量和因变量。自变量就是被设定为引起结果发生的变量,而因变量是被用来表示结果的变量,会随自变量的变化而变化。比如在研究教师的教学方法与学生学习成绩的关系时,教师的教学方法就是自变量,而学生的学习成绩就是因变量。如果按照变量本身的性质来区分的话,也可以分为刺激变量、属性变量和反应变量。能够引起个体反应的刺激种类、强度等,称为是刺激变量,比如表扬或批评。个体自身的年龄、智力、动机、人格等特征是属性变量。由刺激引起的个体行为的变化种类是反应变量,比如因为表扬鼓励引起的某种行为的增加。

但变量的内涵需要进一步的界定,使其具有可操作性,也就是用明确变量的具体所指以及如何测量变量的变化。比如在研究教学方法对学生成绩的影响时,要明确教师所用的具体的教学方法,研究对象的范围是哪个阶段的学生,以及具体的学科和评判的标准等。

3. 选择研究方法

一项科学研究是否具有可行性,必须要选择合适的研究方法。此问题在前面已作过详细的论述,在此不再作过多介绍。

4. 制定研究步骤

在确定了研究对象、研究程序、研究变量、研究方法之后,就必须要制定具体的研究步骤。比如研究中各个环节的顺序、如何对研究变量进行控制、如何设置研究情境、如何整理研究材料等。

(五)分析解释研究结果

研究者在收集到研究资料和数据之后,需要先对材料进行一些甄别和筛选,根据统计学的原理和知识对结果进行整理和分析,然后用分析的结果来验证假设,并作出相应的解释。但在进行解释时必须非常谨慎,因为即便结果验证了假设,也未必完全符合研究者的研究初衷。比如研究小学生一年级数学成绩与智力水平的关系,数学成绩高有可能是因为有些孩子已经在学前接受过相关的数学学习,所得到的结果就会缺乏一定的科学性。另外在对研究结果作出准确解释后,在将结论进行推广时,必须要注意研究假设的范围,考虑样本的代表性。

● 拓展阅读

伪心理学①

我们先把伪心理学同科学心理学作一个有趣的比较。所谓伪心理学是指那些貌似心理学但没有任何事实根据的体系(pseudo 的意思就是"假的")。多年来,各种伪心理学变化不大,这是因为伪心理学的信徒不敢正视那些与他们的信念不相符的事实证据(Kelly & Saklofske,1994)。而真正的科学家则总是积极寻找理论中的缺陷,以怀疑、批判的态度评价自己的学说,使人类的知识领域不断得到扩展(Woodward & Goodstein,1996)。

与真正的心理学家不同,伪心理学家从不进行科学实验。手相学就是一个伪心理学的例子。手相学家声称,手掌上的纹路能显示一个人的性格并预示其未来。尽管无可辩

---

① 节选自[美]库恩等著,郑刚等译:《心理学导论——思想与行为的认识之路》,中国轻工业出版社 2008 年版,第46—48 页。

驳的证据已经证实这些说法是骗人的,但在很多城市里仍然可以看到有人靠看手相赚钱。另一种类似的伪心理学是颅相学,它最早的传播者是 19 世纪的德国解剖学教师 Franz Gall。颅相学家声称,一个人的个性特征会通过其颅骨的形状显示出来。而现代研究早已证明,一个人颅骨的形状与其天分和能力毫无关系。颅相学家的定位系统也很离谱,比如,他们所标定的显示人的"好斗性"的脑区其实是大脑的听觉中枢。

笔迹学也是一种伪心理学。笔迹学家声称,笔迹能反映人的个性特征。乍一听似乎颇有道理,某些公司在招聘时甚至还请笔迹学家参与人员选拔。但其中有很大的问题。检验结果证明,笔迹学家做的人格评价非常不准确,与标准人格测验的结果几乎完全不一致(Ben-Shakhar et al.,1986)。事实上,他们评价人格和工作绩效的准确性与从未受训练的大学生相比没有什么差别(Neter&BeShakhar,1989;Rafaeli&Klimoski,1983)。连笔迹学会最近也承认,不应该根据笔迹分析结果进行人员招聘(Simner&Goffin,2003)。在此需要说明的是,笔迹学家在进行人格测评时是失败的,对真假笔迹的鉴定是成功的。

笔迹学在用于笔迹鉴定时,应该没有害处。但是,在决定人员聘用、向申请人发放银行信用卡、选择陪审团成员时使用这种伪科学,则是确实有的(Barker,1993)。

在我们这个科学的时代,伪心理学为什么没消失,有的甚至还很流行?以占星术为例,看看其中原因究竟何在。占星术大概是最流行的一门伪心理学了。占星术说,一个人的人格特征和行为是其出生时天上恒星与行星的位置决定的。无数的证据表明,这种说法根本没有科学效度(Kelly,19919991 Stewart,1996)。通过以下分析即可充分说明,占星术根本就是无稽之谈:

1. 占星术创立至今,黄道带中的星座已经换位,换句话说,占星术创立时的天蝎座位置而今应该是天秤座了。可是,大多数星相学家都装作不知道这个变化。

2. 夫妻在星象上是否般配与他们的结婚率和离婚率之间没有任何关系。

3. 研究结果已经表明,星座与领导能力、生理特征、职业选择或人格特质等毫无关系。

4. 星相学家无法解释为什么出生的那一刻要比精子与卵子结合的那一刻对人的发展更重要。

5. 研究结果表明,在著名的星相学家所作的三千多个预言中,能算是被证实的预言没有几个。其实,那些所谓的成功预言也都是说得含含糊糊的东西,比如:"春天,在东方的某个地方将有一场悲剧。"还有一些则是很容易从现况中预料到发展结果的事情。

6. 当要求星相学家将一组陌生人与星象算命结果一一对应起来时,情况与胡蒙乱猜差不多(Kelly,1999)。

7. 曾经有星相学家试图检验他们的占星术,但他们得到的结果与批判者的意见一样,都是否定性的(Kelly,1998,1999;Martens&Trachet,1998;Stewart,1996)。

简而言之,占星术根本不灵。

既然如此,为什么还有不少人热衷于占星术呢?下面,我们将解释其原因。

无批判接受顺言

如果一位星相学家画出了你的星象图,你也许会对表面上的准确性印象颇深。不过,这类感觉一般都是不加思考便接受顺言的结果。无批判接受顺言是指人们容易相信别人对自己的奉承或赞扬。许多星象图都是为了取悦于人而设计制作的。当你见到描述自己个性的词语都是你爱听的话时,你会很自然地认为这些描述是真实的。如果你的生日属于处女座,你不妨在读过以下描述后,看看它在多大程度上与你的情况相符。

正例谬误效应

在占星术的个性描述中,即使是好的和不好的人格特质兼而有之,人们还是认为说得挺准。下面是一段普遍适用的对人格的剖析,读完之后,你也许能够发现人们为什么容易相信这种东西。

你的人格特征

你非常需要别人喜欢你,你也非常需要别人佩服你。你对自己往往求全责备。你有大量潜能尚未开发利用,你还没有把它变成你的优势。你在人格方面有一些弱点,但一般来说你有能力加以弥补。你在适应性方面有一些问题。表面上,你遵守纪律、服从管理,但在内心里往往感到烦恼和没有安全感。你时常对自己的所作所为充满疑惑,不知道自己做对了还是做错了。你喜欢变化和时常换换花样,对约束和限制感到不满。你为自己的独立思考能力自豪,并且不接受那些未经可信的证据证实的观点。你发现,过于坦率和让别人了解你的一切是不明智的。有时你是外向的,你和蔼可亲,容易交往,善于交际;但有时你又是内向的,小心谨慎,沉默寡言。你渴望的一些东西可能是相当不现实的。

这些能够准确说出你的个性特征吗?一位心理学家调查了79位曾参加过人格测试的大学生,把这段话分别读给每个人听,其中认为没有准确抓住自己个性特征的大学生仅有5人。另一项研究表明,人们认为这种对人格的剖析要比星象图的描述更准确(French et al.,1991)。

请你再读一遍那些描述,你会发现,其中包含了同一人格维度中的不同特征。比如,前面说"有时你是外向的",后面又说"有时你是内向的",听上去总有准确的成分在里边。这就容易使人在正例谬误基础上产生一种错觉。正例谬误指人们由于只关注与自己的期望相符的信息而忽略其他信息所产生的知觉错误。伪心理学家成功地利用这种效应,骗取了人们的信任。比如,你总能在一个属于狮子座的人身上发现占星术中描述的狮子座个性特征,但如果你再仔细读读那些描述,你就能发现,这些描述与对双子座个性特征或天蝎座个性特征的描述实际上大同小异。

正例谬误被形形色色的"通灵者"利用,他们装作能与死者对话,欺骗观众。通过分析发现,这些骗子的表演其实很拙劣。但由于正例谬误的作用,许多观众只对他们"成功"的表演印象深刻,而对其失败则视而不见。况且,电视台在节目播出之前,也会将那些令人尴尬的失败统统删掉(Nickell,2001)。

巴纳姆效应

伪心理学家利用的另一种心理效应是巴纳姆效应。巴纳姆(P. T. Barnum)是个有名的马戏艺人,他的成功秘诀只有一句话:"永远要让每位观众都感到自己若有所获。"如果要让每个人都能感到对自己人格的描述是准确的,就要去说那些带有普遍性的行为特点,使这种描述用在谁身上都行。看手相、算命、占星术及其他伪心理学都是在利用这种效应,怎么说都能让你听着有点儿道理。说的现象越具有普遍性,就越能让你佩服他们说得准。有一种方法可以使你了解巴纳姆效应:只要连续几天阅读报纸上所登载的对 12 个星座的未来预言,你就会发现,在那些预言中不同星座未来将要发生的事情都差不多。

伪心理学不只是令人厌恶,实际上,它们的危害性很大。比如,那些自封的"心理专家"会使众多心理障碍患者上当受骗,因为他们提供的伪心理疗法完全无效(Kalal,1999)。科学心理学的基础是观察和证据,因而是有效的,它容不得狂热、猜测或痴心妄想。

● 思考与练习

1. 心理学的研究对象是什么?

2. 心理学的学科性质是什么?

3. 现代心理学有哪些流派?其主要观点和主张分别是什么?

4. 基础心理学和应用心理学领域主要有哪些分支学科?

5. 当代心理学的发展方向有哪些?

6. 心理学的研究任务是什么?

7. 心理学的研究程序是什么?

8. 心理学的研究方法有哪些?每种方法有什么特点?

● 参考文献

1. 全国十二所重点师范大学联合编写:《心理学基础》,教育科学出版社 2002 年版。

2. [美]库恩等著,郑刚等译:《心理学导论——思想与行为的认识之路》,中国轻工业出版社 2008 年版。

3. [美]B. R. 赫根汉著,郭本禹等译:《心理学史导论》,华东师范大学出版社 2004 年版。

4. [美]理查德·格里格、菲利普·津巴多著,王垒、王甦等译:《心理学与生活》,人民邮电出版社 2003 年版。

5. 张春兴著:《现代心理学》,上海人民出版社 2009 年版。

6. 叶奕乾等主编:《普通心理学》,华东师范大学出版社 2010 年版。

7. 孟昭兰主编:《普通心理学》,北京大学出版社 1994 年版。

8. 彭聃龄主编:《普通心理学》,北京师范大学出版社 2001 年版。

9. 艾森克著,阎巩固译:《心理学——一条整合的途径》,华东师范大学出版社 2001 年版。

10. 郑日昌等著:《心理测量学》,人民教育出版社 1999 年版。

11. R. L. Atkinson, Hilgard, *Introduction to Psychology*, New York: HarcourtBract Jovanovich, 1983.

12. W. Weiten, *Psychology: Themes and Variations*, Belmont, CA: Wadsworth/Thomson Learning, 2002.

13. B. Woods, *Understanding Psychology*, Hodder & Stoughton Educational Division, 2002.

第二章 感觉与知觉

● **内容提要**

　　感觉是一种简单的心理现象,它是对直接作用于感觉器官的客观事物的个别属性的反映,是人类认识的起点。知觉则是将感觉信息组成有意义的对象,是对刺激的解释。知觉与人的知识经验是分不开的,它是由多种分析器协同活动而产生的。它们之间既有紧密联系,又有一定的区别。通过本章对感觉与知觉的生理机制、基本特征的阐述,可以增进我们对感觉与知觉的深层理解和对生活中一些奇怪运动现象的认识。

第一节　感 觉 概 述

一、感觉的概念

　　感觉(sensation)是一种最简单的心理现象,它是对直接作用于感觉器官的客观事物的个别属性的反映。[①] 在日常生活中,外界的许多刺激物作用于

---

　　① 全国十二所重点师范大学联合编写:《心理学基础》,教育科学出版社 2009 年版,第 111 页。

我们的各种感觉器官,经过神经系统的信息加工在我们的头脑中就产生了各种各样的感觉。① 例如,面前有一个梨子,鼻子闻到了梨子的香味,眼睛看到了梨子的黄颜色的外观,手触摸到了梨子光滑的果皮等等。物体的这些个别属性通过感觉器官作用于人脑,在人脑中引起的心理活动就是感觉。

人的认识活动是从感觉开始的,通过感觉,不仅能够了解客观事物的各种属性,而且也能知道身体内部的状况和变化,如饥饿、疼痛等。在心理学研究中,感觉占有相当重要的地位,是意识对外部世界的直接反映,也是人脑与外部世界的直接联系。割断了这种联系,大脑就无法反映客观存在,意识也就无从产生。

感觉反映的是当前直接接触到的客观事物,而不是过去的或间接的事物。并且它反映的是客观事物的个别属性,而不是事物的整体属性。通过感觉只能知道事物的声、形、色等个别属性,不能把这些属性整合起来整体地反映客观,也不知道事物的意义。不过虽然它只是一种简单的心理现象,但其他一切较高级、较复杂的心理现象都必须在感觉的基础上产生,因此感觉是人认识客观世界的开端。

感觉是客观内容和主观形式的统一。从感觉的对象和内容来看,它是客观的,即反映着不依赖于人的意识而独立存在的客观事物。从感觉的形式和表现来看,它又是主观的,即在一定的主体身上形成、表现和存在着,人的任何感觉,都受到了个性、经验、知识及身体状况等主体因素的影响。由此可见,感觉是以客观事物为源泉,以主观解释为方式和结果,是主、客观联系的重要渠道,是客观事物的主观映像。

二、感觉的生理机制

感觉的生理机制主要是考察刺激的物理能量是怎样被转换成神经过程和心理活动的。

任何感觉的产生,首先要有作用于感觉器官而产生的客观事物的刺激模式,如视网膜像,这是信息的传递者。其次是由刺激引起的在神经系统和脑内的神经生理活动,即信息加工活动。最后在大脑中枢产生感觉体验。因此各种感觉过程的完成均以相应的感觉器官为基础。

---

① 黄希庭著:《心理学导论》,人民出版社 2002 年版,第 249 页。

感觉的产生是分析器活动的结果。分析器是感觉器官、传入神经和大脑皮层感觉中枢所组成的统一形态机能结构整体。感觉的产生，必须具有分析器所有部分的完整性。首先是感受器能把外界刺激的物理能量转化为神经冲动；其次是传入神经把神经冲动通过神经系统传递至大脑皮层，并在复杂的神经网络的传递过程中，对传入的信息在不同阶段上进行有选择的加工；最后，在大脑皮层的感觉中枢区域，传入的刺激信息被加工为人所体验到的具有各种不同性质和强度等维量的感觉。从信息加工的角度看，感觉主要是大脑皮层中感觉中枢对由感觉器官所提供的各种信息进行加工的过程和结果。表2-1是主要感觉的分类及分析器和信息加工的结果。从表中可见，根据感觉的性质可把感觉分为两大类：外部感觉和内部感觉。

表2-1　主要感觉分类表

类别	种类	适宜刺激	感受器	传入神经	大脑皮层中枢	获得的信息
外部感觉	视觉	可见光波	视锥细胞和视棒细胞	视觉传入神经	枕叶	光学结构的变量所能表示的一切事物的信息
	听觉	可听声波	毛细胞	听觉传入神经	颞叶	振动物体的性质和位置
	嗅觉	有气味的气体物质	嗅细胞	嗅觉传入神经	边缘系统	挥发性物质的性质
	味觉	溶解于水、唾液和脂类的化学物质	味觉细胞	味觉传入神经	中央后回最下部	营养的和生化价值
	肤觉	机械性、温度性刺激物	迈斯纳氏触觉小体、巴西尼氏环层小体、罗佛尼氏小体、克劳斯氏球	肤觉传入神经	中央后回	与物质的接触，机械的碰撞，物体的形状、温度、材料状态（坚硬或粘滞等）

续表

类别	种类	适宜刺激	感受器	传入神经	大脑皮层中枢	获得的信息
内部感觉	运动觉	骨骼肌运动、身体四肢位置状态	肌梭、肌腱和关节小体	动觉传入神经	中央前回	肢体的空间位置、姿势和运动等信息
	平衡觉	头部运动的速率和方向	纤毛上皮细胞	前庭传入神经	前外雪氏回	被引力驱动时的引力方向
	机体觉	机体内部所进行的各种过程	内脏器官及组织深处的神经末梢	内脏传入神经	下丘脑、第二感觉区和边缘系统	内脏活动和变化的信息

外部感觉是指接受外部刺激,反映外界事物个别属性的感觉,包括视觉、听觉、味觉、嗅觉和肤觉。肤觉又可细分为温觉、冷觉、触觉和痛觉。

内部感觉是指接受机体本身的刺激,反映机体的位置、运动和内部器官不同状态的感觉,包括运动觉、平衡觉和机体觉。

对感觉生理机制的说明有助于认识感觉乃至心理活动的本质。例如,人的感觉器官(感受器)具有不同的形态构造,执行着各自不尽相同的职能,它们各自具有特定的适宜刺激物,即只对各自的适宜刺激产生最大的感受能力(眼睛接收可见光波,耳朵接收一定频率和振幅的可听声波等),从而产生清晰的、有一定意义的感觉。这种不同感觉器官只接受特定的、适宜的刺激而产生的感觉现象称之为感觉器官专门化。

19世纪中叶,德国生理学家缪勒(J. P. Muller)提出"神经特殊能量"说。他认为,每种感觉神经都具有特殊的能量,即各种感觉神经的性质各不相同,每种感觉神经只能产生一种感觉,而不能产生其他的感觉。例如,视神经受到刺激产生视觉,听神经受到刺激产生听觉等。但是,当不同刺激,如光、电、机械刺激作用于眼睛,都会产生视觉。声波、电、机械作用于耳朵,都会产生听觉。缪勒根据不同刺激作用于同一感觉神经产生相同的感觉;同一刺激作用于不同的感觉神经产生不同的感觉这一事实得出结论:感觉的性质不决定于外界物体的性质,而决定于感觉神经的特殊能量,即人的任何一种感觉器官在接受任何刺激物作用时都会释放出一种该感觉器官所特有的能量,感官认识的直接对象只是在神经内引起而被神经自身或感觉中枢认为是感觉的特种状态。换句话说,人所直接感知的不是客观事物的属性,而是人的感觉神经自身的状态,因为客观事物是不可知的。这就否定了感觉是客观世界的映象,过分夸大了感觉对感觉器官的依赖性,把感觉同客观事物相分离。因此,缪勒根据生理学上的事实而得出神经特殊能量学说的结论在认识论上是错误的。①

三、感觉的意义

感觉是人的认识过程的初级阶段,是人认识客观世界的开端,也是意识形成和发展的基本成分。通过感觉,人从外界获得信息,这些信息在感觉系统的不同水平上经过加工,并与已经存贮的知识经验进行对照、补充,从而产生对外界事物基本属性的反映。因此,在认识世界的过程中,感觉担负着对复杂事物简单要素进行分析的任务。

感觉是认识的入口,通过感觉,人才能认识和分辨事物的各种基本属性,才能知道自己身体的运动、姿势和内部器官的工作状况。只有在感觉所获得的信息基础上,其他高级的、复杂的心理活动才能得到产生和发展。对于每一个正常人来说,没有感觉的生活是不可忍受的。

加拿大麦吉尔大学的心理学家贝克斯顿(W. H. Bexton)等人进行的"感觉剥夺"实验是说明感觉重要性的一个例证。

【实验 2 –1】

感觉剥夺实验

Bexton Heron & Scott(1954)首次报告了感觉剥夺的实验(如图 2 –1)结果。在实验中,要求被试者安静地躺在实验室的一张舒适的床上,室内非常安静,听不到一点声音;一片漆黑,看不见任何东西;两只手戴上手套,并用纸卡卡住。吃喝都由主试事先安排好了,用不着被试移动手脚。总之,来自外界的刺激几乎都被"剥夺"了。实验开始,被试还能安静地睡着,但稍后,被试开始失眠,不耐烦,急切地寻找刺激,他们想唱歌,打口哨,自言自语,用两只手套互相敲打,或者用它去探索这间小屋。换句话说,被试变得焦躁不

---

① 叶奕乾、何存道、梁宁建主编:《普通心理学》,华东师范大学 2004 年版,第 86—87 页。

安,老想活动,觉得很不舒服。实验中被试每天可以得到 20 美元的报酬。但即使这样,也难以让他们在实验室中坚持这种实验到 2 天~3 天以上。这个实验说明,来自外界的刺激对维持人的正常生存是十分重要的。

[资料来源]彭聃龄主编:《普通心理学》,北京师范大学出版社 2004 年版,第 74—75 页。

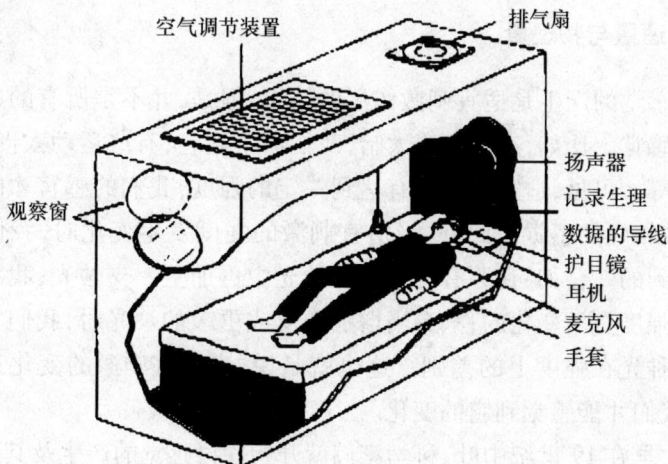

图 2 - 1　"感觉剥夺"实验

【资料窗 2 - 1】

进行"剥夺研究"应该吗?

剥夺研究,是一种研究遗传和环境影响的传统方法。一般来讲,剥夺研究都是要剥夺小动物在某一方面的正常体检,然后观察这种缺乏是否会影响其正常发展。目前,更是有不少此类实验直接用人来做。人们有时认为这种研究并不残忍,因为它并没有给动物或人造成真正的身体痛苦。此类研究的反对者则认为,剥夺动物尤共是人的正常体验从本质来讲就是残忍的,因为这样动物或人就不能拥有正常的生活。因此,科学家们不能这样对待动物、对待他人?你怎么认为呢?

[资料来源][美]尼奇·海斯、苏·奥雷尔著,爱丁等译:《心理学导论》,电子工业出版社 2004 年版,第 57 页。

四、感觉的规律

(一)感受性与感觉阈限

1. 心理量与物理量

尽管感觉的产生是适宜刺激作用的结果,但是,并不是所有的适宜刺激都能引起感觉。比如,有些光线太暗,我们看不到它;有些运动太慢,我们感觉不出它等。可见,适宜刺激只有达到一定的强度,我们的感官才能产生反映,并形成相应的感觉。此外,当适宜刺激的强度发生变化时,我们也不是都能感觉到的。譬如,在原有的两百支烛光中再加上一支烛光,我们是感觉不出光的强度有所变化的;只有当增加两支或更多的烛光时,我们才能感觉到前后两种光在强度上的差别。这也就是说,当适宜刺激的变化达到一定强度时,我们才能感觉到它的变化。

因此,早在19世纪中叶,科学家们就开始探讨感觉的产生及其强度变化与刺激强度之间的关系,即研究心理量与物理量之间的对应关系。其中,一个重要的心理学问题——怎样确定感觉阈限,被提了出来。

所谓感觉阈限,就是能够引起感觉或感觉变化的刺激量。感觉阈限是一个物理量,具体表示引起感觉的刺激量的临界值,即刺激强度只有达到或超过了这个临界值,才能引起感觉或感觉变化。

当然,对于不同的人来说,产生感觉的感觉阈限是不同的。对同一强度的刺激,有人能觉察到它的存在,有人则觉察不到;同样,有的人只需要较小的刺激强度就可以产生感觉或感觉变化,而有的人则需要较大的刺激强度才能产生相同的感觉或感觉变化。因此,感觉阈限的大小可以反映人的感觉能力,即感受性。所谓感受性,就是感觉器官对适宜刺激及其变化的感觉能力。它是一个心理量,表示人的感觉敏锐程度。

感觉阈限与感受性之间成反比关系。人产生感觉的感觉阈限越大,说明其感受性越低;感觉阈限越小,则说明其感受性越高。

每一种感觉都有两种类型的感觉阈限和感受性,即绝对感觉阈限和绝对感受性、差别感觉阈限和差别感受性。

2. 绝对感受性与绝对感觉阈限

刚刚能够引起感觉的最小刺激量叫绝对感觉阈限;而人的感官觉察这种微弱刺激的能力,叫绝对感受性。[①] 绝对感觉阈限并不是一个单一的、绝对的强度值,而是一个统计学上的相对的强度值。因为在现实生活中并没有一个绝对的强度值,一旦高于它,感觉就总能必然可靠地发生,一旦低于它,感觉就完全不会发生。在测量绝对感觉阈限时,心理学家发现,随着刺激强度的逐渐增加,被试对刺激的觉察是一个渐进的而不是突变的过程,即从觉察不到,到有时能觉察到有时觉察不到,再到完全能觉察到。如图 2－2所示,随着刺激强度的增加,被试报告觉察到刺激的次数(百分数)随之增加。按照惯例,心理学家把实验中有 50% 的次数被觉察到的刺激强度值定为绝对感觉阈限。

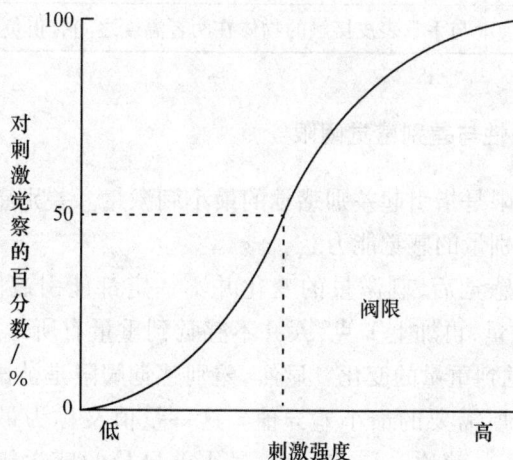

图 2－2 刺激强度与觉察概率之间的典型关系

绝对感觉阈限和绝对感受性之间也是反比关系。如果用字母 R 表示绝对感觉阈限,用字母 E 表示绝对感受性,则两者之间的数学关系可表示为:

$$E = \frac{1}{R}$$

在适当的条件下,人的绝对感觉阈限是很低的。例如,在空气完全透明

---

① 彭聃龄主编:《普通心理学》,北京师范大学出版社 2004 年版,第 78 页。

的情况下,人能看到 1 公里远处的千万分之一烛光的光源。① 有关常见感觉的绝对感觉阈限可见表 2 - 2。

表 2 - 2　常见感觉的绝对感觉阈限

感觉种类	绝对感觉阈限(实际观察所测数值)
明度视觉	在空气清新的无月光夜晚能看见 1 公里远处千分之一烛光强度的亮光
音响听觉	在安静环境中可听到 6 米外表的走针声
甜度味觉	在 9 公升纯水中加入 1 茶匙蔗糖的均匀溶液
香味嗅觉	能嗅出在 1 升洁净空气中均匀分布的 1 亿分之 1 毫克的人造麝香
压力触觉	每秒 0.25 米的风速
温度肤觉	与手掌表皮接触的物体在两者温度之间有正负摄氏 1 度之差

3. 差别感受性与差别感觉阈限

差别感觉阈限是指引起差别感觉的最小刺激量。差别感受性是指对两个刺激间最小差别量的感觉能力。

刺激物引起感觉后,刺激量的变化并不一定都能引起感觉上的变化。例如,100 克的重量,再加上 1 克,人并不感觉到重量有所增加,但增加 3 克以上时,就能感觉到重量的变化。显然,差别感觉阈限是被试辨别两种同类刺激强度不同时所需要的最小差异值。这一量值又称为最小可觉差(just notice-abledifference,简称 jnd),对这一最小差异量的感觉能力称为差别感受性。

差别感受性的大小是用差别感觉阈限的大小来度量的,两者成反比关系。差别感觉阈限越小,则差别感受性越大;反之,差别感觉阈限越大,差别感受性越小。在广泛的范围内,差别感觉阈限与原刺激量的比值是一个常数,用公式表示:

$$K = \frac{\Delta I}{I}$$

其中 I 为原刺激量,ΔI 为差别感觉阈限,即 jnd。当 I 不同时,ΔI 也不

① 乔建忠主编:《现代心理学基础》,南京师范大学出版社 2001 年版,第 49—51 页。

同,但是 ΔI 与 I 的比值却是一个相对固定的常数,记为 K,K 又称之为韦伯分数。上述公式也称为韦伯定律,表明了差别感觉阈限与刺激量之间近似为恒定的正比关系。对不同感觉来说,K 数值是不同,即韦伯常数不同。[①]
见表 2 – 3。

表 2 – 3　几种常见感觉的韦伯常数

感觉种类	韦伯常数
听觉音高	1/333
皮肤重压	1/77
视觉明度	1/62
听觉响度	1/11
提举重物	1/33
皮肤触压	1/7
味觉咸味	1/5

从表 2 – 3 可见,不同感觉的韦伯常数有相当大的差别。韦伯常数越小,则感觉的差别感受性越高。

(二)影响感受性的因素

1. 适应

在刺激物的持续作用下,人对刺激物的感受性会发生改变,这种现象称为适应。古语有"入芝兰之室,久而不闻其香,入鲍鱼之肆,久而不闻其臭",就是指这种适应现象。

适应是人的感受性对持续作用的刺激物的一种顺应,它既可以表现为感受性的降低,也可以表现为感受性的提高。如:从光亮的室外刚进入光线很暗的室内时,几乎什么都看不清,经过几分钟后,才能看清室内物体的轮廓。这种现象就是视觉的暗适应,其结果是感受性的提高。而当你从黑暗的地方忽然进入一个明亮的地方时,最初瞬间强光使人眼发眩,眼睛要立刻眯缝起来,但经过几秒钟后,眼睛就能正常地看清周围事物了。这种现象就是视觉的明适应,其结果是感受性的降低。

---

① 叶奕乾、何存道、梁宁建主编:《普通心理学》,华东师范大学 2004 年版,第 90 页。

适应现象不仅在听觉中能产生,它在每种感觉中都会发生。

(1)听觉的适应。听觉的适应包括对声音的适应和对寂静的适应。例如,我们刚走进一个机器声轰鸣的车间里时,开始时觉得声音特别响,连人的说话声都听不到,但是很快就习惯了;当所有的机器一旦停止转动之后,我们又感到格外的寂静,说话的声音一时显得特别响亮。

(2)触压觉的适应。触压觉的适应相当显著。例如,冬天刚开始穿上棉衣的时候,我们感到有些压力,觉得浑身不自在,但只要经过不长的一段时间,对这种压力的感受性便会降低,不再觉得身上不自在了。

(3)温度觉的适应。温度觉的适应现象也很明显。例如,我们到游泳池游泳的时候,初下水时觉得水很凉,但经过几分钟后就不觉得凉了;同样,到澡堂洗澡的时候,初进大池觉得水很烫,但经过几分钟后就不觉得烫了。当然,对于特别冷或特别热的刺激,人们则难以适应。

(4)嗅觉的适应。嗅觉的适应速度,依气味刺激的性质为转移。一般的气味,经过 1~2 分钟即可适应;强烈的气味,需要经过 10 多分钟才能适应。例如,有研究表明,对碘酒的气味,一般人只要 4 分钟就可以完全适应;而对大蒜的气味,有些人要 40~45 分钟才能完全适应。嗅觉的适应也具有选择性,即对某种气味适应后,并不影响对其他气味的感受性。

由此可见,适应所导致的感受性变化,有其一定的规律:当持续作用的刺激物由弱变强时,感受性就会降低;当持续作用的刺激物由强变弱时,感受性就会提高。

适应现象对于人类活动有着重要意义。人们的工作、学习和生活的环境经常发生各种各样的变化,如果我们的感觉不具备这种适应环境变化的能力,就不能顺利地从事各种活动。

2. 对比

当某一感受器同时或先后接受到不同的刺激时,由于这些刺激在性质和强度上的对比作用,会使人对这些刺激的感受性发生一定的变化,这种现象称为对比。对比对感受性的影响有两种形式:同时对比和继时对比。

某一感受器同时接受到不同刺激而产生的对比现象,称为同时对比。例如图 2-3,明度相同的灰色方块分别放在白色背景和黑色背景上,人们会觉得它们的明度有明显不同:在黑色背景上的灰色方块显得明亮些,而在白色背景上的灰色方块显得暗淡些。这种对比现象还发生在颜色感知觉中,如一个灰色方块放在红色背景上就会使人觉得带有绿色,而将它放在绿色背景上时则会使人觉得带有红色。

图 2-3　视觉明度的同时对比现象

某一感受器先后接受到不同刺激而产生的对比现象,称为继时对比或先后对比。比如,刚吃过糖果后马上又去品尝橘子,就会觉得以前是较甜的橘子味道变酸了;吃了苦汤药后接着喝白开水,会觉得水有甜味。

研究对比对感受性的影响,具有十分重要的实践意义。在交通警示、仪器显示、食品加工、广告设计等领域,利用刺激物之间的对比效应,可以突出某些需要加强感知觉效果的事物。例如,交通信号灯应安装在黑色背景的衬板上,不仅能起到突出信号灯光的作用,而且还可以起到防止其他信号干扰的作用。[1]

第二节　视觉、听觉及其他感觉

一、视　　觉

(一)视觉的刺激

视觉的适宜刺激是光,光是具有一定频率和波长的电磁辐射,人所能接受的光波只占整个电磁波谱中的很小部分。波长在 380-760 毫微米的范围,人可以看到的光称为可见光波,它约占整个光波的 1/70,在此波长范围之外的电磁波射线,人眼则无法看到,如图 2-4。

在真空中,光速为每秒 30 万公里,当它通过液体、气体等物质时,速度下

---

[1]　乔建忠主编:《现代心理学基础》,南京师范大学出版社 2001 年版,第 53—56 页。

波长（m）

| 10⁻¹¹ | 10⁻¹² | 10⁻¹⁰ | 10⁻⁸ | 10⁻⁶ | 10⁻⁴ | 10⁻² | 1 | 10² | 10⁴ | 10⁶ | 10⁸ |

宇宙射线　X射线　紫外线　　　　红外线　雷达　　无线电电视　电波广播　工频交流电

紫　蓝　青　绿　黄　橙　　　红

| 380 | 420 | 490 | 560 | 690 | 620 | 780 |

波长（nm）

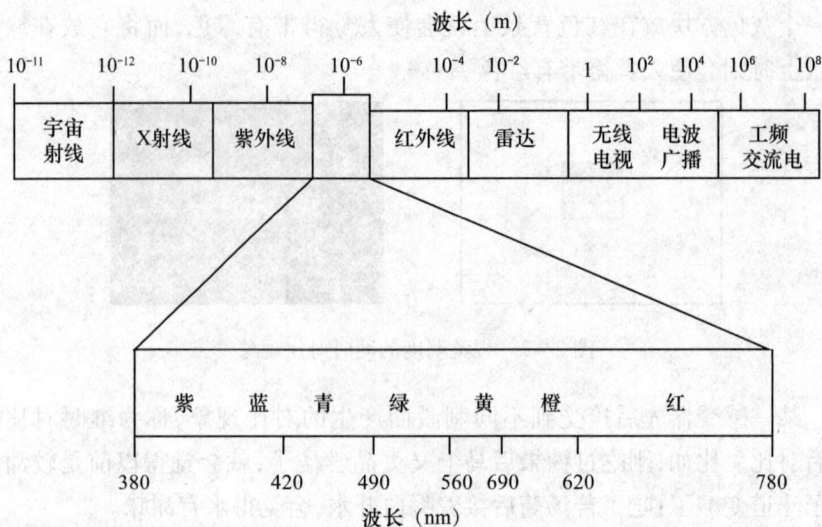

图 2-4　电磁辐射与可见光波

降。由于介质的疏密不同,光由一种介质进入另一介质时就会产生折射。人眼接受的光主要来自光源及其照射在物体上而被物体反射出来的光。

光源指能够产生光的物体。太阳是最主要的光源。除了太阳外,灯、蜡烛等都是光源。在正常情况下,人眼所接受的光线大多是物体表面反射的光。

（二）视觉的生理机制

1. 眼睛的构造及其折光系统

视觉的感受器是视网膜上的感光细胞,光线须经过一系列的聚光器官,最后才能折射并聚焦在视网膜上。眼球是这一系列的聚光器官。

眼球形状似球,由眼球壁和眼球内容物构成。眼球壁分三层。外层为巩膜和角膜,光线通过角膜发生折射进入眼内。中层为虹膜、睫状肌和脉络膜等。虹膜中间有一个孔称为瞳孔,它随光线的强弱而调节其大小。内层为视网膜和部分视神经。视网膜上有感光细胞,包括锥体细胞和棒体细胞。在眼底视网膜中央有一小块碟形区域叫中央窝,其间含有密集的锥体细胞,它具有敏锐的视觉、颜色和空间细节辨别力。在离中央窝15度附近,神经节细胞在此聚集成束形成视神经而进入大脑,这个地方叫盲点。

眼球内容物有水晶体、房水和玻璃体,它们都是屈光介质。当注视外物时,由于角膜、虹膜以及这些屈光介质的调节作用,物像才得以聚集在视网膜的适当部位上。

2. 视网膜的构造和感觉机制

光线透过角膜穿入瞳孔经过水晶体折射,最后聚焦在视网膜上。光线到达视网膜后,首先穿过视神经纤维的节状细胞、双极细胞,再引起感光细胞(锥体细胞和棒体细胞)的变化,然后它们通过一定的光化学反应影响双极细胞和节状细胞,从而引起视神经纤维的冲动传入视觉中枢。

视网膜上的锥体细胞和棒体细胞,两者在数目、功能、形态和分布上都有不同。棒体细胞较锥体细胞多。锥体细胞为粗短锥形,棒体细胞为细长棒形。锥体细胞多分布于视网膜中央窝,在视网膜边缘很少。视网膜中央窝处无棒体细胞,离开中央窝的地方,棒体细胞数目急剧增加。在功能上,棒体细胞为暗视觉感受器,主要感受物体的明暗,在暗视环境中起作用。锥体细胞是明视觉感受器,主要感受物体的细节和颜色,在明视环境中起作用。

当光线作用于视感受器时,锥体细胞和棒体细胞中的化学物质的分子结构发生了变化,即感光物质——视紫红质的分解和合成。这就是视觉感受器的换能作用,视觉器官借助于换能作用将光能转换成视神经的神经冲动。视紫红质由维生素 A、视黄醛和视蛋白结合而成,当视紫红质感光后分解为视黄醛和视蛋白;在暗处视紫红质又重新合成。分解和合成时所释放的能量,激起感受细胞发放视神经冲动,从而引起相应的视觉。

3. 视觉的传导机制

由于锥体细胞和棒体细胞中某些化学物质分子结构的变化而释放的能量,激起感光细胞发放了神经冲动,光能便转换为神经信号,这种信号经由三级神经元传递至大脑的视觉中枢而产生视觉。

按光线传入的方向,它们依次是视网膜神经节细胞层、双极细胞层和感光细胞层,见图 2-5 所示。当光透过神经节细胞、双极细胞到达感光细胞后,引起感光细胞中视紫红质和视紫质的变化而引起光化学反应,将光能转化为化学能;光化学反应引起神经细胞的兴奋,化学能转化为神经电能,产生神经电脉冲,经双极细胞到达视神经节细胞,并沿着视神经节细胞组成的视神经,离开眼睛上行传入大脑枕叶视觉中枢。

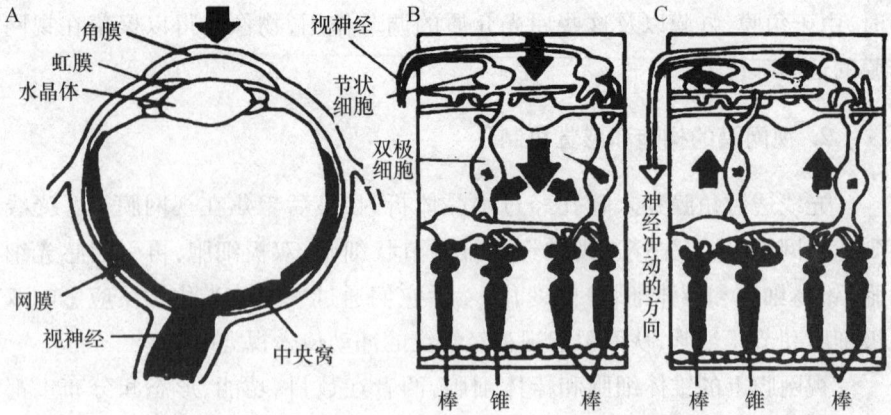

A. 眼球:黑箭头表示光进入方向　B. 光在网膜内传导方向(以黑箭头表示)　C. 神经冲动在网膜内传导方向(以黑箭头表示)

图2-5　视觉器官

　　两眼各自的视神经离开眼睛后分为两支。来自眼睛、鼻内侧的部分交叉到脑的另一侧,形成视交叉,然后仍形成两条分离的上行通道。另一部分上行神经进入丘脑的外侧膝状体,然后形成视放射投射到大脑皮层两侧的枕叶区,在视觉中枢区域对来自两眼的信号进行加工,从而产生视觉。见图2-6。

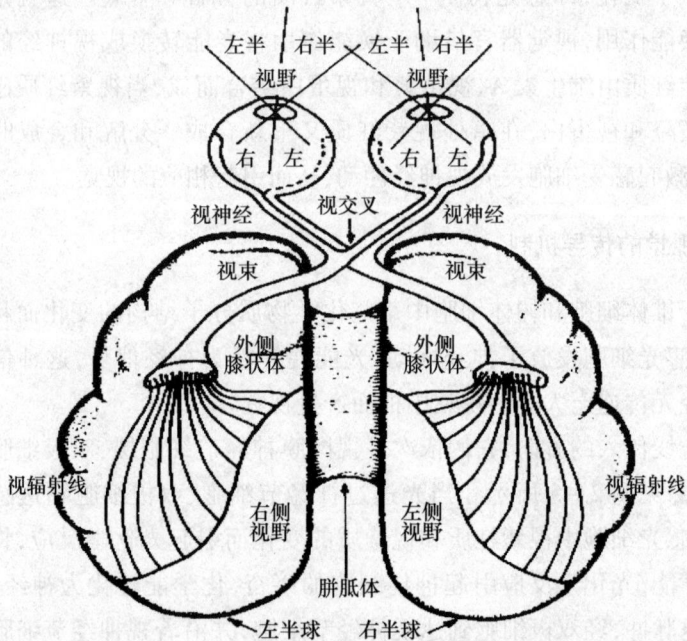

图2-6　视觉神经通路交叉示意图

4. 特征觉察器

20 世纪 60 年代,休伯和威塞尔(D. H. Hubel and T. N. Wiesel)提出感受野的研究课题,对视觉中枢机制的了解,产生了巨大影响。

休伯等人通过实验研究后指出,视网膜上一定区域的感光细胞转换的神经能量能激活与这个区域有联系的视觉系统各层神经细胞的活动,也就是处于某一层次的神经细胞只接受来自一定区域的感光细胞传递的信息。视网膜上的这个感光细胞区域称为相应神经细胞的感受野。这样,视网膜上的某些细胞就成为视觉中枢中某些细胞的感受野,不同的感受野感受不同的刺激,如感受线条、面积、角度、运动方向等等。休伯认为人的视觉中枢存在着能对视网膜上具有某种特性的刺激进行反应的高级神经元——特征觉察器,这样人类得以对环境刺激和视觉信息作出选择性反应。

(三)视觉现象及其规律

光有三个物理特性:波长、振幅及纯度。波长决定了光的色调,不同波长的光有不同的颜色。振幅表示光的强度,它所引起的视觉的心理量是明度。纯度表示光波成分的复杂程度,它引起视觉的心理量是饱和度。由于光的这些物理特性,从而产生了一系列视觉现象。

1. 视觉的绝对感觉阈限与差别感觉阈限

(1)明度的绝对感觉阈限与差别感觉阈限。在正常情况下,人眼对光的强度具有极高的感受性,感觉阈限很低。据测定,人眼能对 7 – 8 个光量子起反应,甚至在某些情况下对 2 个光量子就能发生反应。在大气完全透明,能见度很好的条件下,人眼能感知 1 公里远处 1/4 烛光的光源,人眼对光的感受范围可以划分为暗视觉(10^{-6} 烛光/m^2 – 10^{-1} 烛光/m^2)、中间视觉(10^0 烛光/m^2)和明视觉(10^1 烛光/m^2 – 10^7 烛光/m^2)。超过 10^7 烛光/m^2 的光强,对人眼具有破坏作用。

表示明度的绝对感觉阈限与差别感觉阈限的大小,与光刺激作用在视网膜的部位有关。棒体细胞多分布在距中央窝 16^0 – 20^0 处,据棒体细胞的特性,因而明度的绝对感觉阈限值低;反之,锥体细胞聚集在中央窝部位,对光强的差别感受性较高。明度的感受性与光刺激作用的时间、面积以及个体的年龄、营养情况等因素有关。

（2）波长的绝对感觉阈限与差别感觉阈限

在可见光谱范围内，人对不同波长的感受性是不同的。在明视觉条件下，人眼对560毫微米波长的光（黄绿色）感受性最高。但在暗视觉条件下，人眼对505毫微米波长的光（蓝绿色）感受性最高。如图2－7所示，而且在可见光波的不同区域，人眼对不同色调光波的辨别能力也不同，如图2－8。

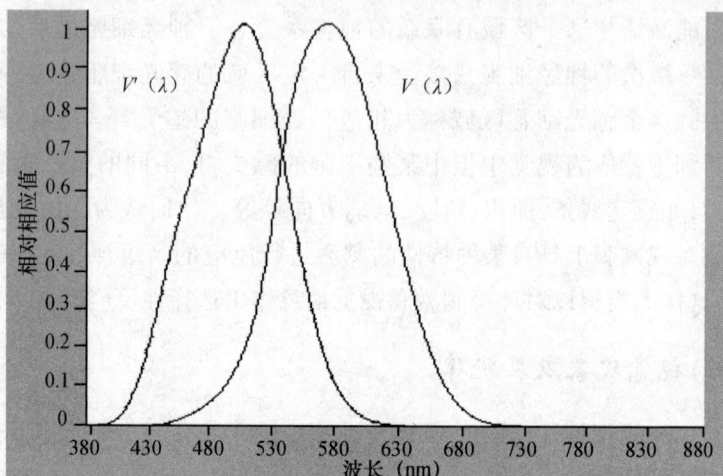

图2－7　视见函数
1. 白昼视觉　2. 黄昏视觉

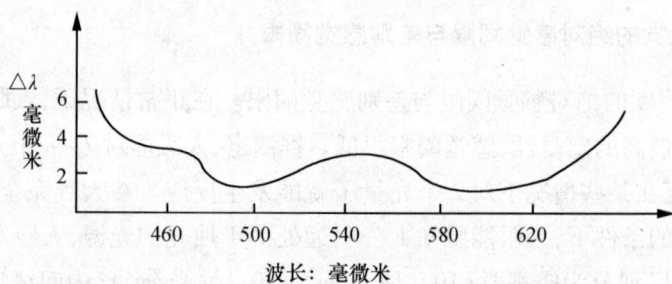

波长：毫微米

图2－8　眼睛辨别不同色调的曲线

2. 视觉适应

适应是指感受器在刺激物持续作用下感受性的变化。适应既可引起感受性的提高，也可使感受性降低。"入芝兰之室，久而不闻其香"是对适应的一种描述。视觉的适应最常见的有明适应和暗适应。明适应又称光适应，由暗处到光亮处，特别是在强光下，最初瞬间感到光线刺眼发眩，几乎看不清外界物体,几秒钟之后逐渐看清物体,这种对光的感受性下降的变化现象称为明适应。明适应的时间很短,最初约 30 秒内,感受性急剧下降,之后感受性下降逐渐缓慢,大约在 1 分钟左右明适应才全部完成。

从亮处到暗处,人眼开始看不见周围东西,经过一段时间后才逐渐区分出物体,人眼这种感受性逐渐增高的过程叫暗适应。暗适应所需时间较长,感受性的变化也较大。暗适应包括两种基本过程:瞳孔大小的变化及视网膜感光化学物质的变化。从光亮到黑暗的过程中,瞳孔直径可由 2 毫米扩大到 8 毫米,使进入眼球的光线增加 10—20 倍,这个适应范围是很有限的,瞳孔的变化并不是暗适应的主要机制。暗适应的主要机制是视网膜的感光物质——视紫红质的恢复。人眼接受光线后,锥体细胞和棒体细胞内的光化学物质,产生漂白过程,即视黄醛完全脱离视蛋白。当光线停止作用后,视黄醛与视蛋白重新结合,产生还原过程。由于漂白过程而产生明适应,由于还原过程使感受性升高而产生暗适应。视觉的暗适应程度是与视紫红质的合成程度相应的。

视觉适应具有特殊意义。在工程心理学中,对视觉适应现象的研究,如改善工作环境的照明条件以提高工作效率等。

3. 颜色视觉

颜色是光波作用于人眼所引起的视觉经验。光波的强度、波长和纯度的三种属性,分别决定了人的视觉的明度、色调和饱和度。

明度是指光刺激的强度作用于眼所产生的视觉结果。彩色物体表面的光反射率愈高,明度就愈大。例如,同样是 700 毫微米的红光,强度大的就要比强度小的看上去明亮;同样是反射 510 毫微米的绿色纸,皱纹纸就不如蜡光纸看上去明亮。色调是区别不同色彩的特性,由不同光波的波长决定,不同波长的光波作用于眼睛而产生的不同的色觉。饱和度是指颜色的纯度,光谱上的各单色光的饱和度最大,其掺入的白色愈多,就愈不饱和。由白经灰至黑的系列是无彩色,因此它们没有色调和饱和度,只有明度属性称为黑白系列。

在日常生活中,人们所看到的大多数色光都是由不同波长的光线在视觉系统中混合而得到的。人眼对色光混合而产生的色觉有以下三个定律。

(1)互补律

每一种色光都有另一种同它相混合而产生白色或灰色的色光,这两种色光称为互补色。例如蓝色光和黄色光、绿色光和紫色光、红色光和青色光混合都能产生白色,因此它们都为互补色。

（2）间色律

混合两种非互补色光而产生的一种新的混合色光或介于两者之间的中间色光。例如红光与绿光混合,根据混合的比例不同,可以得到介于它们之间的橙、黄、黄橙等各种颜色光。取光谱上的红、绿、蓝三原色,按一定比例的波长混合可以产生各种色光。见表2－4。

表2－4　光谱颜色波长和范围

色调	波长(nm)	范围(nm)
红	700	640—780
橙	620	600—640
黄	580	550—600
绿	510	480—550
蓝	470	450—480
紫	420	380—450

（3）代替律

不同颜色混合后产生的相同的颜色可以彼此互相代替。只要在感觉上颜色是相似的,便可以互相代替而得到同样的视觉效果。但这一规律只适用于色光的混合。例如,黄光和蓝光混合产生灰色,用红光和绿光混合而成的黄光与蓝光混合后也可产生灰色。[①]

4. 色觉缺失

色觉缺失包括色弱和色盲,据统计,8%的男性和0.5%的女性有某种程度的色盲或色弱。色弱是指对光谱中的红色和绿色区域的颜色感受性很低。色盲是指丧失颜色的辨别能力。

色盲有部分色盲和全色盲之分。常见的部分色盲是红绿色盲,红绿色盲对红光和绿光反应不敏感,不能区分红光与黄光或绿光。黄—蓝色盲则较少见,他们只有红、绿感觉,而没有黄—蓝颜色感觉。全色盲指丧失了对

---

① 全国十二所重点师范大学联合编写:《心理学基础》,教育科学出版社 2009 年版,第113 页。

整个可见光谱上各种光的颜色视觉,而把它们看成为灰白,即无彩色系列。全色盲极罕见,主要是视网膜上缺少视锥细胞或视锥细胞功能丧失所致。

色盲常为先天的,也有后天的。先天色盲与遗传因子有关,一般是隔代遗传,目前尚无法医治。后天色盲往往由于各种原因造成,如视网膜疾病、视神经障碍、药物中毒以及维生素缺乏等。

5. 视敏度

视觉辨别物体细节的能力叫视敏度(在临床医学上也叫视力)。一个人辨别物体细节的尺寸愈小,视敏度就愈高;反之,视敏度愈差。视敏度与视网膜物象的大小有关,而视网膜物像的大小则决定于视角的大小。所谓视角就是物体的大小对眼球光心所形成的夹角。同一距离,物体的大小同视角成正比;同一物体,物体距离眼睛的远近同视角成反比。视角大,在视网膜的物像就大。分辨两点的视角愈小,表示个人的视敏度愈高,视力愈好。常用测定视敏度的视标有"C"形和"E"形。视角的度数等于1分角(圆周为360度,1分角为1/60度)时,正常的眼睛是可以分别地感受这两个点的。因为1分视角的视象大小是4.4微米,相当于一个视锥细胞的直径。在理论上说,物体的两点便分别刺激到两个视锥细胞上,因而能把它们区分开来。如果视角小于1分视角,物体两点正常人的视力为1.0,但有的人可达1.5,甚至更大。这不仅取决于中央凹视锥细胞的直径,也取决于大脑皮质视区的分析能力。

影响视敏度的因素有很多。首先起决定因素的是光线落在视网膜的那个部位。如果光线恰好落在中央凹,这一部位视锥细胞密集且直径最小,因此视敏度最大。光线落在视网膜周围部分,视敏度大减。此外,明度不同,物体与背景之间的对比不同,眼的适应状态不同等,也都对视敏度有一定的影响。[①]

6. 闪光融合

当外界有光刺激时,视网膜需要一定时间把光能量转换为神经反应,在光消失时,视网膜的反应并不立即停止。也就是说,视网膜上的反应,在时间上有迟滞,从而产生视觉后像。后像所保留的时间约0.1秒。假如有多次

① 黄希庭著:《心理学导论》,人民出版社2002年版,第269—270页。

闪光刺激,并且间隔时间足够短,人眼则不再分辨为单个闪光,而将其感觉为一个稳定的连续光,这种现象叫作闪光融合(flicker fusion),刚好产生闪光融合时的闪光频率叫作临界闪光融合频率(critical fiicker frequency, CFF)。一个人能看到的闪光频率越高,其视觉分辨能力就越强。闪光融合临界频率受被试的年龄、练习、注意程度以及闪光波形、波长、所刺激的视网膜部位、眼的适应等多种因素的影响,它可以作为了解人的生理和心理机能状态的一个手段。

7. 视觉后像

视觉后像是指刺激停止作用于视觉感受器后,感觉并不立即消失而保留片刻的现象。但这种暂存的后像在性质上与原刺激并不总是相同的。与原刺激性质相同的后像称为正后像,例如,注视打开的电灯几分钟后闭上眼睛,眼前会出现一片黑背景,黑背景中还有一电灯形状的光亮形状,这就是正后像。与原刺激性质相反的后像叫负后像。在前面的例子中,看到正后像后眼睛不睁开,再过一会儿发现暗背景上的光亮形状变成黑色形状,这就是负后像。

颜色视觉中也存在着后像现象,一般均为负后像。在颜色上与原颜色互补,例如,眼睛注视一个红色光几分钟后,把视线移向白色背景时,会见到蓝绿色光出现在白色背景上,这就产生了颜色视觉的负后像。①

二、听　　觉

听觉是人通过听觉器官对外界声音刺激的反映,是仅次于视觉的重要感觉。

(一)听觉刺激

听觉(hearing)的适宜刺激是频率为 16—20 000 次/秒(赫兹)的声波。声波是一种机械波,听觉的感受性在 1 000—4 000 赫兹的声波范围内最高,500 赫兹以下和 5000 赫兹以上的声波则需要大得多的强度才能被感觉。16 赫兹以下和 20 000 赫兹以上的声音是听不见的。不同年龄的人听觉有所不同,例如,幼儿能听到 30 000—40 000 赫兹的高音,50 岁以上的人则只能听

---

① 叶奕乾、何存道、梁宁建主编:《普通心理学》,华东师范大学 2004 年版,第 94—103 页。

到不超过 13 000 赫兹的高音。当声音强度超过 120 分贝时,声波便不再射起听觉的进一步变化,产生的是压、痛觉。听觉的差别感受性较高,能觉察几赫兹的声波差异,但对不同频率的声波,其差别阈限有所不同。①

(二)听觉的生理机制

耳是人的听觉器官,它在把外界复杂的声音信号转变成内在神经信息的编码过程中起着重要作用。

耳的构造和功能。耳由外耳、中耳和内耳三部分组成。声音刺激经外耳搜集,由外耳道经空气传至中耳的鼓膜。中耳将声音的振动传送到内耳,内耳的感受器将振动的机械能转化为神经能。

中耳包括鼓膜、听小骨系统和卵圆窗。声波从外耳道传至鼓膜引起鼓膜振动。鼓膜与锤骨、砧骨和镫骨组成的听小骨系统相连,它们将声波传到卵圆窗。由于耳膜的面积比卵圆窗大 20 倍,振动传到卵圆窗时,声压约提高了 20—30 倍。这条声波传导途径称为生理传导。另外还有空气传导和骨传导。空气传导是鼓膜振动引起中耳室内的空气振动,再经卵圆窗传至内耳。骨传导是振动产生的声波由颅骨传人内耳。

内耳由前庭器官和耳蜗构成。耳蜗又分三部分:鼓阶、中阶和前庭阶。基底膜在鼓阶和中阶之间,它在卵圆窗的一端最窄,在蜗顶一端最宽。基底膜上分布大量听觉感受器——科蒂氏器,它由支持细胞和毛细胞组成。听神经的兴奋是由基底膜的运动刺激了毛细胞而产生动作电位,引起神经冲动,由传入神经传导至大脑皮层颞叶的听觉中枢而产生听觉。②

(三)听觉现象

1. 听觉属性

听觉有音高、响度和音色三种属性。

(1)音高

音高是由声波频率决定的听觉特性。频率高,声音听起来尖;频率低,声音听起来低沉。例如,男子声带厚长,振动缓慢,说话时的振动频率低,声

---

① 全国十二所重点师范大学联合编写:《心理学基础》,教育科学出版社 2009 年版,第 113—114 页。

② 叶奕乾、何存道、梁宁建主编:《普通心理学》,华东师范大学 2004 年版,第 104 页。

音较为低沉;女子声带薄短,振动较快,说话时的频率高,比男子的声音高得多。但除频率之外,声音强度即振动的振幅大小也影响音高。人对 1000 Hz 左右频率的声音感受性最高。

(2)响度

响度是由声波振动的幅度(强度)引起的听觉特性。声波振动的幅度大,声音听起来就响;振动的幅度小,声音听起来就弱。人耳能接受相当大范围的音强差,既能听到手表秒钟的滴答声,也能承受飞机掠过头顶的轰鸣声,两者之间的强度相差悬殊。除声波的振幅影响响度外,频率对响度也有作用。响度的感受范围是 0—120 分贝。120 分贝以上的声音引起的不再是听觉而是痛觉。[①]

(3)音色

音色是反映声波混合的听觉特性。人根据它把具有相同音调和音响的声音区分开来。例如,不同乐器演奏同一音符,人仍能把它们区分开来,其原因在于它们的音色不同。音色取决于声能在不同频率上的分配模式。当不同声音混合在一起时,人仍然可以听出组成该混合声的各种声音的音色,而不会产生一种新的合成音色,除非它们的基频是相同的。因此,在有其他声音存在时,对声音音色的鉴别,与在复合声中一组谐波的共同特性有关。

2. 声音的混和与掩蔽

(1)共鸣

将两个频率相同的音叉邻近而置,敲击其中一个,另一个也会振动发音。这种由声波作用而引起的共振现象叫共鸣。产生共鸣物体的振动叫受迫振动。产生共鸣的条件是振动物体的振动频率与邻近物体的固有频率相同,这样才会产生共鸣。

(2)强化与干涉

当两个声波振动频率相同而相位相同时,它们的相互作用使人感觉音响增强了,是强化现象。当两个声波振动频率相同而相位相反时,它们的相互作用使得合成声波振幅减小,音响减弱,是干涉现象。如果两个频率相近的声波相互作用,其结果是交替地发生强化与干涉,合成波的振幅产生周期

---

① 全国十二所重点师范大学联合编写:《心理学基础》,教育科学出版社 2009 年版,第 114 页。

性的变化,人将听到一种音响有起伏的拍音。

（3）差音与和音

差音是两个声波频率之差的音调,和音是两个声波频率之和的音调。当振幅大致相同、频率相差 30 Hz 以上的两个声波进行相互作用时,可以听到差音与和音,也可以听到拍音。辨别差音与和音需经一定的训练。

（4）声音的掩蔽

两个声音同时到达耳朵相混合时,人只能感觉到其中一个声音的现象叫声音的掩蔽。起干扰作用的叫掩蔽音,想要听到的声音叫被掩蔽音。声音的掩蔽分三类:一是纯音对纯音的掩蔽。掩蔽音强度高,掩蔽效果好;掩蔽音的频率与被掩蔽音频率接近时,掩蔽效果好。二是噪音对纯音的掩蔽。噪音强度低时,掩蔽效果好,噪音强度高时,掩蔽效果下降。三是噪音和纯音对语言音的掩蔽。噪音的掩蔽效果比纯音好,噪音强度愈大掩蔽效果愈好。

3. 听觉的疲劳与听力丧失

在声音刺激长时间连续作用之后,听觉感受性会显著降低,这一现象称为听觉疲劳。听觉疲劳表现为听觉阈限的暂时性的提高,一般把声音刺激停止作用后 2 分钟可测得的听阈作为听觉疲劳的指标。听觉疲劳的程度与声音刺激的强度、持续的时间、刺激的频率以及声音刺激停止后测量听阈的时间等多种因素有关。长期的听觉疲劳,由于累加作用而得不到听觉恢复,最终会导致听力降低或永久性听力丧失。

听力丧失主要有传导性耳聋和神经性耳聋两种。听觉传导机制发生障碍将造成传导性耳聋,如耳膜穿孔等。内耳功能失常则会造成神经性耳聋。长期过度的噪音刺激、链霉素过量使用都可引起神经性耳聋。老年性耳聋是神经性耳聋的一种,它对高频音的感受性逐年下降。①

【资料窗 2 – 2】

辨别声音方位

有些动物可以极其准确地辨别声音的方位。例如,狗可以分辨仅仅相差 11 度的声音,而人类通常却只能够分辨相差大约 45 度的声音。我们发现,最容易辨别的方向就是在两耳之间产生最大区别的那些方向;最难辨认的就是声音完全在同一时间到达两耳的

---

① 叶奕乾、何存道、梁宁建主编:《普通心理学》,华东师范大学 2004 年版,第 105—106 页。

方向,可以是头上或脑后,正前方或正后方,所产生的效果都是一样的。

[资料来源]尼奇·海斯、苏·奥雷尔著,爱丁等译:《心理学导论》,电子工业出版社2004年版,第73页。

三、其他感觉

人的感觉通道除视觉、听觉之外,还有皮肤感觉、嗅觉、味觉以及机体内部感觉。人通过这些感觉,不断获得有机体内外环境的信息,以适应环境。

(一)肤觉

皮肤感觉(skin senses)包括触压觉、温度觉和痛觉等,这几种感觉常常混在一起,在感觉上很难将它们严格地区分开来。它们的感受器散布于全身体表。从全身来看,鼻尖的压点、冷点和温点最多,胸部的痛点最多。在体表的同一部位,痛点最多,压点其次,温点最少。

触压觉的敏感部位是舌尖、唇部和手指等处较高,而背部、腿部和手背等处较不敏感。触压觉的产生并非压力本身,而是使神经末梢变形的压力差。如果把手指插入水银中,你就会发现压觉并非来自手指所浸入的部位,而是来自手指上空气和水银的交界处。

温度觉包括冷觉、温觉和热觉,刺激温度的范围是 $-10℃—60℃$,超过这个范围不产生温度觉,而会引起痛觉。由于皮肤表面温度是 $32℃$ 左右,故 $32℃$ 左右的温度刺激不产生冷或热的感觉,这个温度叫作生理零点。热觉则是由 $42℃$ 以上的温度刺激引起的,用 $42℃$ 以上的温度刺激冷点不产生热的感觉,而是产生强冷感觉,这叫作矛盾冷觉。热觉是冷点的冷觉和温点的温觉的融合体验。

痛觉的感受器除了皮肤上的痛点外,几乎遍布于身体的所有组织中。痛觉是对机体的一种保护性的机能。

(二)嗅觉和味觉

嗅觉和味觉都是对化学物质的感觉,两者互相影响,互相配合。当嗅觉功能发生障碍时,味觉功能也会随之而减退。

人的嗅觉相当敏锐,据估计人的嗅觉感受细胞约有1000万个,德国牧羊犬有22 400万个嗅觉细胞。人对滋味的感受器主要是分布于舌头上的味蕾,基本的味觉有酸、甜、苦、咸四种,舌尖感觉甜,舌的两侧感觉酸,舌根感觉苦,舌尖和舌的周围感觉咸。味觉的对比现象很明显,如吃了甜的东西以后再吃酸的东西就会感到特别酸。但嗅觉的适应现象很显著,长时间闻一种气味会使嗅觉产生适应现象。

(三)运动觉和平衡觉

运动觉就是反映身体各部分之间位置的相对变动的感觉,运动觉的感受器在肌肉、肌位以及内耳的前庭器官中。运动时,由于肌肉的收缩或拉长,以及关节转动等,使感受器兴奋并向大脑发放神经冲动,引起身体运动和位置的感觉。

平衡觉的感受器在内耳的前庭器官中。前庭器官的半规管中充满了淋巴液,当人进行加速或减速运动时,其中的毛细胞就在淋巴液的惯性作用下发生兴奋并向中枢发放神经冲动,产生身体的运动感觉和平衡感觉。

(四)机体觉

机体觉是对我们内脏器官活动状态的反映。包括内脏感觉以及饥、渴等感觉。内脏在正常情况下一般不会产生什么感觉,但在遇到过强的刺激或伤害性刺激的情况下,内部感受器发放的冲动很强,机体觉才变得鲜明,处于优势。①

四、不同感觉间的相互作用

在一定条件下,各种感受器的机能状态都有可能发生相互影响、相互作用。例如,用刀子沿着玻璃边擦出来的吱吱声,往往会使许多人的皮肤产生寒冷的感觉;强烈的声音常使牙痛患者痛得更厉害;有时很高的声音或某种难堪的声音,使人产生呕吐的感觉;咬紧嘴唇或握紧拳头,会感到身体某一部位的疼痛似乎减轻了些;举重时,如果有轻音乐伴奏,重物好像变得轻了些。所有这些现象都是不同感觉间相互作用的结果。关于不同感觉间的相互作用问题,内容相当复杂,这里仅讨论三个问题:不同感觉的相互影响、不

---

① 全国十二所重点师范大学联合编写:《心理学基础》,教育科学出版社 2009 年版,第 115 页。

同感觉的相互补偿和联觉。

（一）不同感觉的相互影响

在一定的条件下，各种不同的感觉都可能发生相互影响。例如，在噪声听觉（飞机发动机的噪声）影响下，黄昏视觉的感受性降低到受刺激前感受性的20%（C. B. Kpabkob，1948）。在噪声听觉影响下，暗适应的眼睛对绿蓝色光感受性增高，对红橙色光感受性降低。轻微的肌肉工作、凉水擦脸，可以使黄昏视觉的感受性提高。这说明其他感觉能使视觉发生某种变化。此外，嗅觉、味觉、痛觉也会对视觉感受性产生一定的影响。

断续的闪光能使声音的响度（如音叉音）产生起伏变化，产生声音的"脉动"感觉。说明其他感觉能使听觉发生某种变化。

食物的颜色、温度会影响味觉。摇动的视觉形象会影响平衡觉，使人晕眩等等，也证明了味觉、嗅觉、平衡觉等都会受其他感觉的影响而发生某种变化。

虽然，不同感觉相互影响的规律尚未探明，但一般的趋向似乎是：对一个感受器的微弱刺激能提高其他感受器的感受性，而强烈的刺激则会降低其他感受器的感受性。

（二）不同感觉的相互补偿

感觉的补偿是指某种感觉系统的机能丧失后而由其他感觉系统的机能来弥补。例如，盲人失去了视觉机能，能学会通过声音来辨别附近的建筑物、地形等，通过触摸觉来阅读盲文。聋哑人能"以目代耳"，学会看话甚至学会"讲话"等等。

随着科学技术的进步，不同感觉相互补偿有了更大的可能性。例如，有一种"阅读仪"能把印刷文字的视觉形象转换成低频的触觉信号，盲人用手把着这个仪器在书页上移动，能以每分钟80个字的速度阅读。还有一种"电眼"能把外界物象转换成作用于盲人的皮肤信号，能使盲人在房间里自由行走，取东西等等。

各种感觉之所以能相互补偿，是由于各种刺激的能量是可以转换的。例如，视觉失缺，但光能可以转化为电能或机械能，这样视觉信息就可以由其他正常的感官来加以接收。各种感觉系统的机能都能通过练习得到提高。这样，一种（或几种）感觉机能的丧失，就有可能由其他经常得到练习的、感受性提高了的感觉系统来加以弥补。

（三）联觉

当某种感官受到刺激时出现另一种感官的感觉和表象,这种现象称为联觉。最常见的联觉是色听联觉,即听到某种声音时就产生生动鲜明的彩色形象。例如,兰菲尔德(H. S. Langfeld)曾研究过一被试前后间隔七年,其联觉却相当稳定,当这个被试听到音符"C"时就看见"红色",听到音符"d"时就看见"紫色"等等。还有味色联觉,例如,有的人看见黄色会产生甜的感觉,有的人看见绿色会产生酸的感觉。铁钦纳(Tichener)曾报导过,在某些人中,酸味会引起头皮发痒的触觉,锯金属的尖声会产生蚁走感觉等等。

联觉不是个别人的幻想,看来似乎有某种普遍性。例如,我们经常听到人们说,"甜蜜的噪音"、"沉重的乐曲"、"明快的曲调"、"尖酸的气味"。这些联觉现象是由于我们在日常生活中各种感觉现象经常自然而然有机地联系在一起之故。

【资料窗2－3】

噪　音

现代生活是聒噪的:交通的轰鸣声、工厂机器的喧闹声、冲击钻劈开公路的声音不绝于耳。伴随着工业化、动力工具和喧闹的娱乐活动,在1971年以来的20年中,45—60岁的美国人"无法听见和理解日常对话"的比例达到了87%,对这一结果,没有什么太令人惊讶的。其有讽刺意味的是,健康俱乐部和健身中心——通常播放100分贝以上的音乐——可能会损害健身者的听觉健康。人们可以从Pete Townshend of the Who中获得启示,他给摇滚乐歌手的听觉教育和觉知协会捐献了1万美元,并承认自己的听觉丧失。尽管摇滚音乐可能还在流行,但对某些摇滚音乐家来说,悲惨的现实是他们的听力可能会完全丧失。

一般来说,如果你难以避免噪音污染,那么它可能会给你带来潜在的危害,特别是噪音长时间持续起作用时。如果我们在剧烈的机械声或音乐声后感到耳鸣,那么这可能会对毛细胞产生不良的影响。正如痛觉提示我们的身体可能受到了伤害一样,耳鸣则提示我们的听觉可能受到了损害。噪音不仅会损害我们的听觉而且会影响我们的行为。在需要提高警惕性的操作任务中,嘈杂环境中的工作效率较低且出错也较多。据调查,当新建成的慕尼黑国际机场开始启用后,已经关闭的旧机场附近学生的阅读和长时记忆成绩有了改善,而新机场附近儿童的成绩却出现了微弱的降低。一直生活在噪音较大环境下的工人、家在机场附近的居民和住在铁路或高速公路旁公寓里的居民更可能会患有与压力相关的失调障碍:高血压、焦虑和无助感是常见的症状表现。

但是,噪音真的会导致压力吗?几项噪音的心理学影响的实验室研究为此提供了答案。在一个实验中,格拉斯和辛格(Glass&Singer,1972)用磁带录下办公室机器和人们谈话的混合声音。当进行不同的任务时,要求工人听这些噪音,而噪音播放的音量或高或低,工人有时可以预知噪音出现的时间间隔,而有时却无法预知这种时间间隔。不管在哪种条件下,工人可以很快适应可预知的噪音环境并在几乎所有的任务中都有很好的表现。然而,尽管能够应对这种噪音环境,那些暴露在不可预知的高音量噪音环境下的工人稍后在校对任务中会出现更多错误,并且遇到挫折时很快便会放弃尝试。

　　总结:当噪音无法被预期或难以控制时能产生压力。这可以解释为什么从别人的音箱中所发出的音乐声会比来自自己音箱同样分贝的音乐声更令人心烦,因为前者的音乐声我们无法预知也难以控制。此时此刻,我们可能希望自己的耳朵里有一个小盖子。

　　[资料来源]戴维·迈尔斯著,黄希庭等译:《心理学》,人民邮电出版社 2005 年版,第 179 页。

第三节　知　觉　概　述

一、知觉的概念

　　知觉(perception)是人脑对直接作用于感官的客观事物的整体属性的反映。如果说,感觉是对刺激的觉察,那么,知觉则是将感觉信息组成有意义的对象,是对刺激的解释。[①]

　　环境中的事物包含着许多属性,如物体的形状、大小、颜色、声音、气味和温度等,以及人的骨骼肌肉和内脏器官活动的不同状态。人首先通过感觉来反映作用于感觉器官的客观事物的个别属性和人所处的某种活动状态的信息。在实际生活中,由于物体的个别属性并不是脱离具体事物而独立存在的,因此,人对事物的个别属性的反映是作为事物的一个方面而与整个事物同时被反映的。人在反映客观事物的过程中,不仅形成了属性和物体间关系的经验,而且也形成了物体与物体之间关系的经验。当客观事物直接作用于人的感觉器官的时候,人不仅能够反映该事物的个别属性,而且能够通过各种感觉器官的协同活动,在大脑中将事物的各种属性,按其相互之

[①]　全国十二所重点师范大学联合编写:《心理学基础》,教育科学出版社 2009 年版,第 117 页。

间的联系或关系整合成事物的整体,从而形成该事物的完整映像。例如,感觉到面前苹果的颜色、香味、硬度和甜味等个别属性,然后把感觉到的个别属性信息进行综合,加上经验的参与就形成了苹果的整体映像,这种信息整合的过程就是知觉。可见,知觉的产生,必须是以各种形式的感觉存在为前提的,并且是与感觉一起进行的。但是,不能把知觉单纯地归结为感觉的简单总和,因为知觉除了以各种感觉为基础外,还需要借助于过去经验或知识的帮助。一个人要把某一对象知觉为一个确定的客体,需要有关于这一确定客体的知识和经验。知觉就是把感觉器官获得的信息转换成对物体或事件的经验和知识的过程,其中语言在知觉发展过程中起着重要作用。可以说,语词的学习和掌握是人们知觉能力发展到高级水平的必要工具。除此之外,知觉还受到各种心理特点如兴趣、需要、动机、情绪和态度等影响,使人的知觉具有一定倾向性。①

从不同角度可以对知觉进行分类。根据在知觉中起主导作用的分析器的特性,可以把知觉分为视知觉、听知觉、触知觉和嗅知觉等。根据知觉反映的事物的特性,把知觉分为空间知觉、时间知觉和运动知觉等。根据知觉所反映的客体,把对客观事物的不正确的反映称为错觉。

二、感觉与知觉的关系

感觉和知觉的关系非常密切,它们之间既有明显的区别,也有密切的联系。

感觉和知觉的相异点主要有以下三个方面:

第一,感觉是介于心理和生理之间的活动,它的产生主要来自于感觉器官的生理活动以及客观刺激的物理特性,相同的客观刺激会引起相同的感觉。而知觉则是以生理机制为基础的纯粹的心理活动,它的产生是在感觉的基础上对物体的各种属性加以整合和解释的心理活动过程,处处表现出人的主观因素的参与。

第二,感觉是人脑对客观事物的个别属性的反映,知觉则是对客观事物的不同属性、不同部分及其相互关系的综合的、整体的反映。

第三,从感觉和知觉的生理机制来看,感觉是单一分析器活动的结果,而知觉则比感觉要复杂,它是多种分析器协同活动对复杂刺激物或刺激物

---

① 叶奕乾、何存道、梁宁建主编:《普通心理学》,华东师范大学 2004 年版,第 113 页。

之间的关系进行分析综合的结果。在多种分析器的参与下,通过反映事物多种属性并整合后才形成知觉。由于已有的知识和经验对知觉的形成具有重要作用,因此,在知觉过程中,还包括了当前的刺激所引起的兴奋和以往相应的知识经验的暂时神经联系的恢复过程。

感觉与知觉的联系也主要表现在三个方面:第一,反映时态相同。感觉和知觉都是对直接作用于感觉器官的事物的反映,即都是对感觉器官当前所涉及的事物的反映。换句话说,它们的反映时态都是"现在进行时",一旦事物在感觉器官所涉及的范围内消失时,感觉和知觉也就停止了。第二,感觉是知觉的基础。感觉是知觉的有机组成部分,是知觉的基础。没有对事物个别属性的反映,就不可能产生对事物整体的反映。而且,对事物的个别属性的感觉越丰富,对事物的知觉也就越完整。第三,发生上密不可分。就像事物的个别属性不能脱离事物的整体而存在一样,反映事物个别属性的感觉也不能脱离反映事物整体的知觉而存在。在现实生活中,人们一般都是以知觉的形式直接反映事物的,感觉只是作为知觉的有机组成部分而存在于知觉之中,很少有孤立的感觉现象存在。心理学为了研究的需要,才把感觉从知觉中分离出来加以探讨,而且往往需要利用专门的实验仪器和特定的条件才能够将感觉分离出来并进行精确的测定。①

感觉和知觉是人对客观世界认识的初级阶段,是人们认识世界的开端,也是人们其他心理活动的基础,一个人若没有感觉和知觉,就不可能形成记忆、思维、想象、意志等复杂的心理活动,它们是一个人正常心理活动发生发展的必要条件。

三、知觉的规律

人的知觉过程是一个有组织、有规律的心理活动过程,表现为知觉整体性、知觉选择性、知觉理解性和知觉恒常性特征,它们保证了人们对客观事物的认识。

(一)知觉的整体性

知觉整体性是指人根据自己的知识经验把直接作用于感官的客观事物

---

① 乔建忠主编:《现代心理学基础》,南京师范大学出版社 2001 年版,第 48 页。

的多种属性整合为统一整体的过程。知觉的整体性与知觉对象的特性及其
各个部分之间的结构成分有密切关系,格式塔学派把它们归纳为以下知觉
组织原则:

1. 接近原则

空间位置相近的客体容易被知觉为一个整体,例如图2-9中,人们总是
把该图知觉为三组竖立线条,而不太可能把它知觉为彼此无关的七条竖线。

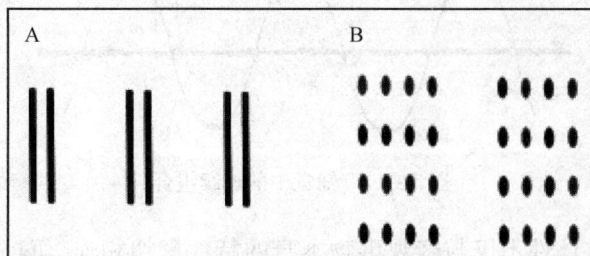

图2-9　知觉接近原则图

除了空间视觉方面的接近外,在时间听觉方面,也有类似的现象。例如
按不同规则的时间间隔发出的一系列轻拍声,在时间上接近的声音就容易
被人知觉为一个整体。

2. 相似原则

物理属性(形状、大小、颜色、亮度等)相似的客体容易被人知觉为一个
整体。从图2-10中可以看到,形状上相同(或相似)的图形,容易被整体知
觉为四个方块和四个圆形,而不太可能被知觉为圆形与方块相间的图形。

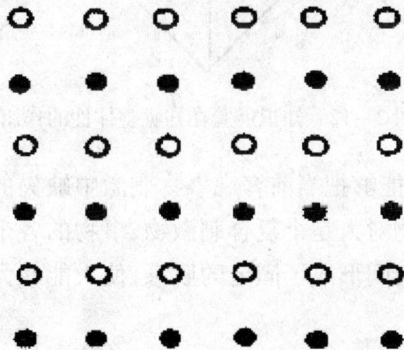

图2-10　知觉相似原则图

3. 连续原则

　　具有连续性或共同运动方向等特点的客体容易被知觉为统一整体。例如:图2-11我们知觉到的图形模式是平滑连续的,而不是离散间断的。这种模式可能是一系列交替的半圆但我们却把它知觉成两条连续的线,一条波浪线和一条直线。[①]

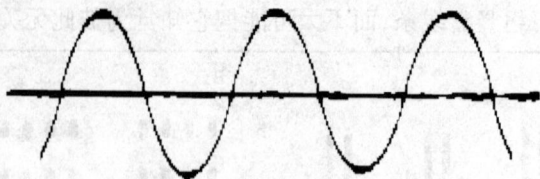

图2-11　知觉中的连续组合

　　知觉的整体性不仅与客观事物本身的特性密切相连,而且也与知觉者的主观状态有关,特别是一个人原有的知识经验,可以对当前的知觉活动提供补充信息。图2-12为英文"HELLO",虽然每个字母线条都不闭合,但只要具有英语知识经验的人,都能将它们整体知觉并了解其意义。

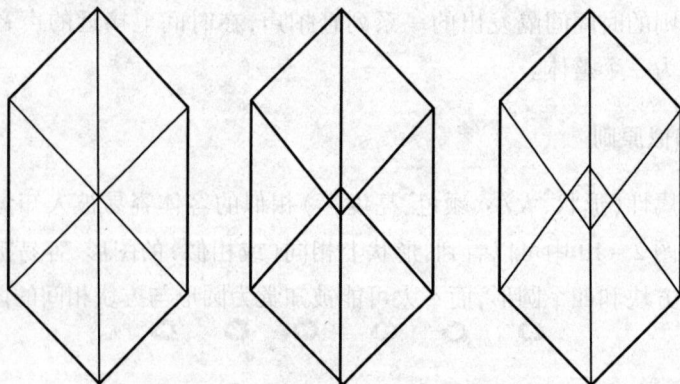

图2-12　知识经验在知觉整体性的作用

　　人的知觉之所以能够把当前客观事物刺激中缺失的东西在主观上进行补充,是因为客观事物对人是个复合刺激物,事物的各个部分和属性分别作用于感觉器官,它们之间形成了固定的联系,使人能在大脑中把这种联系保

---

　　①　戴维·迈尔斯著,黄希庭等译:《心理学》,人民邮电出版社2005年版,第199页。

存下来,当客观事物再次作用于人的感官时,大脑会对来自感官的信息进行加工处理,客观刺激中缺少的东西,能用头脑中的经验进行弥补,使人对客观事物产生整体的知觉。例如,图 2-13 中尽管三角形线条并不闭合,但仍能被知觉为三角形。

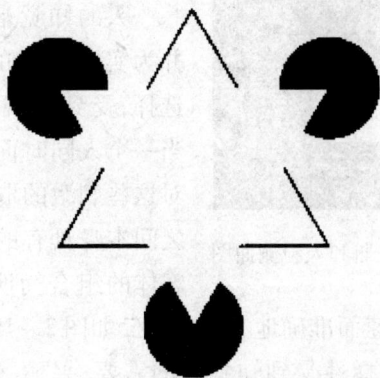

图 2-13 主观轮廓

(二)知觉的选择性

知觉选择性是指人根据当前的需要,对客观刺激物有选择地作为知觉对象进行加工的过程。由于人的知觉选择特性,对同时作用于感觉器官的所有刺激并不都进行反映,而只对其中某些刺激加以反映,这样才使人能够把注意力集中到某些重要的刺激或刺激的重要方面,排除次要刺激的干扰,从而更有效地感知外界事物,适应外界环境。

人从纷繁的刺激物中主观地选择某些刺激物并对其做进一步加工,被选择的刺激物就是知觉的对象,而同时作用于感觉器官的其他刺激物就成了知觉对象的背景。知觉对象与知觉背景的区别在于:知觉对象有鲜明的、完整的形象,突出于背景之前,知觉对象是有意义的、容易被记忆的。知觉对象和知觉背景的这种结构成分,是知觉选择性中最基本的特点。

知觉对象和知觉背景之间的关系是相对而言的。此时的知觉对象可以成为彼时的知觉背景;同样,此时的知觉背景也可以成为彼时的知觉对象。因此知觉对象并不是一成不变地固定在某些背景上,它们之间不断发生着转换,以保证有意义的事物内容成为知觉对象。图 2-14 是知觉对象和背景相互转换的明显例子,称为双关图形。若以黑色部分作为知觉对象,看到的是两个人脸的侧面影像,而白色部分则为背景;若以白色部分作为知觉对

图 2-14　双关图形:花瓶和人脸侧面图

象,看到的是一个花瓶,而黑色部分则为背景。由于人的这种知觉选择性的作用,使人们的知觉既清晰和准确,又完善而丰富。

人的知觉活动是在实践中产生并为实践服务的,所以,知觉对象的选择,受到主观和客观因素的影响。当一个人同时面临着很多刺激时,人对这些刺激的取舍,受到对象和背景之间本身具有的结构特点的影响,若客体的组合简明、对称符合"良好图形"原则,则容易被迅速而准确地知觉、记忆,如图 2-15 所示,图中 a、b 为良好图形。此外,知觉选择性受到知觉者的需要、兴趣、爱好、任务、知识经验以及刺激物对人的意义是否重要等主观因素的影响,它们在一定程度上影响人的知觉过程和结果。例如,经人介绍第一次和女朋友见面,由于对她的期待,就会影响对她的识别。这些知觉活动的主观变量,并不是由当前直接作用于感官的刺激提供的,而是人脑中已经贮存的知识经验被激活的结果。

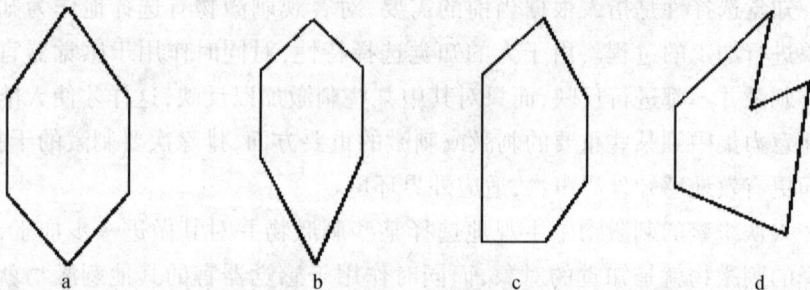

a　　　　　　b　　　　　　c　　　　　　d

图 2-15　良好的图形

知觉选择性规律是人把知觉对象从背景中分离、辨别、确认从而记忆的心理活动规律,它对于直观教学的组织、学生观察能力的培养,对于广告设计、工业产品检查、军事伪装和搜索等都具有重要的应用价值。

(三)知觉的理解性

知觉理解性是指人以知识经验为基础对感知的事物加工处理,并用语词加以概括赋予说明的加工过程。知觉理解性主要受到个人的知识经验、言语指导、实践活动以及个人兴趣爱好等多种因素的影响。

对知觉对象的理解，是以自己已有的知识经验为前提的，具有不同知识经验的人在知觉同一个对象时，对它的理解不同，知觉的结果也就不同。心理学家黎柏(Leeper)用图 2－16 中 A、B、C 三张图片做实验，以研究知觉经验对以后知觉理解的影响。A 图为一个年轻妇女，C 图为一个老太，而 B 图则同时具有 A 与 C 两图的特征，它既可以看作为年轻妇女，也可以看作为老太，这之间的差异，关键在于知觉经验。实验时把被试分为两组，以不同方式进行。第一组先观看 A 图 15 秒，以形成年轻妇女特征的经验，然后看 B 图，结果 100% 的被试把 B 图看成年轻妇女。第二组先观看 C 图 15 秒，以形成老太特征的经验，然后再看 B 组，结果 96% 的被试把 B 图视为老太。对同一知觉对象(B 图)产生了如此差异的知觉理解现象，说明人对客体的理解受到了个人知识经验的很大影响。

图 2－16　个人知识经验对知觉理解的影响

（四）知觉的恒常性

知觉恒常性是指人的知觉映像在一定范围内不随知觉条件的改变而保持相对稳定特性的过程。

知觉恒常性对人类的生存和发展具有重要意义。客观环境中的事物具有一定稳定性，因此人类的知觉就需要有相应的稳定性，以此来真实地反映客观对象的自然属性和本来面貌。同时，在知觉恒常性中，人的知识经验也起着重要作用，人在知觉某对象时，总会利用过去的知识经验来解释感觉映像，反映物体所固有的特性，这样就保证了人能够根据客观事物的实际意义来适应环境。如果人的知觉不具有恒常性的话，那么人类适应环境的活动就会变得十分复杂。所以知觉恒常性除了能够使人获得对物体本身特点的精确知觉而不受外界变化了的条件影响外，也是人类适应周围环境的一种重要能力,它既是人类认识世界的需要,也是人类长期实践活动的结果。

如图 2 - 17 是一扇从关闭到敞开的门,尽管这扇门在我们视网膜上的投影形状各不相同,但人们看去都是长方形的。一般来说,看到的形状与物体的实际形状完全相同,叫完全恒常性;看到的形状与物体在视网膜上投影的形状完全一样,叫无恒常性。而知觉到的形状处于物体的实际形状和物体在视网膜上投射的形状之间,而偏于物体的实际形状,叫实际恒常性,习惯上也称其为知觉恒常性或知觉常性。

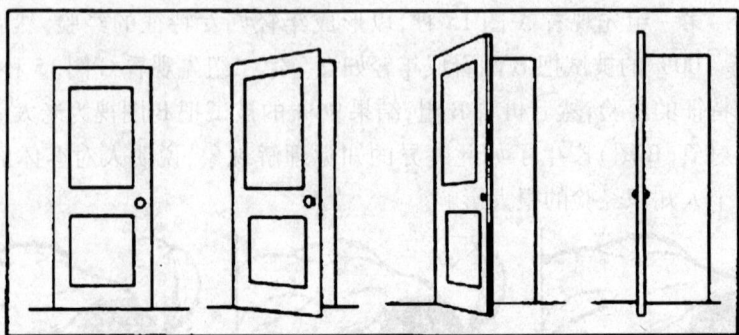

图 2 - 17　形状恒常性

知觉恒常性受各种因素的影响,其中视觉线索有重要的作用。所谓视觉线索是指环境中的各种参照物给人们提供的物体距离、方位和照明条件的信息。这些信息对维持知觉的恒常性有重要的意义。如果在实验中设法消除环境中的视觉线索,恒常性就会受到破坏。

我们可以用一个简单的实验来说明视觉线索的重要性。在图 2 - 18(a)中,我们与后面一个人的距离是前面一个人的距离的三倍,而他在视网膜上投影的大小只是前一个人的三分之一。由于存在距离的线索,两个人看上去大小差不多,而在图 2 - 18(b)中,我们只是把后一个人的图片剪下来贴在前一个人的旁边,由于消除了距离线索,两个人的大小差别就非常明显了。

视觉线索的作用说明了人的知识经验对恒常性有重要作用,人们在实际生活中,建立了大小和距离、形状与观察角度、明度与物体表面反射系数的联系。当观察条件改变时,人们利用生活中已经建立的这种联系,就能保持对客观世界较稳定的知觉。

恒常性对于人的正常生活和工作有重要意义。如果人的知觉随着客观条件的变化而时刻变化,那么要想获得任何确定的知识都是不可能的。研究恒常性不仅有助于建筑、艺术等实践部门的工作,而且有助于现代计算机

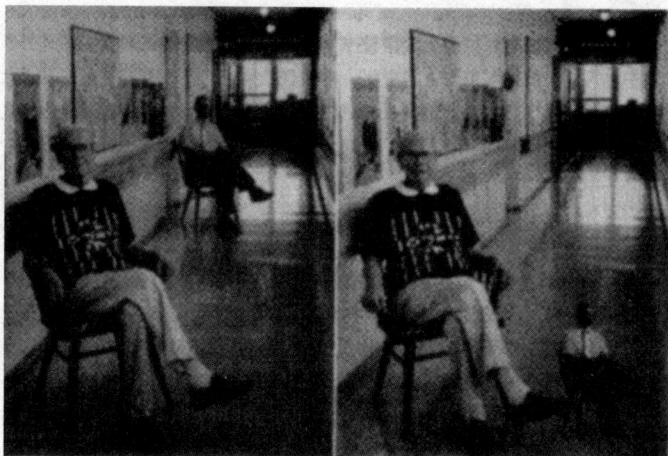

（a）　　　　　　　　　　　　　（b）

图 2 - 18　视觉线索的作用

技术的发展。①

第四节　知 觉 类 型

知觉是由多种分析器协同活动而产生的,根据哪种分析器在知觉过程中起主导作用,可以将知觉分为视知觉、听知觉、嗅知觉、味知觉等;如果根据被人们所感知到的物体存在的空间特征和时间特征以及物体的运动特征进行区分,知觉则可以被分为空间知觉、时间知觉和运动知觉。这是我们最常用的一种分类方法。

一、空 间 知 觉

空间知觉是人脑对物体空间特征的反映。19 世纪末,施特拉顿通过实验证明了,人对客观世界的空间知觉并不是天生就有的,而是通过后天学习获得的,是将许多感觉器官所得到的信息综合分析以后产生的。在空间知觉中,视觉起主要作用。空间知觉主要包括:形状知觉、大小知觉、方位知觉

———————

① 彭聃龄主编:《普通心理学》,北京师范大学出版社 2004 年版,第 134 页。

和深度知觉。

(一)形状知觉

形状知觉是靠视觉、触摸觉和动觉来实现的。在眼睛注视对象时,对象在网膜上投射的形状、眼睛观察物体时沿着对象的轮廓进行运动的动觉都给大脑提供了对象形状的信息。加上以往经验的作用,就形成了形状知觉。空间上的邻近性、相似性、对称性等规律易形成形状知觉。

(二)大小知觉

大小知觉也是靠视觉、触摸觉和动觉来实现的。在同等距离时,大的物体在网膜上的视像大,小的物体在网膜上的视像小,因此可根据网膜上视像的大小来知觉对象的大小。不同距离时,远处的大物体与近处的小物体在网膜上的视像可能是相等的,或者远处大物体的视像反而小于近处小物体的视像。但是,在实际生活中,人仍然能比较正确地反映不同距离的对象的实际大小,知觉往往能保持大小恒常性。在距离过远时,大小知觉的恒常性就会降低,而网膜视像大小的作用就会逐渐增大。

通常,对象是在比较熟悉的环境中被知觉的。因此,熟悉的物体就提供了对象距离和实际大小的线索。这些线索同视觉、触摸觉、动觉所提供的信息结合在一起,形成了大小知觉。

(三)方位知觉

方位知觉是对物体所处空间位置和方向的知觉,靠视觉、触摸觉、动觉、平衡觉以及听觉获得的。人将这些感知信息综合起来便形成了方位知觉。个体对外界事物的方位知觉一般是以自己为中心来定位的。

通常,人主要靠视觉来定向。触摸觉、动觉、平衡觉则常常对视觉定向起补充作用。个体在定向时总以环境中的某些熟悉的物体为参照点。

人还可以靠听觉辨别声源的方向来判断发声体的位置。由于人的耳朵位于头的两侧,所以一侧声源发出的声音到达两耳所经过的距离就不同。两耳的距离差就造成了声波对两耳的刺激强度的差别、时间的差别以及位相的差别,这些差别就成了知觉声源方向的主要依据。

(四)深度知觉

观察物体时,虽然落在我们视网膜上的是二维图像,但我们却可以把它组织成三维知觉。我们能够看到三维物体,这一过程就是深度知觉。① 使人产生深度知觉的线索被叫作深度线索。

1. 生理线索

人眼在观察对象时,为了在视网膜上获得清晰的视像,水晶体就会发生调节变化,看远处时扁平,看近处时凸起。眼球肌肉的这种紧张变化,可以作为估计对象距离的依据之一,但是眼睛的这种调节只在 10 米的距离范围内起作用,且很不精确,这是深度知觉中眼睛的调节作用。

眼睛在看东西时,两眼的视轴会指向所看的对象,这样双眼的视轴就要进行一定的辐合运动,看近物时视轴趋于集中,看远物时视轴趋于分散。这样,控制双眼视轴辐合的眼肌运动就向大脑提供了关于对象距离的信号,可以用来判断物体距离的远近。但视轴辐合只在几十米的距离范围内起作用,这是深度知觉中双眼视轴辐合的作用。

2. 双眼线索

由于人的两眼相距 6—7 厘米,因此两眼看东西是不一样的,左眼看到左边的多一点儿,右眼看到右边的多一点儿,两眼的视觉稍有不同,这种差异叫作双眼视差。由于这两个不同的视觉信息,最后在大脑皮层的整合作用下合二为一,就造成了对象的立体知觉或距离知觉。双眼视差是深度知觉的主要线索。

【实验 2 - 2】

双眼视差

闭上左眼,举起一支铅笔或钢笔,使右眼与举起的笔和另一物体(例如窗户的边缘)处在一条直线上。把笔举稳,但现在闭上右眼并睁开左眼。笔似乎从一侧跳到了另一侧。这就是由于双眼视差而引起的视差,即我们双眼视网膜上的影像存在细微区别。

[资料来源]迈克尔·艾森克著,吕厚超等译:《心理学——国际视野(上)》,北京大学出版社 2010 年版,第 245 页。

---

① 戴维·迈尔斯著,黄希庭等译:《心理学》,人民邮电出版社 2005 年版,第 199 页。

3. 单眼线索

可以用一只眼睛也可以用两只眼睛的深度线索,①这些线索也叫作经验线索,具体包括:

(1)对象的大小

同样大的物体遵照视角规律可知,在近处要比远处的网膜视像大。对差不多大的物体可以根据网膜视像大小判断它们的远近。视像大,距离就近;反之则远。

(2)对象的重叠

如果一个物体部分地遮挡了另一个物体,那么我们就会感到前面的物体要近些,但据此判断物体之间的距离则是困难的。

(3)明暗和阴影

光线下的大多数物体都会在背光的一面出现阴影。把这些阴影画在图中,就可以在二维的画面上表现出三维的效果。

(4)空气透视

烟、雾和沙尘都会使物体看上去较远。因为空气透视的影响,即使天空晴朗,远处的物体也总是显得朦胧、颜色较淡、缺乏细节。在工业化社会中,空气的污染有加重的趋势,人们对这种雾霾似乎习以为常。如果你到西藏的原野去旅行,会清楚地看见那些好像离你只有几公里远的山脉,然后你会非常惊讶地发现,实际上那些山脉离你不下几十公里,而你透过像水晶般透彻的空气看到了它们。②

(5)线条透视

空间对象在平面上的几何投影就是线条透视。近处的对象的视角大,看起来较大;远处的对象的视角小,看起来较小。线条透视的这种效果能帮助我们知觉对象的距离。如火车轨道,似乎会在远处汇聚于一点。汇聚线越多,知觉到的距离就越远。线条透视与交叉路口的事故有关,它会使人们高估自己与火车之间的距离。③

---

① 迈克尔·艾森克著,吕厚超等译:《心理学——国际视野(上)》,北京大学出版社 2010 年版,第 267 页。

② Dennis Coon,John O. Mitterer 著,郑刚译:《心理学导论——思想与行为的认识之路》,中国轻工业出版社 2008 年版,第 213—214 页。

③ 戴维·迈尔斯著,黄希庭等译:《心理学》,人民邮电出版社 2005 年版,第 202 页。

(6)运动视差

物体因观察者头部的移动似乎也在移动,移动速度还不同,近处物体移动快,远处物体移动慢,这就是运动视差。虽然远近两个物体以相等的速度朝同一方向运动,但人们往往觉得近处的物体比远处的物体的角速度要快。这种角速度的差异也是深度知觉的一个线索。

实际生活中,空间知觉是各种感觉器官协同活动的结果,依赖于经验中的触摸觉、动觉等的验证。

二、时间知觉和运动知觉

时间知觉是对客观现象的延续性和顺序性的反映。人们可以依靠时钟和日历来判断时间,也可以根据自然界的周期现象,如昼夜的循环交替、月亮的亏盈、季节的变化等来估计时间。但是,在没有上述条件的情况下,人也能大致地估计时间。这是因为人体内的一切物理变化和化学变化都是有节律的,这些节律性的变化就是"生物钟"的机制。人对时间长短的判断可以分为两种,一是直接对"现在"时间间隔的判断;二是靠回忆对过去持续时间的估计。心理上的"现在"的时间长度一般为1/6秒到2—3秒,短于1/6秒的时间感知不到它的长度,而被称为"瞬间"。长于2—3秒的时间仅靠直接知觉就比较困难了。对于时间长度的估计,1秒钟左右最为精确,短于1秒钟时容易产生高估的现象,长于1秒钟时容易产生低估的现象。对时间的估计受刺激的物理特性以及主体的态度、注意等影响较大。情绪和态度对于时间的估计也有很大的影响。

运动知觉与时间知觉和空间知觉有着不可分割的关系,是对物体空间位移的知觉,它依赖于物体运动的速度、运动物体离观察者的距离以及观察者本身所处的运动和静止状态等。运动知觉通常是通过多种分析器协同活动实现的。运动知觉十分复杂,实际运动的物体可以被知觉为不动的,实际不动的物体也可以被知觉为运动的。按照人所知觉到的各种运动现象的形成条件,将运动知觉分为真动知觉、似动知觉以及运动幻觉等。

【资料窗 2 -4】

神奇的运动知觉

大脑可以在一定程度下,根据物体的逐渐缩小(不是变小)和逐渐变大来判断它是在远离我们还是逼近我们。但我们的知觉无论如何也达不到一种完美的程度。大物体(如火车)比以同样速度行驶的小物体似乎显得更慢,这种错觉容易造成汽车和火车相撞。然而,技术娴熟的棒球、垒球或板球手在知觉运动时,会表现出令人惊奇的速度和准确性。击球手能够在0.4秒左右的时间计算出球的速度和旋转的方位和落地的方向,并能在0.15秒内作出击打与否的决定。

大脑也能够把一系列快速呈现的变化的图片知觉为连续运动。每秒钟闪现24张静止的图片,闪现的图片会让人产生运动知觉。这种运动不是出现在高速闪现的电影屏幕上,而是产生于我们的大脑中。

[资料来源]戴维·迈尔斯著,黄希庭等译:《心理学》,人民邮电出版社2005年版,第203页。

(一)真动知觉

真动知觉是观察者处于静止状态时,物体的实际运动连续刺激视网膜所产生的物体在运动的知觉。如果物体运动的速度非常慢的话,人就感知不到它在运动;如果物体运动的速度太快,人也同样不能感知到它的运动。人们知觉到的物体的运动速度与实际的物体运动速度常常很不一致。出现这种差异与运动物体离观察者的距离有关,即运动物体距离近,看起来感到速度快,运动物体距离远,看起来感到速度慢。这种差异也与物体运动所在的空间有关,即物体在广阔的空间里运动看上去速度慢,在狭窄的空间里运动看上去速度快。这种差异还与物体运动方向有关,即物体在垂直方向上运动比在水平方向上运动看上去速度要快得多。

(二)似动现象

似动现象是一种错觉性的运动知觉,是将实际上不动的静止之物,知觉为运动的一种现象。实际生活中的电影画面上运动的感觉形成就属于似动运动。德国心理学家韦特海默的研究发现,似动现象受两个刺激物先后呈现的时间间隔长度的影响。一般情况下,间隔时间短于0.03秒或长于0.2秒都不会产生似动现象。间隔时间短于0.03秒,观察者会认为是两个刺激物同时出现。间隔时间长于0.2秒,观察者认为是两个刺激物先后出现。当间隔时间为0.06秒时,观察者能非常清楚地看到似动运动,此时的似动现象叫作最适似动或Φ现象。似动现象不仅在视觉中会出现,在触觉和听觉中也会出现。

（三）运动幻觉

1. 诱导运动

诱导运动是实际不动的静止之物因周围物体的运动而看上去在运动的知觉现象。在没有更多参照系的情况下，两个物体中的一个在运动，人就有可能把它们中的任何一个看成是运动的。例如在夜空中，我们既可以把月亮看成在云朵里穿行，也可以把云朵看成在月亮前移动。月亮的运动就是由云朵的运动所引起的一种诱导运动。

2. 自主运动

如果个体在暗室中注视一个静止的光点，过一段时间便会感到它在不停地动来动去，这就是自主运动，又称沙蓬特错觉或游动错觉。自动现象的产生与黑暗中失去周围空间的参照系，从而使光点的空间位置不明确这一因素有关，同时它还与人的个性有关。

三、超感知觉与错觉

所谓超感知觉（ESP）是指不凭感觉器官即可获得知觉经验的特异现象。由于很多人相信人死后有灵魂、有未卜先知、人神能相通等，社会上也就出现了许多江湖术士以各种方式欺骗人们，并且有许多人试图以"科学"的方法来证明这些现象存在的合理性。常见的超感知觉主要有：心电感应俗称传心术，指两人之间不需要可见的人和工具或方法就能直接传达信息；意念搬运，指单靠意念就可以搬运物体或是物体发生形变的功能。超感知觉迄今为止未能得到有效证明，有许多人所提出的超感知觉现象只能被证明是魔术或骗局。

错觉（illusion）是对客观事物的不正确的知觉，它与幻觉不同。错觉是在客观事物刺激作用下产生的对刺激的主观歪曲的知觉。错觉产生的原因很复杂，往往由生理和心理等多种因素引起。在各种知觉中几乎都有错觉发生，常见的错觉有图形错觉、大小错觉、方位错觉、形重错觉、运动错觉、时间错觉。图 2－21 为常见图形错觉。①

① 全国十二所重点师范大学联合编写：《心理学基础》，教育科学出版社 2009 年版，第 124 页。

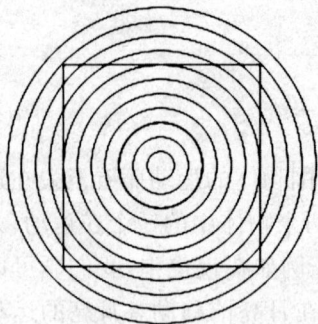

奥比森（Orbison）错觉
（该图中间是一个正方形，但我们
将它看成一个受到挤压的方形）

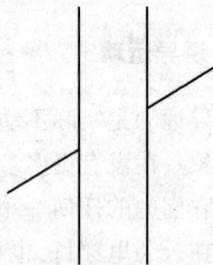

波根多夫(poggendoff)错觉
（该图矩形外边的线是同一条直线，
但我们将它们看成是来自不同方向的直线）

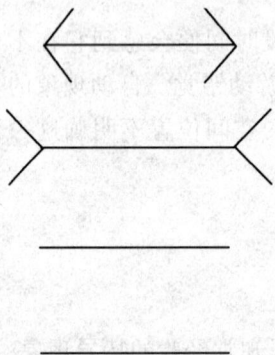

缪勒—莱依尔(Muller Lyer)错觉
（该图箭头内的线是一样长的，但我们
看箭头向外的线比向内的线要短）

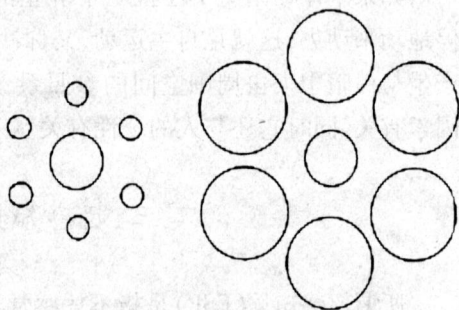

艾宾浩斯(Ebbinhause)错觉
（该图两个图形中间的圆是一样大的，
但小圆包围的圆看起来比大圆包围的圆要大）

图 2 - 21　常见图形错觉

◉ 拓展阅读

他们看到的是我们看到的吗?①

　　心理学家 Richard Nisbett 和他的同事认为，不同文化背景中的人知觉到的世界是不一样的。欧美文化强调个人主义，所以欧美人更关注自我和个人的力量。而东亚文化强调集体主义，所以他们更看重人际关系和社会责任。因此，再解释一个人的行为时，欧美人倾向于解释为内部因素，而东亚人则更多地认为是背景的原因。

---

　　① Dennis Coon, John O. Mitterer 著，郑刚译：《心理学导论——思想与行为的认识之路》，中国轻工业出版社 2008 年版，第 219 页。

这样的文化差异是否会影响我们平常对物体和事情的直觉？答案是肯定的。在一个研究中，给美国和日本被试呈现一幅风景画，如一个农场。随后，稍稍改动这幅画再呈现给他们看。改动的地方要么是焦点或画中的图案，要么是环境或背景。结果发现，美国被试更容易发现图案的改变，而日本被试则更容易看出背景的变化。

为了解释这种差别，Chua、Boland 和 Nisbett(2005)用美国和中国被试做实验，呈现给他们背景(如森林)中有一个物体(如老虎)的画面，而中国被试更多地注视背景。也就是说，西方人的注意相对来说较狭窄，而东方人的注意则较宽泛。很显然，我们所生活的不同社会影响了我们最基本的直觉习惯。

◉ 思考与练习

1. 解释感觉、知觉、绝对阈限、差别阈限、感受性、后像、错觉、深度知觉、诱导运动、自主运动的概念。

2. 简述感觉的生理机制。

3. 试说明感觉的相互作用。

4. 解释感觉与知觉的关系。

5. 简述知觉的规律。

6. 双眼视差在空间知觉中的作用。

7. 说明知觉对象与背景的关系。

8. 分析错觉产生的原因。

◉ 参考文献

1. 尼奇·海斯、苏·奥雷尔著，爱丁等译：《心理学导论》，电子工业出版社 2004年版。

2. 叶奕乾、何存道、梁宁建主编：《普通心理学》，华东师范大学出版社 2004 年版。

3. 孟昭兰主编：《普通心理学》，北京大学出版社 1994 年版。

4. 黄希庭著：《心理学导论》，人民出版社 2002 年版。

5. 乔建忠主编：《现代心理学基础》，南京师范大学出版社 2001 年版。

6. 李伯黍、燕国材主编：《教育心理学》，华东师范大学出版社 1993 年版。

7. 戴维·迈尔斯著，黄希庭等译：《心理学》，人民邮电出版社 2005 年版。

8. K. T. 斯托曼著，张燕云译：《情绪心理学》，辽宁人民出版社 1986 年版。

9. 克雷奇等著：《心理学纲要(下册)》，文化教育出版社 1981 年版。

10. 彭聃龄主编：《普通心理学》，北京师范大学出版社 2004 年版。

11. 尼奇·海斯、苏·奥雷尔著，爱丁等译：《心理学导论》，电子工业出版社 2004年版。

12. 迈克尔·艾森克著，吕厚超等译：《心理学——国际视野》，北京大学出版社 2010

年版。

13. 全国十二所重点师范大学联合编写:《心理学基础》,教育科学出版社 2009 年版。

14. Dennis Coon, John O. Mitterer 著,郑刚译:《心理学导论——思想与行为的认识之路》,中国轻工业出版社 2008 年版。

第三章 记　忆

● **内容提要**

记忆作为重要的心理学现象。本章介绍了记忆的含义和种类,分析了记忆的过程,即识记、保持、再认或回忆,讨论了包括感觉记忆、短时记忆和长时记忆的三种不同的记忆系统,最后研究了遗忘的相关理论以及提高记忆的策略与方法。

第一节　记忆概述

马龙·白兰度在他自传的开头讲述了他的早期记忆(Brando,1994):

"当我回溯我生活的这些年,试图回忆所发生的一切,我发现没有什么事是真正清晰的。我想我的第一个记忆发生在我很小以至于不记得我自己有多小的时候。我睁开双眼,借着曙光环顾四周,发现厄米(白兰度的女家庭教师)还在睡觉,所以我尽自己所能穿好衣服,走下楼梯,每一步都是先迈左脚。我不得不拖足行走到门廊,因为我扣不上鞋扣。我坐在阳光中的一节台阶上。那一定是春天,因为房子前的大树正在掉落像蜻蜓一样的、有两只翅膀的豆荚。在没有风的日子里,他们会轻轻地旋转着飘向地面。

"我注视着它们飘落的全过程,坐在那里向后伸着脖子直到嘴巴张开,并且伸出手去以防万一,但它们从来没有落在上面。当一个豆荚着地的时候,我将再一次地仰视,我的眼睛飞快转动着、等待着下一个奇迹的来临,阳光温暖着我头上黄色的头发。"

"我就是那样期待着下一个奇迹的出现,那是一个美妙的瞬间,和后来的65年间里发生的我能记得的美好瞬间一样。"

当你开始学习记忆这一章时,希望你花一些时间找寻一下你的早期记忆。你的记忆开始于多久以前? 你能否清晰地回想起那一幕幕情景? 让我们一起来学习记忆。

一、记忆的含义

记忆(memory)是在头脑中积累和保存个体经验的心理过程。人脑感知过的事物,思考过的问题和理论,体验过的情感和情绪,练习过的动作,都可以成为记忆的内容。

记忆是一个复杂的心理过程,它包括识记、保持、再认(或回忆)三个基本环节。现代信息加工理论认为,记忆是人脑对外界输入的信息进行编码、存储和提取的过程。记忆把人的过去、现在和将来连接为一个整体。没有记忆参与,知觉过程就不可能实现;没有记忆也就不可能有思维活动。人有了记忆,才能够积累经验,丰富经验。记忆是心理过程在时间上的持续。有了记忆,前后的经验才能联系起来,使心理活动成为一个发展的、统一的过程。

记忆的内容主要是以表象和语词的形式储存在头脑中的。所谓表象,是指过去被感知过的事物在人脑中再现出来的形象。它有两个重要特征:(1)形象性。表现是通过感知留下的形象,所以,它具有直观形象的特点。但由于此时被感知过的事物并不在面前,因而不如直接感知所反映的形象那么完整、稳定和鲜明。(2)概括性。表象往往是对同一事物或同一类事物在不同条件下所经常表现出来的一般特点的反映,它常常综合了多次感知的结果,因而比直接感知所形成的印象更具有概括性。储存记忆内容的另一种表现形式是语词,人的大量记忆都属于语词记忆。正是由于语词所具有的高度概括性,从而大大地扩展了记忆的容量和对外界事物的反应能力。

在记忆中,表象和语词的关系是非常密切的。语词对于表象有改造和说明的作用;表象则能使语词更加形象化和具体化。他们相互作用,使记忆更加快捷、牢固。

【资料窗 3 – 1】

元认知

20 世纪 70 年代,心理学家通过研究人的记忆发现,人类记忆系统不仅对适宜刺激反应,而且能够精确地估计有效进行记忆活动的可能性。这种能有效估计记忆过程的认知机制,实质是元认知对人的记忆过程的自我体察和自我监控。

元认知包括三个主要成分,即元认知知识、元认知体验和元认知监控。人的元认知能力是所有智力活动中必不可少的成分,具有广泛的迁移性。元认知能力的高低对人解决复杂的认知活动具有决定性的影响,并反映了人的智力的高低。

[资料来源]《心理学基础(第二版)》,教育科学出版社 2008 年版,第 125 页。

二、记忆的分类

(一)根据记忆内容的不同,把记忆分为形象记忆、语义记忆、情绪记忆和动作记忆

1. 形象记忆

形象记忆是个人以感知过的事物的形象为内容的记忆。这种记忆所保持的是事物的具体形象,具有鲜明的直观性,它以表象的形式储存。一般人以视觉和听觉的形象记忆为主,也存在着某些触觉的形象记忆。对于视觉形象记忆或听觉形象记忆缺乏的人来说,一般就很难获得鲜明的形象记忆,但是这种不足往往以触觉记忆或嗅觉记忆进行补偿①。

2. 语义记忆

语义记忆是个人对各种有组织的知识为内容的记忆,又称为语词逻辑记忆。语义记忆是以语词所概括的事物的关系以及事物本身的意义和性质为内容的记忆。例如,概念、定理、公式和规则等。语义记忆的组织是抽象的、概括的,它所包含的信息不受接收信息的具体时间和空间的限制,是以

---

① 叶奕乾主编:《普通心理学(第二版)》,华东师范大学出版社 2004 年版,第 138 页。

意义为参照的。由于语义记忆的信息不易受各种因素的干扰,比较稳定,提取较迅速,因此往往不需要做明显努力的线索搜寻。语义记忆为人类所特有,与人的抽象思维联系密切,在实践活动中,随着个体的抽象思维能力的发展而不断提高。

3. 情绪记忆

情绪记忆是个人以曾经体验过的情绪或情感为内容的记忆。引起情绪和情感的事件已经过去,但对该事件的体验则保存在记忆中,在一定条件下,这种情绪、情感又会重新被体验到。强烈的、对人有重大意义的情绪和情感保持的时间较长久并容易被再体验。情绪记忆既可能是积极愉快的体验,也可能是消极不愉快的体验。积极愉快的情绪记忆对人的行为有激励作用,消极不愉快的情绪记忆则会降低人的活动效率。情绪记忆的性质和强度的变化,是由过去引起情绪、情感体验的事物与主体当前需要之间的关系所决定的。

4. 运动记忆

运动记忆是个人以过去经历过的身体的运动状态或动作形象为内容的记忆。运动记忆是以过去的运动或操作动作所形成的动作表象为前提,没有运动表象(各种运动和动作的形象在头脑中的表征过程),就没有运动记忆。动作表象来源于人对自己的动作的知觉以及对他人动作和图案中动作姿势的知觉,也能通过对已有动作表象加工改组而创造出新的动作形象。运动记忆中的信息保持和提取都较容易,也不容易遗忘,它在人们的社会实践活动中起着重要的作用。

(二)根据记忆时意识参与的程度,把记忆分为内隐记忆和外显记忆

1. 内隐记忆

内隐记忆是指在无意识情况下,个体过去的经验自动对当前作业产生影响的记忆,又称为自动的无意识记忆。内隐记忆强调信息提取过程中的无意识性,而并不在意识记忆信息的过程是否是有意识的。一般来说,当个体在记忆某项任务时,会不知不觉地反映出其先前曾经识记的内容,说明在完成任务项目时,受到了以前学习中所获得信息的影响,或者说正是先前的

学习,使其在完成当前作业时会更容易些,这说明了内隐记忆的作用。内隐记忆在生活中屡见不鲜,例如广告中的纯接触效应——某一外在刺激,仅仅因为呈现的次数越频繁(使个体能够接触到该刺激的机会越多),个体对该刺激将越喜欢,以及人际交往中的印象形成等都具有内隐记忆内容的影响。

2. 外显记忆

外显记忆是指个体有意识地或主动地收集某些经验来完成当前作业的记忆。外显记忆是有意识地提取信息的记忆。其突出特点是强调信息提取过程的有意识性,而不是信息识记过程的有意识性。外显记忆能够用语言进行比较准确的描述,即在需要的时候,可以利用自由回忆、线索回忆和再认等,将记忆中的经验表述出来。

(三)根据信息加工处理的方式不同,把记忆分为陈述性记忆和程序性记忆

1. 陈述性记忆

陈述性记忆是对事实的记忆,例如,人名、地名、名词解释以及定理、定律等都属于陈述性记忆。陈述性记忆具有明显的可以言传的特征,即在需要时可将记得的事实表述出来。

2. 程序性记忆

程序性记忆是对具有先后顺序的活动的记忆。程序性记忆主要包括心智技能与动作技能两部分,它是经过个体由观察学习和实际操作练习而习得的记忆。程序性记忆是按一定程序习得的,开始时比较困难,但一旦掌握便很难遗忘,如小时候学会了弹钢琴,几十年后仍然不忘,如果已经达到了纯熟程度,那么程序性记忆的信息检索会以自动化的方式出现。程序性记忆的最显著特点是不能用言语表述,即不能言传。从个体的发展来看,个体首先发展的是程序性记忆。例如,自幼学习的动作技能,写字、骑车甚至吃饭等,都是通过练习而获得的程序性记忆。

三、记忆的生理机制

记忆的生理机制是一个异常复杂的问题。巴甫洛夫用暂时神经联系解释人类的记忆活动,认为记忆过程的神经生理机制就是大脑皮层上暂时神经联系的形成、巩固和重新活动的过程,该理论作为记忆的经典理论,至今仍在学术上具有一定地位。但是,随着科学技术的进步和发展,特别是实验条件、手段不断更新和丰富,人们对记忆的神经生理机制进行了多学科、跨学科的大量实验研究,对记忆的神经生理机制有了新的了解,其中主要体现在记忆的脑机能定位说、记忆机能整体均势说、记忆分子学说等。

(一)记忆的脑机能定位说

记忆机能定位说认为,在大脑中存在着视觉记忆的视觉中枢、听觉记忆的听觉中枢、语言记忆的言语中枢和运动记忆的运动中枢①。记忆机能定位说的例证最初来自临床病例的观察:加拿大著名神经外科医生潘菲尔德(W. Penfield)认为记忆与大脑皮层的额叶和颞叶有密切的关系。他在给脑病人施行开颅手术治疗时,发现当微电极刺激患者右侧颞叶时,会引起病人对往事的鲜明回忆,甚至"听"到了过去曾听过的歌曲,能随着音乐节律断续哼唱出来。这被称之为"诱发性回忆"。"诱发性回忆"大多是以视觉形象和听觉形象出现的,而在刺激大脑皮层的其他区域则不发生这种情况。科恩(Cohen)在给抑郁症患者脑的不同部位电击引起痉挛时也发现,当电击患者左脑后,会损害其言语记忆,但不影响形象记忆。当电击患者右脑后,则会损害其形象记忆,但对言语记忆影响不大,因此他推断,言语记忆的信息可能是储存在大脑左半球,形象记忆的信息可能储存在大脑右半球。

(二)记忆机能整体均势说

记忆机能整体说认为,记忆是整个大脑皮层活动的结果,是一种整合的心理属性,并不存在单纯的记忆中枢。美国心理学家拉什利(K. Lashley,1929)最早提出记忆的非定位观点。指出记忆在大脑皮层上并无特殊的机能定位,任何一种记忆痕迹都与脑的广泛区域相联系,记忆是整个大脑皮层活动的结果,而不是大脑皮层上某个特殊部位的机能。他通过切除动物大脑皮层的相应区域发现,动物记忆的学习成绩与破坏大脑皮层的特定部位关系不大,而与大脑皮层被损伤部位的大小有关,破坏的面积越大,对记忆

---

① 叶奕乾主编:《普通心理学(第二版)》,华东师范大学出版社 2004 年版,第140 页。

学习成绩的影响越大,记忆丧失越严重。由此他推断,记忆的保持并不依赖于大脑皮层的精细结构部位,而是与广泛的神经细胞活动有关,是整个大脑皮层的机能。

(三)记忆分子学说

记忆分子学说认为记忆经验是由神经元内的核糖核酸的分子结构来承担的。神经细胞的脱氧核糖核酸(DNA)是借助核糖核酸(RNA)传递遗传信息的机制。通过由学习引起的神经活动可以改变与之有关的神经元内部核糖核酸的细微化学结构,就像遗传经验能够反映在脱氧核糖核酸分子的细微结构中一样。

瑞典神经生物化学家海登(H. Hyden)通过训练白鼠走钢丝,然后解剖,发现白鼠脑内与平衡活动相关的神经细胞的 RNA 含量显著增加,组成成分也有相应变化,因此他认为生物大分子是信息储存单元,RNA 和 DNA 是记忆信息的化学分子载体。还有研究表明,把抑制 RNA 产生的化学物质注入到动物脑内,会使动物的记忆学习能力明显减退或完全消失,如果把促进 RNA 产生的化学物质注入动物脑内,则能提高动物的记忆学习能力,这说明 RNA 的变化是个体学习和记忆的生物基础。

对记忆生理机制的研究和探索仍在继续,从已有的实验结果和临床实验看,对记忆机能的定位说、整体说、分子说等等,都不应该简单否定或绝对化。记忆是整个中枢神经系统的功能,是中枢神经系统不同部位参与的联合活动,但不同部位所起的作用是不同的。因此,既要从大脑皮层上宏观探讨记忆的生理机制,又要从神经元分子的微观化学结构上来揭开记忆奥秘。只有这样才能够真正了解人类记忆的本质。

第二节　记　忆　过　程

记忆过程包括识记、保持、回忆或再认三个基本环节,也是记忆过程三个连续的信息加工阶段。它们之间相互影响、相互依存和紧密联系,构成完整的记忆过程。

一、识　　记

识记是通过反复感知在头脑中留下印象的过程,识记是记忆过程的开始阶段,也是保持、回忆和再认的前提。从信息加工观点看,识记就是信息的输入和编码的过程,没有识记,就没有信息的编码,就不会有对信息的认知加工和操作,也就不会使信息转入存储阶段,更不会出现与知识经验的广泛联系。识记的形式是多种多样的,可以分为不同的种类。

（一）识记的种类

1. 根据识记时有无明确的目的,分为无意识记与有意识记

（1）无意识记

无意识记又称为不随意识记,是指事先没有自觉的识记目的,不使用任何识记方法,也不需要意志努力的识记。在无意识记中,信息似乎是"自然而然地"被记住了,因此,也称为不随意识记。人们的知识经验相当的一部分是由无意识记获得的。

无意识记具有比较明显的特点,尽管在识记时没有自觉的指向和意图,但是其识记内容仍带有明显的选择性。那些与人的需要和兴趣密切联系的事物,或对人具有重要含义、能引起较强情绪反应的事物,容易被无意识记。人对自己感知过的事物、体验过的情绪、操作过的动作,当时虽然没有记住的意图,但事后却能够回忆和再认。社会环境对人的影响也往往通过无意识记对人发生作用,即所谓的"潜移默化"。由于无意识记缺乏明确的目的性,经常带有偶然性和片面性,但仍具有一定选择性,受到人的知识经验和对象本身特点等主客观因素的影响,那些对人的生活意义重大的事件,能引起人的兴趣和激发人情绪的事物容易被无意识记。

（2）有意识记

有意识记又称为随意识记,它与不随意识记相对,是指事先有明确的目的和任务,运用一些有效方法并需要一定意志努力的识记。人们获得系统的科学知识和技能,完成特定学习任务和积累个体经验主要依靠有意识记。在其他条件相同的情况下,有意识记的效率远比无意识记的效率高。但是,无意识记也不能忽视,因为从节省人的精力来看,无意识记比有意识记更经济。

2. 根据识记的材料有无意义或其意义是否为识记者所理解,分为机械识记和意义识记

（1）机械识记

机械识记是指对人无意义的或缺乏了解的材料,依据其表面特征采用简单重复的方式的记忆,即平时所说的"死记硬背"。机械识记的特点是,识记时不去了解识记材料本身的意义及其内在联系,单纯根据材料呈现的时空顺序,仅采用多次重复的方法进行识记。因此,在机械识记过程中,识记者已有的知识经验很少或几乎不起作用,对识记材料未进行意义编码,识记时也不采用多种有效的记忆方法来提高记忆效果,有时还受到其他材料的干扰,因此特别容易遗忘,而且识记的容量也十分有限。当然,机械识记在某些时候也是必要的,因为学习材料中总会有部分内容对学习者来说是很少有意义的,识记时只能先采用机械识记。有时学习者因为知识经验有限,一时难以理解其材料的意义,也只能先采用机械识记,随着知识经验的积累而逐步加以理解,即要尽量使无意义材料同其表征建立联系,从而达到意义识记的目的。

（2）意义识记

意义识记是指人在对事物理解的基础上,依据事物的内在联系,并借助自己已有的知识经验而进行的识记。意义识记的特点是,识记时能够充分利用自己已有的知识经验,对识记材料进行理解,并通过思维的分析和综合,把握识记材料各部分的特点及其内在联系,从而使识记内容纳入自己已有的认知结构而保持在记忆中。学习者对识记材料的理解程度在很大程度上决定于意义识记的全面性、精确性、牢固性和有效性。识记材料只有被纳入到学习者已有的知识结构中,才容易被识记住。许多实验证明,意义识记的效果要远优于机械识记。但是,机械识记和意义识记是相辅相成、互相补充的。

（二）影响识记的因素

识记的效果受到诸多因素的影响,其中以下因素对识记效果的影响尤为明显。

1. 识记的任务

识记任务是否明确对识记效果有重要影响。因为在目的和任务明确时,识记活动会专注并集中在该任务上,可以引起识记者复杂的智力活动,从而调动其积极性;识记任务不同,识记者对材料的组织方式也会不同,导致识记效果上存在差异。例如,对于一篇文章,可以要求记住它的基本内容、主要思想,也可以要求逐字逐句地背诵下来。在前一种情况下,学习者识记时就要注意它的基本内容和各部分之间的逻辑关系;在后一种情况下,学习者除了要弄懂材料外,更要反复地逐字逐句地加以背诵,注意字句间的严格顺序。显然,在这两种不同要求的情况下,识记的效果也会有所不同。

2. 学习态度

如果识记的材料是识记者感兴趣的、符合其需要的,或者对自己有重要意义的,那么此时的识记客体就成为人智慧活动的对象,就会激发起学习者的识记动机,积极地参与识记活动,识记对象就容易被清晰地感知,就会去建立事物之间的意义联系、理解材料的内在逻辑关系,并与自己的知识经验相联系,从而提高识记的效果,反之,则会使识记效果降低。

3. 识记材料的性质和数量

识记材料的性质、难易程度和数量等会影响识记的效果。识记材料可以分为直观材料识记和文字材料识记,识记者对这两种材料的识记效果表现出一定的年龄特征。一般而言,儿童对直观材料的识记效果优于文字材料,而成年人对文字材料的识记效果往往优于直观材料。识记者识记难易程度不等的材料的进程不同,识记容易的材料,其进程一般是先快后慢,呈现的是一条减速曲线;识记难度大的材料,其进程一般是先慢后快,呈现的是一条加速曲线。此外,识记材料数量越多,识记所用的平均时间和次数也就越多。索柯洛夫的实验证明,识记 12 个音节时,平均一个音节需要 14 秒;识记 24 个音节时,平均一个音节需要 29 秒;而识记 36 个音节时,平均一个音节则需要 42 秒。

4. 对识记材料的理解程度

理解是识记的必要条件。由于理解了的信息与识记者已有的知识经验发生了联系,能够顺利地纳入已有的认知结构。因此,识记者对材料的理解越深刻,识记的速度就越快,保持也越牢固。对识记材料的理解是建立在对材料进行分析和组织的基础上的,即识记者必须把识记材料的基本观点、论据、逻辑结构、内在联系等标示出来,再运用自己的语言对它们进行再组织、概括并准确地表述出来。识记者经过对识记材料的分析和综合,运用自己的语言加以阐述,使之获得明确的、有条理的逻辑关系,因而容易识记和保持。

5. 识记方法

识记方法包括整体识记法、部分识记法和综合识记法。整体识记法是指将识记材料通篇阅读,直至能完全背诵。部分识记法是指对识记材料先分段识记,直至成诵,再加以合并,整篇成诵。综合识记法是指先进行整体识记,然后进行部分识记,最后再进行整体识记直至完全背诵。一般而言,识记材料较短且具有意义联系时,采用整体识记法效果较好。识记材料的意义联系较少时,采用部分识记法效果较好。识记材料具有意义联系但较长、难度较大时,则采用综合识记法效果较好。

二、保　　持

保持是记忆过程的第二个基本环节,它是以识记为前提,保持的效果是在回忆和再认中得到证明和体现的。

(一)保持的特点

保持是人的知识经验在头脑中的贮存和巩固的过程。保持不仅是记忆的重要标志,也是回忆和再认的重要条件。用认知心理学术语表述即记忆信息的存储过程。

1. 保持内容的量变

保持内容在量的方面的变化表现出两种倾向:一是保持内容的数量随时间的推移日趋减少,部分内容提取不出来或提取错误,产生遗忘;这是最明显的记忆现象。二是记忆恢复现象,又称为复记,由美国心理学家巴拉德(P. B. Ballard,1913)最早发现。记忆恢复是指学习某种材料后,延迟一段时间后测得的保持量要比学习后立即测得的保持量要高,即延缓回忆比即时回忆效果要好的现象①。研究发现,学习者学习后过几天的保持量,会比刚

---

① 梁宁建主编:《心理学导论》,上海教育出版社 2011 年版,第 223 页。

学习后的保持量要高,即经过一段时间后,记忆内容的恢复和再现要比刚识记后要好些。有研究表明,记忆恢复现象儿童比成人表现更为普遍;学习较难材料比学习较容易材料表现得更为明显;学习程度较低时比学习纯熟时更易出现;记忆恢复的内容大部分处于学习材料的中间部分,其原因可能是由于识记材料的过程中产生了抑制积累作用,影响即刻回忆的成绩,经过充分休息后,抑制得到解除,因此回忆成绩有所上升。

2. 保持内容的质变

保持的内容在质的方面发生变化的特征一般表现为:记忆内容中不甚重要的细节部分趋于消失,而主要内容及显著特征能较好地保持,从而使记忆内容简略、概括和合理。另一方面,记忆内容中的某些特点和线索有选择地保留下来,同时增添某些特征,使记忆内容成为较易理解的"事物"。

记忆内容的质的变化,常常受到个人的知识经验、心向、动机等因素的影响。英国心理学家巴特莱特(F. C. Banlett)采用图画复绘的方法来测验记忆质变的情形(见图3-1)。图中左边为刺激图形,先给被试中的第一个人看,隔半小时后要求他凭回忆将图绘出,再将他所绘的画给第二个人看,隔

图3-1　记忆过程中图形的变化

半小时后同样凭回忆将所看到的图绘出,然后把他绘出的图给第三个人看,如此依次进行直到第十八个被试。图中垂直线右边的八个图形,就是实验中第一,二,三,八,九,十,十五,十八个被试所绘的图形。从这些所绘图形可以看到,从第一个被试识记回忆绘出的小鸟,到第十八个被试回忆绘出的猫的图形,记忆内容发生了质的变化。

(二)保持量的测量

研究记忆时,一般需对保持量进行测量。测量保持量常见的方法有回忆法、再认法、节省法和重建法。

1. 回忆法

回忆法又称再现法,指原来识记的材料不在眼前时,要求被试默写或复述(即再现)识记过的材料的方法[①]。回忆法在具体测验的使用上分为两种:自由回忆(无凭借线索的回忆)和线索记忆(有凭借线索的回忆)。前者是对被试所要回忆材料不加任何提示,只要求被试把识记过的材料默写出来或复述出来;后者是向被试提示部分识记过的材料,要求被试以此为凭据,回忆出其余材料。在自由回忆法上附加一个约束条件,即按照一定顺序回忆所学材料,这种回忆法称为依序回忆法。回忆法测得的保持量以正确回忆项目数的百分比为指标。计算保持量的公式如下:

保持量 = 正确回忆的项目量/原来学习的项目量×100%

2. 再认法

再认法是用以比较和测量记忆保持的方法,同时也是探索记忆本质的重要手段之一。在测量时,把数量相等的识记过的材料和没有识记过的材料打乱混合在一起,然后按照随机方式向被试呈现,要求被试区分识记过的材料和没识记过的材料,如果是识记过的就回答"是",没有识记过就回答"否"。计算保持量的公式如下:

保持量 = (认对数 - 认错数)/呈现材料的总数×100%

3. 节省法

节省法又称再学法,指当被试不能把原来已经熟记的材料完全无误地

---

① 梁宁建主编:《心理学导论》,上海教育出版社 2011 年版,第 224 页。

回忆出来时,要求被试对识记过的材料进行重新学习和记忆,直至达到初次学习时能背诵程度的标准,再以重学比初学节省的时间或次数的绝对节省值作为保持量的指标。节省法的公式为:

保持量 = (初学时间或次数 - 再学时间或次数)/初学时间或次数×100%

4. 重建法

重建法又称重构法,在记忆测量中,要求被试再现学习过的刺激次序。这种测量方法既适用于文字测验材料,也适用于形状、颜色或其他非文字记忆测验材料。具体步骤是:把若干刺激材料按一定次序排列呈现给被试,然后把材料的排列顺序打乱,要求被试按照原来呈现的刺激次序重新排列出来。重建法的记分以被试重建的次序同原来材料排列次序之间相符合的程度为依据。

三、再　　认

再认是记忆过程第三个基本环节之一,是指过去经验或识记过的事物再次呈现在面前时仍能确认和辨认出来的过程。再认是识记和保持过程后的结果,也是测量识记和保持成绩的指标之一。再认与回忆没有本质区别,但再认总体上要比回忆简单、容易。

(一)再认的特征

1. 再认可以视为知觉分析和记忆检索连续加工的过程,它包含知觉、回忆、联想、比较、验证等一系列认知活动。再认与模式识别直接有关。人在识别某个对象或刺激模式时,在对它进行知觉分析的同时,会从长时记忆中检索或提取相关的信息,并与知觉到的对象的各种特征和属性进行比较,再经过多层次连续比较验证,最后完成再认的过程。

2. 再认的速度和准确性。它们主要取决于以下两个条件:意识对事物识记的巩固程度,保持巩固,再认就容易,反之则越困难。二是当前的事物与以前经验过的事物的相似程度。事物是发展的、变化的,再认过程中所要依靠的各种有关线索,如事物的结构、特性、特点等,当事物线索变化不大,就可能再认;当事物线索发生了很大变化,再认就有相当的困难。

3. 错误再认表现为不能再认或再认错误。错误再认的原因之一是识记不精确,保持不牢固,原有的联系线索消失或受到其他因素的干扰,再次呈现的事物不能激活原有感知或记忆的痕迹。原因之二是线索联系的泛化，使再次呈现的事物与先前感知和识记过的事物具有相似特征时，就容易产生错误再认。

(二)再认的种类

1. 根据再认时有无目的和是否需要意志努力的参与，把再认分为无意再认和有意再认。无意再认又称为不随意再认，指当再次出现的事物明确、清晰、完整，或与记忆中保持的内容相符时，几乎是自动地、无意识地、在极短时间内实现的辨别和确认过程。有意再认又称为随意再认，指当再次出现的事物不太清晰、不太明确、不太完整，或与记忆中保持的内容不太相符时，需要通过意志努力而实现的辨别和确认过程。

2. 根据再认的程度和范围，再认可以分为完全再认和不完全再认。完全再认是指对当前事物全面确定的再认，包括对事物的内容及其内在关系的识别和确认。不完全再认是指对当前呈现的事物仅有熟悉感，而不能达到对原有事物在一定程度和范围内的再认。

四、回　忆

回忆又称为再现或重现，指过去经验的事物不在面前，能在头脑中重新呈现并加以确认的记忆过程。回忆是记忆过程的环节之一。回忆并不是简单机械地恢复过去已有的映像，它包括对记忆材料的一定加工和重组活动。

(一)回忆的特征

回忆是人脑对过去经验的重现，但它并不是消极被动的，也不是像照相那样简单地重现原有的全部经验。回忆随着人的活动任务、兴趣、情绪状态、认知结构的变化而有所变化。因此，从回忆的一般过程来看，人在回忆时常要借助有关经验经"筛选"后找到所需要的经验，记忆是在有关经验中建立联系，而回忆则要依靠许多联系加以重现，联系越丰富、越系统化，回忆就越容易、越正确；反之则会越困难。

回忆是人脑中暂时神经联系的恢复，一种经验经常是和多种有关的经验联系着的。不同的联系既可以相互促进，回忆起需要的经验，也会相互干扰，使需要回忆的内容不能很快地重现。当多种联系相互干扰时，回忆的时间就会延长。这可以用负诱导的规律加以解释。当大脑皮层上的有关线索区域发生兴奋，其周边临近区域就会处于相对抑制状态。在这种情况下，由于抑制作用，可能一时回忆不起所需要的经验，此时若暂停回忆，使大脑皮层上相关区域的兴奋性降低，由于正诱导的作用，使周边邻近区域的兴奋性提高，所需要的经验就可能会较容易在大脑中重现。

回忆常常是以联想的形式出现。联想是指在空间和时间上同时出现或相继出现，在外部特征和意义上相似或相反的事物，反映在人脑中建立联系并留下印迹，以后当其中一个事物出现，就会在头脑中引起与之相联系的另一个经历过的事物。联想的形成和充分利用是提高记忆效果的有效方法。在心理学中，一般把联想分为简单联想和复杂联想两大类。接近、对比和类似是人脑对事物外部关系的联想，它们属于简单联想。对原因与结果、部分与整体、类与种、主与次等事物内在关系的联想属于复杂联想，也称为意义联想。

（二）回忆的种类

回忆可以是有意回忆或称为随意回忆，也可以是无意回忆或称为不随意回忆。有意回忆是指有预定回忆意图和目的，有意识地搜索和复现过去形成的映像。由于有意回忆有一定方向，有时映像较容易复现，但有时由于受到干扰则需要作出一定意志努力。根据有关线索，使用一定策略，通过推论和探索，在意志努力下完成映像复现的有意回忆称为追忆。无意回忆是指没有明确回忆意图或目的，映像是按照联想原则自然而然地被提取或复现。例如一件往事偶然涌上心头，浮想联翩或触景生情，但回忆的内容往往不连贯、不系统。

回忆有直接回忆和间接回忆。直接回忆是指由面前的事物直接唤起了头脑中已有的经验。例如对十分熟悉的外语单词，通常是通过直接回忆表现出来。间接回忆是指通过一系列中介性联想才能唤起头脑中已有的经验，这种回忆需要一定的意志努力才能实现。

第三节 记忆系统

大家可能都知道这样一种现象，当你数两叠钞票，在数到第二叠的一半时，有人插进来和你说话，干扰了你的数数，这时你可能还记得第一叠钞票有多少张,但忘记第二叠数到了哪里,你不得不重新开始数。为什么我们对前后两个数的记忆会有这样大的差异? 现代心理学认为,这是因为你把第一叠钞票数放进了长时记忆,而把第二叠钞票数只放在短时记忆中。可见两种记忆是不一样的。

一、记忆的信息加工过程

根据记忆过程中信息的输入、编码方式的特点以及信息存储时间的长短,可将记忆过程分为感觉记忆、短时记忆和长时记忆三个记忆阶段或三种记忆类型,从而共同构成记忆系统。当外界信息作用感觉器官时,首先进入感觉记忆系统,然后,那些引起个体注意的感觉信息进入短时记忆系统,短时记忆中的信息经过加工再存储到长时记忆系统中,保存在长时记忆中的信息在需要时又被提取到短时记忆中,帮助短时记忆系统对信息进行加工(见图3-2)。感觉记忆、短时记忆和长时记忆是记忆系统中三个不同的信息加工阶段,尽管它们在信息的持续时间、记忆的容量、信息编码方式以及信息存储与遗忘机制方面都不相同,但它们之间不是非此即彼的关系,而是相互联系、相互作用、密切配合的对信息加工处理的记忆系统①。

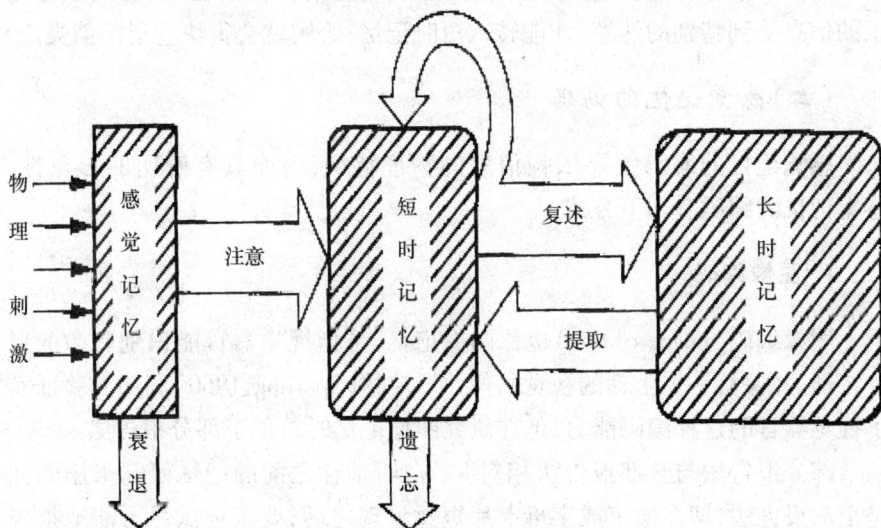

图3-2　记忆系统模型

① 付建中主编:《普通心理学》,清华大学出版社2012年版,第161页。

二、感 觉 记 忆

(一) 什么是感觉记忆

感觉记忆又称为瞬时记忆,是指感觉性刺激作用后仍在大脑中继续短暂保持其映像的记忆,它是人类记忆信息加工的第一个阶段,是记忆系统对外界输入信息进一步加工之前的暂时登记。

感觉记忆的信息尚未经任何心理加工,是以感觉痕迹的形式被登记下来的,它具有以下基本特点:

第一,进入感觉记忆中的信息完全依据它所具有的物理特征编码,并以感知的顺序被登记,具有鲜明的形象性。

第二,进入感觉记忆的信息保持时间很短暂。图像记忆保持的时间约 1 秒左右,声像记忆虽超过 1 秒,但不长于 4 秒,它为感觉记忆保持高度的效能提供了基本条件,若信息不能在感觉记忆中瞬间登记或急速消失,就会同不断输入的新信息相互混杂,从而丧失对最初信息的识别。

第三,感觉记忆的记忆容量由感受器的解剖生理特点所决定,几乎所有进入感官的信息都能被登记。但感觉记忆痕迹很容易衰退,只有当被登记了的信息受到特别的注意,才能转入短时记忆,否则就会很快衰退而消失。

(二) 感觉记忆的编码

感觉记忆的编码主要依赖信息的物理特征,因而具有鲜明的形象性。感觉记忆的编码有如下方式。

1. 图像编码

图像编码(image coding)也称图像记忆,是指视觉器官能识别刺激的形象特征,并保持一个生动的视觉图像。斯波林(Sperling,1960)利用实验证实了视觉器官的这种编码能力,他在研究图像记忆时首创了部分报告法。

部分报告法与全部报告法相对[1]。在斯珀林之前的记忆研究采用的都是全部报告法,即在数字或字母卡片短暂呈现之后,要求被试尽可能地报告其看到的数字或字母。斯珀林创造了部分报告法。在试验中,他用速示器

---

[1]　梁宁建主编:《心理学导论》,上海教育出版社 2011 年版,第 235 页。

以50毫秒的时间呈现有3行字母的卡片,每行字母为3个或4个,自上而下,每行字母分别配以高、中、低三种音调信号,要求被试在字母卡片呈现后,根据出现的不同声音信号,对相应一行的字母马上报告。高音出现时立即报告第一行字母,中音出现时马上报告第二行,低音出现时报告第三行字母。声音信号是随机编排的。结果发现,被试几乎每次都能够正确地报告任意一行字母中的3个或4个。由于实验过程中三种声音是随机出现的,被试并不知道声音信号出现的顺序,因此被试必须记住全部项目才能根据声音信号作出反应(图3-3)所示。由此推算,被试能够报告出来的字母项目数平均为9个,这个数目要比采用全部报告法的数字几乎增加了一倍,说明局部报告法的成绩高于全部报告法,即被试看到的字母数目确实要高于全面报告法的成绩。斯波林认为,用全部报告法测的项目并没有反映出最初信息存储的容量,而只是在映像消退之前能够提取出来的、转入到下一个记忆系统的项目数。这样,按照斯波林的研究,图像记忆确实存在。

X　　M　　R　　J
C　　N　　K　　P
V　　F　　L　　B

图3-3　斯波林实验用的字母

2. 声像编码

声像编码(audio-visual coding)也称声像记忆,是指听觉器官对声音刺激的识别,并对声音刺激进行瞬间保持。声像记忆的存在是由莫瑞(Moray,1965)等人仿照斯波林的实验而确定的。莫瑞设计了一个"四耳人实验"。实验中,把四个扬声器放在屋里的4个角上,让被试坐在当中,使他可以同时从4个不同声源听到声音并能区分出声源。实验时可以从2个、3个或4个声源同时各呈现1—4个字母。刺激呈现完毕后,被试报告他听到的字母。

实验采用了整体报告法和部分报告法。部分报告法的做法是:在被试面前的提示板上安4个灯,各代表一个声源。声音刺激呈现后开亮一个灯,当某个灯亮了,被试就要报告它所代表的那个声源传来的字母。结果表明,部分报告法的回忆成绩优于全部报告法,证明听觉系统中存在声像记忆。

(三) 感觉记忆的存储

1. 感觉记忆储存的信息量大

感觉记忆在瞬时能储存大量的信息,进入感受器的信息多数都能被登记。记忆容量的大小由感受器的解剖生理特点所决定,一般认为图像记忆的容量为 9—20 个比特。这种记忆好比是整个记忆系统的"接待室",从感官输入的所有信息都要在这里登记。

2. 感觉记忆中信息储存的时间很短

外界信息在感觉记忆中的保持是很短暂的,视觉信息约在 1 秒钟左右,听觉信息在 4 秒钟之内,说明信息消失的速度很快。这一特点对信息加工来说极为重要。因为外界信息处于迅速变化状态,感官内登记的信息若不尽快地被选用或抹掉,就会同新输入的信息混杂,从而丧失对最初信息的识别。可见信息的瞬间登记和急速消失是使感觉记忆保持高度效能的条件。虽然信息在感觉记忆阶段停留的时间极短,但足以使人的认知系统对它们进行各项操作和加工了。

(四) 感觉记忆向短时记忆的转换

当外界刺激输入之后,它们首先被转换成各种感觉信息,以后这些感觉信息经过组织,获得一定的意义,成为被识别的某种模式。研究表明,感觉记忆中只有能够引起个体注意并被及时识别的信息,才有机会进入短时记忆。相反,那些没有受到注意的信息,由于没有转换到短时记忆,很快就消失了。

三、短 时 记 忆

(一) 短时记忆的概念

短时记忆(short-term memory)是指信息的保持时间大约为一分钟左右,作为三级记忆系统的中间环节,短时记忆是信息从感觉记忆到长时记忆之间的一个过渡阶段。

短时记忆一般包括两个成分:一个是直接记忆,即输入的信息没有经过进一步的加工;另一个是工作记忆,即为加工、操作服务。它不仅对传入信息暂时保持,而且实现对事物进行某种加工操作,必要时还要将储存在长时记忆中的信息提取出来解决面临的问题。短时记忆是唯一对信息进行有意识加工的记忆阶段。感觉记忆和长时记忆中的信息是我们意识不到的,这两种记忆中的信息只有被传送到短时记忆中才能被检测、组织和思维。

【资料窗 3 - 2】

工作记忆

工作记忆(working memory)这一术语最早由英国心理学家巴德利和希奇(Baddelev&Hitch,1974)针对短时储存(short term storage)而提出的。巴德利(2001)将工作记忆定义为在执行认知任务的过程中对信息进行暂时储存与加工的有限的资源系统,它由三部分组成①。(1)中央执行部分,主管工作记忆中信息的流动方式,从其他记忆系统如长时记忆中提取信息,对工作记忆中的信息进行较精细的加工和存储。这是工作记忆的核心,起着注意系统的作用,其认知加工的资源是有限的。(2)语音回路,主要以串行加工的方式,把言语信息转化为听觉编码并通过语音回路对它进行加工和存储。它在学习阅读、理解语言、获得词汇中扮演着重要的角色。(3)视觉空间速写缓冲器,主要以心像的形式对视觉和空间信息进行加工和存储。后两个部分是从属系统,具有信息特异性。外界输入的信息要经过工作记忆激活才能进入长时记忆而储存,长时记忆中的信息只有被提取到工作记忆中并活化后才能被再次利用。在信息加工过程中,工作记忆的内容在不断变化,但工作要求又使工作记忆具有连续性和系统性。工作记忆是个体认知活动的工作空间,包含从外界接收的信息和从长时记忆中提取的信息,以及对这些信息进行的操作。工作记忆与大脑的海马、边缘系统有定位的联系。该部位受损的人,不能很好地将当前信息转化为长时记忆,研究者据此认为可能存在着一个独立的工作记忆结构。但也有人认为该记忆只是长时记忆中被激活的那部分,不存在一个独立的工作记忆结构。

工作记忆与短时记忆有什么关系呢?巴德利(Baddeley,1992)认为,他关于工作记忆的观点是对短时记忆思想的一种深化,而不是与之相对立的。现在短时记忆已不再被视为一种被动的、暂时的、容量有限的储藏室,巴德利等学者所研究的工作记忆强调的是工作记忆扮演着主动的角色,而不是信息的短暂储存。例如,把视觉信息转化为听觉编码,形成组块,通过复述以保持对所要记忆材料的注意,以及有时对信息的精细加工,从长时记忆提取与输入信息有关的知识的过程中都包含了工作记忆。因此,工作记忆这一术语所表达的远不只是短暂储存的含义。相反,它意指这样的一个工作场所,人们在此进行

---

① 付建中主编:《普通心理学(修订版)》,清华大学出版社 2012 年版,第 164—165 页。

主动的心理努力去关注材料,并且常常是改变材料。还有学者认为,短时记忆与工作记忆是有区别的:短时记忆可以视为经主动加工的信息,甚至可能来自目前被激活的长时记忆的信息;工作记忆则包含这些活跃的记忆痕迹,同时还包含用于保持这些激活状态并使人将注意力集中于手头正在做的首要认知任务的注意过程(Kail&Hall,2001)。总之,目前对工作记忆的具体界定范围尚不十分清楚。研究者从各自的领域、兴趣出发,提出具有不同含义的概念。对工作记忆与短时记忆、长时记忆的关系也有不同意见,并出现了长时工作记忆的概念。另外,对于工作记忆资源的有限程度亦有争议。工作记忆这一术语的使用,往往与具体的研究目的和内容关系密切,似乎应当有区别地加以使用。

[资料来源]程素萍、林慧莲主编:《心理学基础》,高等教育出版社 2011 年版,第157 页。

(二)短时记忆的编码

1. 听觉编码

人们通过研究语音相似性对回忆效果的影响,证实了语音听觉编码方式的存在。

康拉德(Conrad,1964)通过实验证实,在一项记忆广度的实验中,以视觉方式呈现容易发生读音混淆的两组字母,例如 BCPTV 和 FMNSX,要求被试按字母呈现的顺序进行回忆,结果发现,尽管刺激是以视觉方式呈现,但被试回忆时发生混淆的大都是读音相似的字母,如 B 和 P,S 和 X,而很少是对形状相似的字母发生混淆,如 F 和 E。这说明听觉编码是短时记忆的主要编码方式。因此,在心理学中经常把听觉的(auditory)、口语的(verbal)、语言的(linguistic)代码联合起来,称为 AVL 代码,并用 AVL 代码说明短时记忆对信息的编码。

2. 视觉编码

在短时记忆中,对字母、语词或句子等语言刺激信息来说,听觉编码或口语编码是适宜的,即使对非言语刺激信息的加工,如图画等,也可以通过听觉言语进行编码。研究者(Posner,1969)让被试判断两个字母是否是同一个字母,两个字母的呈现方式分别为同时呈现和先后呈现。两个字母的关系分两种:一种是两个字母的音和形都一样(A A),称为同形关系;另一种是两个字母的音一样,而形不一样(A a),称为同音关系。结果发现,当两个字母同时呈现时,同形关系的字母反应更快;当两个字母先后间隔一两秒呈现时,同形关系和同音关系的反应时没有差异(图3－4所示)。根据实验结果,研究者认为,由于同形关系比同音关系具有形的优势,因此只有在依靠视觉编码进行的作业中才会出现这一优势。由此可以推断,在短时记忆的最初阶段存在视觉形式的编码,之后才逐渐向听觉形式过渡。

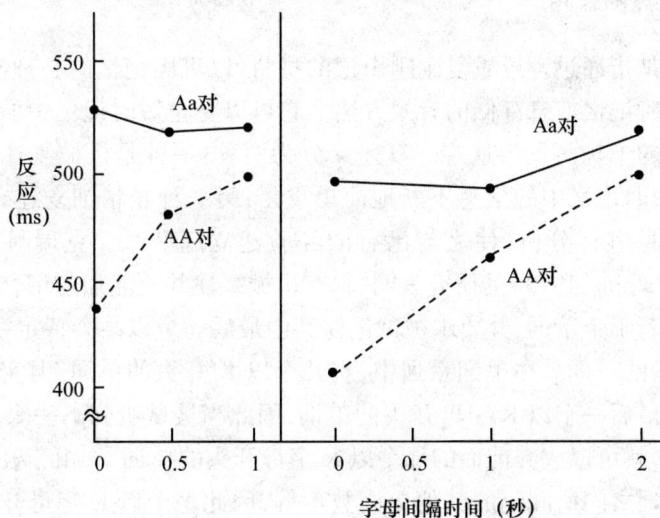

图3－4　反应时是字母间隔时间的函数

(一)短时记忆的储存

1. 短时记忆的容量

短时记忆的容量是有限的。短时记忆的容量又称为短时记忆广度,指彼此无关事物短暂呈现一次后能记住的最大数量。美国心理学家米勒(G. Miller,1956)对短时记忆容量的研究表明,保持在短时记忆中的刺激项目大约为7个,人的短时记忆广度为7±2个组块,即5—9个,平均为7,它不分种族文化,是正常成年人的短时记忆广度平均值。最近的研究表明,短时记忆广度与识记材料的性质和个体对识记材料的编码加工程度存在内在联系。

组块能够有效地扩大短时记忆的容量。所谓组块是指将若干较小单位联合而成熟悉的、较大的单位的信息加工。组块的大小与人的知识经验有关,象棋大师与新手对棋局进行复盘的差异较好地说明了这个问题。实验发现,当象棋大师和新手看一个真实的棋局5秒,然后将棋子移开,并要求他们复盘,结果象棋大师第一次复盘可达到90%的正确率,而新手仅能达到

40%。然而当象棋大师和新手均看任意放置的一些棋子时,他们复盘的正确率就没有什么差异了。象棋大师在长时记忆中储存了大约5万到10万个组块,获得这些知识的时间不少于10年①。

2. 复述的作用

复述是指通过言语重复刚刚识记的材料,以巩固记忆的心理操作过程。复述是短时记忆信息存储的有效方法。它可以防止短时记忆中的信息受到无关刺激的干扰而发生遗忘。复述又分为两种:一种是机械复述或保持性复述,将短时记忆中的信息不断地简单重复;另一种是精细复述,将短时记忆中的信息进行分析,使之与已有的经验建立起联系。克瑞科和沃金斯(Craik&Wathins,1973)的研究表明,只有机械复述并不能加强记忆。研究者让被试听若干个单词,并要求被试记住其中最后一个以某个特定字母(如字母K)开头的单词。在单词系列中,有几个以K开头的单词,但实验只要求被试记住最后一个以K字母开头的单词,因此当被试听到下一个以K开头的单词时,就可以放弃前面的那个以K字母开头的单词了,由于在这些以K开头的单词之间所间隔的其他单词数不等,因此每个以K字母开头的单词得到复述的机会是不等的。实验结束后,研究者出其不意地要求被试回忆所有以K字母开头的单词,结果发现,对这些以K字母开头的单词的回忆成绩并没有差异,说明简单的机械复述并不能产生较好的记忆效果。

蔡斯(Chase&Ericsson,1981)曾报道了一个叫B. F. 的个案,他可以回忆80个数字。进一步的研究发现,B. F. 原来是一名长跑运动员,他将那些随机数字组成为各种长跑距离所需要的时间。例如,他把"3,4,9,2,5,6,1,4,9,3,5"记作"3分49秒2—跑1英里,56分14秒—跑10英里,9分35秒—慢跑2英里",这样他通过和长时记忆建立联系的方法,将无意义的随机数字转化成了有意义的、便于记忆的组块。由此说明,精细复述是短时记忆存储的重要条件。

四、长 时 记 忆

(一)长时记忆的概念

长时记忆是指存储时间在一分钟以上直至多年甚至终生不忘的记忆。

---

① 全国十二所重点师范大学联合编写:《心理学基础》,教育科学出版社2008年版,第128页。

从它的信息来源看,大部分是对短时记忆内容的加工复述,但也有些信息因印象深刻而一次性进入长时记忆。长时记忆的容量非常大,至今还没有人给他确定一个大家公认的范围。曾有的研究提出大约是 10 亿比特。诺贝尔经济学奖获得者、美国心理学教授西蒙对此有过具体阐述,他认为在记忆语词方面,若以语词为组块,中国人能记 2.5 万至 5 万个汉字。若以单字为组块,最多能记一万个汉字,棋类大师能记 5 万个模式。西蒙估计,熟练的掌握英语,需要在长时记忆中储存 5 万—20 万个组块。这么多的信息是怎样储存起来的呢? 最近的研究表明,长时记忆的信息是依不同的方式进行复杂编码,以组块的形式,有系统、有组织地储存起来的。长时记忆的信息是能意识到的,遗忘后还可以恢复的。

(一)长时记忆的编码

长时记忆的信息编码就是把新的信息纳入已有的知识框架内,或把一些分散的信息单元组合成一个新的知识框架。将材料进行组织可以使输入信息有效地进行长时记忆。长时记忆的编码形式主要有以下三种:

1. 表象编码

表象编码是指以表象代码形式编码和存储关于具体事物或事件的信息,它主要用于加工和处理非言语对象或事件的知觉信息。表象是感知过的事物在人脑中留下的形象,但它排除了刺激信息部分细节内容。因此,表象代码是记忆中有关事物的形象,它具有与实际知觉相似的特点,与外部客观事物相类似,包括了事物的大小和空间关系。

视觉表象被看作是主要的表象代码。表象编码的特点是平行加工,对复杂对象的各个特征是同时进行处理的,并存储到复杂的联想结构中,以便使输出的信息具有空间特点,它既反映对象的静态特征,也反映对象的动态特征。表象编码不是刻板的对外界事物拷贝,它是经过加工处理的抽象类似事物,并不受感觉通道的制约,包含着人对相类似信息的概括加工能力。

2. 语义编码

语义编码是指以语义代码形式对短时记忆输入信息进行加工编码的过程。语义编码按照言语发生的顺序,以系统的方式表征言语听觉和言语运动两个方面的信息,不仅包括词及其符号、意义所指对象,也包括应用这些词及符号等的规则,即语言的文法规则、符号的操作规则、数学的运用规则等。与表象代码不同,语义代码是一种抽象意义的表征,具有命题形式。语义编码的特征是串行加工,按照语义编码原理,长时记忆中存储的信息都是按照节点和许多关系进行编码的,语义成分之间的关系,例如概念、事件和情节等信息,是用语义网络的形式来表征的。

由于长时记忆对来自短时记忆的信息需要进行相对较深水平的加工,所以在信息的加工处理过程中,通常会忽略刺激信息的物理特征或细节部分,而主要集中在刺激信息的一般意义的编码和组织上。因此,语义代码是长时记忆对刺激信息进行编码的主要形式,这已经得到相关实验的证实。

3. 主观组织

学习无关的材料时[①],如果既不能分类也没有联想意义上的联系时,此时个体会倾向于采取主观组织对材料进行加工。有研究发现,让被试进行自由回忆实验时,被试在反复多次的回忆中,有以相同顺序回忆单词的倾向。这表明被试头脑中把词表中的项目进行了主观组织,这种主观组织将分离的项目构成一个有联系的整体,从而提高了记忆效率。

(二)长时记忆的信息储存

1. 长时记忆储存的容量巨大

长时记忆是一个信息库,它可以储存一个人的所有知识,为各种活动提供必要的知识基础。长时记忆的容量究竟有多大,有人认为是 5 万—10 万个组块,也有人认为是 10 亿比特。总之,长时记忆有巨大的容量,人们没有过去记得太多、现在记不进去的感觉。长时记忆将现在的信息保持下来供将来使用,或将过去储存的信息提取出来用于现在。它把人的活动的过去、现在和未来联系起来。它的信息主要来自对短时记忆的内容的复述,也有一些是在感知中将印象深刻的内容一次性印入的,特别是那些激动人心、引起强烈情绪体验的内容可直接进入长时记忆系统被储存起来。

2. 信息存储有动态变化

长时记忆中信息存储是一个动态过程。在存储阶段,已保持的经验会

---

① 彭聃龄主编:《普通心理学(修订版)》,北京师范大学出版社 2004 年版,第 226 页。

发生变化。这种变化表现在质和量两个方面。

在质的方面的变化,显示出以下特点:(1)记忆的内容比原来识记的内容更简略、更概括,一些不太重要的细节趋于消失,而主要内容及显著特征被保持。(2)保持的内容比原识记的内容更详细、更具体、更完整、更合理。(3)使原识记内容中的某些特点更加突出、夸张或歪曲,变得更生动、离奇、更具有特色。

在量的方面的变化,显示出两种倾向:一种倾向是记忆回涨现象,即记忆的恢复现象。巴拉德(P. B. Ballard,1913)让一组 12 岁的儿童学习诗歌,事先没有提醒,在学习后立即进行测验,之后,在第一、二、三、四、五、六和七天后又分别进行重测,结果发现,儿童在学习后的第二、三天的保持量比学习后立即测得的保持量高 6%—9%。继巴拉德之后,许多人重复了这类实验,都得到同样的结果,证明儿童在学习后的两三天保持会有所提高。记忆恢复现象,儿童比成人较普遍,学习较难的材料比学习较易的材料更明显,学习程度较低的比学习纯熟的更容易看到。另一种倾向是,识记的保持量随时间的推移而日趋减少,有一部分回忆不起来或回忆发生了错误,这种现象就是遗忘。

【小游戏】

体验记忆内容的动态变化

找一个有趣离奇的故事,讲给你的同学听,然后请这位同学把故事再讲给第二位同学听,第二位同学再讲给第三位同学听,以此类推直到第五位同学。请最后一位同学把故事再讲给你听,看看故事的内容有哪些变化? 为什么?

[资料来源]彭聃龄主编:《普通心理学(第四版)》,北京师范大学出版社 2012 年版,第 262 页。

(三)长时记忆的信息提取

长时记忆的信息提取有两种基本形式,即再认和回忆。回忆是过去经历过的事物形象或概念在脑中再现的心理过程;再认是过去经历过的事物再次出现仍能加以识别和确认的心理过程。再认可以分为感知水平上的再认和思维水平上的再认,感知水平上的再认特点是发生迅速而直接,如对一首熟悉的歌曲,只要听见几个旋律就能立即确认无疑。思维水平上的再认必须依赖某些线索信息,需要比较、推理等思维活动。再认比回忆简单、容易。有些事情能够再认,但不能回忆。但这两者没有本质的区别。从个体心理发展来看,再认比回忆出现得早一些。孩子出生后半年内,即可再认,而回忆的发展却要晚一些。

【资料窗 3 – 3】

案件审判中的目击者证言——法律中的记忆问题

在法庭对案件的审判中,许多情况下法官和陪审团都是依照目击证人的证词来进行判断的。大家普遍相信目击证人的证词是正确和可靠的。但是,孟斯特伯格发现,对同一件事情不同的目击者会有不同的描述,由此他对案件中证人证词的可信度表示了忧虑。有关的研究证实了孟斯特伯格的担忧,发现目击者对事件的回忆会因为提问方式的不同而有很大的差异。例如,在一项研究中,让被试看一部关于撞车事故的影片,然后要求被试对事故中车辆的行驶速度作出判断。结果发现,当问题是"车辆在冲撞时的速度是多少"时,被试对车速的判断超过 65 千米/小时;而当问题是"车辆在接触时的速度是多少"时,被试对车速的判断只有 50 千米/小时。一周之后,主试要求被试回忆在事故中车窗玻璃是否被撞碎了,而事实上在影片中的车窗玻璃并没有被撞碎。结果是,以"冲撞"字眼被提问的被试中有 33% 的人回忆说车窗被撞碎了,而在以"接触"字眼被提问的被试中,比例只有 14%。显然,在提问时不同的字眼改变了被试对目击事件的记忆。

在心理学家看来,这个研究可以帮助我们进一步深入地了解人类的行为;而在司法人员看来,它会对目击证人证词的法律效力提出疑问,并进而对司法公正问题产生深远的影响。

[资料来源] 彭聃龄主编:《普通心理学(修订版)》,北京师范大学出版社 2004 年版,第 231 页。

第四节 遗 忘

一、遗忘的含义

(一)什么是遗忘

遗忘(forget)指识记过的内容不能再认与回忆,或是错误的再认与回忆。遗忘是保持的对立面,保持的丧失就意味着遗忘的出现。如果识记过的内容,不经复习,保持量随时间的推移日趋下降,这就是遗忘。用信息加工的观点来说,遗忘是信息不能提取或提取出现错误。

遗忘是人的正常的现象,对于那些不必要的、应淘汰的信息的遗忘,是有积极意义的,既可减轻我们的脑力负担,又可不为杂事所缠绕;但对必须保持的信息的遗忘,是消极的,会影响生活、学习和工作。因此,该忘记的事情要学会遗忘,不该忘记的事情要设法保持。

(二)遗忘的类型

根据遗忘的程度和性质的不同,可分为部分遗忘和完全遗忘。如果识记过的内容在头脑中留下了大部分,只有其中一部分不能回忆或再认,属于部分遗忘。如果事过境迁全部回忆不起来,属于完全遗忘。

根据遗忘的时间的不同,可分暂时性遗忘和永久性遗忘。若已转入长时记忆的内容一时不能被提取,但在适宜条件下还可以恢复,属于暂时性遗忘。例如,提笔忘字;考试时,有人明知考题的答案,但是由于当时情绪紧张,一时想不起来,这种明明知道当时又回忆不起来的现象叫"舌尖现象",即话到嘴边又说不出来。克服这种现象的简便方法是当时停止回忆,经过一段时间后再进行回忆,这时要回忆的事物可能就会很容易想起来了,这种现象属于暂时性遗忘。若识记过的内容,不经重新学习,记忆不可能再行恢复,属于永久性遗忘。

二、遗忘的规律

德国心理学家艾宾浩斯(Ebbinghaus)最早研究了遗忘的发展进程,他受费希纳《心理物理学纲要》的启发,采用自然科学的方法对记忆进行了实验研究。表3-1记录了他的一些实验结果。

表3-1 遗忘的进程[①]

次序	时距(小时)	保持的百分比	遗忘的百分比
1	0.33	58.2	41.8
2	1	44.2	55.8
3	8.8	35.8	64.2

① 彭聃龄主编:《普通心理学(修订版)》,北京师范大学出版社2004年版,第234页。

续表

次序	时距(小时)	保持的百分比	遗忘的百分比
4	24	33.7	66.3
5	48	27.8	72.2
6	144	25.4	74.6
7	744	21.1	78.9

从表中我们可以看到,遗忘在学习之后立即开始,遗忘的过程最初进展得很快,以后逐渐缓慢。例如,在学习20分钟之后遗忘就达到了41.8%,而在31天之后遗忘仅达到78.9%。根据这个研究,他认为"保持和遗忘是时间的函数"。他还将实验的结果绘成曲线,这就是著名的艾宾浩斯遗忘曲线(the curve of forget-ting)(图3-5)。后来很多人重复了他的实验,所得结果和艾宾浩斯的结论大体相同。

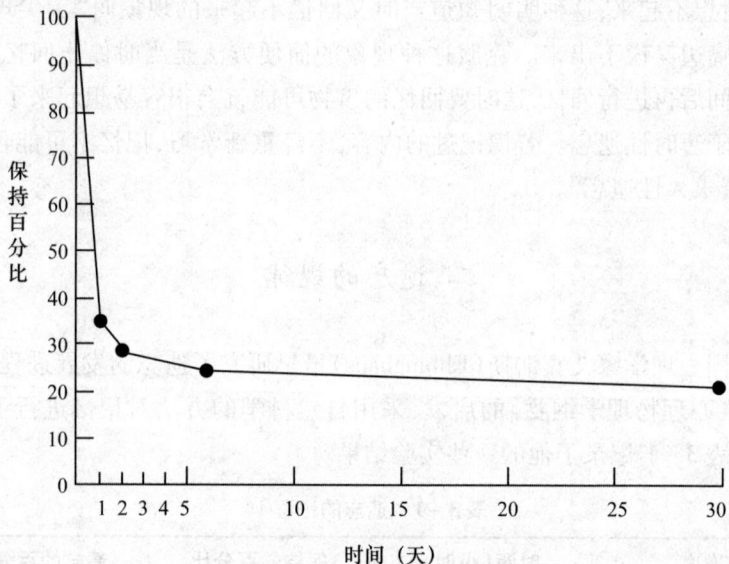

图3-5　艾宾浩斯遗忘曲线

【资料窗3-4】

艾宾浩斯和他的无意义音节

艾宾浩斯在1885年发表了著名的著作《记忆》,使他成为了第一位对记忆这种高级心理过程进行科学定量研究的心理学家。在研究中,为了避免由过去经验产生的意义联想对记忆保持量的测定造成干扰,他采用了无意义音节作记忆材料。这种材料是由中间一个元音、两边各一个辅音构成的音节,如 XIQ、ZEH 和 GUB 等。他以自己作为被试者,采用机械重复的记忆方法对词表进行系列学习,当达到刚能一次成诵的程度时便停止。然后间隔一段时间后再测量自己还能记得多少。在记忆保持量的测量方面,艾宾浩斯采用了节省法,又叫重学法,即学习材料到恰能成诵时,间隔一段时间再重新进行学习,达到同样能背诵的程度,然后比较两次学习所用的时间和诵读次数,就可以得出一个绝对节省值。例如,学习 30 个无意义音节,第一次学习所需时间为 5 分钟,第二次重新学习所需时间为 3 分钟,这样第二次学习所需的时间比第一次节省了 2 分钟。节省的百分数可以用下列公式计算:

节省的百分数 = (初学所用时间 - 重学所用时间)/初学所用时间 × 100% = (5 - 3)/5 × 100% = 40%

第二次学习比第一次学习节省了 40%。这说明了学习的效果。艾宾浩斯对记忆的研究是一种首创性的工作,他使记忆这种比较复杂的心理现象得到了数量化的研究。另外,为了避免在间隔时间内对学过的材料进行回忆,他还在间隔时间内为自己安排了其他材料的学习任务。利用这种研究方法,艾宾浩斯检验了在不同时间间隔内遗忘量的变化趋势(表 3 - 1 和图 3 - 5)。

为什么在艾宾浩斯的记忆研究中遗忘会发生得如此之快呢?这仅仅是由于时间间隔造成的吗?事实上,除了时间的因素之外,还有另外两个因素也造成了这种情况:一是记忆材料没有意义,使它们难以和已有的记忆产生联系而得到巩固;二是艾宾浩斯在实验中记忆了许多无意义音节词表,这些词表之间相互干扰也是造成迅速遗忘的一个原因。

[资料来源]彭聃龄主编:《普通心理学(修订版)》,北京师范大学出版社 2004 年版,第 234 页。

三、影响遗忘的因素

遗忘的进程不仅受时间因素的影响,还受到许多其他因素的影响,主要有以下几方面。

(一)识记材料的性质与数量

一般认为,对熟练的动作和形象材料遗忘得慢,而无意义材料比有意义材料遗忘要快得多。在学习程度相等的情况下,识记的材料越多,忘得越快;材料少,则遗忘较慢。因此,学习时要根据材料的性质来确定学习的数量,一般不要贪多求快。

(二)学习的程度

一般认为,对材料的识记没有一次能达到无误背诵,称为低度学习;如果达到恰能成诵之后还继续学习一段时间,则称之为过度学习。实验证明,低度学习容易遗忘;而过度学习比恰能背诵的,记忆效果要好一些。当然,过度学习有一定限度,花费在过度学习上的时间太多,会造成精力与时间上的浪费。实验证明,过度学习达到150%(即超额学习50%),效果经济合理。

(三)识记材料的系列位置

人们发现在回忆系列材料时,回忆的顺序有一定的规律性。在一项实验中,实验者要求被试学习32个单词的词表,并在学习后要求他们进行回忆,回忆时可以不按原来的先后顺序。结果发现,最后呈现的项目最先回忆起来,其次是最先呈现的那些项目,而最后回忆起来的是词表的中间部分。在回忆的正确率上,最后呈现的词遗忘得最少,其次是最先呈现的词,遗忘最多的是中间部分。这种在回忆系列材料时发生的现象叫作系列位置效应。最后呈现的材料最易回忆,遗忘最少,叫近因效应。最先呈现的材料较易回忆,遗忘较少,叫首因效应。这种系列位置效应已被许多实验所证实。

(四)识记者的态度

识记者对识记材料的需要、兴趣等,对遗忘的快慢也有一定的影响。研究表明,在人们的生活中不占主要地位的、不能引起人们兴趣的、不符合一个人需要的事情,首先被遗忘;而人们需要的、感兴趣的、具有情绪作用的事物,则遗忘得较慢。另外,经过人们的努力、积极加以组织的材料遗忘得较少;而单纯地重述材料,识记的效果较差,遗忘得也较多。

四、遗忘的理论

关于遗忘的原因,主要有以下几种理论解释。

(一)痕迹消退理论

痕迹消退理论又称为消退理论,痕迹理论,认为遗忘是记忆痕迹得不到强化而逐渐减弱,以致最后消退的结果。例如,在感觉记忆或短时记忆中,未经注意或复述的信息就可能因为痕迹的被动消退而导致遗忘。

痕迹消退理论强调生理活动过程对记忆的影响。认为记忆就是在人脑中形成暂时神经联系的过程,这种联系形成后会在神经系统中留下痕迹,如果这种痕迹得不到强化,就会随时间的流逝而逐渐消退,最终造成遗忘。但是,这种理论还没有得到精确有力的实验证明,还不能充分说明记忆中的遗忘原因。因为保持量的下降可能是由于其他材料的干扰,而不一定是记忆痕迹消退的结果。

(二)干扰理论

这种理论认为,遗忘是由于所识记的先后材料之间的相互干扰造成的。干扰理论最明显的证据是倒摄抑制和前摄抑制。后学习的材料对回忆先学习的材料的干扰作用,叫倒摄抑制;先学习的材料对回忆后学习的材料的干扰作用,叫前摄抑制。在学习中,前摄抑制和倒摄抑制的影响是非常明显的。例如,学习一篇课文,一般总是开头和结尾部分容易记住,而中间部分则容易忘记。其原因是,课文的开头部分只受倒摄抑制的影响,不受前摄抑制的影响;结尾部分只受前摄抑制的影响,不受倒摄抑制的影响;中间部分则受两种抑制的影响,因而最易遗忘。一般来说,干扰作用的大小与先后两种材料的相似程度、时间间隔以及所学材料的巩固程度有关。研究发现,中等相似程度的两种学习材料干扰最大,先后学习的材料间隔时间越长干扰越小,学习的材料巩固程度越高产生的干扰也就越小。

(三)动机抑制理论

动机抑制理论又称为压抑理论,遗忘是由于情绪或动机的压抑作用引起的,如果这种压抑被解除了,记忆也就能恢复。这种现象首先是由弗洛伊德在临床实践中发现的。他在给精神病人施行催眠术时发现,许多人能回忆起早年生活中的许多事情,而这些事情平时是回忆不起来的。他认为,这些经验之所以不能回忆,是因为回忆它们时,会使人产生痛苦、不愉快的情绪,于是拒绝它们进入意识,将其存储在无意识中,也就是被无意识动机所压抑。只有当情绪联想减弱时,这种被遗忘的材料才能被回忆起来。在日常生活中,由于情绪紧张而引起遗忘的情况,也是常有的。例如,考试时,由于情绪过分紧张,致使一些学过的内容,怎么也想不起来。

（四）线索依赖性遗忘理论

有的研究者认为，存储在长时记忆中的信息是永远不会丢失的，我们之所以对一些事情想不起来，是因为我们在提取有关信息的时候没有找到适当的提取线索。例如，我们常常有这样的经验，明明知道对方的名字，但就是想不起来。提取失败的现象提示我们，从长时记忆中提取信息是一个复杂的过程，而不是一个简单的"全或无"的问题。如果没有关于某一件事的记忆，即使给我们很多的提取线索我们也想不出来。但同样，如果没有适当的提取线索，我们也无法想起曾经记住的信息。这就像在一个图书馆中找一本书，我们不知道它的书名、著者和检索编号，虽然它就放在书库中，我们也很难找到它。因此，在记忆一个词义的同时，尽量记住单词的其他线索，如词形、词音、词组和语境等，会帮助我们在造句时想起这个词。

【资料窗 3 - 5】

创伤后应激障碍的治疗——忘记不愉快的事件

经历大的创伤性的事件，例如战争、暴力性的犯罪和自然灾害，有时会使当事人产生创伤后应激障碍。患者会产生许多不快的症状，包括睡眠障碍和不断的闪现过去的情景。闪现过去的情景是指对引发人强烈情绪反应的创伤事件的记忆，就好像当事人重新体验了一次创伤性的事件。近年来，记忆研究者发现了应激激素在编码情绪性记忆中的作用。一些研究表明，在应激事件中释放的一些激素（如肾上腺素）会促进情景性记忆在长时记忆中编码。在应激事件发生时和发生后，这些激素进入血液会使得创伤性的事件深深印入记忆中。在有些情况下，例如，当我们是在学习躲避危险性情景时，这可能是好事。但是这种强烈的记忆如果经常地被提取，使得人们在正常的生活中重新经历创伤，就会使人感到痛苦、精神委靡。

研究者正在研究一些药物在阻断或者治疗创伤后应激障碍的作用，例如，阻断剂心得安（propranolol），这是一种能够阻断身体中肾上腺素分泌的药物。研究显示，如果一个人在体验创伤性的事件的数小时内，服用心得安这种药物，他们后来回忆创伤性事件引发的情绪强度会有一定程度的减弱。近来，其他的研究者发现，给那些创伤后应激障碍者服用心得安，然后让他们回忆创伤性的事件，倾向于降低了后来提取该创伤性事件的情绪强度。通过这样的训练，希望那些创伤后应激障碍者或许有一天回忆这些创伤性的事件时，不再伴随有痛苦的情绪的体验。

[资料来源]Pastorino & Doyle-Portillo, 2008.

五、记忆的方法

(一) 记忆的策略

1. 组织有效的复习与反馈

与遗忘进行斗争的首要条件是组织识记后的复习。复习在存储中有很大的作用。前面我们讲过,刺激物的重复出现是短时记忆向长时记忆转化的条件,没有复述的信息是不可能进入长时记忆的。根据艾宾浩斯遗忘规律,及时复习与及时反馈是避免遗忘的重要策略。同时,要有反馈的学习,通过反馈,可以及时知道自己的学习状况,知道哪些方面需要再加强。及时反馈的学习其实是一种强化。

2. 阅读与重现交替进行

阅读与重现交替进行,可以提高复习的效率。重现能提高学习者的积极性,看到成绩,增强自信心,发现问题和错误,有利于及时纠正,抓住材料的重点和难点,使复习更具有目的性。实验也证明,这种复习方法比连续诵读的效果好。在一个实验中,让被试识记无意义音节和传记文,各用 9 分钟进行识记,其中部分时间用于重现。由于阅读与重现时间的分配比例不同,记忆的效果有明显的差异。其结果如表 3 - 2 所示:

表 3 - 2　阅读时重现的效果①

时间分配	16 个无意义音节回忆百分数		5 段传记文回忆百分数	
	立刻	4 小时后	立刻	4 小时后
全部诵读时间	35	15	35	16
1/5 用于重现	50	26	37	19
2/5 用于重现	54	28	41	25
3/5 用于重现	57	37	42	26
4/5 用于重现	74	48	42	26

---

① 彭聃龄主编:《普通心理学(修订版)》,北京师范大学出版社 2004 年版,第 230 页。

3. 整体学习与部分学习相互结合

根据学习材料的性质和篇幅,采取不同的记忆策略。如果学习材料比较短,结构清楚,整体学习要比部分学习的效果好;如果学习材料的性质比较抽象,篇幅长且内容复杂,则部分学习的效果要比整体学习好。在部分学习中,需要把内容、章节分为若干部分,可以一部分一部分地学习。在具体学习时,要根据学习材料的内容,决定采取哪种学习方法,原则是要最大限度地把意义完整的信息内容组成每一次学习的基本单位。

4. 注意序列位置效应的影响

在学习中,要时刻意识到学习过程中序列位置效应的影响。由于在回忆时,几乎每个人都有这样的经验,遗忘最多的地方是学习材料的中间部分。因此,要加强对学习材料中间部分内容的记忆。

5. 间隔学习

间隔学习是指学习一段时间后休息一下,然后再接着学习。与间隔学习相对的是集中学习,它指学习期间基本没有休息时间的学习策略和方法。心理学研究表明,间隔学习时,人的注意力更集中,精力更充沛,更不容易感到枯燥和疲劳。一般来说,20 分钟的间隔学习要比 1 小时的集中学习效果要好。

6. 多种记忆线索提取

在学习过程中,注意记忆线索的存储,当回忆时,有记忆线索比没有线索更容易提取信息。因此,当学习新知识、新名称、新概念和新术语时,最好多种感官并用,这样可以在记忆编码时,有目的地记住具有意义的线索,以帮助在需要时通过线索连接顺利地提取信息。

7. 注意脑的健康和用脑卫生

人脑的健康状况直接影响记忆的好坏,严重营养不良,特别是缺乏蛋白质,将使记忆力下降。另外,吸毒、酒精中毒及脑外伤等,都会给记忆带来不良的影响。

（二）记忆术

记忆术指为了便于记忆而将信息加以组织的技巧,其基本原则是使新信息与熟悉的已经编码信息相联系,从而便于回忆。科学的记忆方法能增强记忆,防止遗忘。

1. 谐音记忆法

谐音记忆法是利用谐音为中介的一种记忆方法①。这种方法能把无意义的材料变成有意义的材料,把生疏的材料变成熟悉的材料,如光速为每秒29.979 万公里,可记为:"二酒碘酒汽酒"。

2. 联想记忆法

客观事物彼此相连,人的认识同样有着复杂而系统的联系。联想是人脑对客观事物内容和外部复杂而有系统联系的反映。联想可分为接近联想、类似联想、对立联想和因果联想,可以根据记忆内容的时间或空间、意义的联系等建立联想。如有些历史年代可运用时间上的接近联想来加强记忆。比如,学生不易记住辛亥革命和太平天国运动发生的年代,可告诉他辛亥革命比中国共产党成立(1921 年)早十年,太平天国运动发生比鸦片战争(1840 年)爆发晚十年。以后学生通过联想就很容易回忆起这两个年代。

3. 歌诀法

学习中,如果把需要识记的材料编成合辙押韵的歌诀,能收到极好的记忆效果。例如,把中国历史朝代编为:"唐尧虞舜夏商周,春秋战国乱悠悠。秦汉三国晋统一,南朝北朝是对头。隋唐五代又十国,宋元明清帝王休。"及二十四个节气编为二十四节气歌等。

4. PQ4R 法

目前最流行而又取得公认的记忆技术是 PQ4R 法。PQ4R 法的取名来自下面所述的六个步骤的英文缩写。

---

① 全国十二所重点师范大学联合编写:《心理学基础》,教育科学出版社 2008 年版,第 130 页。

（1）预习（prepare）：涉猎全章学习材料，确定要探讨的一些总课题。确定作为单元来阅读的各分段，把以下（2）至（5）四个步骤应用在各分段上。

（2）提问（question）：提出有关分段的问题。把分段的标题改为适当的询问。例如一个分段标题是"信息在头脑中的储存"，可改为"何谓信息在头脑中的储存"或"头脑中的信息是如何进行储存的"等等。

（3）阅读（read）：仔细阅读各分段的内容，尝试回答自己对于分段所拟定的问题。

（4）思考（reflection）：在阅读时思考内容，力图予以理解，想出一些例子，把材料和自己原有的知识联系起来。

（5）复述（repeat）：学完一个分段后，尝试回忆其中所包含的知识，力图回答自己对本分段所提出的问题。如果不能充分回忆，就重新阅读记忆困难的部分。

（6）复习（review）：学完全部材料后，默默回忆其中的要点，再次尝试去回答自己所提出过的各个问题。由于学习者对学习材料进行了良好的"主观上的组织"，所以这种记忆技术能够产生良好的记忆效果。

● **拓展阅读**

超常记忆现象①

一、遗觉像

遗觉像（eidetic imagery）是指当刺激对象不在面前时，个体能保持着一种几乎和知觉同样清晰的视觉形象。遗觉像大约能保持30秒。当遗觉像产生时，人就像在看着刺激对象一样。图3-6是《爱丽丝梦游仙境》中的一幅插图，是用来测量遗觉像的题目之一。测量时要求被试回答若干问题，比如：爱丽丝的哪一条裙带下垂得更长？猫的两只前爪是上下搭在一起的吗？猫的尾巴上有多少条纹？

有很少的成人具有遗觉像，实际上，研究者们估计只有大约8%的儿童具有这种能力。我们可以利用儿童的这种能力，通过一定的系统训练来发展他们的形象思维能力，比如，珠心算就是一种很好的训练方法。

图3-6　遗觉像测试

---

① 赵坤等编著：《心理学导论》，中国传媒大学出版社2009年版，第115页。

二、记忆天才

我们经常听说有人能"过目不忘":看过的书,经历过的事能准确地回忆;有人能准确背诵圆周率小数点后几百位甚至几千位。这些记忆天才的记忆能力是天生的吗?还是通过训练或通过记忆策略获得的呢?

经过多年的研究,心理学家发现记忆天才有三个共同特点:第一,他们使用了记忆策略和技巧;第二,他们具有一些特殊的兴趣和知识,这使他们能够更容易地对某一类信息进行编码和回忆;第三,他们都有着天生的超常的记忆能力。也就是说,先天和后天两方面是相辅相成的,大多数具有非凡记忆力的人都会通过运用记忆策略使自己的天赋得到更好的发挥。

◉ 思考与练习

1. 什么是记忆?记忆的种类及各自的特点有哪些?

2. 记忆包括哪些主要过程?

3. 短时记忆的特点是什么?

4. 什么是长时记忆?长时记忆的编码形式有哪些?

5. 什么是遗忘?影响遗忘的因素有哪些?

6. 为什么会产生遗忘?有哪些相关理论?

7. 增进记忆的方法有哪些?

◉ 参考文献

1. 张厚粲:《大学心理学》,北京师范大学出版社 2001 年版。

2. 张春兴:《现代心理学》,上海人民出版社 1994 年版。

3. 全国十二所重点师范大学联合编写:《心理学基础》,教育科学出版社 2008 年版。

4. 赵坤:《心理学导论》,中国传媒大学出版社 2009 年版。

5. 黄希庭:《心理学基础》,华东师范大学出版社 2008 年版。

6. 彭聃龄:《普通心理学(修订版)》,北京师范大学出版社 2004 年版。

7. 梁宁建:《心理学导论》,上海教育出版社 2011 年版。

8. 李红:《心理学基础》,高等教育出版社 2009 年版。

第四章 意识与注意

◉ 内容提要

　　本章重点分析了意识、无意识的概念,意识的基本特征,意识的状态;介绍了睡眠的含义,睡眠的阶段划分,常见的失眠症、嗜睡症、睡眠窒息等睡眠障碍;解析了梦,分析了催眠的作用与原理;详细讲述了注意的概念及种类划分、注意的品质和注意的认知理论等。

　　一天中我们是如何度过的呢? 清晨起来,做一下简单的运动之后,你会感到特别的神清气爽;上课时,尽管老师在台上讲解得投入生动,你却可能心不在焉,不知道老师讲了些什么;下课了,你与同学们兴高采烈地高谈阔论;中午午休,你想起某件事来,思潮澎湃;夜晚来临,思维不那么清晰了,于是,洗漱完毕,你上床并很快进入了梦乡。在这一天当中,我们其实已经经历了各种不同的意识状态,对自身及周围世界的觉知水平也随着不同的意识状态有所不同。

第一节 意识概述

一、什么是意识

　　意识(consciousness)是多种心理活动和概念的集合,是指个人对自己的身心状态与自己所处环境中人、事、物变化的综合觉察与认识。就心理状态而言，"意识"意味着清醒、警觉、注意力集中等。就心理内容而言，"意识"包括可用语言报告出的一些东西，如对幸福的体验、对周围环境的知觉、对往事的回忆等。在行为水平上，"意识"意味着受意愿支配的动作或活动，与自动化的动作相反。

意识概念本身很复杂，它可以从以下三个方面进行理解：

第一，意识是一种觉知。在这个意义上，意识意味着"观察者"觉察到了某种"现象"或"事物"。例如：外语老师刚修整的新发型，你的好朋友对你的文章的评价，从"随身听"传来的优美音乐等。你觉察到这些外部事物的存在，说明你意识到了它们。同样，人也能觉察到某些内部状态，如疲劳、眩晕、焦虑、舒服或饥饿等等。

第二，意识是对这些内容及自身行为的评价，即觉知的内容和意识本身。由此，我们可以将意识界定为三个不同的层次：（1）基本水平，对内部和外部世界的觉知；（2）中间水平，对他人的觉知的反应和体验；（3）高级水平，对自己作为一个有意识的、会思考的个体的觉知和评价。

第三，意识是一种心理状态。它可以分为不同的层次或水平，如从无意识到意识到注意，是一个连续体。另外，意识还存在一般性变化，如觉醒、惊奇、愤怒、警觉等。

二、什么是无意识

按照精神分析学派弗洛伊德的观点，无意识成分是指那些在通常情况下根本不会觉察的。无意识是相对于意识而言的，是个体不曾觉察到的心理活动进入意识层面的东西。比如，内心深处被压抑而无从意识到的欲望、秘密的想法和恐惧等。主要的无意识情况有：（1）确实没有意识到，如视而不见，听而未闻；（2）曾有所意识但没有与别的意识片段联系起来，因而一过去就丧失了；（3）对个别情况的意识被组织在一个较大片段的意识活动中而没有特别显示出其存在。

弗洛伊德提出人的心理能量的结构分为无意识、前意识、意识三部分，它们犹如鸡蛋的蛋壳、蛋白、蛋黄一样存在于不同的层次，无意识是人们经验的大储存库，由许多遗忘了的欲望组成。正如弗洛伊德提出的"冰山理论"：人的意识组成就像一座冰山，露出水面的只是一小部分，即意识（仅占

1/7),但隐藏在水下的是绝大部分(约占 6/7),即无意识。无意识层面的原始冲动和本能以及之后的种种欲望,由于与社会标准相冲突,得不到满足而被压抑到无意识之中,但它们并没有消灭,而在无意识之中积极活动。

【资料窗 4 – 1】

儿童什么时候获得意识

在生活的某个时候,当你俯视一个新生儿或是一个很小的孩子时,你很有可能会产生这样一个疑问:"孩子们的脑子里装了些什么?"这种疑问往往会转化为意识的问题:孩子们是从什么时候开始意识到他或她的自我呢?研究已经表明儿童先获得一个主观自我,然后是一个客观自我:

1. 在儿童逐渐认识到他们与别人是分离的时候,他们已经获得了一种主观的自我,即主观的自我觉知。儿童可以使外部世界处于意识的监控之下。

2. 当儿童可以把他们的意识转向他们自己的时候——他们可以使他们自己成为他们意识分析的课题,儿童就已经获得了一个客观自我,即客观的自我觉知。儿童可以反映他们"知道他们知道"或"记得他们记住了什么"。

关于儿童获得客观自我觉知的经典研究依赖于他们在镜子前的表现。研究者们的问题是:他们什么时候认识到镜中的影像是他们自己呢?要回答这个问题,研究者们请妈妈们在她们孩子的身上点个红点,做标记的时候不要让孩子知道——这就是鼻点测验。儿童在很小的时候就了解镜子的一些特性。例如,6 个月大的时候,儿童会伸手够或摸镜子中的像。然而,直到 18 个月大的时候,多数儿童才会摸自己鼻子上的红点。很明显,直到这个年龄,孩子们才会想到(以某种形式)"镜子中的那个人是我——我鼻子上那个奇怪的红点是什么?"

即使在儿童能够通过鼻点测验的时候,他们也还没有完全获得自我感。儿童一定还要获得包含时间成分的客观自我的概念,由此他们能把自己看作是过去、现在和将来的连续存在体。鼻点程序的一个变式使研究者得以考察儿童自我的时间连续体的获得。在这个研究中,被试为 30—42 个月大的儿童,在实验者偷偷地将一个标签放在他们头发上的时候进行录像。然后给一些儿童放映他们自己头发上带着标签的实况录像。从中他们可以看到被插标签的时候他们在做什么及插标签的过程。另一半儿童观看延后 3 分钟的录像,内容是他们正在看他们自己头上插着标签进行活动的录像。实况组的儿童有 2/3 去伸手够标签,但在延后组里只有 1/3 的个体这样做。事实上,只有到 4 岁左右,儿童才真正具有这种能力,即观看延后的有关他们活动的录像带并将其与标签联系起来。很明显,对儿童来说,从他们过去的表征,甚至是很近的过去,推理现在发生的事情是相当困难的。

这些结果让你吃惊吗?如果你花些时间和 2—3 岁的孩子在一起,你就会了解到他们似乎对关于他们是谁和他们能做什么有着相当好的概念。这些研究结果表明儿童在其发展过程中需要学习如此繁多的知识和经验,同时也说明了成年人的意识经验是多么的复杂。

　[资料来源]理查德·格里格等著:《心理学与生活》,人民邮电出版社2008年版,第141页。

三、意识的基本特征

　　意识包括感觉、知觉、记忆、思维等认知活动过程,也包含情绪、情感和意志活动过程。人的意识是认知活动与主观体验的统一整体。认知活动过程在意识中占有核心位置,有时候,情绪情感在人的即时性活动与行为中也发挥着重要作用。人既能意识到自己正在进行的认知活动,并能够对自己的认知活动内容和结果进行评估与判断,从而产生满意感或不满意感的主观体验,也能够通过意志努力来维持自己的认知活动顺利进行,当面临困难和挫折时,会激励自己迎难而上以取得成功。

　　意识是个体心理发展的重要阶段,具有以下基本特征:

(一)自觉性

　　人对客观世界是能够认识的。当人对客观事物的反映具有词的形式,并由语言来表示反映的内容时,他就把自己从周围的事物中区分出来,周围的事物对他来说,就成为被自觉认识的客体。这样,人对客观现实的反映就成为有意识的、自觉的反映。这种对客观事物的有意识的、自觉的反映的结果,就表现为人的知识、概念、思想等观念的形式。人不仅能自觉地认识到周围事物的存在,而且能自觉地认识到自身的存在。人对自己的心理和行为是能够认识到的。当人的感觉、知觉、思维等心理活动被自觉地认识到的时候,人才能了解到反映的内容是什么。人总是会自觉地认识到自己在想什么、思想是什么。人是具有自我认识能力的。正因为人具有自我认识的能力,人才能认识到自身和客观事物之间的复杂关系。以上所说,都表明了人的意识具有自觉性这一基本特征。

(二)能动性与创造性

　　就意识在人的活动中的作用来说,它具有能动性、创造性的特征。而能动性、创造性的特征又总是联系在一起的。列宁说:“人的意识不仅反映客观世界,并且创造客观世界。"①意识的能动性与创造性的表现是:(1)有目的、有方向地反映客观世界并改造客观世界。人是周围现实的积极活动者,他一旦认识了事物的特性、掌握了社会的经验,就能有目的、有计划地来改变现实和改造世界。人对自然界的反作用,是经过意识的积极活动来进行的。人对社会的发展与改造也同样具有这样的能动性与创造性的作用。(2)人的意识能反映客观事物的本质和规律。事物的本质和规律,只有人能反映。人能把在现实中所获得的直接印象,通过词的概括,并同已有的知识、经验联系起来,经过思维加工,将感觉材料加以去粗取精、去伪存真、由此及彼、由表及里的改造制作,从而达到认识事物的本质和规律。(3)人的意识能反映全社会、全人类的经验。人在反映自然与社会的规律时,不光依靠个人的直接经验,也借助于前人或旁人所获得和积累起来的经验,从而才有可能使人的意识比以前发挥更大的能动性和创造性。

(三)社会制约性与阶级制约性

意识不仅是生物界长期发展的结果,而且是社会关系的产物,是在劳动过程中产生和发展的。因此,马克思和恩格斯在《德意志意识形态》一书中说:"意识一开始就是社会的产物,而且只要人们还存在着,它就仍然是这种产物。"②马克思和恩格斯的话是针对社会意识而言的,但个体意识必然受到社会与阶级的制约,因为人不仅是一个自然的实体,而且还是一个社会的实体。在阶级社会中,人们处于不同的阶级,因而人们的各种思想就会打上阶级的烙印。

【资料窗 4 - 2】

意识的研究历史

在认知神经科学中,意识是一个特别有挑战性的课题。这种挑战性最初表现就是研究者对意识的合理定义有着不同的看法(Wilkes,1988)。当初的状况就是,虽然我们用到意识这一概念时,都有自己的主观含义,但要找到一个令人满意的、规范的定义却很难。事实上,有一部分研究者甚至认为"意识"这一概念实在是太粗略了,在理论上没有太大的意义。

尽管存在定义的困难,认知神经科学家们还是从各个不同的角度研究了意识现象。

---

① 《列宁哲学笔记》,人民出版社 1956 年版,第 199 页。

② 《马克思恩格斯选集》(第 1 卷),人民出版社 1972 年版,第 35 页。

在 20 世纪五六十年代,对快速眼动睡眠的发现使人们十分激动,认为从此就能了解不同意识"状态"的生理基础。六七十年代,开始出现了对意识的一种新的、令人惊喜的研究,那就是对联合部切开术的研究和对割裂脑病人的观察。以斯佩里、柏根和加扎尼加的研究为代表,关于割裂脑病人的研究取得了显著的成绩,研究结果支持了这样的可能性——在大脑的两个半球中存在意识系统。这些观察为意识的理论在神经科学、心理学和哲学等领域的发展打下了丰厚的基础。

在人们为 20 世纪六七十年代的割裂脑病人研究兴奋不已时,70 年代后期及 80 年代发现的另一现象也引起了认知神经科学家的注意。各种不同的脑损伤病人虽然意识和外显的知识受到深度破坏,但他们依然能够获得无意识的或内隐的知识。"盲视"是最典型的、引人注意的一个例子。那些大脑纹状皮质受到损伤的病人否认对视觉刺激有有意识的感知,但他们却能够"猜测"出刺激的位置和其他特征。类似的例子还有那些丧失了近期经验的、外部记忆或有意识记忆的健忘症病人,他们对这些经验的某些方面却保留了无意识的或内隐的记忆。在失语症、失读症、单侧性忽略和其他一些病人中也发现了类似的分离现象,并且导致了对正常人的同质现象。这些分离现象的发现促使研究者们提出了关于意识的性质、功能和生理结构机制等方面的各种理论。

在 20 世纪 80 年代,另一种对意识研究具有重要意义的现象重新引起了人们的注意,这就是对疾病的无觉察,又叫疾病感失症。有一些脑损伤病人声称完全没有觉察到自身病症的存在,而这些病症在他人看来已是非常明显。对这种现象的报道最早见于 19 世纪和 20 世纪初。然而,或许是由于用心理动力学来研究这一现象风靡一时,人们没有系统地探讨这种现象对理解意识本质的意义。但是,受到比夏克和他的同事研究的影响,疾病感失认症的重要性以及相关现象对意识理论的意义受到了更广泛的关注。

比起过去,20 世纪 90 年代的科学家们在了解意识上是否就前进了呢? 只有时间可以回答这个问题。但是围绕这一问题的众多研究至少可以让我们确信,意识这一古老的奥秘将继续在下一个世纪得到认知神经科学家的关注。

[资料来源] Gazzaniga 主编,沈政等译:《认知神经科学》,上海教育出版社 1998 年版。

四、意 识 状 态

人的意识因不断变化而形成不同的意识状态。意识状态是指在一定时间和空间里,意识所呈现出的主要特征。例如,什么刺激信息进入意识之中,进入的程度如何,哪种性质的心理活动占主导地位,个人发挥作用的效率如何等等。处于不同意识状态下的个体,其生理活动、行为表现是不一样的。通常,人的意识状态主要有以下三种:

（一）可控制的意识状态

在人的意识状态中,可控制的意识状态是指意识处于最清晰、注意力最集中的状态。当人在关注某个事物时,会把自己的注意力高度集中到自身或该事物上。此时能够意识到自己所做的事情,能够预见到事情发展的结果,能够根据自己的目的和意图调节与控制自己的行为。例如,在参加重大比赛时,运动员们会全神贯注,此时他们的意识状态一般总是最清晰,注意力也是最集中的。

（二）自动化的意识状态

自动化的意识状态是指人在从事自己熟练掌握的活动或习惯化行为时,不需要投入更多注意就能顺利完成的状态。在自动化意识状态下,人并没有意识到自己正在做的事情,或者对具体步骤的意识并不清晰。例如,熟练的司机在开小轿车时,就不必一直注意车子运动的状况。

（三）白日梦的意识状态

白日梦状态是指介于清醒状态与睡眠状态之间,高度自我卷入的幻想活动。几乎人人都有过做白日梦的经历,都会幻想自己变成了一个实现自己理想的成功者。通常我们认为,白日梦就是空想,做白日梦的人虚度光阴、脱离现实。但心理学的研究认为,白日梦在性质上属于我向思维,其内容与生活具有一定的联系,并与个人期望的未来活动有关,如把将来可能发生的事情在脑中预先演练,通过白日梦使某种欲念冲动得到释放。因此,白日梦并不完全是一种任凭个人主观感受而不顾客观现实的意识状态。

有些专家认为,白日梦可能具有一定的心理辅助作用。白日梦多发生在儿童与青少年阶段,这与他们正处在成长期,自我意识发展不完善有关。他们往往通过白日梦获得某种程度的欢快感或激发自己的灵感,并转化为个人行动的动机。因此,不能把年轻人适度的白日梦意识状态视为心理失常。当然,如果一个人用白日梦完全取代日常生活或学习过程中的有意义行动,或者把它作为逃避社会现实的手段或方式,则可能是心理变态的征兆。

【资料窗 4 - 3】

白日梦的研究

辛格(Singer,1976)曾对 240 名 18—50 岁的被试进行调查,要他们回答是否经常做白日梦,结果有 96% 的人作了肯定的回答。他另外进行了一项关于大学生做白日梦的研究,在他们每人的口袋里装一个小型发声器,发声器的声音只有在意识十分清醒的时候才能听到。发声后用手按电钮发声器即停止发声。发声的时间不固定,平时是两小时内发声三次。实验结果发现,虽然白天学生们有十几个小时处于非睡眠的清醒状态,但推断他们有 1/3 的时间是在做白日梦,因为他们对口袋中的发声器声音有 1/3 以上没有察觉到。如此看来,上课时不少学生陷入"听而不闻"的白日梦中,也就不足为奇了。

[资料来源]程素萍、林慧莲主编:《心理学基础》,高等教育出版社 2011 年版,第 78 页。

第二节　睡　眠　与　梦

人的一生当中,约有三分之一的时间是在睡眠中度过的。其中,梦是睡眠过程中最主要的活动,也是一种有趣且重要的心理现象。

一、睡　　眠

(一)睡眠及其阶段

1. 睡眠的定义

睡眠是与觉醒相对的意识状态,是人们最熟悉的活动之一。睡眠指人所具有的一种半意识状态。在人的一生中,大约有 25 年时间处于这种半意识状态。与日常看法相反,人在睡眠时并非完全没有反应,当有人呼唤正在睡觉的人时,他会很容易地苏醒过来。当孩子发出哪怕是极细微的声音时,熟睡的母亲也会立即醒来。

在古代,人们往往把睡眠与死亡相联系,认为睡眠是灵魂暂时离开身体的现象,在睡眠时可以到远处去会聚朋友,或到从未去过的地方游玩等。随着科学技术的发展,已经使人们加深了对睡眠的理解。当一个人从清醒状态进入睡眠状态时,其大脑的生理电活动会发生复杂的变化。通过精确测量脑电的变化并绘成相应的脑电图,可以很好地了解和揭示睡眠的本质。通常在进行睡眠研究时,研究人员在志愿者头上放置一些电极,用来记录其脑电的变化,同时记录其身体各项功能指标的变化,如呼吸、肌肉强度、心率、血压等。这些指标的变化是研究睡眠的主要信息源。

2. 睡眠的阶段

对人类睡眠的研究发现,大脑处于清醒和警觉状态时,脑电波中有很多β波。β波是频率高、波幅小的波,频率一般为每秒14—30赫兹。当大脑处于安静和休息状态时,β波被α波所取代。α波频率为每秒8—12赫兹,波幅较大。睡眠状态时,脑电波主要是δ波,δ波频率更低,波幅更大。根据脑电波和其他指标,可将人的睡眠划分为五个阶段,各阶段脑电图(electroencephalogram, EEG)模式及主要特征见图4–1。

据脑电图的研究可以将睡眠分为四个阶段(图4–1):在第一阶段,脑电波成分主要为混合的、频率和波幅都较低的电波。在这个阶段,个体处于浅睡状态,身体放松,呼吸变慢,但很容易被外部的刺激惊醒。其持续时间约10分钟。在第二阶段,偶尔会出现一种短暂爆发的,频率高、波幅大的脑电波,称为睡眠锭(sleep spindle)。在这一阶段,个体较难被唤醒,其持续时间约为20分钟。在第三阶段,脑电的频率会继续降低,波幅变大,出现δ波,有时也会有"睡眠锭"。第三阶段大约持续40分钟。当大多数脑电波开始呈现为δ波时,表明已进入睡眠的第四阶段,即为深度睡眠阶段。在这个阶段,个体的肌肉进一步放松,身体功能的各项指标变慢,有时发生梦游、梦呓、尿床等。第三、四阶段的睡眠通常被称为"慢波睡眠"(slow wave sleep, SWS)。几乎所有人的睡眠都会经历这四个阶段。如果睡眠模式异常,就预示着身体或心理功能的失调。

前四个阶段的睡眠大约要经过60—90分钟,之后睡眠者通常会有翻身的动作,并很容易被惊醒。接着似乎又进入第一阶段的睡眠,但这时并不是重复上面的过程,而是进入了一个新的阶段,被称为快速眼动睡眠(rapid eye movement sleep,简称REM sleep)阶段。这时候脑的生理电活动迅速改变,δ波消失,高频率、低波幅的脑电波出现,与个体在清醒状态时的脑电活动很相似。睡眠者的眼球开始快速地做左右上下运动,而且通常伴随着栩栩如生的梦境。睡眠者在这个时候醒来通常会报告说他正在做梦。另外心律和

EEG模式	特征
Alpha波	Alpha波在人们休息或昏昏欲睡时产生，比处于警觉状态或集中注意时的脑电波慢，但比睡眠状态时快。
第一阶段	轻度睡眠，大约持续10分钟。
第二阶段 ——睡眠锭	其特征为间或出现"睡眠锭"（sleep spindle），大约持续20分钟。
第三阶段	肌肉逐渐变得更为放松，脑电波更慢，大约持续40分钟。
第四阶段	深度睡眠阶段，这时睡眠者很难被唤醒。出现更大、更慢的δ波。
快速眼动睡眠阶段	脑电波与个体处于清醒并放松的状态时类似，绝大多数的梦发生在这一阶段。在第一个睡眠周期中大约持续10分钟，其后逐渐增加，可达1小时。

时间

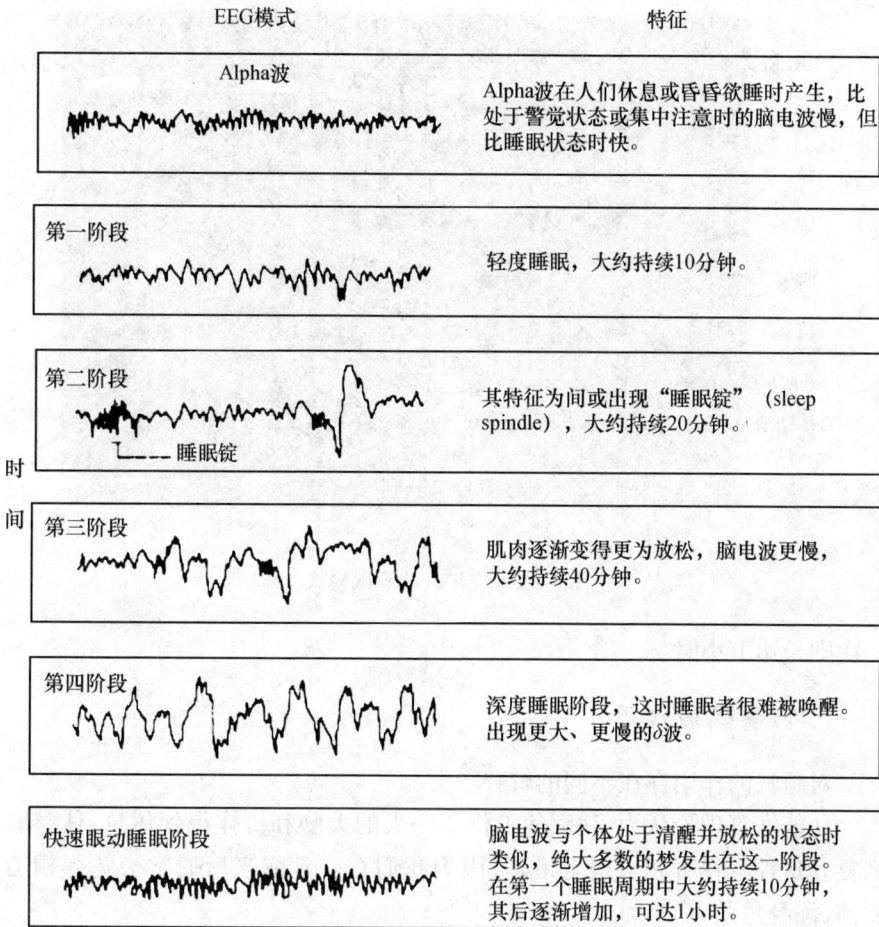

图 4 - 1　睡眠各个阶段的脑电波记录

血压变得不规则，呼吸变得急促，如同清醒状态或恐惧时的反应，而肌肉则依然松软。

　　第一次快速眼动睡眠一般持续 5—10 分钟，再经过大约 90 分钟后，会有第二次快速眼动睡眠，持续时间通常长于第一次。在这种周期性的循环中，当黎明临近时，第三阶段与第四阶段的睡眠会逐渐消失（见图 4 - 2）。

　　2007 年，美国睡眠医学学会把第三阶段和第四阶段合并为一个阶段，即第三阶段，或深度睡眠阶段。因此，睡眠的周期通常包括三个或四个阶段，外加快速眼动睡眠阶段。每个周期一般持续 90 分钟，每晚重复多次。深度睡眠的时间在前半夜远多于后半夜。大多数的快速眼动睡眠发生于睡眠的后期，持续时间也越来越长。第一次快速眼动睡眠大约持续 10 分钟，而最后

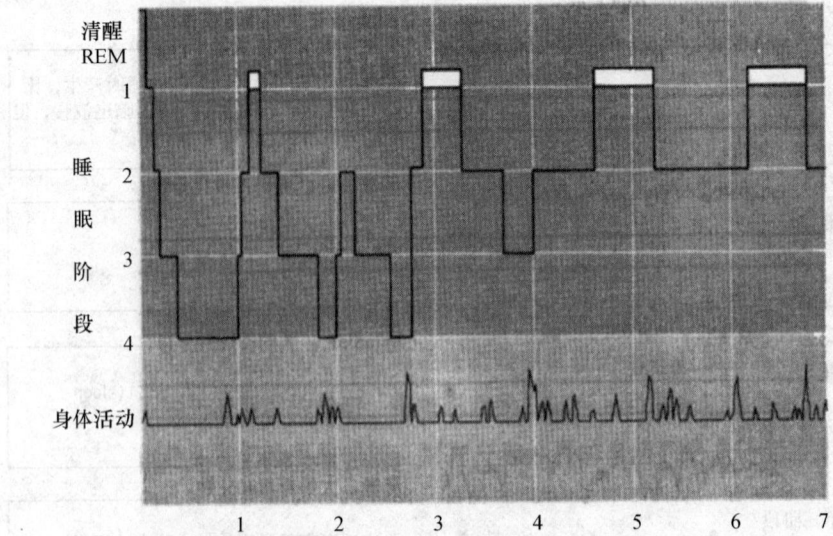

图 4－2　成年人的睡眠模式

一次则长达 1 小时。

（二）睡眠的作用

对睡眠的作用存在不同的解释。

功能恢复理论认为，睡眠使工作了一天的大脑和身体得到休息、休整和恢复。这种解释听起来很有道理，因为我们在一觉醒来后通常会觉得精力充沛，浑身是劲。

有人提出，睡眠中的某个成分可能对个体的身心健康有重要影响。例如，快速眼动睡眠对个体健康很重要，剥夺这类睡眠会产生有害影响。另外，在深度睡眠阶段，垂体腺会释放生长激素，因此睡眠对个体成长也起着重要作用。

生态学理论认为，睡眠是在长期的生存斗争中形成的一种适应机制，它能够使个体减少能量消耗和避免受到伤害。例如，我们的祖先不适应在黑暗中觅食，当夜幕降临后还可能受到老虎、狮子等大型肉食动物的威胁，所以要在夜里躲到安全的地方睡觉。随着生物进化，睡眠演变为生理功能周期性变化的一个中性环节，是正常的脑功能变化的一部分。

（三）睡眠障碍

睡眠对维持人正常生理和心理功能具有十分重要的作用。睡眠被剥夺会对注意力的集中、情绪的稳定以及学习和记忆产生明显的负面影响。被连续剥夺两天睡眠的人会出现幻觉和错觉,情绪紊乱,适应能力大幅度降低。快速眼动睡眠与儿童神经系统的发育、成人神经突触之间联系的维持等关系密切,对存储人脑对外界刺激信息的认知具有极其重要的作用。长时间睡眠剥夺甚至会导致暂时性睡眠剥夺性精神病。

因此,快速眼动睡眠和非快速眼动睡眠具有不同功用。非快速眼动睡眠与恢复体力、机体生长关系密切,快速眼动睡眠则与心理创伤的恢复、神经发育有着密切联系。

睡眠障碍主要有以下几种类型:

1. 失眠

很多人都有过入睡困难,睡眠不好的经历,这种现象通常称之为失眠。大约40%的成年人自述有过失眠经历。

失眠表现出多种现象,如难以入睡、容易惊醒、时睡时醒、难以沉睡等。失眠现象有随年龄增长而逐渐增加的趋势:一般女性比男性更多见。在工作、学习、生活紧张以及竞争激烈的现代社会中,失眠现象在许多人身上都会发生。例如,面临考试、职业选择等人生重大时刻,或初到新环境、面对新生活,以及在工作或生活中遇到棘手问题时,都会导致失眠。有人由于失眠夜间经常醒来,每天睡眠没有规律而患上失眠症。与正常睡眠者相比,失眠者在睡眠时的脑电波异常,经常出现 α 波。

失眠通常会伴随其他方面的问题,最常见的是精神失调,如焦虑、精神抑郁等。在这种情况下,很难说清楚失眠症究竟是原因还是结果,或者说是两者相互影响。就失眠本身来说,在心理正常和异常的情况下都可能发生。生活中的压力是暂时性失眠最常见的原因。当压力消除后,睡眠会恢复正常。如果患者担心失眠,就会加重失眠的程度。

失眠对个体的生理功能及日常生活有一定影响,个体在睡眠不足时记忆力会下降,而且感到无精打采,脾气也会变坏。

心理学家针对失眠者提出以下应对建议:

第一,建立信心。对生活中偶尔失眠,不要过分忧虑,相信自己能调节与适应。

第二,安排规律的生活。使生活起居规律化,养成定时睡眠和起床的习惯,建立自己的生活规律。

第三,生理时钟。即使有时因有事需晚睡,早晨仍要按时起床。节假日也不睡懒觉。睡眠不能储存,睡多了也无用。

第四,保持适度运动。适度运动能促进睡眠,但睡眠前应避免剧烈运动。

第五,睡前放松心情。睡前半小时内避免从事过分劳心或劳力的工作。

第六,设计安静的卧房。尽量使卧房远离噪声,养成关灯睡觉的习惯。

第七,使睡床单纯化。睡床只供睡眠用,不在床上看书、打电话、看电视。

第八,睡前饮食适度。不可过度饮食,也不要喝咖啡、可乐、茶等兴奋性饮料。

第九,睡前不要饮酒。饮酒固然容易入睡,但由酒精诱导的睡眠不易持久。酗酒者很容易导致窒息性失眠。

第十,忌服安眠药。

如以上建议不能生效,仍应坚持按时上床习惯。若实在无法入睡,可起床做些不令人烦心的活动。此外,失眠后不要怨天尤人,不要埋怨或迁怒他人。因为这样会导致人际关系紧张,使自己的心情更不好,更易失眠。

2. 嗜睡症

嗜睡症是与失眠相反的睡眠障碍。嗜睡症者在觉醒时,会突然不可抵抗地想睡觉,并会直接地从清醒状态进入快速眼动睡眠阶段,一般持续为10—20分钟。如果正在开车或操作机器时睡意突然袭来是相当危险的。嗜睡症似乎具有遗传性,其发病机理和原因目前尚不明了,发病年龄大多为10—12岁。研究表明,嗜睡症的发病概率大概在0.2‰—1‰之间。

3. 睡眠窒息

睡眠窒息是一种相当危险的睡眠障碍。有睡眠窒息的人会因通道阻塞缺氧而出现呼吸停止。睡眠窒息表现的主要特征是打鼾,患者会因呼吸困难而醒来。睡眠窒息与肥胖有关,并会引起高血压、心脏病和中风,严重时甚至会导致死亡。

睡眠障碍的其他形式包括梦魇、梦游、梦呓(Sleeptalking)、梦惊、遗尿。梦魇经常在快速眼动睡眠阶段出现,与坠落、死亡、灾难等情境相联系,是一种逼真而又使人感到恐惧的梦,长期受梦魇困扰的人往往有情绪压抑问题或有心理创伤史。梦游一般在睡眠的第四个阶段出现。梦游者有时会离开自己睡觉的床铺,在进行一些动作后再回到床上,一般很难被唤醒。梦游者大多是儿童,可能有家族遗传史。梦呓偶尔会出现在快速眼动睡眠阶段,但在其他睡眠阶段也会经常出现。梦呓者通常可以与人交谈,有时容易接受暗示,难以提防泄漏秘密,缺乏述说周密谎话的能力。梦惊经常在慢波睡眠阶段出现,最常发生在儿童身上,睡眠中会出现强烈的恐怖感和惊慌体验,尖叫着然后惊醒。

二、梦

梦是睡眠中最生动有趣、又有些不可思议的环节,跳跃性地、栩栩如生地在睡眠中出现于脑海,实在是一种奇特的经历。长期以来,对梦的功能的解释一直存在着分歧。

【资料窗 4-4】

梦的基本事实

1. 所有的人都做梦吗?

答案似乎是肯定的。有些人尽管做过梦,但醒来时就不记得了。对脑电图的研究记录表明,每个人在睡眠中都会有快速眼动阶段,这一阶段通常和梦境相联系。那些通常认为自己不做梦的人,如果在快速眼动睡眠阶段叫醒他,通常都会在做梦。

2. 梦的持续时间有多长?

很多人认为,梦只是一瞬间的事。事实上在你做梦时,你觉得有多长它就有多长。梦的持续时间和你感觉的时间是一致的。

3. 身外之事能否成为梦的一部分?

能。当志愿者处于快速眼动睡眠时,如果将水洒到他的身上,在醒来后他会报告说梦到了水。

4. 梦能预示未来吗?

也许能,不过没有证据支持这一观点。

5. 梦是潜意识愿望的表达吗?

很多人认为是这样的,但是现在还没有令人信服的科学依据支持这一观点。本章对此有专门的讨论。

[资料来源]彭聃龄主编:《普通心理学(修订版)》,北京师范大学出版社 2004 年版,第 183 页。

(一)关于梦的解释

长期以来,对梦的功能的解释一直存在着分歧。

1. 精神分析的观点。精神分析学家弗洛伊德和荣格等人认为,梦是潜意识过程的显现,是通向潜意识的最可靠的途径[1]。或者说,梦是被压抑的潜意识冲动或愿望以改变的形式出现在意识中,这些冲动和愿望主要是人的性本能和攻击本能的反映。在清醒状态下,由于这些冲动和愿望不被社会伦理道德所接受,因而受到压抑和控制,无法出现在意识中。而在睡眠时,意识的警惕性有所放松,这些冲动和愿望就会在梦中以改头换面的形式表达出来。在弗洛伊德看来,通过分析精神病人的梦,可以得到一些重要的线索,以帮助发现病人的问题。这种看法颇有吸引力,但缺乏可靠的科学依据。

2. 生理学的观点。霍布森(Hobson,1988)认为,梦的本质是我们对脑的随机神经活动的主观体验。一定数量的刺激对维持脑与神经系统的正常功能是必要的。在睡眠时,由于刺激减少,神经系统会产生一些随机活动。梦则是我们的认知系统试图对这些随机活动进行解释并赋予一定意义。

3. 认知观点。有人认为梦担负着一定的认知功能。在睡眠中,认知系统对存储的知识进行检索、排序、整合、巩固等,这些活动的一部分会进入意识,成为梦境。福克斯(Foulkes,1985)认为,梦的功能是将个体的知觉和行为经验重新编码和整合,使之转化为符号化的、可意识到的知识。这种整合可以将新、旧记忆联系起来。认知观点为研究梦的功能提供了一个框架。相关的研究表明,对快速眼动睡眠的剥夺会导致对事件记忆力的下降,特别是那些带有情感色彩的事件。由于绝大多数的梦都发生在快速眼动睡眠阶段,因而这些发现在某种程度上支持了梦具有认知能力的主张。

(二)对梦的研究

近些年来,梦的研究技术得到了提高,研究者可以借助一些仪器如夜晚帽(night cap)对梦进行研究。夜晚帽是一种“帽形”仪器,由一些传感换能器和一个微处理器构成,另外还包括一个安装在小盒子(12cm×7cm×2cm)中的记忆器,能够记录个体在梦中的脑电波变化及眼动情况。这样通过夜

---

① 彭聃龄主编:《普通心理学(修订版)》,北京师范大学出版社2004年版,第183页。

晚帽,可以在家庭情境的正常睡眠中灵活方便地收集数据。将这些数据和个体的主观报告结合起来,可以大大加深对梦的理解。

在梦的研究中,奇异梦境是很多研究者感兴趣的一个领域。霍布森等人(Hob-son et al. ,1987)描述了奇异梦境的一些主要特征,如不协调性(人物、物体、行为和情景特征的错误搭配)、不连续性(人物、物体、行为和情景特征突然发生了改变,没有一定规律)和认知的不确定性(认知模糊)等。其中不连续性是奇异梦境的一个主要特性,表现为一种思想、行为、表象或情境,快速转移到与前者完全无关的状态中(Mamelak,1989)。

为了解释梦境中出现的这种不连续性,他们认为,在 REM 睡眠中大脑被激活,使得与这种状态有关的各分支的神经元发生了兴奋,从而产生了来自内部的混乱信号。而较高级的皮层系统试图将这些信号整合到正在进行的梦境中,从而出现奇异的不连续性。这与上面的生理学观点是一致的。

在奇异梦的研究中,心理学家重点研究了梦境转换的现象,即梦中的情境或物体突然转变为另一种情境或物体。瑞腾浩斯等人从 45 个被试中收集了 453 个家庭梦境报告,发现其中 44 个梦出现了人物或物体的转换。研究者将转换内容分为人物、生物及非生命物体三大类,发现在这些转换中,80% 的转换是"类别内转换",即一个无生物转换成另一个无生物,或是一个人物转换成另一个人物;20% 的转换是无生物转换成生物(如一条绳子转换成一条蛇)或人物转换成生物(如一个人转换成一条鲨鱼)。没有发现生物转换为其他物体的情况。更重要的是,没有发生由非生物与人物互相转换的现象。这表明转换类型是由一定的转换规则决定的,这些规则反映了脑的高级皮层试图从神经元的混乱中建立起认知秩序。

三、催 眠

(一)什么是催眠

催眠是指在人为诱导下引起的意识改变状态。催眠是一种类似睡眠又实非睡眠的精神恍惚状态,表现为注意范围的缩小和对暗示接受程度的提高,是在特殊情境下由催眠师诱导形成。催眠师设计的特殊情境以及采用的诱导方法,称为催眠术。

催眠过程一般采取这样的步骤:首先,被催眠的人处于安静舒适的状态,让外界的干扰减少到最小;然后催眠师要求被试将注意力集中在某些特定的事情上,如想象中的风景、表的滴答声等,催眠师用平和的语言引导或暗示被试的感受和体验,如"放松"、"现在感觉非常舒适"等;这样被试就会慢慢进入完全放松的状态,顺从和接受催眠师的指示去做一些动作或事情,并相信催眠师的描述是真实的。

被试进入催眠状态后好像是睡着了,但其实并没有入睡,催眠时的脑电波记录与个体在清醒状态时是一样的。在催眠状态下,个体的地位、言语和活动是在催眠师的指示或指引下进行的,失去了独立思考和行动的能力。

(二)催眠状态下的心理特征

美国心理学家希尔加德(Hilgard,1965)提出人在催眠状态下会出现七种心理状态。

1. 主动性减低

个体一旦进入催眠状态,虽然尚未睡眠,但意识活动的主动性大为降低,不主动表现任何活动或意向,倾向于遵循催眠师的指示来展现动作[①]。

2. 注意狭窄化

在进入催眠状态后,虽然个人的知觉和意识仍存在,但注意却逐渐趋于狭窄,此时只关注催眠师的指示而对周围环境中的刺激信息"视而不见"、"听而不闻"。

3. 旧的记忆还原

人在被催眠的状态下,仍能够回忆起清醒时不能回忆的某些事情,而表现出来的记忆是清晰的、完整的。

4. 出现错觉和幻觉

在催眠状态下,个人出现的错觉比平时更明显,并且产生某些幻觉,或"无中生有"或"有中变无"。例如,有时会说他看见面前站着一个人,其实什么都没有,有时则对面前站着的人视若无睹。如果催眠师告诉他眼睛看不到东西了,他可能真的"盲目"。

---

① 梁宁建主编:《心理学导论》,上海教育出版社 2011 年版,第 91—92 页。

5. 暗示接受性增高

暗示是指向对方表达某种非强迫性意见,使对方不加怀疑地接受,并付诸行动。在催眠状态下,人的受暗示性不断提高。例如,暗示其正在失去痛觉时能够不需要麻醉拔牙;暗示其现在的身体已经僵直,身体就会像木块般僵硬,甚至可以横躺在两个间隔的凳子中间。

6. 角色扮演

在催眠状态中,人能听从催眠师的指示,扮演与自己性格特征不同的角色,并表现出与角色相符的复杂行为,但不会被差遣去做违反道德法律的事情。

7. 催眠中经验失忆

催眠师的暗示不仅可以指导人当时的心理活动状态,还可以影响到事后行为。例如,暗示一个人在清醒后忘却催眠状态中经历的一切,这样就会形成对催眠经验的失忆。

(三)催眠的应用

现在催眠已被广泛应用于心理治疗、医学、犯罪侦破和运动等方面。在心理治疗方面,催眠曾用于治疗酗酒、梦游症、自杀倾向、过量饮食、吸烟等。但是除非病人的动机很强,催眠一般不会立即获得明显的效果。如能配合其他的心理治疗,催眠的效果会更好。

【资料窗 4-5】

催眠减少疼痛

个体忍受疼痛的能力在以下三个实验阶段进行测量:(1)在唤起较高动机的指导语下;(2)在引起催眠性痛觉缺失之后;(3)在服用了描述为阻断疼痛的安慰剂胶囊后。(1)和(2)之间的比较可以评估催眠带来的效果与被试期望带来的效果相比超出的部分。(2)和(3)之间的比较可以说明催眠远不是安慰剂的效果,实际进行测定的实验者并不知道谁服用了安慰剂,并相信对所有被试催眠性痛觉缺失都会起作用。事实上,24个被试中有一半在量表上评为可催眠性高,而另一半则评分是低的。

安慰剂明显地减少所有被试的疼痛,并超过了动机指导语的水平。此外,期待减少疼痛的催眠也对所有被试有明显的效果——一种安慰剂的期待效果。然而,在催眠性痛觉缺失感应阶段,可催眠性高的被试对疼痛的忍耐明显地比那些可催眠性低的和其他条件下的任何个体都大,说明催眠不只是安慰剂。

[资料来源]理查德·格里格等著:《心理学与生活》,人民邮电出版社 2008 年版,第151 页。

第三节　注意概述

引言

鸡尾酒会效应

鸡尾酒会上,人声嘈杂,你被各种各样的声音包围着,但你仍然可以与你对面的人进行交谈。但如果谈话变得无趣的时候,你就可以听到酒会上其他人的谈话。有时候,不管你与对方的谈话是如何地有趣,当你听到某个地方有人说你的名字时,你的注意还是会被吸引过去。这种现象就叫鸡尾酒会效应。

鸡尾酒会效应是心理学家对注意进行研究时发现的,它揭示了当事人的听觉注意集中于某一事物时,意识会将一些无关声音刺激排除在外,而无意意识继续监察着外界的刺激,一旦一些特殊的刺激与自己有关,就立即能引起注意的现象。这种现象符合美国心理学家特瑞斯曼的注意衰减理论。

一、注意的概念

(一)什么是注意

注意(attention)是心理活动的重要特性,但它不是独立的心理过程。注意是我们从无限的信息(外界、信息加工过程中)中针对部分信息进行主动加工的过程,包括指向与集中、激活和抑制。其中,指向性和集中性是注意的两个基本特点。所以,注意被定义为是心理活动对一定对象的指向与集中①。

---

① 程素萍、林慧莲主编:《心理学基础》,高等教育出版社 2011 年版,第 87 页。

1. 指向性

注意的指向性是指在某一瞬间，人们的心理活动或意识选择了一定的对象而离开其余对象。注意的指向性显示出人们的认识活动具有选择性，如《荀子·解蔽》里所说的"心不在焉，则白黑在前而目不见，擂鼓在侧而耳不闻"。在大千世界中，每时每刻都有大量的信息作用于我们，但是，我们无法对所有的信息都作出反应，只能把我们的意识指向其中的一些事物。例如，去商店买东西，你只注意到了你需要的东西，而忽略了其他的商品。所以呢，注意的指向性是指心理活动或意识在哪个方面上进行活动。指向性不同，人们从外界接受的信息也就不同。

2. 集中性

注意的集中性是指注意力在所指向对象上的保持与巩固。当心理活动或意识指向某个对象的时候，它们会在这个对象上集中起来，即精神贯注、兴奋性提高。这就是注意的集中性。可以说注意的指向性是指心理活动或意识朝向哪个对象，那么，集中性就是指心理活动或意识在一定方向上活动的强度或紧张程度。人在高度集中自己的注意时，注意指向的范围就缩小；指向的范围广泛而不集中时，则整个强度就降低。人在注意高度集中时，除了对目标事物之外，对其他事物就会变得视而不见、听而不闻了。

(二) 注意和意识

一方面，注意不等同于意识①。一般说来，注意是一种心理活动后的"心理动作"，而意识主要是一种心理内容或体验。假如把人脑比喻为一台电视机的话，注意就是对电视节目进行选择的过程，而意识则是出现在电视屏幕上的内容。注意提供了这样一种机制，决定什么东西可以成为意识的内容，什么东西不可以。与意识相比，注意更为主动和易于控制。在人们将注意集中于特定事物或活动，或将一定事物"推"入到意识中心时，通常包含了无意识的过程。人们可以有意识地选择需要注意的活动或对象，但在很多情况下，这种选择并不是有意识的，而是由袭击和事件本身引起的，是一个无意识过程。

---

① 彭聃龄主编:《普通心理学（修订版）》，北京师范大学出版社 2004 年版，第 187 页。

　　另一方面,注意和意识密不可分。当人们处于注意状态时,意识内容比较清晰。人从睡眠到觉醒、再到注意,其意识状态分别处在不同的水平上。睡眠是一种无意识的状态。人在睡眠时,他意识不到自己的活动或外部的袭击,或不能清晰地意识到。从睡眠进入觉醒以后,人开始能意识到外部的刺激和自己的活动,并且能有意识地调节自己的行为。但是,即使人在觉醒状态下,也不能意识到所有的外部袭击、事件和自己的行为,而只能意识到其中的一部分。人的注意所指向的对象,一般处于意识活动的中心。因此,对于注意指向的内容,人的意识比较清晰和紧张。

　　总之,在注意条件下,意识与心理活动指向并集中于特定的对象,从而使意识内容或对象清晰明确,意识过程紧张有序,并使个体的行为活动受到意识的控制,而进入意识的具体过程则可能是无意识的,即有时包含了无意识过程。

二、注意的功能

　　注意是一种复杂的心理活动,具有一系列重要的功能:

(一)注意的选择功能

　　注意的选择功能,表现为人的心理活动指向那些有意义、符合需要、与当前活动相一致的刺激,避开或抑制那些无意义的、附加的、干扰当前活动的刺激和信息,具有一定指向性。

　　在生活中,周围环境给人提供了大量的刺激信息,这些刺激信息有的对人重要,有的对人不重要,有的毫无意义。人要正常地学习、生活与工作,就必须选择重要的信息,排除无关信息的干扰,如果没有注意,人的心理活动就会变得没有方向,工作、学习和生活将混乱不堪。

(二)注意的维持功能

　　注意具有维持的功能,即当对外界信息进入知觉、记忆等心理过程加工时,注意能够把已经选择为有意义、需要进一步加工的信息保持在意识之中。如果没有注意的参与,外界通过感官输入的信息就无法转换为一种持久的形式保持在意识中而很快消失。只有那些被注意并转换了形式的信息,才有可能进入知觉和记忆系统。正因为注意具有维持功能,才能将注意对象的映像或内容维持在意识中,并得到清晰、准确的反映,直至完成任务和达到预定目的为止。

(三)注意对活动的调节和监督功能

注意不仅表现在稳定而持续的活动中,而且也表现在活动的变化上。当需要从一种活动转向另一种活动的时候,注意就表现出重要的调节和监督功能,使人的活动朝向目标,并根据需要适当分配和适时转移,使其对外界事物或自己的行为、思想、情感反映得清晰和准确。另外,人在活动过程中难免会出现偏差,这时就需要注意的监控,及时加以修正。人只有在注意转移的状况下,才能实现活动的转变。例如,机床操作工必须注意机器的运转情况,才能保证产品的质量。几乎每个人都有这样的体验,在学习和工作中集中注意力时,错误少、效率高,而当注意分散或注意没有及时转移时,往往就会发生错误或事故。

三、注意的外部表现

注意这种心理特性可以通过人的外部行为表现出来。人在集中注意某一事物时,常常伴随着特定的生理变化和外部表现。注意的最显著的外部表现有以下几种:

(一)适应性运动

人在注意时,有关感官会朝向刺激物。这种朝向反应既可能是人的有意识反映,也可能是人的下意识活动的结果。例如,在和他人交谈时,如果被对方的谈吐所吸引,就会不由自主地将身体向对方稍微倾斜,似乎这样可以听得更清楚些。所谓"侧耳倾听"、"举目凝视"等,都是注意的适应性运动的典型表现。

(二)无关运动的停止

人在高度集中注意时,血液循环会发生变化,即在集中注意时,肢体血管收缩,脑部血管舒张,身体肌肉处于紧张状态,与此同时,多数无关动作也会暂时停止。例如,听演讲时,如果被演讲人的精彩言辞所吸引,就会专心致志,聚精会神地听讲,肢体的无关动作也会停止。如果觉得演讲人的言语索然无味,就会东张西望,心不在焉,希望演讲早点结束。一般无关动作的停止是注意高度集中的外部表现之一,而注意高度集中时,无关运动都会暂时停止。但是,人的外部行为与注意的内部状态之间并不总是一致的,有时会出现"心猿意马"的貌似注意现象。

(三)呼吸运动的变化

人在正常情况下,呼气与吸气的时间比例接近于1:1。当人在集中注意时,呼吸会变得轻微而缓慢,呼气时间变得长些,吸气时间变得短些。当注意高度集中时,甚至会出现呼吸暂时停止的状态,即所谓"屏气凝神"。此外,在注意紧张时,还会出现心跳加快、牙关紧闭、拳头紧握等现象。

我们可以根据一个人的外部表现来推断他的注意情况。但是,有时注意的外部表现和注意的真实情况并不符合。例如,某个学生在上课的时候盯着老师看,貌似注意听讲,实际上心理活动却指向和集中在另一件事上。因此,只凭注意的外部表现来说明一个人的注意状态,有时会得出错误的结论。

四、注意的种类

一般根据产生和保持注意时有无目的以及意志努力程度的不同,把注意分为无意注意(不随意注意)、有意注意(随意注意)和有意后注意(随意后注意)三种。

(一)无意注意

1. 无意注意的定义

无意注意又称不随意注意或消极注意,是指事先没有预定目的,也不需意志努力,不由自主地对一定事物发生的注意。例如,上课时学生正在专心听讲,突然教室外面传来嘈杂声,学生们会不由自主地朝门窗外张望,这种注意就叫作无意注意。无意注意往往是由强烈的、新颖的和个人感兴趣的事物引起,并经常是出乎意料的、没有预期目的、也不依靠意志努力的注意。在心理学文献中,有时把无意注意称为消极注意,有时把无意注意称为情绪注意。把无意注意称为消极注意,是因为无意注意集中时缺乏个人的意志努力和积极性;把无意注意称为情绪注意,是突出了无意注意与情绪、兴趣和需要的关系。

在实际生活中,引起无意注意的原因是经常综合在一起的,主要分为两个方面:刺激物的特点和人本身的状态。

2. 引起无意注意的原因

(1)刺激物的特点

刺激物的特点包括刺激物的强度、刺激物的新异性、刺激物的运动变化和刺激物的对比性等,它们是产生无意注意的主要原因。

第一,刺激物的强度。在现实生活中,浓烈的味道、巨大的声响、鲜艳的颜色、浓烈的气味等,容易引起人的无意注意。如报纸上有时用整版篇幅来做广告,目的在于吸引人们的无意注意。例如,在嘈杂的人群中,需要大声叫嚷,才能引起他人的注意。

第二,刺激物的新异性。新异的刺激容易成为注意的对象。千篇一律、刻板的、多次重复的事物,很难吸引人们的注意。所谓刺激物的新异性是指刺激物的异乎寻常的特性。例如,城里的许多事物对于初入城市的农村孩子来说十分新异,因此很容易引起他们的注意。

第三,刺激物之间的对比。对比强烈的刺激物容易引起无意注意。刺激物之间在强度、形状、大小、颜色或持续时间等方面的差异越显著,越容易引起人们的无意注意。例如,"万绿丛中一点红"、"鹤立鸡群"、印刷品上的粗体字、批改作业中的红字等,由于它们与周围其他事物之间差异显著或对比鲜明,很容易引起人的无意注意。

第四,刺激物的活动和变化。活动的刺激物、变化的刺激物比不活动、无变化的刺激物更容易引起人们的注意。例如,霓虹灯一亮一暗,很容易引起人们的注意。活动的玩具很容易引起儿童的注意。教师在讲课时,音调的变化及讲话节奏快慢的变化也有助于引起学生的无意注意。

(2)人本身所处的状态

无意注意不仅由外界刺激物被动地引起,也与人本身所处的状态有关,如需要、兴趣、情绪情感、个人的期待、人格特征等。

第一,人对事物的需要和兴趣。由于生活和成长经验存在差异,人格特征、兴趣爱好、知识经验也各不相同,因此,在同样的场合下,不同的人会注意不同的事物,即使对同一事物,也会注意到该事物的不同方面。例如,同样一座古代建筑,历史学家会关注其历史原由,建筑师则关注其建筑风格。

因此,凡能满足人的需要,符合人的兴趣的事物,就容易引起人的无意注意。"球讯"容易引起球迷们的注意,"音乐广告"容易引起音乐爱好者的关注,"书画展览"则对书画爱好者颇具吸引力。

第二,人当时的情绪状态和精神状态。人在心情愉快、精神饱满的时候,容易注意周围事物的变化,注意范围比较广,无意注意的可能性大。例如,一位热爱学生的教师,容易察觉学生们的进步;一位喜欢孩子的母亲,孩子的任何举动都会引起她的关注。而人在心境不佳、情绪低落、精神疲乏时,则无心注意周围所发生的变化。

(二)有意注意

1. 有意注意的定义

有意注意又称随意注意、意志注意,是指自觉的、有预定目的、必要时需要一定意志努力的注意。在心理学文献中有时把有意注意称为积极注意或意志注意,因为集中有意注意需要个人的积极性和意志努力。有意注意与无意注意相对,它强调意志努力在注意中的重要作用。例如,一个学生正在思考学习上的某个问题时,旁边有人在谈论趣闻轶事,他会被吸引而停止思考,这就是无意注意。但当他意识到学习必须专心致志,就会断然不听谈话,聚精会神地去思考问题。这种自觉服从预定目的,并经过一定意志努力的注意,就是有意注意。

有意注意是在人类社会实践中发生和发展起来的。劳动本身是一种复杂和持久的工作,其中总有一些使人不感兴趣而又非做不可的工作,必然会有困难和单调的因素,这就要求人们把自己的注意有意识地集中并保持在作业上,有意的注意能力就是在这种实践活动中发展起来的。有意注意又是人们实践活动的必要条件。马克思说:"除了从事劳动的那些器官紧张之外,在整个劳动时间内还需要有作为注意力表现出来的有目的的意识,而且,劳动的内容及方式和方法越是不能吸引劳动者,就越需要这种意志。"①

2. 引起和保持有意注意的因素

第一,加深对活动目的和任务的理解。有意注意是有预定目的的注意。人们对活动的目的、任务的重要意义理解得越清楚、越深刻,对完成任务的

---

① 《马克思恩格斯全集》第23卷,人民出版社1972年版,第202页。

愿望越强烈,那么与完成任务有关的一切事物也就越能引起和保持人的有意注意。

第二,培养间接兴趣。直接兴趣是无意注意的重要原因,而在有意注意中,更多地需要间接兴趣的参与。间接兴趣是指一个人对活动本身和活动过程没有太多兴趣,而对活动目的和活动结果感兴趣。因此,间接兴趣特别是稳定的间接兴趣,在引起和保持人的有意注意中起着重要作用。例如,在开始学习外语时对背单词感到枯燥乏味,但一旦认识到掌握外语对今后工作与交往的重要性,就会克服困难、刻苦攻读。这种对活动结果的兴趣(即间接兴趣),能够维持人的稳定而集中的就是有意注意。

第三,合理地组织活动。能否正确地组织活动,也关系到有意注意的引起和维持。有些人养成了良好的工作习惯和生活习惯,起居饮食很有规律。这样,在规定的工作时间内,他能全神贯注地工作。相反,一个没有良好生活习惯的人,整天处于忙乱状态,在必要时就难以阻止自己的有意注意。

第四,人格特征。一个具有顽强、坚毅性格特点的人,易于使自己的注意服从于当前的目的与任务;相反,意志薄弱、害怕困难的人,不可能有良好的有意注意。

(三)有意后注意

有意后注意是指有预定目的,但不需要意志努力的注意。有意后注意由有意注意发展而来,是人类注意的特殊表现形式,也是人类从事创造性活动的必要条件。

有意后注意是一种高级类型的注意,具有高度的稳定性。一切有成就的科学家和艺术家都会高度专注于自己的事业,废寝忘食地为科学或艺术作出创造性的贡献。

无意注意、有意注意和有意后注意在实践活动中并不是各自独立的,而是紧密联系、协同活动的。无意注意在一定条件下可以转化为有意注意。例如,一个人偶尔受到某种吸引而从事一种活动,后来认识到该活动的目的和意义,并自觉地从事这种活动,不断克服困难,坚持这种活动,这时无意注意就转化为有意注意了。同时,有意注意在一定条件下也会发展为有意后注意。有意后注意具有高度稳定性,它既服从于当前的活动和任务,又能节省心理资源,是一种重要的心理素质。

第四节　注意的品质

良好的注意品质包括具有适当的注意范围、稳定的注意、善于分配和主动转移等特点。了解注意品质、特点和影响因素,有助于运用注意规律提高自己的认识、加强意志锻炼;有助于充分发挥注意的各项功能,从而保证实现意识活动的最高效能。

一、注意的稳定性

(一)什么是注意的稳定性

注意的稳定性也被称为注意的持久性,是指注意在同一对象或活动上所保持时间的长短。这是注意的时间特征。但衡量注意稳定性,不能只看时间的长短,还要看这段时间内的活动效率。

注意的稳定性在人们的学习和生活中具有重要意义。如学生在课堂上保持一节课的注意力,才能有效地进行学习。能够长时间地把注意力集中在一定对象或活动上,是学习的有效保证,但要长时间保持注意固定不变又是非常困难的。

注意稳定性有狭义和广义之分。狭义的注意稳定性是指注意保持在同一对象上的时间品质,如长时间看电视、读一本书等。但人在注意同一事物时,很难长时间对注意对象保持固定不变。例如,把一只表放在你耳边,保持一定距离,使你能隐约听到表的滴答声。结果你发现自己时而听到表的滴答声,时而又听不到。这是怎么回事呢? 这是因为人的注意都有一个周期变化。这种周期性变化的现象,叫作注意的起伏。在注视双关图时,可以明显体验到注意的起伏。

在视觉方面,当两眼知觉注视图4-3时,可以明显地看见小的正方形时而凸起(位于大方形之前),时而凹下(大方形凸到前面),在不长的时间内,两个方形的位置会跳跃式地变更,这种起伏周期大约在1—5秒钟就会发生,即使极力保持注意,这种变化周期也只能维持5秒钟左右。当知觉图4-4时,既可以知觉为六个立方体(上面一个、中间两个、下边三个),也可以知觉为七个立方体(上面两个,中间三个,下边两个)。

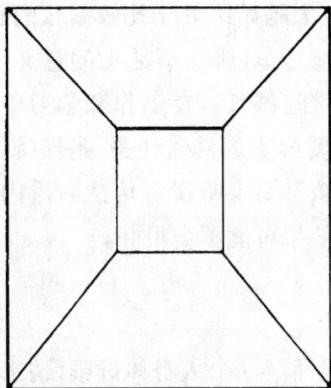

图 4 - 3　图形的注意起伏　　　　　图 4 - 4　立方体的注意起伏

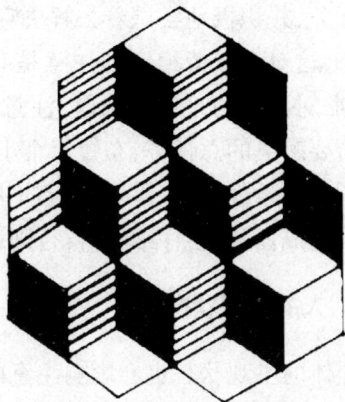

　　广义的注意稳定性是指注意保持在同一活动上的时间。也就是说,注意的对象和行动有所变化,但注意的总方向和总任务不变。在日常生活中,工作、学习主要涉及的是广义的注意稳定性。例如,学生听课时,跟随教师的教学活动,一会儿看黑板,一会儿记笔记,一会儿朗读课文,虽然注意对象不断变换,但都服从听课这一总任务,因此这种注意是稳定的。

(二)影响注意稳定性的因素

1. 对象本身的特点

　　在注意任务相同的情况下,刺激物的复杂性和活动性会影响注意的稳定性。注意对象内容复杂多样,注意容易稳定;注意对象的内容单调乏味,注意难以稳定。在一定范围内,注意的稳定性程度随注意对象复杂性的增加而提高。人对活动的物体比静止的物体更能保持稳定的注意。对新生儿的研究表明,婴儿对人脸和复杂图形的注视时间最长。但是,如果注意的对象过于复杂,人容易疲劳,注意会很快减弱,对象的复杂性和活动性都应适中。在工作中应尽量使活动多样化,不同类型的活动能够交替进行,有利于保持注意的稳定。活动过程中还应该变化活动的内容和形式,以吸引活动者的注意,防止疲劳。

2. 活动的目的和任务

　　活动的目的和任务越明确,越有利于注意的稳定。在比较复杂的工作和学习任务中,不但要明确活动的总任务,而且要清楚每个步骤需要解决的具体任务,并积极地尝试着去解决它们,让大脑始终处于比较紧张的思维活动状态,这对于保持稳定的注意是有利的。人对所从事活动的意义理解得越深刻,对活动的兴趣越浓厚,注意保持时间越长。在工作和学习中,明确规定所要解决的总任务,布置每个步骤所要解决的具体任务,是保持注意稳定性的重要条件之一。例如,听演讲时,如果要求听讲者传达演讲内容,那么为了完成任务,会仔细听讲;否则,注意效果可能不会很好。

3. 人的主观状态

个体的主观状态也会影响注意的稳定性。一个人身体健康,情绪良好,精力充沛,就会在学习和工作中全力投入,不知疲倦。相反,一个人处于失眠、疲劳、疾病状态,或在情绪受挫的情况下,则注意无法保持稳定,活动效率也会大大降低。另外,个体对工作任务的兴趣以及意志力也会影响到注意的稳定性。在上述这些主观状态之中,意志力非常重要。只要具备坚强的意志力,就可以战胜各种困难,克服自身的缺点和不足,始终如一地保证活动的进行和活动过程的高效率。

要保持稳定的注意,应该针对上面所谈到的两方面原因采取措施。从客观上来讲,应该使所进行的活动多样化。要长时间地进行单调的活动是困难的,如果使活动交替地进行,并且不断地出现新的内容,提出新的问题,就可以保持稳定的注意。有计划地组织自己的活动对于保持稳定的注意也是很重要的。从主观上来说,长时间、高度紧张地保持注意会引起疲劳,这时注意便趋向分散,注意的稳定性趋于降低。在实际生活中,要注意控制注意的紧张度,做到有张有弛。例如,对于一个飞行员来说,在战斗中,要根据作战的任务,经常保持紧张的注意;但是飞机在一般平飞状态中,飞行员适当地减弱注意的强度,就可以避免由于经常处于紧张状态而过快地发生疲劳。

二、注意的广度

(一)什么是注意的广度

注意的广度也叫注意的范围,是指在同一时间内能清楚地把握注意对象的数量。注意的广度很早就受到心理学家的重视,并对它进行了大量的实验研究。速视器测定表明,在1/10秒内,知觉到的刺激物数量可以作为注意广度的指标。心理学的实验表明,成人一般能把握 8—9 个黑色圆点,4—6 个彼此不相关联的外文字母,3—4 个几何图形,3—4 个没有内在联系的单个汉字,5—6 个具有内容联系的汉字,这说明人的注意广度是有限的。

人的注意广度有限,但不是固定不变的,不同的人的注意广度存在差异,有些人的注意广度较大,有些人的注意广度较小。

(二)影响注意广度的因素

1. 注意对象的特点

注意广度的大小随知觉对象的特点而变化。在知觉任务相同的情况下,知觉对象的特点不同,注意广度会有所差异[①]。一般规律是注意的对象越集中,排列得越规律,越能成为相互联系的整体,注意广度就越大。例如,对大小相同的注意广度,就要大于大小不等的字母;对相同颜色字母的注意广度,要比知觉不同颜色的字母大些;注意排列整齐的字母比注意散落在各个角落的字母的数目要多些;知觉具有内在联系的词组的注意广度,要大于知觉无关词汇组成的单词。

2. 活动的任务和个人的知识经验

活动任务不同,人的注意广度也会发生变化。有人做过这样一个实验:用速示器呈现一些英文字母,其中有些存在书写错误,要求一组学生在短时间内判断哪些字母书写有误,并报告字母的数量;要求另一组学生报告所有字母的数量。结果,前者知觉到的字母数量要比后者少得多。可见,活动任务越复杂,就越需要关注细节,注意的广度就会越小。个体的知识经验越丰富,知识结构越完整,注意的范围就越大。专业素养深厚的人在阅读专业资料时可以做到"一目十行",非专业人士即使逐字逐句地阅读也不见得能正确理解。精通外文的人就比初学外文的注意广度大。

随着现代社会的不断发展,注意广度在生活实践中日益显示其重要的意义。注意广度的扩大,有助于一个人在同样的时间内获得更多的信息,提高工作和学习的效率,更好地适应社会的高速发展。

[①]　梁宁建主编:《心理学导论》,上海教育出版社 2011 年版,第 103 页。

三、注意的转移

(一)什么是注意的转移

注意的转移是指根据活动任务的要求,主动地把注意从一个对象转移到另一个对象上。例如,在学校课程安排上,如果先上语文课,再上数学课,学生就应根据教学需要,把注意主动及时地从生动优美的语文课文转移到需要复杂思考的数学课程上。

注意的转移不同于注意的分散。前者是根据任务需要,有目的地、主动地转换注意对象,为的是提高活动效率,保证活动的顺利完成。后者是由于外部刺激或主体内部因素引起的,是消极被动的,会起到干扰的作用。如果两个学生在教学的过程中交头接耳,互相说笑,不关注具体教学内容,显然是注意分散的表现。

(二)影响注意转移的因素

1. 个体的神经活动类型

注意转移的衡量指标是转移的速度。注意转移速度的快慢,因个体神经类型的差异性而有所不同。神经类型灵活性强的人,注意转移的速度就快,也容易产生注意转移。神经类型灵活性强弱主要由先天因素决定,但经过后天的训练也可得到改善。

2. 原来活动吸引注意的强度

一个人在实现注意转移前所从事的活动对他的吸引力大,注意的紧张度高,注意转移就比较困难;反之,注意转移就比较容易实现。一般来说,对原来注意对象的紧张度越高,前后活动之间关系越少,对原来注意对象越感兴趣,注意转移就越慢而且困难。例如,看完一场紧张刺激的足球比赛后开始学习,此时注意转移就会比较困难。

3. 新事物的性质和意义

新的注意对象吸引力越强,越符合人的需要和兴趣,注意转移就越迅速而且容易;反之就困难和缓慢。如果新的事物的内容丰富多彩、形式多样,注意就比较容易转移;否则,就不易转移。但如果人对新的事物的意义理解深刻,除了表面现象外,还能够了解它的重要作用,即使对事物本身并不感到有趣,也会引起人的注意转移。

四、注意分配

(一)什么是注意分配

注意分配是指人在同一时间内把注意指向不同的对象或活动上的注意品质,即通常所说的"眼观六路,耳听八方"。注意分配在实际生活中非常重要,在一定条件下也是可能做到的。例如,驾驶员开车时,既要操纵方向盘,又要注意前方道路状况。教师上课时,边讲、边板书、边观察学生的反应;学生听课时边听、边记、边思考等都需要注意分配。因此,善于分配注意是一个人掌握知识与技能和适应环境的必要条件。

(二)影响注意分配的因素

1. 活动的熟练程度

同时进行的几种活动越复杂、越不熟悉,注意分配就越困难;相反,注意分配就容易一些。注意分配的最重要条件是不仅对同时进行着的几种活动是相当熟悉的,而且其中一种还应是自动化了的或部分自动化了的。人对于自动化或部分自动化了的活动,不需要给予更多的注意,这样,同时输入的两种信息才不会超过人脑的信息加工容量,因而都能进行反应活动。

2. 同时进行的几种活动之间的关系

同时进行的两种或几种活动之间的关系,对注意分配具有一定影响。有内在联系的活动便于注意分配。例如,汽车驾驶员操纵汽车的进、退、动、停及鸣号,观看行车路线、仪表等联系紧密的活动,经过训练可以建立起具有内在联系的反应系统,使动作协调一致,有利于注意分配。如果各种活动之间彼此没有联系,甚至互相排斥,例如,边开车、边看书、边说话,几种活动之间彼此联系不大,就难以实现注意的分配。

我国心理学工作者研究了儿童注意分配能力的发展。研究用"注意分配仪"测试注意分配能力,结果表明,幼儿的注意分配能力很低,幼儿园大班儿童还不能分配其注意米操作仪器,进入小学阶段,随着有意注意的发展,儿童注意分配能力迅速提高(见表 4 – 1)。

表 4 – 1　不同年龄组儿童注意分配能力比较

年级	平均数	超过 0.50 的百分数
小学二年级	0.5833	72
小学五年级	0.5884	88
初中二年级	0.6087	88
高中二年级	0.6201	92

【资料窗 4 – 5】

儿童注意缺陷与多动障碍

儿童注意缺陷与多动障碍又称儿童多动症,主要特征是明显的注意力不集中和注意持续时间短暂,活动过度,易冲动,常伴有学习困难和品行障碍。它在儿童中较为常见,比率约为 3%—5%。儿童注意缺陷与多动障碍的病因和发病机制至今未明,但与下列因素有较明显的关系:神经系统解剖和病理生理上发现异常,家族遗传,心理社会因素等。它常表现为活动过度,并常带有破坏性;注意力难以集中;好冲动,做事前不假思索,也不考虑后果;学习困难。目前采用行为矫治法和药物治疗相结合的治疗方式效果明显。

[资料来源]程素萍、林慧莲主编:《心理学基础》,高等教育出版社 2011 年版,第 94 页。

第五节　注意的认知理论

19 世纪末期实验心理学的建立,促进了人们对注意的重视。许多心理学家把注意当作知觉的一个基本方面加以研究,发表了许多有关注意的论著。铁钦纳把注意的概念称为"全部心理学概念系统的生命的神经中枢"。机能主义心理学家强调注意的选择性功能。构造主义心理学家认为,注意是构成集中和形成感觉清晰度的意识状态。20 世纪初,行为主义和格式塔心理学派兴起,从理论上排除了对注意的研究。行为主义心理学家认为,心理学只应该研究刺激和反应之间的联系,而注意是一个表明内部心理活动的概念,在心理学中不应占有地位。格式塔心理学用神经系统内部固有的

"场"的作用,来取代对注意的研究。

20世纪五六十年代以来,注意又重新受到心理学家的重视。心理学家对注意的选择性和注意的分配进行了大量研究,提出了系列理论解释。这些理论涉及注意的实质,以及人脑对信息选择和分配发生在信息加工的某个阶段上。

一、过滤器理论

布鲁德本特是过滤器理论的主要代表。他在1958年提出了过滤器模型,这是描述选择性注意的最著名模型。他把注意比拟为类似于"过滤器"的电子装置,认为人是一个通讯信道,信息加工时会受到人对外界事物刺激信息注意容量的限制,为防止容量有限的通讯信道超载,就必须对刺激信息进行筛选或过滤,使其中一部分信息进入高级分析阶段被识别、储存和加工,而其余信息则迅速消退。

布罗德本特认为,当一个人关注不止一个刺激信息的时候,就会受到注意容量的限制,而这一限制来自一个内在的过滤器,使注意只接受一些刺激信息,拒绝另外一些刺激信息。这个注意的过滤器就成为刺激信息加工能力的"瓶颈",使人只能依次专注于一个通道的信息或只能加工一个刺激信息源。

根据刺激的物理特性,布罗德本特认为,过滤器是按照"全或无"原则工作的,即某刺激信息在通过一个通道时,另外一个通道是被阻断的,这时刺激信息就不能通过,而只有通过过滤器的刺激信息,才能被进一步加工成为"有意义"的信息。注意的过滤器作用体现了人的注意具有选择性功能。新异的、强烈的刺激、具有生物学意义的刺激容易通过过滤器而被注意。微弱的、缺乏新异性的刺激则容易被过滤掉。此外,布鲁斯本特重视人的期待作用,即人所期待的信息,容易通过过滤器而被注意到。

二、衰减器模型

美国认知心理学家特瑞斯曼(A. M. Triesman)在前人研究的基础上,对注意过滤器模型又提出了挑战。她认为注意的过滤器并不是按"全或无"原则工作的,即注意的过滤器作用并不是简单的开与关,把不需要的刺激信息截然关闭,而是把未被注意的刺激信息暂时处于不完全减弱的加工和处理状态下,并暂时把它们存贮在感觉器官中,当受到某些物理属性的影响,如颜色、声量、空间位置、形状等,或在未被注意的通道中,其刺激信息发生重要变化的时候,人的注意就会马上转到该通道。这样就能够使有限的信息通道迅速传递更为重要的信息。同时,经衰减处理的刺激信息,也会在一定条件下被高度关注并加以处理。

1967 年特瑞斯曼和格芬对这种学说提出了实验证明。他们的双耳听音实验表明:被试能觉察出追随耳中的 87% 的词;而只能觉察出非追随耳的 8% 的词。特瑞斯曼曾要求被试双耳听两个材料:

追随耳:There is a house understand the word.

非追随耳:Konwledge of on a hill.

实验结果表明:大多数被试是:There is a house on a hill. 而且他们声称信息是来自一个耳朵。

根据实验结果,特瑞斯曼发现,当要求被试追随呈现于一只耳朵的句子时,被试仍然会对非追随耳刺激信息的意义保持敏感。正如以上实验例子,当句子开始于追随耳,结束于非追随耳的时候,被试会自动将注意转移到非追随耳上,以便使自己能够保持所追踪句子意义的连续性。

特瑞斯曼的注意衰减器模型有两个方面不同于布罗德本特的注意过滤器模型:第一,过滤器模型把注意的选择视为对刺激信息物理特征的分析,处于语义分析之前,因此被称为外围过滤器。注意的衰减器模型则比过滤器模型复杂得多,认为注意的输入既存在对刺激信息物理特征的加工处理,也存在对刺激信息高级分析水平的意义(语义)加工处理,因此被称为中枢过滤器,即根据语义特征选择信息。第二,过滤器模型中的过滤器是按"全或无"原则进行,那些未被选择的信息通道是被关闭的;而衰减器模型则认为未被选择的信息通道并不是完全被关闭的,它们只是关小些或阻抑性地衰减,这样就把过滤器的单通道模型改为双通道模型,注意则是在信息通道之间分配。

1971 年,布鲁德本特接受了特瑞斯曼的修正。因此现在一般把这种理论称为布鲁德本特—特瑞斯曼模型。

三、完全加工理论

注意的完全加工理论认为,对信息的选择是发生在模式识别之后。人们能够不受限制或很少受限制地同时对大量信息进行分析,而人类信息加工受阻则在于个人不具备记住这种分析结果的能力①。因此,堵塞是一种记忆堵塞,而不是对信息加工的堵塞,1974 年希夫令(R. M. Shiffrin)和皮索尼(D. B. pisoni)等人做了如下的实验:在噪音的背景下给被试呈现辅音,要求被试指出他是否听到一种特殊的辅音。实验时,控制辅音呈现方式,以便被试知道辅音来自哪一只耳朵或不知道辅音将出现在哪一只耳朵中。如果被试不知道辅音会出现在哪只耳朵,他便不得不加工来自两耳的信息。而在单耳的条件下,他只需加工一半信息。根据注意的衰减说,这项实验的结果应该是单耳比双耳条件下要好。而注意的完全加工说则认为在这两种条件下效果是相等的,因为两只耳朵对信息的分析是自动而完全的。实验结果说明,被试察觉辅音的能力与他们正在收听的信息量无关。实验支持了完全加工说。

为了调和衰减说和完全加工说的矛盾,有人提出资料限制和智源限制说。

四、注意的资料限制和智源限制理论

注意的资源限制任务是指,注意是一种非常有限的心理资源,所以执行了这项任务分配给较多的资源,这项作业便得到改善,但干另一项任务时就会受到智源的限制。资料限制任务是指,当执行某些任务的作业时不是受智源的限制,而是由资料的质量问题所造成的。如果输入的资料较差,即使再加上一些资源,也不能改善作业成绩。例如,要被试在有噪音的房间里察觉一种音调,这就是资料限制的任务。如果给被试以最低限度的资源,要求他察觉该音调便依赖于资料的质量。如果对象和背景很难区分,那么即使增加被试的心理资源也无用。心理学家用这种学说来解释衰减说和完全加工说之间的矛盾。在衰减说中由于一只追随耳的信息使用了大量的资源,受资源限制。非追随耳的信息只使用了少量的资源,因此完成任务的水平是差的。在完全加工说中,只要求被试对某些听觉信息进行加工,而不是像衰减说的研究中那样要求被试加工语义信息,这项任务只需要较少的资源就能做好,因此在完全加工说的实验中,两只耳朵都能很好地察觉辅音。

---

① 叶奕乾主编:《普通心理学》,华东师范大学出版社 2004 年版,第 83 页。

● **思考与练习**

1. 什么是意识,什么是无意识?

2. 睡眠分为哪些阶段? 如何解释梦?

3. 什么是催眠? 如何解释催眠现象?

4. 意识有哪些分类?

5. 注意的品质有哪些?

6. 简述影响注意稳定性的因素有哪些?

7. 简单评述注意的几种认知理论。

● **参考文献**

1. 彭聃龄:《普通心理学》,北京师范大学出版社 2004 年版。

2. 程素萍、林慧莲:《心理学基础》,高等教育出版社 2011 年版。

3. 李红:《心理学基础》,高等教育出版社 2009 年版。

4. 梁宁建:《心理学导论》,上海教育出版社 2011 年版。

5. 许远理、孙天义:《公共心理学基础》,华东师范大学出版社 2010 年版。

6. 叶奕乾、何存道、梁宁建:《普通心理学(修订二版)》,华东师范大学出版社 2004 年版。

7. 戴维·迈尔斯:《社会心理学》,人民邮电出版社 2006 年版。

8. 谢弗等著,邹泓等译:《发展心理学》,中国轻工业出版社 2009 年版。

第五章　需要与动机

◉ **内容提要**

　　本章从需要的含义及分类着手,介绍了勒温、默里的需要理论,着重说明了马斯洛的需要层次理论,旨在让学生了解人类需要的层次,从而让学生能够更好地把握自己的认识目标。同时对动机的含义以及分类和几种动机理论也进行了探讨,让学生更能够明白人们行为背后的动机。

第一节　需　　要

引言

尊重是一种需要①

　　1949 年,37 岁的大卫·帕卡德参加了　次美国商界领袖们的聚会。与会者就如何追逐公司利润侃侃而谈,但帕卡德不以为然,他在发言中说:"一家公司有比为股东挣钱更崇高的责任,我们应该对员工负责,应该承认他们的尊严。"帕卡德在造就硅谷精神方

---

　　① 李红主编:《心理学基础》,高等教育出版社 2009 年版,第 242 页。

面的贡献,恐怕超过了任何CEO。就像希腊的民主遗产一样,他的以人为本的理念,影响至深至远。正是创始人帕卡德这种以人为本的思想和精神——至今都是惠普之道的核心价值,缔造出了今天惠普(HP)这个产业帝国。惠普中国公司总裁陈翼良对媒体说:"我不敢不尊重我的员工。"作为惠普在中国最高主管官员,对员工的态度从这句话中略见一斑。惠普的人性文化的第一条就是相信人、尊重人,在这样的一个环境下,每个人都能得到充分的尊重。惠普人性化的文化,很容易把一个企业凝聚起来,这样的一家好公司,往往使人情愿一辈子都为它做事。需要是激发人们行为的原动力。饥饿产生进食的需要,它激发人们去寻求食物;孤独产生交往的需要,它促使人们去找人交流。需要也是分层次的,从低级的生理需要到高级的心理需要。惠普创始人帕卡德明白,工作不只是满足低级的生存需要,还应该体现高级的尊重需要。

一、需要的概念及意义

需要是人类在发展过程中,机体与客观环境的相互作用下,为了求得个体和社会的生存发展,人脑产生的对生理和社会的需求。例如,人是自然实体,也是社会实体。作为自然的人,为了自身的存在和发展,我们必须依赖阳光、空气、水等自然条件,否则我们就无法生存;作为社会的一个成员,个性的形成与发展必须依赖诸如交往、群体等社会条件,否则,我们的个性就不能形成和发展。这些各种各样的需求反映在个体头脑中就形成了我们的需要。因此,人的需要,是客观需求作用于主体时人们体验到的一种心理状态,或者说是一种倾向。它在人的心理生活中有极其重要的作用,首先它是个体积极性的内在源泉,它反映了个体对内在环境和外部生活条件的较为稳定的要求。第一,需要对人的情绪有很大的影响。需要是否得到满足、满足的程度以及需要满足的方式与手段如何,人都会体验到高兴或不高兴,紧张或松弛等。第二,需要也推动着人们意志的发展。人的需要很多时候并不是很容易就能够满足的,有时需要我们付出巨大的努力,克服许多意想不到的困难,从而使意志在满足需要的过程中不断地得到锻炼。其次,它是个体心理活动与行为的基本动力,在人的活动、心理过程和个性中起着重要的作用。需要总是和人的活动紧密相连的,需要越强烈,由此引起的活动也就越有力,人们满足需要的动力也就越强烈,而且需要永远具有动力性,它不会因暂时的满足而终止。有一些需要明显地带有周期性的特征,如对饮食和睡眠等的需要;而有一些需要满足后,又会产生新的需要,新的需要又推动人们去从事新的活动。在活动中需要不断地得到满足，又不断地产生新的需要，使活动不断地向前发展。例如，学习文化知识的需要，欣赏艺术的需要，通常每一次需要的满足都会产生新的、更高的需要。为了满足需要，人们常常要对各种事物加以观察，探求各种新的方法与手段。当然人们在为了满足需要而进行各种活动的同时，还可以有意识地控制调节自己的需要，既可以使某些低级的需要服从于高级的需要，又可以抑制某些需要。

二、需要的特征

作为有机体自身或外部生活条件的要求在头脑中的反映，需要有客观实在性和主观差异性。作为现实的人必然会产生各种客观需要，我们改造客观世界的活动也总是从个人的需要出发的。没有需要，人类就无法生存和发展，也就不会产生任何行动。所以说，人类的一切实践活动都源于需要，都是为了满足人的需要而进行的，正如马克思所说："任何人如果不同时为了自己的某种需要和为了这种需要的器官而做事，他就什么也不能做……""他们的需要即他们的本性。"当然人的需要是在一定的社会历史条件下产生的，它会随着客观条件的变化而变化。

需要是有机体自身或外部生活条件的要求在头脑中的反映。所以说个人自身的要求也会反映在个体的需要中，并且会以意向、愿望、抱负、动机、信念、兴趣等形式表现出来。人的自身状况及其生活的物质条件不同，需要表现出来的广度也就不同，会呈现出丰富多样性和个别差异性。例如，人有审美、旅游、劳动、学习、交往的需要，这些需要由于主客观的不同表现在个体身上也是千差万别的。住在大山中的人们可能最向往城市的生活，他们需要的是便利的交通，孩子能够受到良好的教育，而住在城市中的人们则需要安静的环境，清新的空气。

三、需要的种类

人的需要是多种多样的，可以根据不同的标准，从不同角度进行分类：根据需要的起源，可以把人的需要划分为生理性需要和社会性需要；根据需要的对象，把人的需要分为物质性需要和精神性需要。

1. 生理性需要和社会性需要

生理性需要是个体为维持其生命并且保障安全和延续后代而产生的需要。如对饮食、运动、休息、睡眠、排泄、觉醒和性等的需要。这种需要具有重要的生物学意义,它是保护和维持有机体生存和延续种族所必需的。如果个体在相当长的时间里,正常的生理需要得不到满足,人就无法生存,或不能延续其后代,同时会产生其他的不良症状。

生理性需要具有以下特征:第一,由人的生物性本能所决定。生理性需要是人类最原始、最基本的需要,是人和动物所共有的。不过人的生理需要和动物的生理需要有着本质区别,人类的生理需要受社会生活条件和社会道德规范的制约。一方面,人能按自己的意愿,通过创造性劳动来满足各种需要,而动物只能等待大自然的恩赐,只能靠生存环境中现存的自然条件来满足需要;另一方面,人在满足需要的方式上,受到社会生活条件和文化意识形态的影响和制约,而动物为了满足需要则表现出随心所欲。正如马克思所说:"饥饿虽是饥饿,但是使用刀叉吃熟肉来解除的饥饿不同于指甲和牙齿啃生肉来解除的饥饿。"第二,必须从外界获得一定的物质才能满足。如对饮食、睡眠、排泄、配偶、嗣后等的需要,这些需要是保存和维持有机体生命和延续种族所必需的。人类为了生存发展必须从外部获得这些需要的满足,否则人类就无法生存。第三,生理性需要往往带有明显的周期性。生理性需要不能满足,将严重地影响一个人的身心健康。比如进食需要,它是人类最基本的生理需要。凯斯(Keys)等人曾以 36 个志愿人员作为被试,在24 周内使他们处于半饥饿状态,但还要求他们照常从事劳动和活动。结果被试的体重减轻了 1/4 左右。他们的智力虽然没有受到多大影响,但注意力不易集中。他们对食物表示出最大的关心。在性格方面,变得忧虑、淡漠,对社交活动失去信心。有些被试变得暴躁、神经过敏、易怒并且产生自卑感等等。① 觉醒和睡眠也是最基本的生理需要。人类只有在觉醒状态下才能与周围环境联系,认识世界,并且改造世界。哈特曼(Hartmann,E)指出,睡眠在集中注意力及与注意相联系的学习和记忆方面具有重要意义,对于保持情绪正常和适应环境的能力方面起着一定的作用。

社会性需要是人在社会生活过程中通过逐步学习获得与社会生活相联系

---

① 阴国恩、梁福成、白学军编著:《普通心理学》,南开大学出版社 1998 年版,第 334 页。

的高级需要,如人们对劳动、学习、娱乐、交往、爱与被爱、实现理想、美和道德等的需要。社会性需要是在生理性需要的基础上,为维持社会的存在和发展,在社会实践和教育影响下后天获得的,因此社会性需要带有社会意义。社会性需要是人类特有的。它受社会生活条件所制约,具有社会历史性。不同的历史时期、不同的阶段、不同的民族和不同的风俗习惯,人们的社会性需要也会有所不同。在现在的社会,我们对电器的需要是非常常见的一种现象,但是在古代的中国,人们无论如何也不会有这种需要。如果人的这类需要得不到满足,就会产生痛苦和忧虑,降低活动效率,不利于身心健康。

社会性需要,如人对劳动、交往等的需要,通常是从社会要求转化而来的。当个体认识到这些社会要求对自己的必要性时,社会的要求就可能转化为个人的需要。例如,实现国家的繁荣富强,是关系到我们国家和民族的命运的大事。当广大人民体验到繁荣富强的必要性后,便以自己辛勤的劳动为伟大祖国的社会主义建设作出应有的贡献。要想实现国家的繁荣富强必须坚持社会主义道路,坚持人民民主专政,坚持中国共产党的领导,坚持马列主义、毛泽东思想、邓小平理论。广大人民体验到这种必要性,便在自己的政治活动中主动以四项基本原则作为判断是非的标准严格要求自己。这说明这些社会要求已经成为广大人民的个人需要。因此,可以说社会性需要对维系人类社会生活、推动社会进步具有重要作用。人类的自然性需要与社会性需要是辩证统一的关系。自然性需要是社会性需要的基础,社会性需要对自然性需要的提升。没有自然性需要,就没有社会性需要;没有社会性需要,人也就不成其为人。

2. 物质性需要和精神性需要

根据需要对象的性质,可以把需要分为物质性需要和精神性需要。物质性需要是指对物质对象的需要,是指那些指向社会的各种物质产品,如对衣、食、住、行等的需要。一般来说物质性的需要大多属于自然性需要,而精神性需要基本是社会性需要。但有时物质性需要既是自然性需要,也包括社会性需要的成分。如对日常生活必需品的需要,对工作和劳动条件的需要,对住房和交通条件的需要等。物质需要是人类最基本但也是最重要的需要,它是个体存在和发展的基础,也是人类社会存在与发展的基础。马克思曾说,物质需要是"一切人类生存的第一前提","一切历史的第一前提"。

精神需要是指人特有的对社会精神生活及其产品的需要,如认知的需要、文化艺术、道德、审美的需要、交往的需要等等。人类最早形成的精神需要是对于劳动和交际的需要。劳动是人类社会赖以存在的基本活动。劳动的需要表现为热爱劳动、向往劳动,如果暂时丧失了劳动的机会,就会感到不安和难受。交往需要在人类历史发展过程中起着十分重要的作用,也是个体心理正常发展的条件。交往的需要表现为,喜欢和别人待在一起而不喜欢一个人独居(群集感),喜欢和志趣相投的人相处,而不喜欢与陌生人相处(友谊感),喜欢和自己的亲人保持亲密的接触(亲属感)等等。随着社会生产力的发展,人类新的需要也不断产生,并日益丰富多样。因此以上的分类只是相对的,物质需要与精神需要有着密切的联系。人们在追求物质需要的同时,同样表现出某种精神方面的需要;而精神需要的满足又离不开一定的物质需要。

【资料窗 5 – 1】

中小学生需要的研究

辽宁师范大学教育系杨丽珠教授等人于 1998 年研究了中小学生的需要,她们用三种形式的问卷测试了 1080 人(男女生各半,包括小学生、普通中学生和城市重点高中生)。该项研究表明,我国中小学生需要结构的发展是多维度、多层次的统一体。包含28 种需要,分为 7 类,每类又有 4 个层次,见下表(叶奕乾等,2004)。

中小学生需要的研究

需要的种类	需要的层次
生理和物质生活需要	1. 水、空气、阳光、食物、睡眠等 2. 吃得好一些、穿得好一些 3. 家庭的现代化 4. 安静的学习环境
安全与保障需要	1. 身体健康、体魄强壮 2. 人身安全、不受欺负 3. 生活安定、和平幸福 4. 升入理想学校和找个好工作
交往和友谊需要	1. 父母和老师的爱 2. 同学之间团结友爱 3. 结交诚实、正直的朋友 4. 异性朋友的爱

续表

需要的种类	需要的层次
尊重与自尊需要	1. 平等与公平 2. 信任与理解 3. 尊重与自信 4. 独立于自主
课外活动与精神生活需要	1. 养小动物、做游戏 2. 课外读物 3. 文体活动 4. 艺术欣赏、文学评论
学习与成才需要	1. 新铅笔、新书包 2. 好老师、好课本、学业好 3. 丰富知识、多方面能力、优秀品质 4. 革命理想、正确人生观
奉献与创造需要	1. 为他人做好事 2. 搞小科研、小发明 3. 关心国家大事、尽职尽责 4. 拼搏、干一番大事业

[资料来源]李红主编:《心理学基础》,高等教育出版社 2009 年版,第 245 页。

四、需要理论

需要理论,是指心理学家对需要概念所做的理论性与系统性的解释。

1. 勒温的需要理论

德国格式塔心理学家勒温的主要观点有:第一,需要是行为的动力,需要引起活动,以期使需要得到满足。第二,需要的种类包括需要和准需要。需要,是指客观的生理需要,如食物对于饥饿的人;准需要,是指在心理环境中对心理事件起实际影响的需要,如学生要考试。第三,需要具有差异性,即需要在不同人身上的强度是所有不同的。第四,需要的产生与解除,勒温设想,个人与环境之间有一定的平衡状态,如果这种平衡状态遭到破坏时,就会引起一种紧张(需要或动机),这种紧张状态就会导致力图恢复平衡的活动。他认为,人类行为是包括有紧张、移动和缓和的连续性的表现,"紧张—移动—平衡"与"需要—活动—缓和"是相类似的。需要的压力可以引起心理系统的紧张,需要满足后,紧张的心理系统就会得到解除;反之,如果需要得不到满足或动机受到阻遏,这种紧张的心理系统就会保持一定的时间,并使人具有努力满足需要或重新实现目标的意图。

2. 默里的需要理论

美国心理学家默里认为人格是个人需要与环境限制之间相互作用的产物,需要则是脑区内的某种具有生化性质的力量,这种力量能组织知觉、智能和动作等,使现存的、不如意的环境朝着一定的方向改变,并调节、控制着其他心理活动。需要是个体行为动力的源泉,是个体行为所必需的。由于需要和个体的不平衡状态相联系,在一般情况下,个体总是处在一种不平衡状态,因此,需要经常推动着个体活动的进行。默里还把人类的需要系统和环境系统联系起来,认为人的需要和压力的相互作用,构成了一个动力系统。需要是倾向性的因素,压力是促进性的因素。可以将需要与压力的相互作用理解为人与环境的相互作用,压力可以分为满足人的需要的压力和阻挠人满足需要的压力,前者如升学的压力,后者如糟糕的学习条件。压力可能是现实中确实存在的,也可能只是主观体验到的,若二者不一致,就使人陷入困境,若二者相一致,即主观和客观相一致,这个人的人格就是健康的。默里等人还列举了二十种人类需要:交往需要、表现需要、屈服需要、攻击需要、成就需要、防御需要、自主需要、对抗需要、恭顺需要、支配需要、回避伤害需要、回避屈辱需要、秩序需要、培育需要、游戏需要、感觉需要、拒绝需要、性需要、求援需要、理解需要。他们认为这些需要在每一个人身上都是存在的,但程度不同。默里对人格心理学的一大贡献是 1935 年与摩根共同设计了主题统觉测试(简称 TAT)来测量需要,该方法是要求被试根据图片编造一个故事,默里和摩根认为,被试会把自己的需要投射到故事里。

3. 马斯洛的需要层次理论

马斯洛是美国心理学家,他是 20 世纪 50 年代中期在西方兴起的人本主义心理学派的主要创始人。他的需要层次理论也是在当前需要理论中影响较大的。

他以反对行为主义和精神分析学说为起点,创立了"第三势力"学说,即人本主义的心理学。他的需要理论是他人格理论的核心。他认为需要的满足是人类全面发展的一个最简单的原则。他还认为人类价值体系中有两类需要:一类是生物体的本能需要,称为生理需要或低级需要;另一类是随着生物的进化逐渐显示出来的人的潜能,称为心理需要或高级需要。他认为,人的一切行为都是由需要引起的,而需要又是分层次的。开始他提出了人类的五种基本需要,按从低级到高级依次为:生理需要、安全需要、归属和爱的需要、尊重需要和自我实现的需要(见图5-2),后来他又在尊重需要和自我实现的需要之间增加了认知需要和审美需要。马斯洛认为:人类的各种基本需要是相互联系、相互依赖和彼此重叠的,是一个按层次组织起来的系统。只有低级需要基本满足以后才会出现高一级的需要,最高级的需要则是自我实现的需要。

第一层次,生理需要。马斯洛认为,生理需要是人的所有需要中最基本、最强烈、最明显的一种,是直接与生存有关的需要。它具有自我保存和种族保存的意义。这些生理需要包括食物、空气、水分、性交和睡眠等的需要。其中最重要的是饥和渴的需要。假如一个人在生活中所有需要都没有得到满足,那么是生理需要而不是其他需要最有可能成为他的主要动机。一个缺乏食物的人,他的整个身心状态和动机行为几乎完全为满足饥饿这一生理需要所决定,而其他需要可能会全然消失,或者退居幕后。这类需要一旦获得满足,就不再成为需要,从而使人去追求更高级的需要。马斯洛还认为,当人的机体被生理需要主宰的时候,人关于未来的人生观也会有变化的趋势。比如对于一个长期处于饥饿状态的人来说,一个食物充足的地方就是乌托邦。他常常会这样想,假如确保他余生的食物来源,他就会感到绝对幸福并且不再有其他的奢望。对他来说,生活本身的意义就是填饱肚子,其他任何东西都是不重要的。自由、民主、尊重、哲学等等都被当作无用的奢侈品放在一边,因为它们不能填饱肚子。可以说,这种人仅仅是为了食物而活着。

第二层次,安全需要。当生理需要基本满足后,安全需要便作为支配动机显露出来了。如人对于躲避危险、财产保障、回避恐惧等的需要。处于这一需要层次中的人,首要目标是减少生活中的不确定性,它不仅指向眼前,而且指向未来,即希望永远安全地生活下去。这些在儿童身上表现得尤为明显。儿童需要一个可以信赖、可以为其提供保障的家庭环境,否则,儿童就会出现焦虑不安、惊慌失措等行为。因此,父母之间的不和,以及父母对孩子的粗暴、体罚等等,都会给儿童造成不安全感,影响他们的健全发展。

第三层次,归属和爱的需要。归属与爱的需要也叫社交的需要,生理需要和安全需要基本满足后,个人的行为就会受归属和爱的需要所支配。个人渴望得到家庭、朋友、同事、团体的关怀、爱护和理解。希望和同事、同伴保持友谊与忠诚的伙伴关系,希望有所归属,成为团体中的一员,在个人有困难时能互相帮助。马斯洛说,"现在这个人会开始追求与他人建立友情,即在自己的团体里求得一席之地。他会为达到这个目标而不遗余力。他会把这个看得高于世界任何别的东西,他甚至会忘了当初他饥肠辘辘时曾把爱当作不切实际或不重要的东西而嗤之以鼻。"如果这一需要得不到满足,他会强烈地感到孤独、寂寞,内心感到在遭受抛弃、拒绝,并且会有痛苦的体验。

第四层次,尊重的需要。当前三种需要都得到基本满足之后,尊重的需要便开始支配人的生活了。一方面要求别人对自己尊重,具体包括对声望、地位、荣誉、赏识、威信等的欲望;基于这种需要,我们都愿意把工作做得更好,希望受到别人重视;另一方面自我尊重,主要包括对有实力、能胜任、有成就以及要求独立和自由等的渴望。自尊需要的满足会导致一种自信的情感,会令人具有持久的工作热情。然而这种需要一旦受挫,就会使人产生自卑、无能以及办事无信心的感受。

第五层次,自我实现的需要。自我实现的需要是最高等级的需要。它的实现需要发挥个人的聪明才智,一个人的全部低层次需要都得到满足之后,他才可能达到需要的最高层次——自我实现。马斯洛说:"说到自我实现需要,就是指促进他们潜在能力得以实现的趋势,这种趋势可以说成是希望自己越来越成为所希望的人物,完成与自己能力相称的一件事情。"满足这种需要就要求最充分地发挥自己的潜在能力,完成与自己能力相称的工作,成为自己所期望的人物。与其他需要层次的满足方式相比较,自我实现这一层次中的个别差异是最大的。不过,由于自我实现需要的产生有赖于前面基本需要的满足,因而只有人类中的少数人,才能达到真正自我实现的境界,成为自我实现者。后来马斯洛又在尊重和自我实现需要之间增加了认知需要和审美需要。认知需要指对好奇、求知、理解、领悟的需要,而审美的需要是对秩序和对美的追求。

马斯洛认为,这几个层次又可分为三大层次:一是低级的生理需要(生理上的需要、安全上的需要),这些需要通过外部条件就可以满足;二是社会需要(尊重的需要、归属和爱的需要);第三是高级的社会性需要(自我实现的需要),这些需要是通过内部因素才能满足的。各层次需要之间的关系是互相依赖、彼此交叉和部分重叠的。同一时期,一个人可能有几种需要,但每一时期总有一种需要占支配地位,对行为起决定作用。马斯洛还认为各种需要层次的产生与个体的发育阶段密切关联。例如,婴儿的需要主要是生理需要,而后才产生安全需要、归属需要和爱的需要,到了青少年期才产生尊重的需要等。

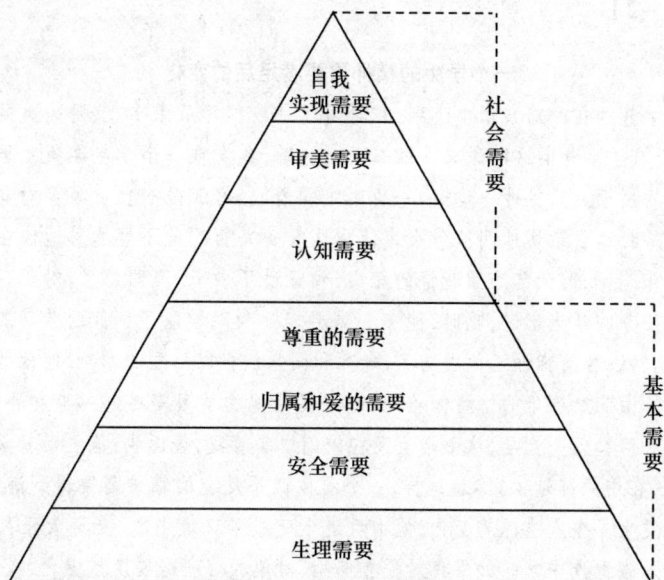

图 5-1 需要的层次

马斯洛还认为,每一个人都有自我实现的需要,即都有要把自己的潜能发挥到最大限度的需要。这种人本主义心理学的观点认为,人之所以为人,就在于人先天就有各种高级需要;在低级需要满足以后,每一个人都可以发挥他的高级需要。

马斯洛提出人的需要是一个从低级向高级发展的过程,这在一定程度上是符合人类需要发展的一般规律的。他还指出了人在每一个时期,都有一种需要占主导地位,而其他需要则处于从属地位。这一点对于我们的管理工作具有启发意义。同时他的理论说明了人不同于动物的本能,人要求内在价值和内在潜能的实现,人的行为总是受意识支配的,人的行为是有目的性和创造性的。这些都为研究人类的需要提供了有意义的线索,并且在管理科学和教育领域中具有一定的应用价值。

　　马斯洛的需要层次理论也存在着不足和局限。它带有一定的机械性,在一定程度上,他把这种需要层次看成是固定的程序,只有当下一级的需要获得相对满足之后,上一级的需要才能渐次产生,而实际上,他忽略了人的主观能动性,忽视了通过思想教育可以改变需要层次的主次关系。此外,马斯洛的理论强调意识自由,看不到个人的需要和社会历史条件、社会制度等社会因素之间的关系,宣扬脱离社会的抽象的人性,这也是其理论的局限性。

【资料窗 5 –2】

一个学生的精神需要满足后的变化

　　一位小学教师在一篇文章中谈到:在学习了一段描写瓜果丰收、赞美美丽秋色的小短文后,我要求学生背诵这段课文。第二天上课前,我发现一个学生在教室里故意在擦已经很干净的黑板。只见他一边擦,一边用眼瞟着我,好像是有什么事要对老师讲又难以启齿。于是我过去亲切地问:"什么事使你这么高兴啊?"他不好意思地伏在我的耳边悄悄地说:"宋老师,昨天您布置背诵的短文,我背过了……"我明白了,对于一个很少主动完成背诵任务的学生来说,此时,他多么需要老师和同学能了解他的劳动成果啊!上课了,我让他到讲台前背诵。他成功了,老师和同学们报以热烈的掌声,使他的精神需要得到了满足。由此所产生的情绪体验,反过来促使他的学习需要进一步发展,鼓起了他奋进的勇气。第二天一大早,这个学生又在校门口等着我,告诉我,他主动背熟了刚学完的课文——《在炮兵阵地上》。就这样,一个看似微不足道的精神需要得到满足之后,竟使这个学生发生了令人吃惊的变化,他由后进生变成了班级中的"背诵大王",后来以优异的成绩升入省重点中学。如果我对他有偏见,对他的心理需要漠然置之,或厌恶地说:"你嬉皮笑脸地干什么?"那么,后来他可贵的良性转化也就无影无踪了。

　　[资料来源]李红主编:《心理学基础》,高等教育出版社 2009 年版,第 248—249 页。

第二节　动　机

一、动机概述

(一)什么是动机

　　动机是直接推动和维持人们进行活动,以满足个体某种需要的一种内部动力。动机也可称之为实现一定目的而行动的原因。动机作为一个解释性的概念,用来说明个体为什么有这样或那样的不同行为。当需要被意识到并驱使人去行动时,就以动机的形式表现出来。例如,一位高中生经常逃课、不好好学习,但是在认识了上大学的好处之后,为了能够上大学,在这个动机的驱动下,开始发奋图强,最终实现了自己的愿望。但并不是所有的需要都能转化为动机,个体某一时刻最强烈的需要,在有诱因的条件下,通过大脑的分析、评估,把一种或几种重要的需要上升为动机。

(二)动机产生的条件

动机产生的两个必要条件是需要的存在和诱因。动机是在需要基础上产生的。需要被认为是引起动机的内在条件。动机和需要密切联系着,离开了需要,动机就不会存在。但需要在强度达到一定水平下,并且只有当满足需要的对象存在时,才能引起动机,成为个体活动的原因。人类的行为是内在条件和外在条件相互作用的结果,只有内因还不足以产生动机,即需要和诱因相互作用才能产生动机并付诸行动。那些能够满足需要的事物,因为常常能诱发动机,又被称为诱因。诱因又可以分为正诱因和负诱因。凡是个体因趋向或取得它而得到满足的,这种诱因称为正诱因;凡是个体因逃离或躲避它而得到满足的,这种诱因称为负诱因。例如,对于饥饿的人来说,食物是正诱因;电击是负诱因。诱因可以是物质的东西,也可以是精神的东西。例如,家长对孩子的表扬,就是一种激发孩子学习动机的精神诱因。一般认为,有些动机形成时需要的作用比较强,有些动机形成时诱因的作用比较强。例如,人在某些时候虽然并不饿,但看到美味的食物时,也会有进食的动机和行为。研究表明:当个体产生了某种强度的需要但是不能满足时,心理上就会产生不安和紧张状态。当需要的目标能够满足时,个体的行为将成为适应性行为,心理上的紧张状态也就会转化为行为活动的动机。个体的需要获得满足,个体的心理紧张消除,而后又有新的需要产生,再引起新的行为,周而复始,循环往复,直至个体生命的尽头(见表5-1)。

表5-1 动机产生的过程

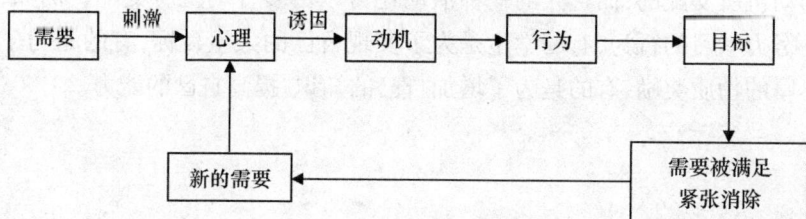

(三)动机的功能

人们从事任何一项活动,有无动机或动机的强弱,对活动效果起着巨大的作用。因为人的活动必然有目的,目的背后必然有动机。一般说来,动机具有这样三种功能。

第一,激发功能。动机能够激发个体行为。人类各种各样的活动总是由一定的动机所激发,动机活动的原动力,对活动起着激发作用。尤其是当面临的刺激与当前的动机有关时,个体的行为更容易被激发。例如,感到饥饿的人,有进食的需要,会对与食物有关的刺激特别敏感,更容易激起寻食的行为。动机对活动具有维持和加强作用,强化活动以达到目的。在能力和其他客观条件相等的条件下,活动能否顺利完成,动机起着决定作用。例如,一个人从事某项活动,尽管能力很强但动机很弱或者没有动机,活动效果一定不好。实际上,在日常学习、工作中,都可以看到动机强弱与活动效果的制约关系问题。但动机强弱与活动效果之间的关系也并不是简单的正向关系,不是说动机越强,效果越好,而是要适度,适度的动机才能获得最佳效果。我们在平常的工作和学习中,经常会有这种情况,由于动机过强,伴随了恐惧、焦虑的心理,从而过度紧张,运动失调,以致出现极差的效果。第二,指向功能。人类的动机像指南针一样,使活动具有一定的方向,有动机的行为必定指向一定的目标。动机不一样时,活动的方向和目标也不同。例如,在口渴动机的支配下,人会找水喝;在健身动机的支配下,人们会积极地参加体育锻炼。第三,维持和调控功能。当活动趋向于目标时,动机会维持着该活动始终朝着既定的目标前进,并调节着活动的强度和持续时间。苏联心理学家马卡连柯的研究发现,如果要求5—6岁的儿童毫无内容地保持某种姿势站立一段时间,是很困难的。然而,如果让他扮演某个感兴趣的角色,那么,他会较长时间保持某种站立姿势,保持该姿势的时间差不多会是前一种情况的3—4倍(莫雷,2005)。人的行为在具体活动中的体现是很复杂的。相同的活动可能体现不同的动机;不同的活动也可能由相同或相似的动机所支配的,而且人的一种活动还可以由多种动机所支配。例如,同样是努力学习的行为,有的学生是为了实现自己的人生目标,有的是为了获得丰厚的物质奖励,有的是为了增加自己的知识,提高自己的能力。

二、动机的种类

人的需要是多种多样的,人的动机也是千差万别的。因此,为了便于阐述,人们从不同的角度根据不同标准相对地将人类的动机进行分类。

1. 生理性动机和社会性动机

根据动机的起源,可将动机分为生理性动机和社会性动机。生理性动机,又称天然动机、原发性动机。它是与人的生理需要相联系的,起源于身体内部的生理平衡状态的变化,即人与动物的共同需要。主要有以下几点:第一,由维持动物个体生存的需要所产生的动机,如饮水与食物。第二,传宗接代、延续种族的需要的动机,如性动机,它是生物的本能。但是人类的性行为,具有理智、文明、道德等内容,不同于动物的习性。人类是具有社会规范的爱情行为。但就其动机来说,完全以生理变化为基础,所以仍属于原发性动机。第三,雌性个体在生育幼婴前后一段时间内所独有的一种原始动机,母性动机或称母性本能。这种动机具有先天性、自发性。人的生理性动机也受社会生活条件所制约,并且打上社会的烙印。

社会性动机,社会性动机是人们在一定社会文化生活中,为满足自己的社会文化需要,同时也为得到社会的认同,在生理性动机的基础上发展起来并推动人们从事各种社会行为的高级动机。它是人类所特有的,与人的社会性需要相联系。研究表明,社会性动机具有持久性,能够持续几个月、几年甚至终身,而且不会充分满足,一个目标实现后,又会指向另一个新的目标,如成就动机、交往动机等。

(1)成就动机:成就动机是指个人对自己所认为重要的或是有价值的工作,不但愿意做,而且力求达到完美状态的原因。其中含有与他人、与既定标准比较的意思,有竞争的性质。成就动机是在后天社会生活中习得的,它和一个人的抱负水平密切联系着。受个人的智力、年龄、经历、性别的影响而出现差别。抱负水平指一个人从事活动之前,估计自己所能达到的目标的高低。研究表明,个人成功和失败的经验,影响抱负水平的高低。一般地说,成功的经验能够提高个人的抱负水平,而失败的经验则会降低个人的抱负水平。美国心理学家罗特指出,制约个人抱负水平的两个因素是:个人的成就动机和个人根据已往的成败经验对自我能力的实际估计。成就动机高的人与成就动机低的人相比,成就动机高的人会取得优良的成绩。洛威尔等人的实验都表明了高成就动机组比低成就动机组成绩要好。洛威尔等人用大学生作被试,高成就动机组 19 人,低成就动机组 21 人,要求他们把一些打乱了的字母组成普通的词(如把 w,t,s,e,组成 west)。测验时间 20 分钟,平均 4 分钟,分为 5 个时期。开始时,两组差别并不大,但随着时间的推移,学习的进展,高成就动机组的成绩比低成就动机组的成绩明显地好。洛威尔等人在 7 天后要求同一些被试做加法问题,平均 2 分钟,也分为 5 个时期,高成就动机组的成绩比低成就动机组的成绩也明显地好(见图 5 - 2)。在该实验中,高成就动机组成绩没有出现上升现象,就是因为加法问题简单,一开始已经取得了很好的成绩。①

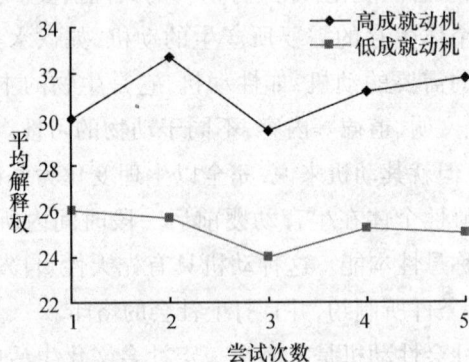

图 5 - 2　高成就动机组和低成就动机组在加法问题的平均解答数

(2)亲和动机:亲和动机又称亲合动机、交往动机。指人类社会生活中存在着一种需要与人亲近的动机。如需要别人关心、需要与别人合作、需要爱情、需要取得支持、需要隶属于某个组织和团体等。人类的亲合动机反映了社会生活和劳动的要求,人类要参加社会生活,要劳动,就必须与他人接近、合作、保持友谊。人类的亲合动机也是个体心理发展的必要条件,这种动机的满足可以增加个人的安全感并且可以更好地发挥个人的能力。

2. 远景性动机和近景性动机

根据动机的影响范围和持续作用的时间,可以把人类的动机划分为远

---

①　转引自阴国恩、梁福成、白学军编著:《普通心理学》,南开大学出版社 1998 年版,第 348—349 页。

景性动机和近景性动机。远景性的动机一般来自对活动意义的深刻认识。这种动机一般与远大目标相联系而且持续作用的时间长,比较稳定,影响的范围也广。它常常是社会要求在人们活动中的反映,是人们的理想、世界观等在活动中的体现。例如,有的学生想成为伟大的科学家,将来为祖国的繁荣贡献自己的力量,并以此为工作的动力。这种行为就是受远景性动机的驱动。近景性动机是指与能直接感受到的目前的具体目标相联系的动机。它常常是由活动本身的兴趣所引起的,这种动机只对个别的具体活动起作用,作用的时间较短,受个人情绪的影响比较大,不够稳定。例如,某同学为了能在下周举行的比赛中取得优异的成绩而进行积极准备。这类动机比较具体,与活动本身有较切近的关系,实际效能明显,但是它不如已形成的间接动机稳定,容易受偶然因素的影响,易随情境的改变而变化。近景性动机和远景性动机是相互联系、相互补充的,在一定条件下,两者可以相互转化。人既要有远大的目标,也要有近期目标,并且使长远的、概括的动机成为主导动机。"千里之行,始于足下",长远的目标只有划分为许多具体的近期目标,才能够实现。

3. 高尚动机和低级动机

根据动机的性质和社会价值,可以把人类的动机划分为高尚动机和低级动机。高尚动机是具有积极的社会意义,是符合社会伦理道德标准的,是符合社会发展规律和人民利益的。它能持久地调动人的上进心和积极性,促使人们为社会发展作出贡献。

低级动机又称消极动机,是指不符合我们的社会利益和个体健康发展的动机。它是违背社会发展规律和人民利益的,不利于社会、集体的健康发展。往往会使人丧失社会责任感,意志消沉,沉湎于个人享受,易误入歧途,做出危害社会的事情。因此,我们应该对人的行为动机进行评价,应当鼓励、肯定有利于社会的行为动机,而批评、否定有损于社会和他人利益的错误的、不道德的行为动机。

4. 主导动机和辅助动机

根据动机在活动中作用的大小,可以把人类的动机划分为主导性动机和辅助性动机。主导性动机又称优势动机。在人的活动中,特别是在复杂的活动中往往存在着多种动机,人的活动可能由几种动机来推动。主导性动机在活动中对行为起支配作用,它的表现比较强烈、稳定,通常对行为有决定意义,具有更大的激励作用。辅助动机则加强主导动机,坚持主导动机所指引的方向,因此又称为一般动机或从属动机。它的表现较弱、不稳定。在个体的成长过程中,不仅主导性动机起作用,辅助性动机也在发挥作用。如果辅助性动机与主导性动机一致,也是指向目标的实现,则能强化主导性动机的作用,否则,将会弱化主导性动机的作用,影响目标的实现。

5. 内部动机和外部动机

根据动机的引发原因,可将动机分为内部动机和外部动机。外部动机是由行动的外部推动力诱发出来的。例如奖惩制度、批评表扬、分配制度等。个体追逐的奖励来自动机行为的外部,如,有的学生努力学习是为了获得奖学金和老师、家长的认可。内部动机是指人的行动出自本身的自我激发,产生行为的动力来自于行为自身。它不需要外在条件的参与,个体追逐的奖励来自活动的内部,即活动成功本身就是对个体最好的奖励,例如,学生为了获得丰富的知识而不是别人的认可所进行的努力学习就属于内部动机。一般情况下,外部动机的驱动力较小,维持的时间也不长,而且往往带有一定的强制性。而内部动机的强度一般比较大,持续的时间也比较长。实际上,很多时候,若要想对某种行为发挥持久的推动作用,这两种动机缺一不可,必须结合起来,而且内部动机和外部动机还可以相互转化。

三、动 机 冲 突

人的需要是多种多样的,动机冲突也是多种多样的,我们时常会出现"这山望着那山高"的困惑,在不同的机会中犹豫不决,优柔寡断。有时甚至会出现相互矛盾的动机。如果两个动机相互排斥,力量强的一方定会成为优势动机,如果两者强弱不相上下,人们在选择时就会取舍难定,产生矛盾的心理状态,即出现动机冲突。典型的动机冲突有四种形式。

1. 双趋冲突

双趋冲突是指一个人以同样强度的两个动机追求同样并存的两个目的,但又不能同时达到,这种从两种趋向中仅择其一的矛盾心理,称为双趋冲突。当面临双趋冲突时,个体会在两个目标之间进行权衡,当人向某一目

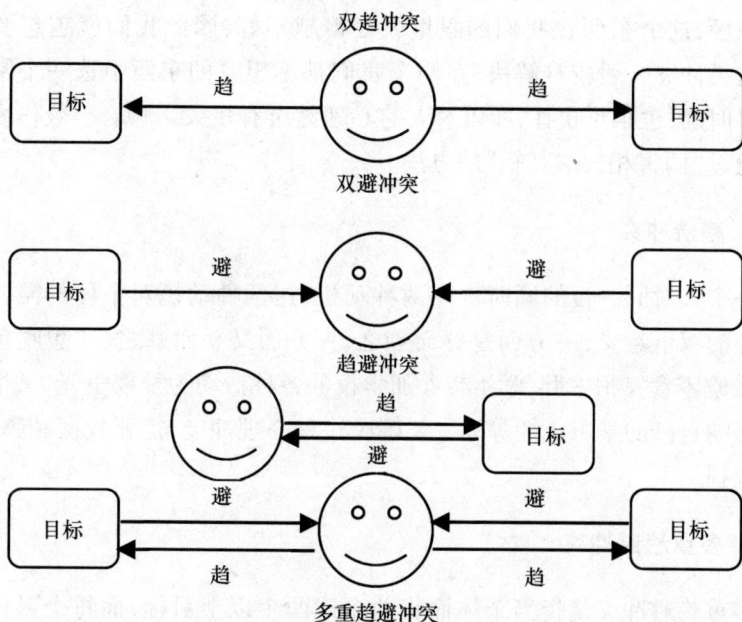

图 5 - 3　动机冲突示意图

标移动时,较近目标的吸引力增强,远离目标的吸引力下降,然后利于结果的选择。只要有所倾斜,动机冲突便加剧。例如,是毕业之后选择稳定的工作,还是选择上研究生?是读一个自己爱好但冷门的专业,还是选择一个不感兴趣但有就业前途的专业?最终,可能无论你选择哪一个目标,都会后悔当初的决定。孟子曰:"鱼,我所欲也;熊掌,亦我所欲也。二者不可得兼,舍鱼而取熊掌者也。生,亦我所欲也;义,亦我所欲也。二者不可得兼,舍生而取义者也。"这是"鱼和熊掌难以兼得"的动机冲突,对这种冲突最好的解决方法是从中选择一个目标,放弃另一个目标,或者同时放弃两个目标,而寻找其他的目标。

2. 双避冲突

双避冲突是指个体的两种动机要求个体分别回避两个不同的目标,但只能回避其中一个目标,同时必须接受另一个目标而产生的冲突,即"前怕狼,后怕虎"的左右为难、进退维谷的处境造成的心理紧张状态。双避冲突的选择过程和结果与双趋冲突一样,总难免有"悔不当初"的感慨。例如,有的学生既不想好好学习,又不想功课不及格。在他看来,这两者对他都是一种威胁,都想逃避,但他必须选择其一。一般来说,越是我们不想要的或回避的东西,这个东西在我们的眼里就变得越不好,因此我们就越想要回避它。这类冲突一般较难解决,在两个我们都不想要的东西中选一个常常需要较多时间,也很难抉择,所以对人的心理健康有较大影响。一般作出选择可以通过"两害相权取其轻"的方法。

3. 趋避冲突

一个人对同一目的同时产生两种动机,这两种动机对个体的需要具有利与弊的双重意义,一方面是好而趋之,一方面又恶而逃之。"想吃鱼又怕腥",爱吃零食又怕发胖,学生想参加学校的各种活动为学校争光,又怕耽误时间影响自己的学习成绩等等。要解决这种心理冲突,需要权衡利弊,然后作出抉择。

4. 多重趋避冲突

多重趋避冲突是指当个体面临两个或两个以上目标,而每个目标都有积极和消极两方面时,便会发生多重趋避冲突。像这种对几个目的兼具好恶的复杂矛盾心理状态,称为多重趋避冲突。例如,有的家长想让自己的孩子做一些家务,但又怕耽误了孩子的学习;不让孩子干吧,又害怕孩子将来养不成好的习惯。面临多重趋避冲突时,每种动机都具有吸引力和排斥作用,因而不能简单地选择某一种目标,回避另一种目标,必须进行多重选择。当目标的吸引力和排斥力相距较大的时候,此类冲突就比较容易解决;当几种目标的吸引力和排斥力比较接近时,解决这种内心冲突就比较困难,常常需要花较长时间考虑得失和权衡利弊,才能作出最终的选择。动机冲突对人具有双重的作用,一方面积极的作用可促使人最后作出合适的抉择,另一方面消极的作用会给人带来焦虑、不安,若问题长久得不到有效的解决,必将影响人的身心健康。

【资料窗 5-3】

有趣的心理冲突

对于趋避冲突,苏联心理学家做过实验。实验者认为,不同的人可能产生下述三种不同的活动倾向:一是趋强于避,即为了取得成功,不惜冒失败风险;二是趋避折中,就是既求成功,又防失败;三是避强于趋,即不求成功,但求不失败。实验表明,确实存在这三种情况,同时发现了采取这三种不同活动倾向的人成功和失败的情况。实验作业的内容是:在距被试1.5米处的一块垂直板上有一个光点,沿一个直径为25公分圆周运动,速度为每秒一周,这个光点叫运动光点。圆周的正上方既为起点又为终点,用另一光点标明,这个光点叫静止光点。整个圆周划分为60格。被试的任务是,在运动光点开始顺时针方向转动后跟踪监视,当认为它已回到起点,即到终点时,即按一下键,使之停止运动。如果它正好停在这个点,则得10分;超过一格扣10分;滞后既不给分也不扣分。这样就造成一个引起趋避冲突的条件:既要得分,又要避免扣分。也就是说,如果追求高分,就要既不过早按键,又不过迟按键;如果不求得分,但求不扣分,只要提早按键就行。结果发现,不同的人可能产生下述三种不同的活动倾向:(1)趋强于避,宁可因按键过迟而扣分,不愿轻易提前按键;(2)趋避折中,被试有时准时按键,使光点停在出发点上,有时略为提前,使光点停在起点左右;(3)避强于趋,被试倾向于提前按键,使光点在出发点的前一格停止。实验结果的成绩表明,趋避折中得分最高,避强于趋得分最低。由此可见,趋的动机过强或避的动机过强都不利于作业。这个实验提示我们,在学习和工作中,应该适当地调节趋避动机的强度,以达到最佳的活动效果。因为趋的动机过强或避的动机过强,都不利于提高效率。

[资料来源]李红主编:《心理学基础》,高等教育出版社2009年版,第253页。

四、动机强度和工作效率

动机的强度与工作效率之间的关系,20世纪以来一直都是值得我们关心的问题。是不是我们的动机越强烈,工作效率就越高呢?到目前为止,我们能够得到的确切答案是,它们之间并不存在单一的关系。

在这方面做出开创性研究的是叶克斯和多德森。他们通过电击来控制动机水平的变化,让老鼠完成各种不同难度的任务。实验结果表明,动机的唤醒水平与成绩水平之间成倒U型关系。动机唤醒的最佳水平(即达到最佳学习效果的动机强度)与任务难度成反比关系。这一结果说明了工作的效率与任务难易度以及动机的最佳水平之间有着密切联系。如图5-4所示,当动机强度低于动机唤醒的最佳水平时,随着强度的增加,工作效率不断提高;当动机强度超过动机唤醒的最佳水平时,随着强度的增加,工作效率则不断下降。并且,在比较容易的任务中,工作效率随动机水平的提高而上升,随着活动项目难度的增加,动机的最佳水平有逐渐下降的趋势。这就是著名的叶克斯—多德森定律。

可见,从事简单作业时,较高的动机水平会获得较好的工作效率;从事困难或复杂作业时,较低的动机水平会获得较好的工作效率,更容易达到成功;对于中等难度的作业而言,中等程度的动机水平更易获得成功。为了提

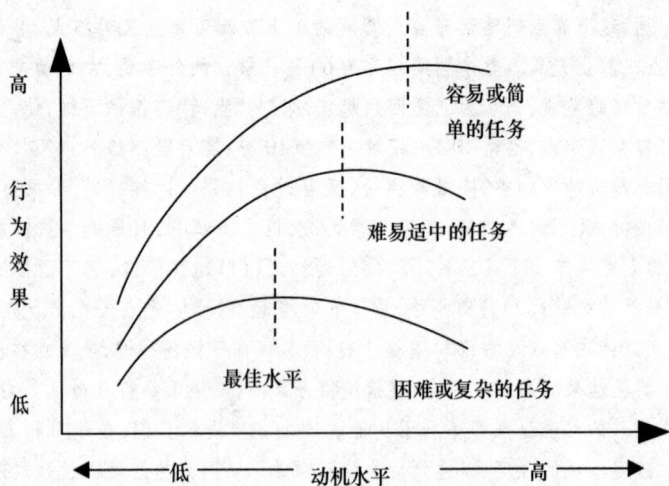

图 5 - 4　耶克斯 - 多德森定律

高工作效率,对难易程度不同的活动项目,应抱有的动机强度要有所区别。同样的道理,适度的动机水平对学习具有最佳的效果。动机水平过低或过高都不能引起大脑皮层的最佳工作状态,也不能获得最佳学习效果。动机水平过低对学习活动的推动力不强,不能激发学生的积极主动性;反之,过强则会导致紧张和过度焦虑、注意与知觉范围缩小、思维受到一定的抑制等,从而给学习带来不利影响。①

五、动 机 理 论

动机理论是指心理学家从心理学的角度对动机这一概念所作的理论性与系统的解释。用以解释行为动机的本质及其产生机制的理论和学说。本文主要介绍以下动机理论,主要有行为主义理论、认知理论、社会学习理论和人本主义理论。

(一)行为主义理论

行为主义心理学家认为,人的大部分动机来源于环境和外部力量,刺激、强化、奖励、惩罚等。行为主义心理学家提出了"初级动机"和"次级动

①　李红主编:《心理学基础》,高等教育出版社 2009 年版,第 254 页。

机"概念。所谓初级动机是指人们所共同的天生的生物驱力(饥、冷以及其他机体组织的需要);次级动机,是指后天通过个人努力习得的心理和社会需要。次级动机是在初级动机的基础上产生的。正因为人有初级的生理需要,强化、奖惩等手段才能发生作用。

他们还提出学习是个体所经历的奖励和惩罚的结果,并将动机看作奖励和惩罚的结果。依据行为主义的理论,学生会被激励去做那些受到强化的行为。如果学生的学习行为没有得到一定程度的强化,可能就会降低学习动机和努力的程度。强化有正强化和负强化,

正强化又称"阳性强化"。个体做出某种行为或反应,随后或同时得到某种奖励,以此来加强行为并增加这种行为今后发生的概率。例如,家长通过微笑或表扬来表达的赞许,给予孩子的物质奖励,都可用来强化孩子的日常行为。负强化也称阴性强化,就是对于符合目标 http://baike.baidu.com/view/141642.htm 的行为,撤销或减弱原来存在的消极刺激或者条件以增加这些行为发生的频率。

例如,离开一间很吵闹的房间或一个很吵闹的会场就是起一种负强化的作用,以此来消除厌恶刺激而导致反应出现的概率增加。按照行为主义的理论,如果一个孩子在刚开始学说话的时候,说得尽管不太好,但是他受到了家长的表扬,那么可能他对这些奖励的反应是:在后来的一段时间里,他无论见了谁都会积极主动地表达自己的观点,使自己在这方面获得更大的发展。这个孩子因为他的能力受到了强化,或者说得到了奖励,而取得进步。但是,如果同一个孩子,他一开口说话就遭到了大人的批评或者嘲笑,而且一直都没有得到表扬或鼓励,他有可能在今后的很长时间内都不愿意多说话,因为他没有继续学习的诱因或强化。

在行为主义看来,动机总是与外在激励密切相关的,为了产生某种特定的行为,靠的就是外在的奖励和诱因。行为主义的动机理论,在教育和管理中,恰当运用外部的强化手段以调动积极性,具有肯定的意义。但这种观点存在着很大的片面性,因为它看不到内部动机的作用,看不到人的主观能动性。因此对于低年级的孩子可以使用,但当他们逐渐长大时,这些方法就渐渐地失去了意义。

(二)认知理论

行为主义强调外部环境的刺激和激励作用,认知理论是研究由经验引

起的变化是如何发生的一种学习理论。它强调机体对当前情境的理解。动机理论强调内部动机。他们在考察学生的学习动机时,经常强调学生对自我、他人以及环境的期望作用,目标的重要性(包括如何确立有效的目标),以及学生对自己的成败的解释方式。

下面我们就用美国心理学家韦纳(B. Weiner,1974)的归因理论来加以说明。韦纳认为,人们对行为成败原因的分析可归纳为以下六个原因:能力,根据自己的能力来评估个人对该项工作是否胜任;努力,个人反省检讨在工作过程中是否尽力而为;身心状态,工作过程中个人当时身体及心情状况有没有影响工作成效;运气,个人在工作过程中的各种成败与运气是否有关;任务难度,凭个人经验判定该项任务的困难程度如何;其他因素,个人自觉此次成败因素中,除上述五项外,还有没有其他人与事的影响因素。

以上六项因素作为一般人对成败归因的解释或类别,韦纳把它分为以下三个维度:

1. 控制维度,分为是内部的还是外部的。指自己认为影响其成败因素的来源,是以个人条件(内部),或者是来自外在环境(外部)。在这一维度上,能力、努力及身心状况三项属于内控,其他各项则属于外控。

2. 稳定性维度,分为原因是稳定的还是不稳定的。指自己认为影响其成败的因素,在性质上是否稳定,在类似情境下是否具有一致性。在这一维度上,六因素中能力与工作难度两项是比较稳定的。其他各项则均为不稳定者。

3. 可控性维度,分为是可控制的还是不可控制的。指自己认为影响其成败的因素,在性质上能否由个人意愿所主宰。在这一维度上,六因素中只有努力一项是可以凭借个人意愿控制的,其他各项均非个人所能为了(见表5-2)。

表5-2　归因理论的三维结构

归因类别	归因的特征					
	控制维度		稳定性维度		可控性维度	
	内部	外部	稳定	不稳定	可控	不可控
能力	√		√			√
努力	√			√	√	
工作难度		√	√			√
运气		√		√		√
身心状况	√			√		√
其他		√		√		√

韦纳认为,我们对成功和失败的解释会对以后的行为产生重大的影响。如果我们把成败归结于内部原因,成功则会导致自豪感,增强动机;如果我们认为成绩都是由运气、任务难度等外部因素决定的,那么他们就会放弃努力;这两种不同的归因会对我们的生活产生重大的影响。如果将其归因为内部的努力程度,而且有成功的愿望,那么他们就会努力学习。稳定性维度的归因与对未来的期望密切相关。如果将成败归因于任务难度之类的稳定性因素上,则他们将来在类似的任务上也会预期成功或者失败;如果归因于心情或者运气之类的不稳定因素,在未来面对相类似的任务时,他们会希望结果能有所改变。可控性维度与个人的情感因素有关,如高兴、幸福、感激或者羞愧等。如果把失败归因于努力不够等可以控制的因素,那么就会对失败承担责任,而产生内疚感;如果把失败归因于不可控因素时,则会产生不满的情绪。如果把成功归因于不可控制因素时,则会感到幸运,并且希望再次有好运光顾;如果把成功归因于可以控制的因素,则会产生自豪感,并且期望在未来的类似任务中仍然能获得相同的成绩。因此为了激励学生的学习动机,教师要引导学生进行正确的归因,预防或纠正不良的归因。

(三)社会学习理论

社会学习理论是美国心理学家班杜拉于 1977 年提出的。班杜拉指出,行为主义的刺激—反应理论是无法解释人类的观察学习现象的。因为刺激—反应理论不能解释为什么个体会表现出新的行为,甚至这种已经获得的行为可能会在数天、数周甚至数月之后才出现等社会现象。为了证明自己的观点,班杜拉进行了一系列实验,并在科学实验的基础上建立起了他的社会学习理论。他认为我们在理解动机时,应该将个人的认知、行为与环境因素三者及其相互作用结合起来,因为动机不仅来自个体头脑里的思考、计划和对自己能力的认知,也来自外部环境的作用,因为人总是生活在一定的社会条件下的。所以人们会考虑达到目标的可能性以及可能的报酬。期望价值理论主要反映了这种将内部的思想与对环境的感知结合起来的观念。当学生认为他们可以获得成功,而且所达到的目标对于他们很有意义的话,他们就会努力学习(见表 5-3)。

表 5 – 3 期望价值论来激发学生的动机

对预期成功的学生的激励	对预期失败的学生的激励
如果目标是有价值的,激励学生以高动机、高努力获得成功。	如果目标是有价值的,学生尽管希望得到该目标但不想努力,因此教师必须对学生的努力和微小的进步加以鼓励,并向学生强调目标的价值。
如果目标是没有价值的,通常应控制这种高动机,同时教师必须选择有价值且学生可以成功的新目标,使他们认识到并给予鼓励,以高动机、高努力去获得成功。	目标是没有价值的,学生对目标不在乎,教师首先选择一个新的、更有价值的目标,然后对学生在这一方向上的微小努力和进步加以鼓励。

(四)人本主义理论

人本主义心理学家认为,人的动机不仅仅是来自外界的激励而且还源于个体自我实现的需要,自我实现的需要是人格形成发展、成熟的内在动力。其主要代表人物是马斯洛和罗杰斯。马斯洛认为自我实现的需要是"人对于自我发挥和完成的欲望,也就是一种使它的潜力得以实现的倾向"。

罗杰斯认为,每个人都有学习的潜能,都有学习的愿望。情感和认知是不可分割的有机组成部分,它们是融为一体的。因此,罗杰斯的教育理念就是要培养"躯体、情感、心智、精神、心力融汇一体"的人,这种知情融为一体的人,他称之为"完人"。既是教育学生除了用认知的方式来学习还要考虑学生的情感。

在教学中人本主义强调以学生为中心的教学观。他们认为教师的任务不是行为主义者所强调的教学生学习知识,也不是认知主义者所重视的教学生如何学习,而是为学生提供各种学习的资源,提供一种促进学习的气氛,让学生自己决定如何学习。教育的作用只在于提供一个安全、自由、充满人情味的心理环境,使人类固有的优异潜能自动地得以实现。

罗杰斯认为,促进学生学习的关键不在于教师的教学技巧、专业知识、课程计划、视听辅导材料、演示和讲解、丰富的书籍等,而是强调情感在教学活动中的地位和作用,形成的是一种以知情协调活动为主线、以情感作为教学活动的基本动力的新的教学模式;以学生的"自我"完善为核心,无条件地关怀学生,关心学习者的方方面面,发展学生的自尊,为学生提供选择和机会,鼓励学生个人的成长。

总的来说,罗杰斯等人本主义心理学家从他们的自然人性论、自我实现论的观点出发,在教育实际中提倡以学生经验为中心的"有意义的自由学习",推动了教育改革运动的发展。因此也把教学活动的重心从教师引向学生,把学生的情感、思想、行为和体验看作是教学的主体,从而促进了个别化教学运动的发展。不过,罗杰斯对教师作用的否定,是言过其实的。

以上这四种动机理论基本上都可以解释我们生活中不少的动机行为,但是并不能解释所有的行为,因此,我们在教育教学工作中最好能够把上述四种动机结合起来,进行运用,才可能使我们的教育工作做得更好。

● **拓展阅读**

一次无人监考的考试[1]

在学生时代,我经历过无数次考试,由学生成为教师以后,却经历了一次令我十分难忘的考试——一次无人监考的考试。

在这次考试之前,校长向教师们宣布了在初一和高一年级实行无人监考的决定,教师们议论纷纷;有人监考还作弊呢,无人监考行吗?

在学生动员会上,听说取消监考,学生们的眼睛里先是露出半信半疑的神色,当彼此交换一下眼光,证明自己的耳朵没出毛病以后,雷鸣般的掌声爆发了。显然,他们热烈欢迎无人监考。但是,他们能理解此举的真正意义吗?于是我让大家说说无人监考有什么好处。有的学生说:"无人监考考试时不紧张,小学时,老师一走过来,我的手就哆嗦,会做的题都做错。"又有同学说:"取消监考是学校搞教改,是老师考验我们。"……听完了同学们的议论,我从考试的意义讲到作弊的危害,从人格是人的第一需要讲到一个人应该做到自尊、自爱、自强不息。最后,我提出这次考试每一位同学都要交出一份最好的"人格试卷"。

会后,学生们都写了决心书,保证自己在考场上"人格"得100分。看得出,他们都为得到老师和校领导的信任而感到兴奋和自豪,可他们毕竟只有十一二岁啊!他们能控制住自己吗?我仍然忧心忡忡。

第一场考试开始了,黑板上"自尊、自爱、求爱、求真"八个大字取代了监考教师的眼睛。然而,我人在办公室,心却在考场上。我一次又一次鬼使神差般向教室走去,到了教室门口才猛然醒悟:不该进去。

最后一场考试终于结束了,当我抑制着想要拥抱一下这些可爱的学生的冲动走进教

_____

[1] 田宝、戴天刚、张扬主编:《教育心理学案例》,首都师范大学出版社2007年版,第152页。

室时,迎接我的是一双双诚实的眼睛。这无声的语言告诉我,这次无人监考的意义早已远远超出了考试本身,这是一次心灵的震撼,也是一次成功的尝试。

考试以后,每个同学都写了总结。

一位同学写道:"无人监考使我考试时很轻松,发挥得很好,根本没有作弊的念头。"

另一位同学写道:"无人监考体现了老师对我们的信任和尊重,而我们更应该自尊自爱。"

还有一位同学写道:"我试卷上的分数也许并不理想,但我的人格卷是 100 分。"

同学们一致表示,赞成这样的活动,希望能够继续下去。

教师们也认为无人监考是一次突破,无人监考,利大于弊。

◉ 思考与练习

1. 什么是需要? 需要有哪些分类?

2. 马斯洛的需要层次理论的基本观点是什么? 应如何评价?

3. 什么是动机? 其功能有哪些?

4. 动机的种类有哪些?

5. 什么是生理性动机?

6. 什么是社会性动机?

7. 动机强度和工作效率之间是什么关系?

8. 动机冲突的种类有哪些?

◉ 参考文献

1. 马克思:《政治经济学批判导言》,《马克思恩格斯全集》。

2. 阴国恩、梁福成、白学军:《普通心理学》,南开大学出版社 1998 年版。

3. 李红:《心理学基础》,高等教育出版社 2009 年版。

4. 田宝、戴天刚、张扬:《教育心理学案例》,首都师范大学出版社 2007 年版。

5. 程素萍、林慧莲主编:《心理学基础》,高等教育出版社 2011 年版。

6. 黄希庭:《心理学基础》,华东师范大学出版社 2008 年版。

7. 赵惠玲:《心理学基础》,河北人民出版社 2008 年版。

8. 杜文东:《心理学基础》,人民卫生出版社 2007 年版。

9. 张春兴:《教育心理学》,浙江教育出版社 1998 年版。

10. 张大钧:《教育心理学》,人民教育出版社 1999 年版。

11. 叶奕乾、何存道、梁宁建:《普通心理学》,华东师范大学出版社 1997 年版。

12. 王利杰:《心理学基础教程》,中国人民公安大学出版社 2002 年版。

13. 李世楝:《普通心理学》,中国人民公安大学出版社 1996 年版。

14. 梅锦荣:《心理学基础》,中国人民大学出版社 2010 年版。

15. 曹日昌:《普通心理学》,人民教育出版社 1987 年版。

第六章 思 维

◉ **内容提要**

本章主要是介绍了思维的含义和特征,旨在让学生能够利用思维的特征解释生活中的有关现象;牢固掌握思维的基本过程及影响问题解决的基本因素,能根据其规律,科学地安排自己的学习和活动;明确创造性思维的概念及其特征,掌握培养创造性思维能力的方法;了解思维品质的具体表现;掌握思维过程及影响解决问题的因素。

第一节 思 维 概 述

一、思维及其特点

(一) 思维的含义

思维(thinking)是人脑对客观事物的本质属性、内部联系及规律性的间接和概括的反映,是认识的高级形式,是借助语言、表象或动作实现的。它主要表现在概念形成和问题解决的活动中,并能揭示事物的本质特征和内部规律。虽然思维与人的感知一样,都是人脑对客观事物的反映,但是它们有着根本的区别。思维是借助于语言、表象或动作实现的、对客观现实间接的反映,是认识的高级形式,属于理性认识的范畴。而感觉和知觉则是对客观现实的直接反映,所反映的是客观事物的外部特征和外在联系,属于感性认识的范畴。它们的不同之处表现为以下几点:(1)从反映内容看,感知觉反映的是客观事物的外部特征和外在联系;思维反映的是客观事物的本质特征和内在联系。(2)从反映形式看,感知觉只是对当前事物的直接反映,直接接受外界的刺激输入,并对输入的信息进行初级加工;而思维对输入的刺激进行更深层加工,它揭示的是事物之间的关系,从而形成概念,并利用概念进行判断和推理,解决人们面临的各种问题。(3)从反映水平看,感知觉属于感性认识,它是借助于形象系统对直接作用于感官的事物进行反映,反映范围很小,是认识过程的初级阶段;而思维属于理性认识,它是借助于概念系统对客观事物进行反映,它可以反映任何事物,反映范围很大,是认识过程的高级阶段。思维和感知觉有着本质的不同,但二者密不可分。思维是在感知的基础上产生和发展起来的,感性认识是思维活动的源泉和依据,思维无论多么抽象,它的加工材料都是对个别事物的多次感知,从对个别事物多次感知中,概括出它们的本质和规律。同时,感性认识的材料如不经过思维加工,就只能停留在对事物的表面的、现象的认识上,而不能认识客观事物的本质和规律。因此,人的思维属于认识的理性阶段,是更高级、更复杂的认识过程。

(二)思维的特征

概括性和间接性是思维的两个最基本的特征。思维的概括性是指人在大量感性材料的基础上,把一类事物共同的特征和规律抽取出来并加以概括。例如,尽管我们不可能见到世界上所有的树,但我们知道"树是多年生木本植物",这就是思维的概括性的表现。思维的概括性包含两层意思:第一,把同一类事物所特有的共性归结在一起,从而认识该类事物的性质以及该类事物与他类事物的关系。例如,人们把形状、大小各不相同而能结出苹果的树木称为"苹果树";把梨树、枣树、核桃树等依据它们的共性统称为"果树"。还可以把鸡、鸭、鹅等归成一类称为"动物",这种不同层次的概括,不仅扩大了对事物的认识范围,而且加深了对事物本质的了解。第二,能将部分事物相互联系的事实加以概括,得出有关事物之间的内在联系的结论,并将其推广到同类的现象中去。人们可以认识植物与动物、动植物与人类的生态平衡关系，认识温度的升降与金属胀缩的关系，认识体温、生物电及血液成分等变化与人体健康状况之间的联系等等。概括性加深了人们对客观事物的内在联系与规律的认识，进而扩大认识范围，揭示事物的本质和规律，有助于人们对现实环境的适应、控制和改造。因此，概括水平在一定程度上表现了人的思维水平。另外，概括是人概念形成的前提，也是思维活动能迅速进行迁移的基础。概括是随人认识水平的深入而不断发展的，人的认识水平越高，对事物的概括水平也就越高。

　　思维的间接性指人脑对客观事物的反映，是借助于一定的媒介或已有的知识经验来认识客观事物。例如，医生通过"望、闻、问、切"的观察和通过各种医疗器械测得与疾病有关的各种数据，为患者诊断病情，这就是思维的间接性的表现。思维的间接性体现在三个方面：一是思维的间接性特征能使我们超越感官在结构与机能方面的局限去认识客观事物。例如，紫外线、X射线、红外线等一般是不能被我们直接看到的，但我们能够借助中介认识它们。又如，超声波和次声波不能被我们直接听到，可我们同样可以通过思维以间接的方式认识它们。二是思维的间接性特征可以使我们突破时空的限制。例如，地质工作者在珠穆朗玛峰地区4000万年前的地层中发现了许多海洋生物化石，以此推断"世界屋脊"在远古是一片汪洋大海。三是思维的间接性特征能使我们透过事物的表面现象去认识事物的本质及其规律。比如，医生可以根据体温、验血结果和心电图等经过思维加工间接判断出病人的病情。

　　可见，由于思维的间接性，人们才有可能认识那些没有直接作用于人的感官的各种客观事物或事物的属性，或者根本不可能感知到的事物，以预见事物发展变化的进程，认识事物的本质。思维的概括性与间接性是紧密联系，相互促进的。思维的概括性中含有间接反映的特点，思维的间接性中也含有概括反映的特点。人们首先通过感官从客观现实中获得大量的感性材料和经验，然后，在感性经验的基础上，经过思维概括，反映出事物共同的本质特征和规律性联系，接着可以依据它们，通过推断，对不在眼前的事物或者感性认识无法直接把握的事物进行间接的、更深入的认识。人之所以能够根据屋顶潮湿作出曾下过雨的推断，是因为知道下雨和屋顶潮湿之间的因果关系，而这种认识正是先由思维的概括性所获得的。因此，思维的概括反映和间接反映的特点是密切联系的。

由于思维的概括性和间接性,致使人能够透过客观事物的外部特征和表面现象深入到事物的内部揭露其本质和规律。所以,思维这种心理活动,对于人具有十分重要的意义和作用(见表6-1)。

表6-1　思维与感知的关系

关系		感知觉	思维
区别	反映内容	客观事物的外部特征和外在联系	客观事物的本质特征和内在规律性联系
	反映形式	直接性、具体性	间接性、概括性
	反映水平	感性认识,是认识过程的初级阶段	理性认识,认识过程的高级阶段
联系	思维是在感知的基础上产生和发展起来的,感性认识是思维活动的源泉和依据		

(三)思维的生理机制

主观唯心主义的哲学、心理学以及生理学,都企图证明思维和脑没有任何关系,他们认为思维是先天的经验,或者是上帝灌输给人们的。资产阶级的自然科学家——英国的谢灵顿在《大脑及其机制》一书中,就顽固地否认脑和思维的关系。巴甫洛夫根据大量的、无可争辩的实验材料,证明心理活动就是高级神经活动,思维是人脑的机能。有机体借助于中央神经系统,实现内部和外部的统一。

巴甫洛夫学派认为"大脑半球正常工作最核心的生理现象,乃是我们称之为反射的东西"。大脑皮质最基本的活动是信号活动,从本质上可将条件刺激区分为两大类:一类是现实的具体的刺激,如声、光、电、味等刺激,称为第一信号;另一类是现实的抽象刺激,即语言文字,称为第二信号。对第一信号发生反应的皮质机能系统,叫第一信号系统,是动物和人共有的。对第二信号发生反应的皮质机能系统,叫第二信号系统,是人类所特有的。动物的思维只在行动中遇到困难时才照旧联系,进行分析和综合。巴甫洛夫把动物这种相当复杂的行为称为行动的思维。狗的活动不会具有什么"理性",只有联想过程。人类有了语言的第二信号以后,就能够实现以第一信号系统的活动为基础、以第二信号系统的活动为主导的两种信号系统的协同活动,从而对客观事物进行多阶段的分析综合和抽象概括,在大脑皮层上形成多级性的暂时神经联系的系统也就是建立暂时神经联系的联系,或者是建立暂时神经联系的锁链。这就是思维的生理机制。

二、思维过程与思维形式

(一)思维过程

思维是一个心理过程,在思维活动中,外界信息在头脑中经过分析综合而得到处理。人类的思维活动包括分析、综合、比较、抽象、概括和具体化等过程。分析与综合是思维的基本过程,比较、抽象、概括和具体化等过程则是由分析、综合过程派生出来的,或者说是通过分析与综合来实现的。

1. 分析与综合

分析是在认识上将一个事物的整体分解为部分,或是将整体的个别特征、个别属性区分开来。综合是将事物的各个部分、各种特征、各种属性或各个方面结合成一个整体。分析和综合是思维操作过程中的最简单的方法。分析和综合是对一个事物的思维过程的两个方面,是统一的,不可分割的。例如,把英语中的复合句分解成若干个简单句来理解,就是分析;而把这些简单句联合起来从整体上来把握复合句的含义,就是综合。

分析与综合是彼此相反而又密切联系、相互依存的过程,是辩证统一的两个方面。分析总是对作为整体的部分的分析,是从整体的各个部分的相互关系来分析。而综合是对分析出来的各个部分、各个属性、各个特性的综合,是分析基础上的综合。只有分析没有综合,就是只见树木不见森林,无法把握事物的整体;只有综合而没有分析,对事物整体的认识可能就是模糊而又笼统的。恩格斯曾说:"思维既把相互联系的要素联合为一个统一体,同样也把意识的对象分解为它们的要素。没有分析就没有综合。"

在人的认识活动中,思维遵循着"综合(最初的整体)—分析—综合(被认识的更充分的整体)"这三个阶段展开,即首先是对事物的综合认识,接着从各个方面进行分析,弄清它的各个部分、特点及关系;最后,将这些联合起来,形成了新的综合的认识。新的综合,使人对整体有了更深刻、更充分、更全面的认识。分析和综合常常在不同的水平上进行。一是动作思维水平上的分析和综合,如将一只机械手表拆开,检查后再组装起来。这称之为实际操作物体的分析与综合。二是形象思维水平上的分析和综合,比如学生用图表、图像、表象对数学上的习题进行的分析与综合，这一水平的分析与综合比前者要高，称之为感性形象的分析与综合。三是抽象思维水平上的分析和综合，这要通过对语词、符号的分析与综合才能进行，这是最高水平的分析与综合。

2. 比较和分类

比较是在头脑中把各种事物或现象加以对比并确定它们之间相同点和不同点的心智操作。比较不仅是鉴别优劣、归纳类属的方法，也是认识事物本质和规律的必要途径。

比较是在分析和综合的基础上进行的，在分析与综合的过程中，客观事物之间的同一性和差异性就会显现出来，这就为比较提供了前提。同时再把它们相应的部分、相应的属性和相应的方面联系起来加以对比，这实际上就是综合。通过这些分析与综合，最终找出和确定事物的相同点和差异点。

完全不同的事物无法进行比较。只有同类或者有相似之处的事物才能进行比较。比较的方法主要有两种，一种是纵向比较，即把现在的事物与过去的事物进行比较，例如，一个学生在入学时的情况与毕业时的情况可以进行比较；另一种是横向比较，即同时交错地把两种材料进行比较，例如，两个工厂的效益、两座建筑物的质量等可以进行比较。纵向比较有助于发现事物的变化，横向比较有助于找到事物的共同点和区别处。比较不仅是重要的思维过程，也是重要的思维方法。人们认识事物，把握事物的属性、特征和相互关系，都是通过比较来进行的。"有比较才能有鉴别"，只有经过比较，区分事物间的相同点与不同点，才能更好地识别事物，正确地确定活动的方向。

从内容上看，有对事物形态的比较，有对事物功能和意义的比较，有对事物属性、特征和规律的比较，有对人的形态、能力及心理品质和个性特点的比较，还有对语言文字的字形、字音、字义的比较。从比较的水平看，有感性水平的比较和有理性水平的比较。

分类是在比较的基础上，将具有共同的本质特征的事物和现象进行归类的心智操作。将有共同点的事物划为一类，再根据更小的差异将它们划分为同一类中不同的属，以揭示事物的一定从属关系和等级系统。例如，我们将生物分为动物、植物、微生物，又把动物分为脊椎动物、无脊椎动物，脊椎动物又细分为哺乳动物、鸟类、爬行类、两栖类、鱼类等。

3. 抽象和概括

抽象和概括是指人的大脑在分析、比较和综合的基础上,把客观事物的本质属性和非本质属性区别开来,并把一类事物的共同的、本质的属性提取出来的过程。概括是在头脑中把对象或现象已经区分出来的本质属性加以联合的过程。例如,对各种鸟进行比较后,抽取出"有羽毛"、"有翅膀"、"是动物"、"卵生的"等共同属性,这就是抽象。同时,将鸟的这些共同属性综合起来,舍弃其他的不同属性(如大的、小的、好的、坏的等),从而形成"鸟是有羽毛、有翅膀的卵生的动物"的认识,这就是概括。可见,抽象是特殊形式的分析,概括是特殊形式的综合。概括体现为两种水平:初级水平的经验式的概括和高级水平的科学的概括。前一种是概括事物和现象的外部特征,通过比较,舍弃其差别性待征,概括其共同性特征,这是知觉、表象水平的概括;这种概括水平相对较低。后一种是根据事物或现象的本质特征,通过科学的比较与抽象,然后加以概括,这是思维水平的概括。抽象与概括是概念形成的重要基础,是科学研究中两种不可缺少的逻辑方法。

分析、比较是抽象的基础,抽象又是概括的基础。没有分析、比较就不能抽象,没有抽象就不能概括。概括就是把分析、比较、抽象的结果加以综合,从而形成对事物的一般认识。概括水平是思维发展水平的重要标志之一。抽象与概括是相互依存、相辅相成的。没有抽象就无法进行概括。因为客观事物的属性很多,如果我们不进行抽象,就无法进行概括。同时,抽象又决定于概括,要概括哪些属性,才能确定从哪些方面进行抽象。经过抽象和概括,人的认识才能由感性上升到理性,由特殊上升到一般,人才能逐步地掌握事物的本质属性。

4. 系统化和具体化

系统化是指在头脑里根据事物的本质特征按一定顺序归入一定类别系统中去的心智操作过程。例如,生物学家按界、门、纲、目、科、属、种的顺序,把世界上所有的生物分了类,并揭示了各类生物间的关系和联系,这就是人脑对生物系统化的过程。系统化一般采用分类来完成。首先按事物的相同本质特征,把它们区分出较小的类别,然后再组合成为较大的有层次的类别。这样,逐层逐级地进行分类,最后才形成层次分明的、完整的系统结构。系统化的作用,是使知识经验形成有规则的网络和认知结构体系,使之不仅便于储存和记忆,而且便于提取和运用。

具体化是一种同抽象相反的过程。是在头脑中把抽象、概括出来的概念、原理、理论运用到某一具体对象上去的思维过程,也是利用一般原理去解决实际问题的思维过程。即找出某个特殊的,具体的事物,用这个特殊的、具体的事物来说明那些一般的东西。因为某个具体的事物一般来说比较为人们所熟悉、通过它可以更好地理解一般的事物。人们经常通过"举例"来说明问题,使用的就是"具体化"这一手法。具体化是把概括出来的一般认识推广运用到同类的其他事物上。具体化是认识发展的重要环节,它既可以使人解决具体的实际问题,又可以使人更好地理解知识、检验知识,使一般认识不断扩大、丰富、深入和发展。

在解决问题的思维活动中,分析和综合、比较和分类、抽象和概括、系统化和具体化等思维过程,是相互联系、相互制约的,辩证统一地贯穿于思维活动之中。这些思维活动过程的有效进行,使我们对客观事物的认识由简单到复杂,由感性到理性,实现着认识活动的飞跃和升华。指导人们不断地认识世界,提出和解决生活中的各种问题。

(二)思维形式

思维过程的内容就是人们常说的思想,而思想的存在总要表现在一定的形式中。思维的基本形式包括概念、判断和推理。

1. 概念

(1)什么是概念

概念是人脑反映事物本质属性的一种思维形式,是思维的最基本的单位。概念是在分析、综合、比较、分类、抽象、概括的基础上形成的。是对同一类事物的概括。反映一类事物共同的、一般的、本质的特征,而不包括那些非本质属性。我们所知道的众多概念,无一不是如此。例如,南方的竹楼、延安的窑洞、北方的土房,包括原始人的洞穴,现在的高楼大厦,还有临时搭建的帐篷,等等。去掉不同的外形、迥异的风格的巨大差别,我们便会发现一个共同点,那就是它们都能遮风挡雨,防御袭击,供人居住,它们都是"住所"这一概念中的成员。"住所"这一概念是对这些外表迥异的事物的概括。概念总是和词联系着,词是概念的语言形式,概念是词的思想内容。任何概念都是通过词来表达的。但是词与概念并不是完全相等的。一个词可以表示不同的概念,例如:"花朵",既可以指植物开的花,也可以用来指儿童。"杜鹃",既可以指一种植物,也可以指一种鸟。相同的概念也可以用不同的词来表示。例如:"头"、"脑袋"、"大脑"等词所表示的就是同一个概念。每个概念都有它的内涵和外延。所谓内涵,就是指概念所包含的事物的本质特征。所谓外延,是属于这一概念的一切事物。概念的内涵和概念的外延是成反比关系的。概念的内涵越大,概念的外延就越小;反之,概念的内涵越小,概念的外延就越大。例如,"平面三角形"这个概念的内涵是:平面上三条直线围绕而成的封闭图形;外延却比较大:有直角三角形、锐角三角形、钝角三角形等。

(2)概念的形成与掌握

我们现在所使用的数目巨大的概念,并不是一朝一夕形成的,也不是哪个人发明或总结出来的。它是在人类社会历史发展过程中形成的,在长期的人类社会历史发展过程中,个体在日常生活中从大量具体实例出发,对得到肯定的一类实例加以概括,抽出共同的属性,并不断地积累着实践所获得的社会经验,在概括经验的基础上形成了概念。它在最初形成时并没有达到今天这样的概括水平。概念的形成经历了三个发展阶段:第一阶段是对直接印象的概括,以数的概念为例,从语言中表达数量的词的系统发展可以看到:最初,数量是由物体的直接比例确定的,如"像手上的指头那么多"。第二阶段反映了事物的具体特征,但特征的概括程度不高,量词和一定的具体实物相联系,仍然受具体情境的限制;如"三个人"、"三棵树"等不同的词,但没有抽象的"三"字。第三阶段,才有不一定和某一具体对象相联系的抽象的数词,才摆脱了直接印象的影响,达到了本质的概括水平。概念并非一成不变。随着历史的发展,随着人类对客观世界认识的日益深入,概念的内涵和外延也在不断地变化。

把作为人类认识活动成果的概念转化为个体的概念,就叫作概念的掌握。概念的掌握和概念的形成不同,概念掌握是个体积极思维活动的结果。概念的形成是人类认识活动的成果,把人类社会历史发展过程中已经形成的、现成的概念,通过个休头脑的活动,转变入个体头脑里的概念,这一转变的过程,就是概念的掌握。概念可以分为两类:一类是日常生活概念。这类概念的掌握不用经过专门学习,从生活当中和向别人的交往中就可以获得。另一类是科学概念,是要经过专门学习才能获得的。日常生活概念受狭隘的知识经验范围所限制,因此,常常会有错误和歪曲,概念的内涵中有时包括了非本质的东西,而忽略了本质的东西。例如,有许多人因为鸭嘴兽是卵生的就不把它看成是哺乳动物。有些人们经常使用的概念,像心理学中的情感,动机等概念,人们对它们的掌握程度也并没有达到科学概念的水平。

(3)概念掌握的影响因素

我们在掌握概念的过程中受多种因素的影响,其中最主要的有:

①已有经验。人们在掌握和应用概念时要受到本身知识和经验的影响。当日常生活概念的含义与科学概念的内涵基本一致的时候,日常生活概念对掌握科学概念就起积极作用,而不相一致的时候就起消极作用。一个人的知识越广博,越容易正确地将概念归入他的知识系统,掌握起来就越容易。表现在以下三个方面,第一,已有的感性经验可以帮助理解科学概念,为概念获得提供直观素材。例如,我们在日常生活中常常见到房子、桌子之类方形的例子,就会对方形的概念比较容易理解。第二,已有的日常概念与要掌握的科学概念内涵一致时,可以经过改造直接形成科学概念。例如,我们在日常生活中掌握的概念"树"与科学概念"木本植物"的内涵是一致的。第三,已经掌握的科学概念是获得新的科学概念的基础。已有经验有时可以帮助我们更好的理解新的事物,有时也会阻碍科学概念的学习。出现这种现象的主要原因是日常生活中形成的有些概念与新概念产生了矛盾。

②变式。变式是通过变更对象的非本质特征而形成的表现形式。提供概念所包括的事物的变式,以突出对象的本质特征,突出那些隐蔽的本质要素。让我们在变式中思维,从而掌握事物的本质和规律。

运用变式是使学生形成一般表象的必要条件。如在讲果实的概念时,如果只选用可食的果实(如苹果、西红柿、花生等),学生就会把"可食性"作为果实的本质特征。这样就缩小了果实的概念。在动物分类中,由于鲸鱼与鱼类动物一样,生活在水里,外形也很相近,于是有的学生就把鲸鱼列入为鱼类动物,这显然是错误的。这里我们把非本质特征的"生活在水里"、"外形与鱼一样"当作鱼类的本质特征。不了解鱼的本质特征是用鳃呼吸的,而鲸鱼是用肺呼吸的,这就扩大了鱼的概念。

变式对我们领会概念及事物的因果关系等都具有极其重要的意义,它可以让我们更好地区分事物的各种因素,并确定哪些是主要的、本质的,哪些是次要的、非本质的。同时还能防止扩大和缩小概念。

但是在概念教学中正确使用变式,还要注意以下两点:第一,变式的使用要充分。我们应强调非本质特征变化的可能性,否则会导致错误的理解。第二,要学会对各种变式进行比较。变式只能给我们提供概括事物本质属性的感性材料,我们只有对概念的各种变式进行比较,才能将事物的本质属性与非本质属性区别开来,从而把握事物的实质,掌握概念的内涵。

③反例。概念的反例指的是那些与概念所反映的事物本质属性不同,却有某些相似点的事物。例如,蝴蝶和蝙蝠能飞行,这和大多数鸟相同,但它们却是与鸟类根本不同的动物,蝴蝶是昆虫,蝙蝠是哺乳动物。蝴蝶和蝙蝠可以作为"鸟"这个概念的反例。使用反例则有助于排除概念的非本质属性对概念获得的影响,起到辨别概念的作用。应当注意的是,使用反例一般应在揭示概念内涵以后进行,过早地列举反例会干扰概念内涵的揭示,造成概念混淆。同时,应注意将反例与正例进行比较,只有这样才能明确哪些是概念的非本质属性。

④下定义。下定义,是一种用简洁明确的语言对事物的本质特征作概括说明的方法。适时给概念下定义不仅可以揭示事物的本质,而且能够提供辨别事物的依据,从而起到深化对事物的认识、帮助掌握科学概念的作用。在学习中,对概念下定义要注意以下三点:第一,下定义要适当。定义要能揭示事物的本质属性,否则就不能达到明确概念内涵的目的,这是定义的基本要求。第二,下定义要适时。下定义要根据不同的情况而定。对于具体概念,其定义可以在演示直观材料时提出,也可以在唤起相应的表象时提出;对于抽象概念,在概念形成的初期不能提出定义,最好等学生积累了足够的知识经验后再提出定义。第三,下定义要适度。定义要适合学生的接受水平,也就是说,定义要以学生掌握的感性材料为基础,所使用的其他概念应当是学生已经掌握的,否则学生就难以理解概念。

因此为了正确地掌握科学概念,首先必须增加感性经验,以便帮助理解抽象的科学概念。其次,正确地运用"变式"突出概念的本质待征,对于正确地掌握概念也有显著的影响。变式不充分或不正确,就会使概念的内涵中不仅包括事物的本质特征,还包括事物的非本质特征,结果我们就会得不到完整的概念。这个概念有可能比实际的范围要小或者比实际的范围要人。

2. 判断

判断是思维的另一种形式。它能够肯定或否定某事物是否具有某种属性,它反映了人脑对客观现实的对象和现象之间的本质联系或关系,并以句子的形式表达出来。例如:"鲸是一种哺乳动物","他是一名好教师",这两句是肯定判断。"这辆车的性能不可靠","今天天气不好",这两句是否定判断。任何判断都是人们对事物的一种认识,都是对事物之间关系的反映。思维过程要借助于判断去进行,思维的结果也是通过判断的形式表现出来的。

判断主要分为两种:感性形式的直接判断和抽象形式的间接判断。直接判断是感性形式的。不需要经过复杂的思维活动。直接判断可以用词来表示、也可以用动作来表示。在进行直接判断时,判断者必须进行比较。有时这种比较是对当前的刺激进行的。有时却要与记忆中的标准去比较。间接判断反映对象之间的联系和关系。对象之间的联系和关系表现在因果、时间、空间、条件等方面,其中制约思维过程的基本关系是事物的因果关系。间接判断的掌握通常需要经过推理。

3. 推理

中国古代笑话集《雅谑》记载:有位母亲,笃信佛,一天到晚念"南无阿弥陀佛"。有一天,这个人一早起来便喊:"妈!"母亲答应了他。过一会儿他又喊:"妈!"母亲又答应了他。可这个人还是没完没了地喊。母亲终于被喊烦了,便没好气地说:"不在! 不在! 你烦不烦啊?"这个人笑着说:"我才喊了您几声,您就不高兴了。那阿弥陀佛每天不知被您喊多少遍,不知他该怎样发脾气呢!"[1]

在这里,这个人认为妈妈天天喊阿弥陀佛,阿弥陀佛会被他妈喊得发脾气,是基于心理学家称之为推理的认知做出的。

推理也是判断,是一个或几个判断中得出新判断的过程,它是思维活动的一种重要形式。每一个推理都由前提和结论两部分组成。在进行推理时,所根据的已知判断,叫作前提;从前提中推出的新判断,叫作结论。

推理的种类很多,主要有演绎推理和归纳推理两种。

(1)演绎推理

演绎推理是以一个普遍接受的原则为前提,推演特定事例,并且下结论。结论根据前提推演,两个前提都是真的,则所下的结论才是真的。这种推理是合乎逻辑的。所以推理过程必须遵守某种推理规则,或逻辑规则。遵守推理规则的思维叫逻辑思维,不遵守逻辑规则的推理叫不合逻辑的

---

① 程素萍、林慧莲主编:《心理学基础》,高等教育出版社 2011 年版,第 181 页。

推理。

例如:如果天下雨,她就不会来,

今天下雨了,

她没有来。

这个推理是合理的,但如果从"她没有来",推出"今天下雨"的结论就不合理了。

(2)归纳推理

归纳推理是由特殊的前提推出普遍性结论的推理。在归纳过程中,前提即使是肯定的,归纳的结论也未必是真的。例如:

第一前提:阿娟在大学是学中文的师范生。

第二前提:她目前在一家学校工作。

结论:她是一名语文教师。

这样的论证并不一定是真的,因为阿娟虽说是学中文的师范生,却不一定能毕业成为语文教师。阿娟也可能在学校搞行政工作而不教学。

归纳推理与演绎推理既有区别又有联系。

区别:第一,演绎推理是从一般到特殊的过程,而归纳推理是从特殊到一般的过程。第二,演绎推理的结论不超出前提所断定的范围,其前提与结论之间的联系是必然的;而归纳推理的结论一般超出了前提所断定的范围,其前提和结论之间的联系具有或然性。归纳推理其实是假设检验的过程,而假设的形成也就是概念的形成问题。

联系:归纳推理和演绎推理又是密切联系、互为补充的,一方面,归纳法推理的可靠性不仅要用许多事例以及它们的特点来论证,而且也要用较一般的原理、较一般的规律来验证。归纳推理的过程中人们经常会运用演绎推理对某些归纳推理的前提或结论加以论证。另一方面,演绎推理的大前提必须借助于归纳推理从具体的经验中概括出来,在复杂的论断过程中,两种推理是彼此紧密地交织在一起的。

【资料窗6-1】

大臣遇刺身亡案与推理

20世纪80年代,北欧某王国发生了大臣被刺身亡案。该大臣是乘坐敞篷车进入银行大厦时遇刺的。案发后,警方逮捕了名叫丹尼的嫌疑人,并认定他就是凶手。警方是这样推理的:

第一,大臣是乘坐敞篷车驶进市银行大厦时遇刺的。据当时在现场的人证明,子弹是从银行大厦三楼射出的。这就是说,只有大臣被刺时刻在银行大厦三楼逗留过的人,才能作案;而有人证明丹尼当时正在银行大厦的三楼。所以,丹尼是凶手。

第二,据法医报告,凶器是一支六五毫米的意大利卡宾枪。据调查,前不久丹尼曾化名"希南"购买过这种枪。这就是说,如果丹尼是凶手,那么他肯定有一支六五毫米口径的意大利卡宾枪,现已查明丹尼购买过这种枪,可见他是凶手。

第三,据当时在现场的人说,射击时间发生在下午一时三十分至三十一分之间,其间只有十秒钟,凶手一共开了五枪。这就是说,如果不是一个卓越的枪手,那么在使用非自动的卡宾枪时,不可能在十秒钟内连发五枪,而丹尼恰恰是个卓越的枪手,所以,可以肯定他是凶手。

请问:警方的推论是否正确?为什么?

这三个推理都不是正确的假言推理,它们只是必要条件假言推理的"肯定前件式"。因此说,警方根据这样的推理分析就将丹尼认定为凶手是错误的,这种推理错误难免会造成错案。这里需要注意的是,找到犯罪嫌疑人和认定凶手是两回事。从警方的证据和丹尼的特征看,丹尼确实有重大嫌疑;但是,要将丹尼认定为凶手,警方还需以下证据支持:(1)案发当时在银行大厦逗留的人是否只有一个?(2)嫌疑人中是否只有一个拥有六点五毫米口径意大利卡宾枪?(3)嫌疑人中是否只有一个人是优秀的射手?如果这三个问题的答案中有一个是肯定的,警方推理的前提就有一个是充分必要条件假言判断,根据"肯定后件"式的有效性,就可以将丹尼认定为凶手;如果这三个问题的答案都不是肯定的,而且除丹尼之外还有其他人同时具备推理的前提所描述的特征,那就不能将丹尼认定为凶手。

[资料来源]李红主编:《心理学基础》,高等教育出版社 2009 年版,第 185—186 页。

三、思维类型与思维品质

(一)思维的分类

由于心理学家研究思维的角度不同而存在多种分法:

1. 依据思维在解决问题时的媒介物不同可以划分为直观动作思维、具体形象思维、抽象思维

直观动作思维是一种依据实际动作来解决直观而具体问题的思维过程,它具有明显的外显性特征,思维在动作中展开,动作停止,关于对象的思维活动也随之停止。三岁前的幼儿只能在动作中思考,其思维基本上属于直观动作思维。例如,幼儿将玩具拆开,又重新组装起来,动作停止,思维也就停止了。成人也有动作思维,例如检查收音机、汽车的故障时,动作就是他们解决问题的重要方式。但是成人的动作思维与幼儿的动作思维有着明显的不同,它有形象思维和抽象思维的参与,比幼儿的水平要高。

具体形象思维是指凭借事物的具体形象和表象的联想来解决问题的过程。成人在理解抽象概念、解决复杂问题时,往往需要具体形象思维的帮助,例如,建筑师在创作一个作品之前,事先会在头脑中构思,设想出可能的形象,这种思维就是形象思维,它在问题解决中具有重要意义。艺术家、作家、导演、设计师等更多地运用形象思维。形象思维在高等哺乳动物解决问题的过程中也显现出来了,比如,黑猩猩可以用短木棒够取长木棒,再用长木棒够取它要吃的东西。形象思维在二三岁至六七岁儿童身上有明显的表现。这个阶段的儿童可以在经验的基础上总结出"果实是可食的植物","鸟是会飞的动物"。当然,由于这个阶段的儿童由于还没有系统和正式地学习语言,相关的知识经验有限,因而他们的形象思维带有一定的片面性,有时会得出错误的或片面的结论。

抽象逻辑思维是运用概念,以判断、推理等形式进行的思维。它是人类特有的复杂而高级的思维形式。只有成长到青少年后期才具有发达的抽象思维能力,它使人们摆脱了感性的认识事物的阶段,是对事物本质属性、内在联系的反映。数学定理的证明,科学假设的提出等等大多要运用这种思维。由于这种思维是借助于语词、符号来进行的,因此也被称为语词逻辑思维。对成人而言,这三种思维方式是相互联系的,不存在发展水平高低之分,在解决一定问题时,以一种思维为主辅之以其他形式,各种思维共同发挥作用。但是从个体发展的角度来看,儿童的直觉动作思维和具体形象思维是先发展起来的,抽象逻辑思维出现较晚。

2. 根据思维探索答案的方向,可把思维分为聚合思维和发散思维

聚合思维又称求同思维、集中思维,是指根据已知的信息,利用熟悉的规则解决问题的思维活动,也就是从给予的信息中,得出解决问题的唯一正确答案的思维。例如,我们在做单选题时,一般用聚合思维,将唯一正确的答案通过推理提炼出来。其主要特点是思路集中于固定方向在一定的方向和范围内求同、求对。例如,由"四边形"、"两组对边平行"、"有一个内角为直角"这几个条件,得出这个四边形为矩形的判断,就是聚合思维。

发散思维又称求异思维、辐射思维,是思考问题朝向各种可能的方向,

不拘泥于一种形式、方法,求得多种解决问题的答案。例如,学生解答数学题时的一题多解,建筑师构思蓝图时设想的多种方案等。这种思维的特点是开放式的,没有一定的方向,也没有一定的范围,不墨守成规,不因循守旧。能够做到标新立异,从已知的领域去探索未知的境界,其思考的结果是不确定的。

3. 直觉思维和分析思维

根据思维的结果是否经过明确的思维步骤和对过程有否清晰的意识来划分,可把思维分为直觉思维和分析思维。直觉思维是指当人们面临新情况、新问题时,迅速理解并作出判断的思维活动。它是一种直接的领悟式的思维活动。例如,司马光砸缸救小孩时的思考;古希腊学者阿基米德在洗澡时突然发现浮力定律;魏格纳在看地图时突然闪现出"大陆漂移"观念等,都是直觉的思维。它对思维对象从整体上考察,调动人的全部知识经验,通过丰富的想象作出的敏锐而迅速的假设、猜想或判断,省去了一步一步分析推理的中间环节,采取"跳跃"的方式,在一定程度上是逻辑思维的凝聚或简缩。它有敏捷性、跳跃性、直接性、简缩性、突然性等特点。

分析思维是指人们遵循严密的逻辑规律,逐步推导,最后得出合乎逻辑的正确答案或作出合理的结论的思维活动,也叫逻辑思维。如,学生在求证一个定理、推导一个公式,或运用公式、定理按一定程式解决复杂数学题时,都是典型的分析思维。

【资料窗 6－2】

特工开锁

梅里美是一名出色的特工。一次,他接受了潜入某使馆获取一份间谍名单的任务。名单放在一个密码保险箱内,梅里美只有设法获取密码才能打开保险箱。为此,他打入敌方,成为了敌方间谍头目格力高里的秘书,因为只有格力高里才知道密码。梅里美想尽一切办法来套取密码,终无果。由于时间紧急,他只能铤而走险去直接破译。可是一阵忙碌之后,一切都是徒劳,一看表,发现离警卫巡查的时间仅剩十分钟了。怎么办?突然,他的目光盯在了墙上高挂的一部旧式挂钟上。挂钟的指针分别指向不同的数字,但钟并不走。梅里美猛然想起自己曾经问过格力高里是否需要修钟,格力高里摇头说自己年龄大了,记性不好,这样设置挂钟是为了纪念一个特殊时刻。想到这,梅里美热血沸腾,他立即按照钟面上的指针指向的数字在关键的几分钟内打开保险箱,拿到了名单。

[资料来源]李红主编:《心理学基础》,高等教育出版社 2009 年版,第 187 页。

4. 常规性思维和创造性思维

根据思维的创新程度,可把思维分为常规性思维和创造性思维。

常规思维是指人们运用已经获得的知识经验,按照现成的方案和模式,用惯常的方法解决问题的思维。例如,学生运用已经学会的公式或者公理去解决同一类型的问题时的思维,就属于常规性思维。就创造性成分看,这类思维创造性成分少,对原有的知识不需要进行明显的改组,缺乏深层次的组织加工,对解决经常出现的问题有重要作用和意义,但在解决新问题时往往起到阻碍的作用。

创造性思维是指以新异、独创的方式来解决问题的思维。创造性思维由于需要对原有知识经验进行"与众不同"的改组,往往会产生新的思维成果。许多心理学家认为,创造性思维是多种思维的综合表现,它既是发散思维与聚合思维的结合,也是直觉思维与分析思维的结合;它不仅包括抽象思维,而且也离不开形象思维和创造想象的参与。例如,技术革新、科学的发明创造、教学改革等所用到的思维都是创造性思维。创造性思维是人类思维的高级形式。创造性思维是指以新异的、独创的方式来解决问题的思维。

5. 经验思维与理论思维

根据思维过程中是以日常经验还是以理论为指导来划分,可把思维分为经验思维和理论思维。经验思维是以日常生活经验为依据,对生产、生活中的问题作出判断的思维。例如,人们对"月晕而风,砖润而雨"的判断、"太阳从东边升起,往西边落下"以及学前儿童根据自己的经验认为"鸟是会飞的动物"等都属于经验思维。这种思维由于知识经验的不足,容易产生片面性,甚至得出曲解或错误的结论。人们根据科学的概念和理论,判断事物,解决问题的思维活动是理论思维。例如,学生根据"凡绿色植物都是可以进行光合作用的"一般原理去判断某种绿色植物的光合作用就属于理论思维。

(二)思维的品质

思维的品质是指个体在思维活动中的智力特征上的差异。它是衡量一个人思维发展水平的重要指标。思维品质主要包括:思维的广阔性、思维的深刻性、思维的敏捷性、思维的灵活性、思维的独立性和思维的批判性。

1. 思维的广阔性

思维的广阔性即思维的广度,是指人们在考虑问题中能够做到全面而细致。思维的广阔性是以丰富的知识经验为依据的。全面地考察问题,从事物的多种多样的联系中去认识事物,但又不忽略与问题有关的一切重要细节,力求避免对问题认识的片面性和狭隘性。既看到矛盾的普遍性,又看到矛盾的特殊性。思维片面狭隘的人往往只凭有限的知识经验去思考问题,思想片面,容易一叶障目、"只见树木,不见森林"。因此培养思维的广阔性,要注意对事物的整体及其各种关系进行分析和把握,对同类的事物进行同化,这样可获得同类事物的更加丰富的材料,使人的认识更加全面。

2. 思维的深刻性

思维的深刻性又称思维的深度,是指在思维的过程中,能透过纷繁复杂的表面现象深入到问题的本质,揭示现象产生的根本原因。思维深刻的人能透过事物的表面现象,发现问题的本质,揭露事物的产生原因及事物之间的内在联系,善于预见有关事物的变化,开展系统的理性活动。如,抗日战争初期,日军凭其强大的军事力量长驱直入,一时间,国内人心惶惶,甚至有人散布中国"要亡国、灭种"的谬论,此时,中国方面在仔细分析了世界局势以及中日力量对比变化的情况后,明确了抗日战争将是持久的,但胜利一定属于我们,这一论断给了国人以极大的信心和勇气。与思维的深刻性相反的是思维的肤浅性。思维肤浅的人,认识往往停留在事物的表面现象和外部联系上。看不到问题的本质。因此要做到思维具有深刻性,首先要全面认识事物,其次还要掌握分析事物的科学方法。

3. 思维的敏捷性

它是指思维活动的快捷程度,主要表现为能够敏锐地把握问题的核心所在,并迅速作出反应而且正确地得出结论。思维的敏捷性主要包括两个方面的内容:一是在短时间内获得正确的思维结果。二是它从某一给定的信息中,找出各种各样为数众多的信息,即找出两个或两个以上可能的答案、结论、方案或假设等;它的答案,不论是概念、理解、假设或是方案,都包含着新的因素。与思维敏捷性相反的是思维的迟钝,它表现为思路堵塞,优柔寡断,在新情况面前束手无策、一筹莫展。

4. 思维的灵活性

思维的灵活性即思维的应变程度,指一个人能够根据解题的需要和客观现实的条件随机变换思维方式,善于从不同角度、方向、方面思考问题并寻求解决问题的途径和方法。思维的灵活性与敏捷性联系密切,可以说,没有敏捷性,就没有灵活性。具有思维灵活性的人,能够根据所发现的新事实,从不同角度、运用不同方法思考问题,机智灵活地,因时、因地、因人制宜地调整方案,采取有效措施解决问题,并能够及时修改不切实际的设想和方案,实事求是地解决不同的问题。平时我们说一个人"机智",即指人思维的灵活性而言。具有这种思维品质的人转变思路比较快,解决问题迅速,能当机立断,不钻牛角尖。

5. 思维的独立性

思维的独立性是指个体在思维过程中善于按照自己的方式和思路提出问题,并通过一系列的思维过程去发现解决问题的途径和方法,寻得问题的答案。思维具有独立性的人,善于独立地发现问题、分析问题和解决问题,并且创造出新成果。

相反,那种人云亦云,盲从迷信或自以为是,夜郎自大的人,思维存在惰性、依赖性、因袭性和封闭性。思维的独立性不是一朝一夕形成的,而是在长期的学习、生活和工作过程中,通过实践的反复磨砺逐步形成的。要在实践中不断地积累经验,主动地调整自己的思维方式,寻求思维品质的不断发展和完善。

6. 思维的批判性

思维的批判性是指在思维过程中不受别人暗示的影响,能使自己的思维受到已知客观事物的充分检验,能严格而客观地评价、检查自己和别人的思维成果。它主要表现在两个方面:一是善于随时监察和调控自己的思维过程,能够客观地考虑正反两个方面的意见,坚持正确的观点,放弃错误的想法;二是既善于客观地评价他人的思维成果,也善于批判地对待自己的思想与成果,并以辩证的方式吸取其中有益的成分,既不迷信盲从,也不故步自封。相反,没有批判性的人往往在思维过程中不能坚持真理,评判事物不能坚持客观标准,缺乏自我批判性,易受个人情感的左右。思维的独立性与批判性是相互联系、相互依存、密不可分的。只有具有思维的批判性,从事实出发,经过严密论证,才能保证独立思维的正确性;同时,只有不受陈规陋习的束缚,不盲从别人的结论,才能客观评价他人或自己的思维活动。培养思维的批判性,要积极拓宽自己所学的知识,力求认识事物的本质和规律。才能对现成的结论进行评价和检查,从而发现现存结论的片面性或错误,从新的角度进行研究,寻求更正确的结论。

上述几种思维品质是相互联系,相互影响的,其中深刻性是核心的品质。评价一个人的思维时,必须几方面联系起来,综合考虑。

第二节　创造性思维

皮埃尔·费马(Rerre de Fermat)是 17 世纪一位顽皮的天才,他向当时的数学家提出挑战,提出了他最著名的难题,即所谓的最后定理,毕达哥拉斯公式:$a^2 + b^2 = c^2$ 这个方程有无穷多个整数解,比如 $a = 3$,$b = 4$,$c = 5$。但是,费马提出,对于类似的方程族 $a^n + b^n = c^n$(这里 n 表示任意一个大于 2 的整数)来说,却是无解。在长达三个多世纪里,这道难题使那些最伟大的数学家都感到困惑。像不计其数的其他人一样,普林思顿大学的数学家安德鲁·威尔斯(Andrew Wiles)对这个问题思考了三十多年。一天早上,他对这个问题最后一个困境豁然开朗,获得了"不可思议的意外发现"。"解决办法美妙得难以形容,它是如此简单,如此漂亮,我简直不知道自己过去怎么错失了它。我就这样怀疑地盯着它看了足足二十分钟。这一天,我在系里手舞足蹈,不断跑回到我的桌子旁看它是否还在那里。它还在那里! 我无法克制自己,我太兴奋了。这是我工作生活中最重要的时刻。"威尔斯那不可思议的时刻显示的就是创造性思维的奇迹。这一节我们就探讨有关创造性思维的问题。[①]

一、创造性思维及其特点

创造性思维是相对常规思维而言的,它有广义和狭义之分。广义的创

---

① 程素萍、林慧莲主编:《心理学基础》,高等教育出版社 2011 年版,第 196—197 页。

造性思维是指有创见的思维。它是一种以新颖的、独特的方式来解决问题、探索未知事物。它不仅能揭示客观事物的本质及其内在联系，而且能在此基础上创造出新产品、新作品、新工艺、新节目等具有社会价值的产物。狭义的创造性思维是指思维主体发明创造、提出新的假说、创建新的理论、形成新的概念等探索未知领域的思维活动，这种创造性思维是少数人才有的。

我们这里说的创造性思维是广义的概念。创造性思维是人类思维的高级形式，是创造力的核心。创造性思维常常要求打破惯常的解决问题的方式，将过去的经验重新加以综合。

创造性思维既具有一般思维活动的某些特点，又具有不同于一般思维的独特特征，表现在如下几个方面。

（一）思维的新颖性

创造性思维不同于一般的思维活动，它要求打破惯常的解决问题的方法，将已有的知识经验进行改组或重建，而且要在这个基础上产生具有新颖的、独创的产品或成果。它在综合他人思维成果及前人智慧精华的基础上，通过一系列的思维活动，从不同原来的角度寻求解决问题的途径和方法，给人们带来新的、具有社会价值的产物。

（二）思维的流畅性

思维的流畅性是指个人面对问题情境时，在规定的时间内能产生多少不同观念。即创造性者的思维活动能在短时间内表达出多少词语、观念，提出多少种解决问题的方案。吉尔福德（Guilford,1967）把思维的流畅性分为四种形式：（1）用词的流畅性，是指一定的时间内能产生含有规定的字母或字母组合的词汇量的多少；（2）联想的流畅性，是指在限定的时间内能够从一个指定的词当中产生同义词（或反义词）数量的多少；（3）表达的流畅性，是指按照句子结构要求能够排列词汇的数量的多少；（4）观念的流畅性，亦即能够在限定的时间内产生满足一定要求的观念的多少，也就是提出解决问题答案的多少。前三种流畅性必须依靠语言，后一种既可借助语言，也可借助动作。[①]

---

①　黄希庭主编：《心理学基础》，华东师范大学出版社 2008 年版，第 170 页。

(三)思维的变通性

思维的变通性,也叫思维的灵活性,是指摒弃原有的思维习惯去开创不同思维方法的能力,例如,被试者要求尽可能举出白纸的不同用途,有些被试者可能只能举出白纸最常用的用途,"写字"、"作画"、"折玩具"等等,但是富有创造力的人的思维就具有极强的变通性,他们可能列举出我们一般人所不能想象出来的用途。

(四)思维的独特性

思维的独特性,是指产生不寻常的反应和不落常规的能力以及重新定义或按新的方式对所见所闻加以组织的能力。① 例如,有一个故事情节,要求被试者给这段故事配上标题。故事大意是:有一对夫妇,妻子原来是哑巴,后经医生治疗能正常说话,但是妻子爱唠叨,时间长了,丈夫实在受不了,于是只好请医生将他变成聋子,以求家中宁静。一类被试者将其命名为《丈夫与妻子》、《医学的奇迹》、《永远不满意》;另一类被试者却独辟蹊径将其命名为《聋夫哑妻》、《无声的幸福》、《开刀安心》。有的人就认为,后一类被试者的命题较前一类被试者的命题更具有独特性。

(五)思维的敏感性

思维的敏感性,是指人们所具有的及时把握住独特新颖观念的能力。创造性思维并不总是处于我们随心所欲的控制之中的。它要求我们对事物有敏锐的洞察力和感知力。

我们可以用创造性思维的这些特点测量人们的创造性,举个简单的例子来解释,假定你在特定时间内提出了对改善环境的方法,我们可用以下标准来评价你的建议的创造性:流畅性是你能想出的办法的总数,变通性是从一种功用转换至另一种功用的次数,独特性是指你的建议的超乎寻常或独特新颖的程度。我们再把你在流畅性、变通性和独特性上所得的分数加起来,就得出了对你在这一问题上的创造性的评价。

---

① 黄希庭主编:《心理学基础》,华东师范大学出版社 2008 年版,第 170 页。

二、创造思维的过程

创造性思维的过程是指在问题情境中,创造性思维从萌发到完成的整个过程。伴随着创造过程了解创造性思维过程有助于我们理解人类的创造性成果是怎样产生的,影响因素有哪些,以及如何培养学生的创造性思维能力。而对创造性思维过程的分析,最有影响的理论是英国心理学家沃拉斯(Wallas)提出的四阶段理论。这个理论把创造性思维分成准备期、酝酿期、豁朗期和验证期四个阶段。

(一)准备期

所谓准备期,是指创造性思维形成之前,创造者积累有关知识经验,对问题相关知识的理解与积累,搜集有关资料和信息,为创造性思维活动作准备的阶段。准备阶段是创造性思维的第一阶段,这一阶段一般比较长,这一阶段的任务只要是通过对前人经验的深刻了解,收集创造活动必需的信息,才有可能创造新的思维成果。司马迁撰写《史记》,前后经过数十年的准备时间;达尔文写《生物进化论》用了二十年的时间。

(二)酝酿期

酝酿期是思维创造准备期没有得到想要的结果,对问题和资料再次进行深入探索和思考的时期。在酝酿过程中,思路常有被阻塞的现象,因为思维者虽然对某方面的知识经验已有了相当的基础,但是对于如何形成创造成果依然处于苦思冥想的尝试之中,但经过一段紧张的思考后仍然找不到答案,于是就将需要解决的问题暂时搁置起来。表面上看来,此时的思考活动似乎中断,实际上潜意识的思考并未停止,继续孕育解决问题的新方案。所以,有可能在放松的状态下或在从事其他思维活动的时候,因受到某种启发而使问题得到创造性的解决。这一阶段也常叫作求索解决问题的潜伏期或孕育期。

(三)豁朗期

豁朗期是指思路豁然开朗,创造者经过一段时间的准备与酝酿以后,突然间被特定情境下的某一特定启发唤醒,使人茅塞顿开,一下子使百思不得其解的问题顺利解决，而且往往是在创造者意想不到的时刻，这种现象称为"灵感"或"顿悟"。"顿悟"的一个经典例子是阿基米得发现的测定王冠含金量的方法。古希腊叙拉古城的国王怀疑金匠在制作王冠时在金冠中掺假了，可是，做好的王冠无论从重量上、外形上都看不出问题。国王把这个难题交给了阿基米德。阿基米德接受了任务，反复思考不得其解。一天，阿基米德在进入浴池时突然来了灵感。据说当时他激动得忘了一切，居然光着身子跑到街上大喊："我找到办法了！我找到办法了！"原来，阿基米德看到自己在水中的身体，一下子联想到，不同金属在重量相同时体积不同，放入水池中溢出的水量就会不同。如果把与王冠重量相等的纯金块放入浴盆，记下水涨起后的水平线，然后拿出金块，把王冠放人水中。如果王冠是纯金的，那么盆中的水应在前一次水平线的位置。①

（四）验证期

验证期是指对创造成果进行不断地验证补充和修正，使其趋于完善的时期。验证阶段是创造性思维的最后一个阶段，主要检验豁朗期产生的想法、观念是否正确。豁朗期得到的观念，仅仅是创造的雏形，是否合理可行，必须加以检验。如果在验证期间采用逻辑推理，或付诸实践，解决方法正确，问题就解决了；如果失败了，上述过程就要重新进行。

三、创造性思维的培养

创造性思维的培养是现代教育的重要任务之一。现代社会的发展靠人才，尤其是创新型人才，创新型人才的优势就是体现在创造性思维的发展水平上。培养创造性思维应从以下几个方面加以注意：

（一）创设问题情景，激发好奇心

开展创造性活动创造需要心灵的自然放松。美国人本主义心理学家罗杰斯认为，创造活动的一般条件是"心理的安全"与"心理的自由"。② 而对个体的赞同和接纳是促进其心理安全的最重要因素。只有心理安全才能激

① 程素萍、林慧莲主编：《心理学基础》，高等教育出版社2011年版，第198页。
② 赵惠玲主编：《心理学基础》，河北人民出版社2008年版，第219页。

发学生们的创造力。因此,老师和家长应该采取民主的态度,容忍、支持学生"标新立异",鼓励他们以不寻常的眼光观察世界,鼓励他们积极探索,尝试用不寻常的方式理解事物,给学生创造较为宽松的学习心理环境。第一,尊重学生提出的任何幼稚甚至荒唐的问题,寻找他们中是否有好奇和求知的因素,这些因素往往是和创造性思维的发展紧密联系的。第二,对学生提出的问题,包括一些怪问题,避免给予肯定的价值判断,要让他们自己先认真、深入地思考,引导他们寻找问题的关键。培养他们独立思考的习惯,这将有助于创造性思维的发展。第三,要学会欣赏学生提出的具有想象力和创造性的观念。第四,教师要帮助学生养成多方面思考问题的习惯。有经验的教师,总是在教学过程中,有意创设各种问题的情境,启发他们发现和探索问题,思维是从问题开始的,对他们提出的错误或荒唐问题,要耐心帮助他们纠正思考的不足或者错误之处,鼓励他们继续大胆思考和发表自己的见解,大胆尝试,勇于实践,不怕失败,认真总结经验。

【资料窗 6 – 3】

奇思怪想

有一天,日本富士公司的销售部长同开发部长一起察看公司堆放胶卷的仓库,销售部长对开发部长说了一句笑话:"为什么不在这些胶卷上装上镜头和快门呢?那拍起照来不就更方便了吗?"这只不过是销售部长的一句笑谈而已,开发部长却没有一笑置之。他抽调了8名技术人员要他们就此进行研究。经过对照相机一再减少零部件,最后他们把一般照相机上的几百个零件减少到只剩下26个,真的实现了销售部长所说的"在胶卷上安上镜头和快门"。这也就是人们所说的"一次性相机"。这种相机上市后很快便被旅游者所接受。据统计,富士公司生产的这种相机,每年在日本销售250万个,向海外的销售量则在1000万个以上。有个吃过饭最怕洗碗的懒人曾开玩笑说:"吃了饭还要洗碗,真烦人!用洗碗机也够啰嗦的。最好是吃完饭根本不用洗。"有人根据这样的笑谈,果然就设计了用后不需要洗的碗。这种碗是用特制的纸制成的,分许多层,用一次撕去一层,不用洗涤,下次再用依然是干净的。这种碗,对一般人在家里使用也许代价太高了一点,而它对于旅游者、勘探队员来说,倒的确是很理想的。

[资料来源]杜文东主编:《心理学基础》,人民卫生出版社2007年版,第128页。

(二)锻炼语言表达能力

马克思说:"观念不能脱离语言而存在。""语言是思维的直接现实。"这说明思维与语言密切联系着,思维是用语言表达出来的,语言是思维的工具,思维没有语言,就不能存在;语言没有思维,就无从表现。

思维是在语言材料的基础上产生的。思维通过词汇、句法构造而为语言表达出路,语言又使思维以一定形式固定下来。在我们的日常生活中常常会出现词不达义的现象,这是因为我们的思维混乱,想要表达我们的观点就要提高自己的言语表达水平,掌握精确的语言。因此在教学过程中,教师要经常引导学生多看多听、多写多用符合逻辑的言语来表述某些结论和自己的思想。把内部语言转化为外部语言,也就是把内部思维过程变为外部语言,并对展现的外部语言进行加工、整理,使之前后连贯、表达清楚,个体的口头语言能力和书面语言表达能力越强,其思维的正确性、系统性、流畅性和灵活性就越高。

(三)培养丰富的想象力

想象力和创造性思维有着密切联系,它是人类创造活动中不可缺少的一个因素。爱因斯坦曾说过,想象力比知识更重要,因为知识是有限的,而想象力概括着世界上的一切,推动着进步,并且是知识进化的源泉。严格地说,想象力是科学研究中的重要因素。别林斯基也说:"创造过程只有通过想象才能完成。"丰富的想象力是产生创造性思维的重要条件。各种创造的观念都是我们的思维对头脑中已有的经验和知识的加工、重组过程。

要培养丰富的想象力从以下几个方面考虑:首先,要有丰富的表象储备,想象是对表象的加工,只有有了丰富的表象,想象的内容才可能增加,在解决问题时提出的设想才可能多,从而创造能力才能发展;其次,要认真观察自然和社会的变化,开阔自己的视野;最后,要积极参与社会实践,只有在实践中才能不断地发现问题,积极地解决问题,从而使想象力得到锻炼和提高,最终促进创造性思维水平的提高。

(四)培养多种思维形式

1. 聚合思维与发散思维

聚合思维又称求同思维、集中思维,是指根据已知的信息,利用熟悉的规则解决问题的思维活动,也就是从给予的信息中,得出解决问题的唯一正确答案的思维。例如,我们在做单选题时,一般用聚合思维,将唯一正确的答案通过推理提炼出来。其主要特点是思路集中于固定方向在一定的方向和范围内求同、求对。

长期以来,我国的基础教育过分注重聚合思维的培养而忽视发散思维的培养,这就更应该引起我们的注意。发散思维是构成创造性思维的重要组成部分。发展发散思维对创造性思维水平的提高能起到重要作用。

因此在我们的教学中,可以通过加强学生思维的流畅性、变通性和独特性的训练,从而限制与排除心理定势与功能固着的消极作用来加强发散思维的培养,同时还要鼓励学生从不同的角度考虑多种解决问题的方法或答案,鼓励学生敢于突破常规,勇于提出新颖、独特的解决方案。比如,在解题时尽量一题多解,一篇文章尽可能多地给出不同的结尾,这些都可以培养学生的发散思维。

2. 逆向思维

逆向思维是违背常规的思维方法,从对立的方面去寻找解决问题的办法。很多时候我们在解决问题时按照常规无法解决的问题,就可以从它的另一面去寻找解决办法,因为事物之间的联系是多种多样的,而且总是互为因果的,具有双向性和可逆性,因此,利用逆向思维有时可以帮助摆脱常规思维的缺陷,创造性地解决问题。例如,我们一般的竞技赛主要是比速度和耐力的,这个对于大家来说已经不新鲜了,然而却有人先想出了比慢不比快的许多方面的比赛。

(五)头脑风暴法的创造性思维训练

头脑风暴法是一种集体式地创造性解决问题的方法,是指将少数人(一般5—10人)召集在一起以会议的形式,对某一个问题进行自由的思考和联想,提出各自的设想和提案。

在教学中对头脑风暴法的应用一般是教师提出问题,然后鼓励学生们找到尽可能多的答案,而不必考虑答案是否正确,教师也不作评价,一直到所有可能想到的答案都提出来为止。在这种不受任何干扰和限制的情况下,集体讨论问题能激发人的热情。人人自由发言、相互影响、相互感染,能形成热潮,突破固有观念的束缚,最大限度地发挥创造性的思维能力。

第三节 问题的解决

一、什么是问题

在我们的日常生活中,我们会经常面临各种各样的问题。什么是问题?简单地说,问题就是人们尚待探索的未知情景。正因为这种情况是未知的,是需要人们通过探索去解决的,所以不能直接用已有知识解决,但可以间接用已有知识解决的情境。如果某种情景是已知的,答案是明确的,那就不能成为问题。

心理学家认为,所有的问题都含有三个基本成分:第一,情景条件,它包括在情景当中,一组已知的关于问题条件的描述。第二,目标,指经由探索达到明了时的那种状态,即问题要求的答案或目标状态。第三,情景转换过程,指为了解决问题必须采用的方法、手段和步骤。正确的解决方法并不是直接的,其间存在着障碍,必须通过一定的思维活动才能找到答案,达到目标状态。在现实生活中,问题是千变万化的,根据问题是怎样被规定的,将问题分为两大类:一类是有固定答案的问题,此类问题对给定的条件和目标均有清楚的说明。另一类是没有固定答案的问题,此类问题对给定的条件或目标没有清楚的说明,问题具有很大的不确定性。

比如数学问题通常是第一类的问题,它有完整的情景结构、情景条件。而比如"幸福是什么"的问题答案就不是唯一的,情景设定就比较模糊。

二、什么是问题解决

问题解决是指一系列有目的指向的认知操作过程,通过这种操作在条件和目标之间架起桥梁,克服障碍,从而实现由起始状态达到目标状态的过程。问题解决的过程虽然不尽相同,但是问题解决都有三个共同的基本特征。第一,目的的指向性。问题解决具有明确的目的性,问题解决的过程是问题解决者克服障碍,从问题的最初始状态出发,以实现目标状态的过程。这一过程有明确的目的性,即解决问题。第二,认知性。在问题解决的过程中,必须由认知操作来进行。如分析、判断、推理等。第三,序列性。问题解决必须要包含一系列的运算顺序,包括心理操作过程的序列。有了这种操作的序列,才能达到最终的目标。

【资料窗6－4】

你能解决这道密码算题吗?

设在下列加法算式中,有10个不同的字母,每个字母分别代表0—9的一个数码。现已知字母D＝5,要求找出每一个字母所代表的一个数码,运用通常的加法规则,使得下面的算式得以成立:DONALD＋GERALD＝ROBERT。

```
  D O N A L D
+ G E R A L D
-----------
  R O B E R T
```

参考解法如下:1. 从个位算起,因为D＝5,所以T是0,并向第2列进1。2. 第5列中,O＋E＝0,这时只有当0与0或10相加,才可能出现这种情况,所以E一定是9(加上进1)获0,但已知T＝0,因此E应该是9。3. 在第3列中,如果E是9,那么A应该是4或9(都需要加上进1),但由于E＝9,所以A应该是4。4. 在第2列里,L＋L＋1(进位)＝R,所以R一定为奇数,由于D＝5,E＝9,现在奇数只剩下1,3和7。在第6列中知道,5＋G＝R,所以R一定大于5,因此R为7,这样又推出L＝8,G＝1。5. 在第4列中,N＋7＝B＋1(进位),所以N应是大于或等于3。现在剩下的数码只有2,3和6,所以N是3或6,但如果N＝3,那么B应该为0,所以N＝6,B＝3。6. 现只剩下字母O和数码2,因此O＝2。因此正确的数字算式为:526485＋197485＝723970

[资料来源]赵惠玲主编:《心理学基础》,河北人民出版社2008年版,第204—205页。

三、问题解决的思维过程

问题解决是思维活动的普遍形式,思维总是与问题解决相联系的。思维过程也总是体现在解决问题的活动中。因此,通过解决问题过程的分析,也可以研究思维过程。在我们的日常生活和工作中,人们无时无刻不在解决各种各样的问题,而解决问题就需要思维。现在的观点认为,解决问题的过程一般包括提出问题、明确问题、提出假设、检验假设四个基本步骤。

1. 提出问题

在人类的社会实践、生产实践和科学实验中,总会有各种各样的问题横亘在我们面前,我们也在不断地解决问题来促进社会的发展,如果这些问题被我们认识到了,并试图去解决,这些问题也就转化为我们个人的思维任务,对于个人的问题解决来说,这就是提出问题的过程。问题的提出依赖主体的以下条件:第一,主体活动的积极性。对周围事物和自己从事的活动抱积极态度的人,勤于思考,善于钻研,他们往往能从细微平凡的事件中发现问题的关键所在。能从司空见惯的现象中发现问题,成为未知世界的积极探索者。第二,主体的求知欲望。强烈的求知欲是发现问题的重要心理因素。求知欲强的人,一般不满足于对事物的笼统解释,总是力求探究事物的内部原因,发现事物的本质和规律。牛顿由大家熟悉的苹果从树上落到地上这样一个司空见惯的物理现象,琢磨出来了万有引力定律。第三,主体的知识经验。世界上的万事万物看起来很简单,但是让我们在某一领域发现问题却很难,而专家能够发现其中的问题。因为我们缺乏这方面的知识经验。

2. 明确问题

明确问题就是分析问题,发现问题之后,主要的就是要抓住问题的核心与关键,找出问题的主要矛盾。这个过程主要是搜集与问题有关的材料,进行问题分析。首先分析要解决的问题的核心是什么,可供解决问题的条件有哪些。找出条件和目标之间的联系,把握问题的实质,确定问题解决的方向。要想更好地明确问题有两个主要的条件:第一,主体是否全面地、系统地掌握材料。问题总是在具体事实上表现出来的,只有对产生问题的材料掌握得越详细,越客观,才能通过分析、综合、比较、判断等思维方式更好地抓住问题的主要矛盾。第二,主体已有的知识经验。知识经验越是丰富,越容易分析问题并从一堆问题中找到主要矛盾,越能认清问题的本质。

3. 提出假设

提出假设是问题解决的关键步骤。在明确问题的基础上,寻找解决问题的方案。问题解决的方案不是一下子就能完成的,需要一个不断完善的过程。在这一过程中就需要不断地提出假设,不断地去论断假设。因此提出假设是关键,能否有效合理地提出假设不仅受个体思维的灵活性的影响,同时还受已有知识经验的影响。思维越灵活,越能多角度地分析问题,也就越能够提出更多的合理假设。已有的知识经验能否在解决当前问题中顺利地运用,不仅与掌握知识的熟练程度有关,而且与已有的知识跟当前问题的关系也有很大的关系。已有的知识掌握得不够熟练,受具体条件的束缚就越大,运用起来就比较困难。与问题解决相关的知识经验越丰富,迁移作用就比较容易出观,尤其是常规的问题,前人已经总结了现成的答案,这个时候问题解决起来就比较容易了。

4. 检验假设

检验假设是问题解决的最后一步。是通过一定的方法和手段来确定假设是否合乎实际,是否符合科学原理。假设毕竟还只是假设,它的正确程度如何,还需要进行检查和验证。检验假设的方法有两种:(1)一种是直接检验,即通过实践或实验的检验:实践是检验真理的唯一标准。通过实践或实验来检验假设,如果假设被证明是正确的,问题就得到解决,如果被证明是错的,就需修改或寻求新的解决策略和方法。(2)一种是间接检验,即通过智力活动进行检验:在头脑中根据已掌握的科学原理、原则,利用思维来检验假设的正确与否。然而只有实践才是检验真理的唯一标准,任何假设的正确与否最终都要接受实践的检验。检验假设的结果有两种情况:一是假设与检验的结果相符合,这样的假设就是正确的;二是假设与检验的结果不相符合,这样的假设就是错误的,在这种情况下就要重新提出假设,直到检验假设结果正确为止。因此解决问题的思维过程反复的、曲折的过程。首先是通过我们所掌握的各种材料发现问题;其次是分析诸多问题的主次,并确定引起问题的原因,既分析明确问题所在;再次,提出假设;然后实施计划检验假设;最后根据反馈的信息修订计划。

四、影响问题解决的心理因素

(一)问题情境

问题情境是指思维者所要解决的问题的客观情境或问题呈现的知觉方式。问题情境对问题的解决有重要的影响。人们在解决问题时,总是会受到问题的类型、问题的呈现方式以及问题所提供的信息数量等因素的影响。一般来说,知觉情境越简单,问题情境与人的知识经验或认知结构的差异越小,问题就越容易解决;相反,如果问题呈现的知觉方式与人们已有的知识经验相差越大,问题则越难解决。

例如,在下图中,已知一个圆的半径是 20cm,问圆的外切正方形的面积有多大(图 6-1)。在解题过程中,发现学生解 b 题比解 a 题快。其主要原因是:在 b 题中,圆的半径容易看成为正方形边长的一半;而在题 a 中,学生需要将圆的半径向上或向下旋,才能把圆的半径看成是正方形边长的一半。a 图与 b 图比较,由于 a 图中较难看出圆的半径是正方形的一部分,因此,解决 a 图表征方式下的问题难于解决 b 图表征方式下的问题。

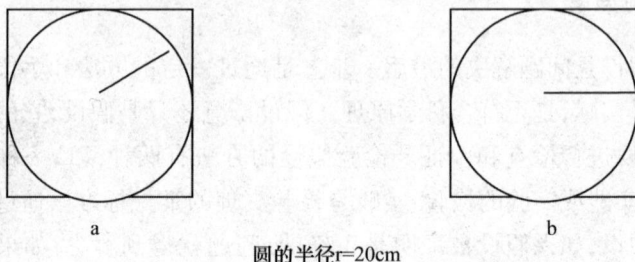

a   b

圆的半径r=20cm

图 6-1   a、b 图有不同的表征方式,产生不同的问题解决结果

例如,有 9 个点排成横、竖都为 3 个点的方形图,被试者要求用笔划出 4 条直线,不能中断,不能倒退,把这 9 个点全部连接起来。在解决这个问题时,被试者起初很容易把 9 个点组织起来看成一个正方形,只在这个正方形的空间内想办法,结果就很难办,其原因是思维活动受到知觉整体性的影响,如果能够突破这个框框的限制,则问题就会很快得到解决。这就是一个人的知觉特点或观察特点影响着解决问题的思维过程。

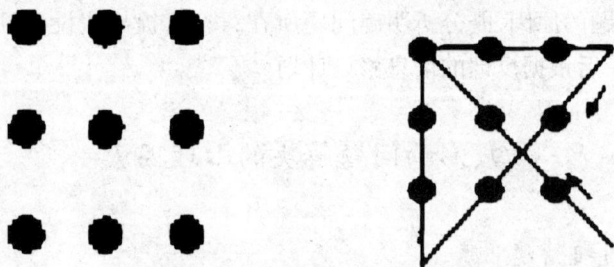

图 6-2   突破知觉情境束缚解决问题

(二)思维定势

定势是指心理活动的定向趋势,它是由先前的活动或者已有知识经验的作用而形成的一种心理准备状态。它在人的思维活动中表现为经常按照

某种比较固定的习惯方式来解决问题的倾向。因此,也叫"定势效应"。定势在解决的问题过程中有积极作用,也有消极影响。在环境相对不变的条件下,定势使人能够应用已掌握的方法或者已有的知识经验迅速地解决问题,而在情境发生变化的同时,它则会降低思维的效率,妨碍我们采用新的解决方法。美国心理学家陆钦斯于 1942 年做的实验很好地说明了这个问题。

表 6 – 2　陆钦斯的思维定势实验

问题	A	B	C	要量的水	方法
1	29	3	20	20	A – 3B
2	21	127	3	100	B – A – 2C
3	14	163	25	99	B – A – 2C
4	18	43	10	5	B – A – 2C
5	9	42	6	21	B – A – 2C
6	20	59	4	31	B – A – 2C
7	23	49	3	20	B – A – 2C, A – C
8	15	39	3	18	B – A – 2C, A + C
9	28	76	3	25	A – C
10	18	48	4	22	B – A – 2C, A + C
11	14	36	8	6	B – A – 2C, A – C

　　实验中要求被试者用容积不同的量杯(A,B,C)去量一定量的水(D)。量杯容量及要量的水量如表 6 – 2。实验组和控制组开始时做一道练习题,然后按要求解决其他几道题。实验组做全部的题目,而控制组只做 7—11 题。

　　结果发现,实验组的被试者由于先进行了一定的练习,并发现所练习的问题都可以应用三杯方法(即 D = B – A – 2C)来解决,就形成了定势,直接将三杯方法迁移到后面问题的解决过程中,使后面解题的速度加快,问题变得比较容易。从这一意义上来讲,定势是迁移产生的一种积极的心理因素。但是,这种定势同时又阻碍、限制了其他更简便的解决问题的方法(即 D = A – C 或 D = A + C)的产生,使思维僵化、因循守旧,难以灵活应用其他有效的经验来解决问题。这种定势阻碍了将其他方法迁移于目前问题的解决,因此表现为一种负迁移。实验还发现,控制组的被试者都使用了最简便的解决问题的方法。①

思维定势对于我们解决一般的问题是非常有利的,可以做到事半功倍,然而并不是所有的问题都属于同一类型,这就要求我们懂得思维定势的作用,从而更好地训练我们的思维品质和思维方法。要想破除思维定势的消极影响,我们可以尝试从以下两点来做:(1)细致地分析问题产生的条件以及解决问题的情景,正确确定问题的类型,从不同的角度、不同方向思考问题,改变思维习惯。(2)暂时把解决的问题丢开,不要一个劲地死钻"牛角尖",也许会在解决其他问题中受到启发。

即使是专家,只要一时疏忽,同样也会受到定势的影响。著名的心算家阿伯特·卡米洛从来没有失算过。这一天他做表演时,有人上台给他出了一道题:"一辆载着283名旅客的火车驶进车站,有87人下车;65人上车;下一站又下去49人,上来112人;再下一站又下去37人,上来96人;再再下站又下去74人,上来69人;再再再下一站下去17人,上来23人……"那人刚说完,心算大师便不屑地答道:"小儿科! 告诉你,火车上一共还有——""不",那人拦住他说,"我是请您算出火车一共停了多少站口。"阿伯特呆住了,这道简单的题成了他的"滑铁卢"。失败的原因就在于受定势的影响仅仅考虑到了老生常谈的问题。②

(三)迁移

迁移指已经获得的知识、技能和学习方法对学习新知识、技能和解决新问题所产生的影响。迁移效应可分为正迁移和负迁移两种。已有知识、技能的掌握能够促进另一种知识、技能的掌握是正迁移;相反,一种知识、技能的掌握对另一种知识、技能的掌握有干扰作用是负迁移。一般来说,已有的知识越广泛,操作技能越灵活,就越容易迁移。因为概括的水平越高,迁移的范围越广,就越容易举一反三,触类旁通。比如,语言学习中丰富的词汇、知识的掌握会促进阅读技能的提高,而阅读技能的提高又可以促进更多的词汇知识的获取。但熟练的知识技能有时也会影响新的知识技能的掌握,如熟悉的地方方言对学习普通话会有消极的影响。

---

① http://zhidao.baidu.com/question/476677633.html.

② http://blog.sina.com.cn/s/blog_5f00cf150100d6rj.html.

（四）动机强度

动机强度虽不直接调节人的思维活动,但它是促使人去解决问题的动力,会影响个体思维活动的积极性,对问题解决的思维活动有重要影响。心理学家的研究表明,在解决问题的思维活动过程中,动机强度与解决问题的效率之间存在着辩证关系。在一定的限度内,动机的强度和解决问题的效率成正比,但太强的动机或太弱的动机都会降低解决问题的效果。如果动机强度太低,思维者会因为缺乏足够的动力而不能进行有效的思维解决问题,不利于充分活跃个体思维活动;如果动机强度过高则会使人的心情过于急切,过分注意直接目的,使意识变得狭窄,不易发现解决问题的重要因素而产生"欲速则不达"的后果。在一般情况下,动机适中才能获得最佳解决问题的效率。因此,根据伯奇的研究,动机的强弱与解决问题的关系,可以描绘成一条"倒转的U 型曲线"(图 6 - 3)。这一曲线表明:太强与太弱的动机不利于问题的解决,中等强度的动机有利于问题的解决。

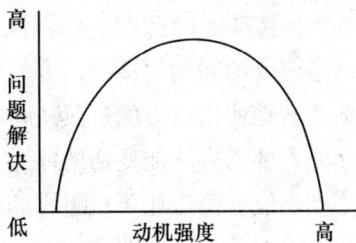

图 6 - 3　动机强度与思维效率

（五）原型启发

原型启发是指在其他事物或现象中能够获得与思维对象在结构、功能等方面有类似之处的信息,这些信息对解决当前的问题有一定的启发意义。其中能给人获得解决问题启发作用的事物或现象叫作原型。原型启发可以使人们的思路豁然开朗,认识发生飞跃,从而找到解决问题的方法和途径。作为原型的事物或现象多种多样,存在于自然界、人类社会和日常生活之中。原型之所以有启发作用,是因为原型和问题之间有 些相似之处,我们可以从这些现象中得到一些启发,从中找出解决问题的方法或者思路。比如,鲁班受茅草叶齿的启发而发明了锯,人类受到飞鸟和鱼的启发发明了飞机和轮船。

任何事物都可能作为原型,原型对解决问题能否起启发作用,一是看原型与要解决的问题有没有联系与相似性,相似性越强,启发作用越大;反之,启发作用越小。二是还要看思维者自身的知识经验和思维状态,如果主体能积极主动地联想、想象和类比推理,就比较容易受到启迪,从而能够很好的解决问题。

（六）功能固着

功能固着是指人们在解决问题时往往习惯于看到某一物品的通常功能和用途,而看不到此物品的其他功能和用途的现象。例如,盒子是装东西的、粉笔是用来写字的等等。时间长了,人们就倾向于把某种功能赋予某个物体。研究证明,人们对某种物体、某些事物的功能越了解,思想上认为它的某种作用越重要,则其所表现出来的功能固着程度就越大,也就越难看出它的其他功能。功能固着可以说是一种特殊类型的定势。在解决问题时它往往影响思维者的灵活性和变通能力的发挥,对创造性地解决问题是一个很大的障碍。因此在人们解决问题的过程中,就需要改变事物固有的功能以适应新的问题情境的需要。所以我们在解决问题的时候通常需要人们灵活机智地使用已有的工具或材料,使之为我们解决问题服务,这称之为功能变通。要具有功能变通的能力,首先要掌握大量丰富的知识,要熟悉物体的不同功能。第二还要有思维的灵活性。

德国心理学家邓克尔(K. Dunker,1945)所做的实验能充分说明,若不克服功能固着,问题解决起来就比较困难。邓克尔呈现给被试的问题是:"有三个小纸盒子,一个装火柴,一个装图钉,一个装小蜡烛。请把蜡烛点燃置于木屏风上。"参加实验的被试均为大学生。

一般说来,这个问题并不难,只要先用图钉把小纸盒子钉在木屏风上作小台子,然后将蜡烛点燃,把它粘在小台子上就行了。但是,在实际的实验中,当把火柴、图钉和蜡烛分别装在各自的盒子里时,一些大学生感到束手无策。在此条件下解决此问题的成功率为61%。只有把火柴、蜡烛和图钉都从纸盒子里拿出来,把空盒子放在桌子上时,多数大学生才会想出上述办法来。在此条件下解决此问题的成功率上升到98%。为什么会这样呢?因为纸盒子里装了东西后,会给人暗示:这是容器,从而使大学生的思维固着在"纸盒子是容器"上,影响了其对问题的解决。[①]

---

① http://hi. baidu. com/wommbffhbpcwxyr/item/eec0066937531192c5d249b7.

◉ **拓展阅读**

概念的获得①

加利福尼亚州圣巴巴拉夏令营的一群孩子正徒步旅行在圣伊纳慈山山脚的一条峡谷中。队长说："今天我设法教你们怎样辨认一种特别的植物。每个人都有必要认识它，而且为了辨认它，我们还需要知道把它与其他植物区别开来的概念，即原理。

在通往峡谷口的一条小路上，有一棵藤本植物攀附在橡树上。队长停下来，指着它的茎、叶、入土的部分以及开始分根的可见部分，说："这就是我们要学的概念的一个实例。我们找的就是它。请不要碰它，当心。走近点仔细瞧瞧。"他给孩子们提供了一些线索，"要特别注意叶子的形状、藤身及其枝杈、攀附在枝柱上的方式以及入土时的模样"。

再往前走一会儿，有一种长在树荫下，开着粉红色小花的植物。队长停下来说："它不是我们要找的植物。再仔细瞧瞧它的叶子、枝杈和藤身以及入土时的样子。"

继而，他又指着一棵参天大树说："这也不是我们找的植物。"一株幼小植物爬过向阳的地面，缠绕在蒲苇草的根茎部，"它是我们要找的植物的另一个实例"。一株长有锹形叶子、茎干细长的植物攀附在一棵华盖大树上，"这不是我们要找的植物"。队长先后指着它们这样说道。

过了一会儿，孩子们争先恐后地各抒己见，"这一株不是的"，这儿有一棵。队长回答说："错了，但并不全错。"孩子们围聚在一起自己观看各种各样的植物。最后，队长觉得该提问了，"这一棵是吗？""那一棵呢？"孩子们已能用"是"或"不是"来说出那种植物了。队长随后把他们叫到一起问道："你们该怎样描述我心目中的那种植物呢？"

"知道了。"一个孩子说，"它的叶子总是三片一簇。不管有多少细小的枝条，叶子总是紧紧地挨在一起。"

另一位表示同意说："是的，而且它的叶子至少有一面是亮晶晶的。"

又一位补充道："叶子看上去好像有油似的。"

有一位队员说："它喜欢向上爬，但并非总是向上爬。"

另一位观察者说："它喜欢阳光，但也可以在背阴处生长。"

孩子们七嘴八舌地这样说道。

"对了！"队长说，"你们已经把我所知的植物的属性——叶、茎等特点综合起来了。你们已会辨别它与其他植物在属性上的差异。我现在再增加其余的东西，但要注意，我曾叫你们不要碰它。如果碰了它，你们就会体验到，你们大多数人的身上会发出紫红色的疹块，皮肤会出现严重的红点，发痒，在我们离开前几天会疼痛。有些人也许会病得很厉害，不得不去看医生。知道我所指的这种植物的名称了吗？"

---

① 田宝、戴天刚、张扬主编：《教育心理学案例》，首都师范大学出版社 2007 年版，第 213 页。

"毒橡树,"一个孩子大胆地说。

队长回答说:"不,不全对。毒橡树的叶子是五片一簇。"

"毒常春藤,"其他孩子异口同声地说。

队长微笑着点了点头。他用的是概念获得模式。

● 思考与练习

1. 什么是思维? 思维的类型有哪些?

2. 思维的形式是什么?

3. 思维的过程有哪些?

4. 问题解决的思维过程有哪些?

5. 影响问题解决的心理因素有哪些?

● 参考文献

1. 马克思:《政治经济学批判导言》,《马克思恩格斯全集》。

2. 阴国恩、梁福成、白学军:《普通心理学》,南开大学出版社 1998 年版。

3. 李红:《心理学基础》,高等教育出版社 2009 年版。

4. 田宝、戴天刚、张扬:《教育心理学案例》,首都师范大学出版社 2007 年版。

5. 程素萍、林慧莲主编:《心理学基础》,高等教育出版社 2011 年版。

6. 黄希庭:《心理学基础》,华东师范大学出版社 2008 年版。

7. 赵惠玲:《心理学基础》,河北人民出版社 2008 年版。

8. 杜文东:《心理学基础》,人民卫生出版社 2007 年版。

9. 张春兴:《教育心理学》,浙江教育出版社 1998 年版。

10. 张大钧:《教育心理学》,人民教育出版社 1999 年版。

11. 周郁秋:《心理学基础》,高等教育出版社 2004 年版。

12. 李世棣:《普通心理学》,中国人民公安大学出版社 1996 年版。

13. 冯鸿滔:《普通心理学》,中国人民公安大学出版社 2006 年版。

14. 陆斐:《心理学基础》,人民卫生出版社 2002 年版。

15. 梅锦荣:《心理学基础》,中国人民大学出版社 2010 年版。

16. 曹日昌:《普通心理学》,人民教育出版社 1987 年版。

17. 喻国华:《普通心理学》,中国科学技术出版社 1995 年版。

第七章　情绪和情感

● 内容提要

　　本章从情绪情感的概念、表现入手,探讨了情绪、情感的内涵和外延,以及引发情绪情感的性质特征;结合情绪和情感的生理机制、功能和情绪理论,探究出情绪调控的问题。

　　情绪和情感是人类心理生活的一个重要方面,它伴随着认知过程而产生并对认知过程产生重大影响,也是人对客观现实的一种反映形式。

第一节　情绪和情感的概述

一、情绪、情感的含义

　　情绪和情感是人对客观事物的态度的体验,是人的需要是否获得满足的反映。"体验"是情绪和情感的基本特征,无论人对客观事物持什么态度,人自身都能直接体验到,离开了体验就根本谈不上情绪和情感。
　　情绪和情感有积极与消极之分。人对客观事物采取不同的态度是以该事物是否满足人的需要为中介的。一般来说,需要得到满足就会引起积极的情绪和情感,需要得不到满足就会引起消极的情绪和情感。所以,我们可以将情绪和情感视为需要是否得到满足的一种指标,但不能将这种关系简单化。情绪和情感与需要的关系有时要受主体的生活信念的制约。例如,通常情况下缺水会让人产生烦躁、沮丧、憎恶等消极情绪,但是保卫上甘岭的志愿军战士在断水数天的情况下,由于有坚守阵地、击退顽敌的信念,仍能保持旺盛的革命热情和愉快的情绪。[①] 决定情绪和情感所反映的原因往往是复杂的、多层次交叉的。"情绪的每一次发生,都兼容生理和心理、本能和习得、自然和社会诸因素的交叠"。[②]

二、情绪和情感的生理机能

情绪和情感是脑的机能,在情绪活动中所发生的机体变化和各种表现,都是与神经系统的多种水平的机能联系着的。情绪和情感是在大脑皮层支配下,通过皮层和皮层下神经过程协同作用的结果。

(一)情绪状态下机体的内部变化

个体作出情绪反应时呼吸、心率、血压、血管容积、皮肤电反应、脑电反应以及内外分泌腺反应均会发生变化。记录这些变化可以作为描述情绪反应特性和强度的客观指标。

1. 呼吸

呼吸的频率和深度与个体的情绪变化有着直接的关系。在不同情绪状态中,呼吸的次数、快慢和质量有着不同的特点。人在平静时每分钟一般呼吸20次,愤怒时每分钟可呼吸40—50次;突然惊惧时人的呼吸会临时中断,狂喜或悲痛时会有呼吸痉挛产生,笑时呼气快而吸气慢,呼吸的比率低至0.30,而惊讶时吸气则是呼气的2—3倍;恐惧时呼气与吸气的比率由平静状态下的0.70上升到3.00或4.00。各种情绪状态下呼吸的曲线如图7-1所示。

[①] 叶奕乾、何存道、梁宁建主编:《普通心理学》,华东师范大学出版社2004年版,第241页。

[②] 孟昭兰主编:《普通心理学》,北京大学出版社1994年版,第389页。

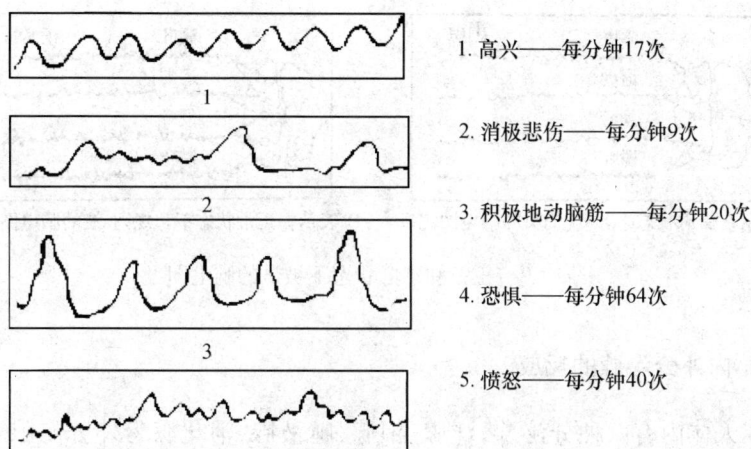

1. 高兴——每分钟17次

2. 消极悲伤——每分钟9次

3. 积极地动脑筋——每分钟20次

4. 恐惧——每分钟64次

5. 愤怒——每分钟40次

图7-1　各种情绪状态下呼吸的曲线

2. 血液循环

血液循环有三种主要指标:血压、心率和血管容积。人在吃惊、恐惧等紧张情绪状态下,心率比平静时增加 20 次,血压也会升高,而血管容积则降低。

3. 皮肤电反应

皮肤电反应是皮肤的电阻变化。皮肤的导电性是波动的,任何外来的或新奇的刺激都能直接引起波动的变化。皮肤电的变化是由皮肤血管收缩和汗腺分泌的变化所引起的,是反映情绪变化的客观指标之一。人在等待重大的活动时,皮肤电阻会降低,过度疲劳时,皮肤电阻则会增大。

4. 脑电反应

脑电活动的变化也是情绪的生理反应之一。当人处于松弛状态时,脑电活动为每秒波动 10 次的脑电 φ 波。随着情绪活动强度增加,这种节律会消失,即产生 α 波阻抑。人在紧张和忧虑时,脑电波波幅降低,波动频率增人,出现低振幅快波——β 波;个体出现病理性情绪障碍时,则会出现高振幅慢波——α 波。将大脑各部分的电波活动记录下来就形成了脑电图。不同情绪状态下人的脑电图是不同的。见图 7-2。

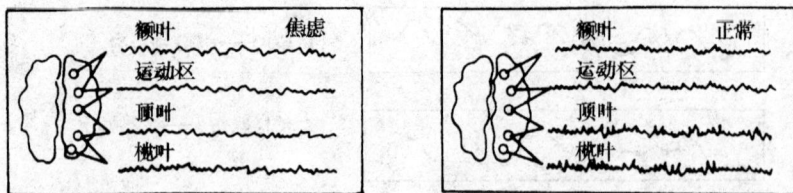

A 表示在焦虑状态下，a波消失的脑电图记录　　B 表示在正常状态下，规则a波的脑电图记录

图 7 - 2　正常和焦虑状态下被试的脑电图

5. 内外分泌腺的反应

在人体内有两种分泌腺，汗腺、泪腺、唾液腺、消化腺为外分泌腺，甲状腺、甲状旁腺、肾上腺、脑垂体和性腺等为内分泌腺，这些腺体都有相应的分泌物产生。不同的情绪状态会引起各种腺体分泌的变化。例如，悲痛或过于高兴时会使人落泪；焦急或恐惧时人会出汗；紧张时人的唾液腺、消化腺的分泌受到抑制，人会感到口干、食欲减退。内分泌腺在情绪状态中的反应较明显的是，紧张和焦虑时肾上腺素分泌会增多。

（二）情绪和情感的中枢机制

现代生理学的研究强调中枢神经机构在情绪发生中的作用。许多研究表明，情绪反应的特点在很大程度上取决于丘脑、下丘脑、边缘系统和脑干网状结构的功能，大脑皮层则调节着情绪和情感的进行，控制着皮层下中枢的活动。

1. 丘脑

丘脑是较早被发现的情绪中枢。20 世纪20 至 30 年代，美国心理学家凯伦（W. B. Cannon）针对詹姆士—兰格学说提出了情绪的丘脑学说。他根据丘脑受损伤或丘脑活动在失去大脑皮层的控制时，情绪变得容易激动或发生病理性变化这样一些事实，认为丘脑在情绪的发生上起着最重要的作用。他说："当丘脑过程被激动起来时，专门性质的情绪才附加到简单的感觉上。"[1]

---

[1]　曹日昌主编：《普通心理学》，人民教育出版社 1987 年版，第 340—341 页。

2. 下丘脑

许多研究已经确证了下丘脑在情绪行程中的作用。下丘脑的一些核团已被认为是在许多不同种类的情绪性和动机性行为中是主要的。实验表明,下丘脑后区对产生怒的整合模式是关键的部位,如果这个部位被损坏,被试只能表现出一些片断的怒反应,而不能表现出协调的怒模式;如果下丘脑未被破坏,在它的上部的脑组织无论去掉多少,被试都仍能表现出有组织的怒模式,甚至把被试的脑在下丘脑以上全部去掉,仍能得到这些行为模式。另外,奥尔兹(Olds)等人还发现,下丘脑等部位还存在着"快乐中枢"和"痛苦中枢",刺激这些部位,人和动物都有愉快或不愉快的情绪体验。①

3. 边缘系统

边缘系统是整合情绪体验的重要区域。例如,切除双侧杏仁核可以降低动物凶暴的情绪反应。

4. 网状结构

网状结构与激活或唤醒有关,对呼吸和心血管活动有重要的调节作用,是产生情绪的必要条件。

5. 大脑皮层

大脑皮层是皮层下部位以及整个有机体的最高调节器。情绪、情感的多水平的中枢在皮层下各部位,同时与大脑皮层的调节是密不可分的。俄国生理学家巴甫洛夫把情感与大脑皮层动力定型的建立联系在一起,他认为暂时神经联系系统的维持或破坏会使人对现实的态度发生改变。他指出,"应当认为,在建立和维持动力定型的情况下,大脑两半球的神经过程是符合于我们通常称为两种基本范畴的情感的东西的,即积极的与消极的情感,以及由于种种情感的组合或不同的紧张性而发生的一系列的色调的变化。"②美国心理学家阿诺德(M. B. Arnold)在 20 世纪 50 年代提出情绪与个体对客观事物的评估联系着。他给情绪下定义为:情绪是对趋向知觉有益

---

① 曹日昌主编:《普通心理学》,人民教育出版社 1987 年版,第 342 页。

② 《巴甫洛夫选集》,科学出版社 1955 年版,第 285 页。

的、离开知觉为有害的东西的一种体验的倾向,这种体验倾向被一种相应的接近或退避的生理变化模式所伴随。这种模式在不同的情绪中是不同的。①很明显,他强调了来自外界环境的影响要经过人的评价与估量才能产生情绪,这种评价与估量是在大脑皮层上产生的。而且人类可以通过第二信号系统来调节和控制情绪。

总之,情绪和情感的生理基础是十分复杂的,它是大脑皮层和皮层下神经过程协同活动的结果。皮下神经过程的作用处于显著地位,大脑皮层起着调节、制约的作用。它包括整个有机体内部器官和效应器的活动,神经过程和生化过程共同参与其中,实现着神经系统各个水平上的整合。

三、情绪体验的维度和情绪、情感的两极性

(一)情绪体验的维度

情绪总是在一定的情境中产生的,而人所处的情境又是变化无穷的。这样就很难对情绪体验作较细致的分析。但是,如果撇开具体情境和情绪所指向的对象,仅就情绪体验的性质来看,可以用情感的强度、紧张度、快感度和复杂度对它进行一些分析。

1. 强度

情绪体验可以在强度上有由弱到强的不同等级的变化。例如,喜,可以从适意、愉快到欢乐、大喜、狂喜;哀,可以从伤感到难过、悲伤、哀痛、惨痛;怒,可以从轻微的不满、生气、激愤到大怒、暴怒;惧,可以从害怕、惧怕、惊恐到惊骇。情绪的强度越大,整个自我被情绪卷入的程度也越深。

情绪体验的强度首先取决于对象对人所具有的意义。意义愈大引起的情绪就愈强烈。而这种意义的大小,是由该对象在个人生活中所占的地位来决定的。其次,情绪体验的强度还取决于人对自己所提出的要求。人们对一幅画的不良评价,可能不会使业余绘画者产生强烈的情绪反应,但可能引起专业画家的强烈情绪反应。最后,情绪体验的强度也取决于人的需求状态。食物的气味,对饥饿者和不感到饥饿的人来说,其情绪体验的强度是不同的。

---

① P. T. Young, *Feeling and Emotion*, In B. B. Wolman, *Handbook of General Psychology*.

2. 紧张度

在紧张度方面,情绪体验的变化是很大的。紧张的情绪体验通常是与活动的紧要关头、最有决定性意义的时刻相联系。例如,在考试、讲演、运动比赛之前,人们都可以体验到这种紧张情绪。而当关系到活动成败的关键时刻在实际上或想象中临近时,情绪体验的紧张水平就会逐渐增长。如果活动成败对人愈重要,则关键时刻到来时情绪就愈紧张。紧张一般有助于全身精力的动员和注意的集中。可能对活动产生有利的影响,也可能起抑制作用而使动作失调,从而妨碍活动的正常进行。紧张对活动的不同作用,除了取决于紧张的程度外,也与活动的难度、人对活动的准备以及是否具有相关的知识、技能有关。

3. 快感度

快感度是指情绪体验在快乐或不快乐的程度上的差异。悲伤、羞耻、恐惧、悔恨等有明显不快乐的感受;而欢喜、骄傲、满意等有明显快乐的感受。

快感度与需要是否得到满足有关。事物能满足人的需要,会引起快乐的体验;不能满足人需要的事物或与需要相抵触的事物,会引起不快乐的体验。

情绪的强度会影响其快感度。微愠不一定是特别不愉快的,而强烈的愤怒则显然是不愉快的。渴望,通常伴有快乐的感受,但当它过于强烈而持久时,就可能产生不快乐的感受。

4. 情感的复杂度

各种情感的复杂程度是很不一样的。爱,包含柔情和快乐的成分;恨,包含愤怒、惧怕、厌恶等成分。有时,情感的成分非常复杂,我们甚至很难用言语来描述它到底是一种什么样的体验。而有的情感是很单纯的,如快乐、悲哀、恐惧、愤怒等情绪。而简单的情绪往往可以派生出许多种不同情感的组合形式,也可以赋予不同含义的社会内容。例如,由疼痛引起的不愉快是比较单纯的情绪;而悔恨、羞耻这些情感则包含着不愉快、痛苦、怨恨、悲伤等复杂因素,是一些复杂的情绪体验。[①]

---

① 黄希庭著:《心理学导论》,人民出版社 2002 年版,第 251—254 页。

(二)情绪和情感的两极性

情绪和情感的两极性是指每一种情绪和情感都能找到与之对立的情绪和情感。在快感度、紧张度、激动度和强度上,情绪和情感都表现出互相对立的两极。这种两极性是情绪和情感的主要特征之一。

在快感度方面,两极为"愉快—不愉快"。这种体验与主体需要满足的程度相联系。当情绪和情感由积极向消极变化时就伴随着愉快和不愉快两种对立的反映,如快乐和悲哀、敬仰和轻蔑、热爱与憎恨等。

在紧张度方面,两极为"紧张—轻松"。所谓紧张水平是指想要动作的冲动的强弱。紧张的程度既取决于当前事件的紧迫性,也取决于人的心理准备状态和个体的个性品质。在事件十分紧急或处于关键时刻,人们一般会有高度紧张感。如初学跳伞的人跨出机舱的那一瞬间往往十分紧张。与紧张相对的是轻松,是一种情绪松弛状态。紧急事件得到妥善解决之后,人们常有轻松感。另外,任务难度低社会评价高的工作也会让人产生轻松感。情绪紧张程度对人的行为有一定的影响。有实验表明,紧张程度中等时,人的操作行为效果最佳,过度紧张或松弛都会降低操作效率。

在激动水平方面,两极为"激动—平静"。激动水平在很大程度上反映着个体的机能状态,激动和平静两极反映过度兴奋和抑制状态,如狂喜、暴怒、麻木等。激动指在极短的时间里猛烈爆发的情绪反应,伴有激烈的内部器官活动变化和明显的表情动作。情绪激动对人的影响是复杂的,它可以催人奋进,推动人的行为,也可阻碍人的活动,如激动得说不出话来,愤怒得失去理智。激动水平对情绪的快感度有一定的影响,如愉快的情绪在激动时是狂喜,在平静时是恬淡的欣喜。

在强度方面,两极为"强—弱"。人们常用情绪表现的强弱作为划分情绪和情感水平的标准。例如,怒由弱到强划分为:微愠、愤怒、大怒、暴怒和狂怒;喜欢由弱到强划分为:好感、喜欢、爱慕、热爱和酷爱。情绪和情感的强度既与引起情绪情感变化的事件对个体的意义大小有关,也与个体的目的和动机强度有关。

由于情绪和情感具有以上四方面的两极性,每两极间又有不同程度的变化,所以情绪和情感的表现是复杂的、多样的。这四种情绪和情感的两极并不是绝对互相排斥的,它们之间有一定的关联。每一方面的两极也不是绝对不可以相互转化的,如:"乐极生悲"、"破涕为笑"、"喜极而泣"等等成语,都反映了这种变化。生理学家在动物和人的上丘脑、边缘系统及相邻部位发现了主导积极情绪和消极情绪的神经中枢,它们被称为"愉快中枢"和"痛苦中枢"。这些情绪调节机制的发现为解释情绪和情感的两极性提供了依据。①

四、情绪与情感的区别与联系

情绪和情感是十分复杂的心理现象,它既是在有机体的种族发生的基础上产生的,又是人类社会历史发展的产物。西方心理学著作常常把无限纷繁的情绪和情感概称为感情。② 情绪和情感都是对需要满足状况的心理反映,是属同一类而不同层次的心理体验,是既有区别又紧密联系着的两个概念。

(一)情绪与情感的区别

1. 情绪的生理性和情感的社会性

情绪更多是与生理需要满足与否相联系的心理活动,而情感则是与社会性需要满足与否相联系的心理活动。如在饥饿时有食物吃就会很高兴,这是一种情绪反应,而不能说他产生了热爱食物的情感。情绪是原始的,是人和动物(尤其是高级动物)所共有的,情感则是人类所特有的心理活动,具有一定的社会历史性。如民族自豪感是与对本民族的爱相伴而生的社会性情感。

2. 就人类个体而言,情绪发展在先,情感体验产生于后

婴儿最初的表情反应具有无条件反射的性质,而情感则是在社会接触过程中逐渐产生的。婴儿对母亲的依恋是在不断受到母亲爱抚、关怀的过程中产生出愉快的情绪体验而逐渐培养起来的。

3. 与情感相比,情绪不稳定

情绪是反应性、活动性的过程,会随着情境的改变以及需要满足情况的变化而发生相应的改变。情感具有较强的稳定性、深刻性和持久性,是对事物态度的反映,是构成个性心理品质中稳定的成分。

---

① 叶奕乾、何存道、梁宁建:《普通心理学》,华东师范大学出版社 2004 年版,第 241—242 页。

② B. B. Wolman, *Handbook of General Psychology*, p. 750.

4. 情绪表现的外显性和情感表现的内在性

情绪表现有明显的冲动性和外部特征,面部表情是情绪的主要表现形式,而情感多以内在感受、体验的形式存在。人们高兴时手舞足蹈,愤怒时咬牙切齿,这些都是情绪的外部表现形式,而爱国主义情感是一种内心体验,虽不轻易表露但对行为有重要的调节作用。

(二)情绪和情感的联系

情绪与情感的区别是相对的,虽然它们所表达的主观体验的内容有所不同,但往往在强烈的情绪反应中也有稳定的主观体验,而情感也多通过情绪反应表现出来。因此,情绪和情感彼此之间具有密切的联系。

1. 情绪是情感的基础,情感离不开情绪

这表现在:(1)情感是在情绪的稳定固着的基础上发展建立起来的;(2)情感通过情绪的形式表达出来。

2. 对人类而言,情绪离不开情感,它是情感的具体表现

情感的深度决定着情绪表现的强度,情感的性质决定了在一定情境下情绪表现的形式。情绪发生过程中往往深含着情感因素。

第二节　情绪的表现形式

一、基 本 情 绪

从进化的角度看,快乐、愤怒、恐惧和悲哀等情绪是人与动物所共有的,并且在发生上有着共同的或原型的模式,因此被视为是基本情绪或原始情绪,这在目前心理学界,已基本达成了共识。其他情绪都是基本情绪的组合或分支。①

———————————

① 乔建忠主编:《现代心理学基础》,南京师范大学出版社 2001 年版,第 135 页。

1. 快乐

快乐是达到所盼望的目的后紧张解除时,个体产生的心理上的愉快和舒适。快乐的强度与达到目的的容易程度和或然性有关。一个目标越难达到,达到后快乐的体验就越强烈。如一道难解的物理题经过很大努力解出后,人们会感到非常快乐,而解答容易的题目往往体验不到这种快乐。另外,当人们的愿望在意想不到的时机和场合得到满足,也会给人带来更大的快乐体验。

2. 愤怒

愤怒是愿望得不到满足,实现愿望的行为一再受到阻挠引起的紧张积累而产生的情绪体验。愿望受阻就是遭受挫折。当个体明白挫折产生的原因时,通常是对引起挫折的人或物表现出愤怒的反应。个体如果看不出是什么原因阻碍他达到目的,一般只会感到沮丧而不是愤怒。对象明确的愤怒常诱发攻击性行为。

3. 恐惧

恐惧是个体企图摆脱、逃避某种情境时产生的情绪体验。这种体验是由缺乏处理可怕情境的能力所引起的。比如,在遇到海啸等强烈自然灾害时,人们无力应付,往往就会惊恐万分。儿童由于经验和能力缺乏,往往有更多的恐惧体验,如怕黑、怕小动物。随着年龄增长,人们逐渐学会了更多的处理问题的方法,一些原来引起恐惧的事物不再使人害怕。但是,当熟悉的环境发生意想不到的变化时,如失火,大面积停电等,又会引发恐惧。恐惧具有很强的感染力,一个人的恐惧往往引起他人的恐惧与不安。

4. 悲哀

悲哀是个体失去某种他所重视和追求的事物时产生的情绪体验。失败、分离会引起悲哀。悲哀的强度取决于失去的事物对主体心理价值的大小,心理价值越大,引起的悲哀越强烈。亲人的去世使人产生极度悲哀,这与失去一般朋友的悲哀有所不同。悲哀从强度上分为遗憾、失望、悲伤和哀痛。[①]

---

① 叶奕乾、何存道、梁宁建主编:《普通心理学》,华东师范大学出版社 2004 年版,第 248 页。

【资料窗 7 –1】

基本情绪

关于基本情绪的种类问题,我国古代思想家曾有过各种不同的说法。《中庸》将情绪分为喜、怒、哀、乐四种。《素问》把情绪分为"喜、怒、悲、忧、恐"及"喜、怒、思、忧、恐"五种;《吕氏春秋·尽数》则认为,"喜、怒、忧、恐、哀"五种;《三国志·魏陈思王植传》中把喜、怒、哀、乐、怨定为五情。《左传·昭公二十五年》把情绪分为"好、恶、喜、怒、哀、乐"六种。《荀子·天论》称"好、恶、喜、怒、哀、乐";《白虎道·情性》称"喜、怒、哀、乐、爱、恶",也主张"六情"分类法。《礼记·礼运》曰:"何谓人情?喜、怒、哀、惧、爱、恶欲,七者弗学而能",提出七情说。《荀子·正名》还有"说、故、喜、怒、哀、乐、爱、恶、欲以心异",所谓"九情"的说法。还有把各种情绪概括为两种的,例如"喜生于好,怒生于恶……好物乐也,恶物哀也"(《左传》),"欲,恶者心之大端也"(《礼记》)。由上可见,我国古代思想家都把"喜、怒、哀"看成是基本的情绪,这与现代心理学把快乐、悲哀、愤怒、恐惧作为最基本的原始情绪是相当接近的。

[资料来源] 黄希庭著:《心理学导论》,人民出版社 2002 年版,第 523 页。

二、情 绪 状 态

一般来说,人的一切心理活动都带有情绪色彩,而且以不同的心情、激动和紧张状态表现出来。情绪状态是指在某种事件或情境影响下,人在一定时间里表现出的一定的情绪。最典型的情绪状态有情调、心境、激情和应激。

(一)情调

情调是一种伴随着感觉而产生的情感。例如,当我们感知到红橙黄绿、酸甜苦辣、冷热痛痒、气味香臭、光线明暗、乐音噪音等等的同时,往往也体验到某种情感。这种情感是伴随着感觉的情感,似乎感受物本身就带有特殊的情感负荷。当我们说到,"甜蜜的嗓音"、"凄怆的夜晚"、"愤怒的波涛"、"厌恶的气味"等等的时候,这里人所感知到的"嗓音"、"夜晚"、"波涛"、"气味"都带有一种特殊的情感色调。

情调产生的原因是很复杂的。它的产生首先与刺激物有关。刺激物性质不同所产生的情调也不同。例如,不同颜色所引起的情调是不同的:红色——兴奋、愉快、热情、活跃感,白色——洁白、威严、清晰感,绿色——安静、沉着、亲切感,蓝色——沉静、冷酷、悲伤感,黑色——沉静、忧闷、苦闷、恐怖感,紫色——严肃、神秘、不安感(中村秀,1988)。情调还因刺激强度而变化,例如,温暖的感觉令人愉快,而太冷太热则是令人不愉快的。再者,情调的产生更主要是与人的生活经历、需要等特点有关。有的情调是人与生俱来的,例如,对疼痛刺激以及像尿素之类气味等刺激,都会使人产生不愉快的情调。多数情调与人们的过去经验有关。例如,不同的人种和民族对于各种颜色所引起的喜爱情调是不同的。颜色的喜爱度还有时代、性别、年龄、所受教育特点及地区上的差异。还有研究表明情调的产生,儿童比成人表现得更明显,艺术家比普通成人表现得更明显(Collingwood,1937)。

【资料窗 7 −2】

噪声达到何种强度会引起不愉快的情调

何存道(1983)对不同居民区的噪声进行了测定,并请当地居民对本区噪声所引起的烦恼作五级评定:安静、比较安静、闹、很闹、不可容忍。结果表明,如果以过半数的被调查者感到"闹"为烦恼度的起点,则白天(7:00—19:00)为 60 分贝;晚上(19:00—23:00)为 55 分贝。

[资料来源]黄希庭著:《心理学导论》,人民出版社 2002 年版,第 526 页。

表 7 −1 各人种颜色喜爱度的差异

喜爱度顺序 / 人种	1	2	3	4	5	6	7
白人	紫	绿	红	橙	蓝	黄	白
黑人	紫	橙	绿=蓝		红	黄	白
美洲印第安人	红	紫	蓝	绿	+橙	黄	白
菲律宾人	红	紫	绿=黄=白			橙	蓝
日本人	紫=红		绿	蓝	黄	橙	白
墨西哥人	红=绿		青	蓝-	白	橙	黄
中国人	绿	白	蓝	红	黄	橙	紫

研究不同感受物所引起的情调,具有重要的应用价值。如何使菜肴烹饪的色香味更能引起的愉悦情调,是服务行业的重要课题。对颜色喜爱情调的研究,有助于流行色的预测。对房屋、车床、运输工具的颜色所引起的

情调的研究,无论对人们的生活和工作生产都具有重要的意义。①

(二)心境

心境是一种深入的、比较微弱而持久的情绪状态,如得意、忧虑、焦虑等。心境具有弥散性,不是关于某一事物的特定体验,而是由一定情境唤起后在一段时间里影响主体对事物的态度的体验。处在某种心境中的人,往往以同样的情绪状态看待一切事物。心境与人们通常所说的"心情"比较一致。在舒畅的心情下,人们对事物产生欢快情绪体验,甚至连花草树木都在"微笑"、"点头"惹人喜爱。在消极的心境下,人们往往以不良情绪看待事物,做事枯燥乏味,容易激怒。中国古语:"忧者见之则忧,喜者见之而喜",说的就是对同样一件事具有不同心境的人体验各不相同。

心境往往由对人有重要意义的事件引发产生。工作顺逆、事业成败、人际关系、健康状况、环境的舒适与否都可能引起人的某种心境。当然,主观认识对心境的产生和持续也起着十分重要的作用。

心境持续的时间可以是几个小时、几周、几个月甚至更长的时间,差别甚大。某种心境的持续时间依赖于引起这种心境的客观环境和个体的个性特点。在客观环境方面,影响心境持续时间的因素是事件对个体的重要性。事件越重大,引起的心境越持久。如失去至亲往往使人长时间地沉浸在悲伤和郁闷的心情中。一般来说,性格开朗、灵活的人受不良心境影响的时间少些;性格内向、沉闷的人心境持续时间可能长些。有的人甚至长期为某事耿耿于怀、郁郁寡欢。

心境对人的生活、工作、学习和身体健康有很大影响。积极、良好、乐观的心境会促进人主观能动性的发挥,提高活动效率,增强克服困难的信心,有益于人的健康。消极、悲观的心境则使人厌烦、意志消沉,降低人的活动效率,有碍于健康。学会对心境的调节控制,对我们的工作、学习和生活都十分重要。

(三)激情

激情是一种强烈的、短暂的、爆发性的情绪状态。激情往往由与人关系重大的事件所引起,如重大成功后的狂喜、惨遭失败后的沮丧和绝望、至亲

---

① 黄希庭著:《心理学导论》,人民出版社 2002 年版,第 525—527 页。

突然逝世后的极度悲伤等,都是激情状态。另外,对立意向的冲突或过分抑制,也很容易引起激情。例如,对某种痛苦忍耐过久、抑制过度,一旦爆发出来就会是强烈的激情状态,难以控制。

激情的发展大致要经历三个阶段:(1)由于意志力减弱,身体变化和表情动作越来越失去控制,高度紧张使细微的动作发生紊乱,这时人的行为受情绪体验的左右。(2)人失去意志的监督,发生了不可控制的动作和失去理智的行为。(3)激情爆发后的平息阶段,这时会出现平静和疲劳现象,严重时甚至精力衰竭,对一切事物不关心,精神委靡。

激情发生有很明显的外部表现,如面红耳赤、咬牙切齿、哭泣呼号、手舞足蹈等,有时甚至出现痉挛性动作,言语过多或不流畅。在激情状态下,人的认识活动范围缩小,控制力减弱,对自己行为的后果不能作出适当的估计。然而,控制激情是完全可能的,在激情发生的最初阶段有意识地加以控制,能将危害性减轻到最低限度。当然,激情也有积极的一面,有些激情状态也能推动人的活动,成为活动强而有力的推动力。

(四)应激

应激是在出乎意料的紧张与危急状况下出现的情绪状态,是人对意外的环境刺激作出的适应性反应。例如,在紧急状态下(地震、火灾),人们迅速作出判断,使机体各部分动员起来处于高度紧张的应激状态是十分必要的。

产生应激状态的原因有:(1)已有的知识经验与面临事件提出的新要求不一致,没有现成的办法可以参考,需要进入应激状态。(2)已有经验不足以应付当前的境遇而使人产生无能为力的失助感和紧张感。

应激状态对人的活动有很大的影响。有时应激引起身心紧张有利于主体解决紧急问题。维持一定的紧张度,保持高度警觉,有助于认知功能的发挥,使人作出平时所不能作出的大胆判断和动作。但是,有时应激所造成的高度紧张又会阻碍认知功能的正常发挥。紧张和惊恐也会导致人们感知、注意产生局限,思维迟滞,行动刻板,正常处理事件的能力反而大大地削弱了。

在应激状态下人的机体会产生一系列生物反应,如腺体和神经递质的活动使机体紧急动员起来,肌肉紧张,血压、心率、呼吸发生变化。这些活动有助于个体适应急剧变化的环境刺激。但是,长期处于应激状态也引起人体生物化学保护机制的溃退,从而导致某些疾病的出现。可见,对应激的控制对人体健康十分重要。①

三、社会性情绪

道德感、理智感、美感被认为是高级的社会性情感。因为这些情感体现着人类独有的社会意义,反映着人们的个性生活与社会生活的一致性以及人们的精神面貌,并且调节着人们的社会性行为。②

(一)道德感

道德感是个体根据一定的社会道德行为标准,在评价自己或他人的行为举止、思想言论和意图时产生的一种情感体验。如果自己或他人的思想和行为符合这种道德规范的要求,则产生肯定的道德体验,心安理得或产生尊敬感。反之,则产生否定的道德体验,如愧疚、痛苦或蔑视。

产生道德感的基础是对社会道德规范的道德认识,缺乏这种认识,道德感就无法产生。道德规范具有社会性、历史性和阶级性,是在一定的社会历史条件下形成的。不同时代、民族、文化环境和阶级有着不同的道德评价标准。

道德情感在形式上可分为直觉的道德感、形象性的道德感和伦理性的道德感三大类。③

1. 直觉的道德感

直觉的道德感是由对某种情境的直觉感知引起的,具有迅速而突然的特点,对道德行为有迅速定向的作用。如,一种突如其来的自尊感会激起某人大胆果断的行动;突然产生的不安和内疚感阻止某人做不合道德要求的事。

直觉的道德感通常缺乏明确的自觉意识,但仍然与个体过去的经验有关。在经验中起重要作用的是舆论及个体对它们的态度。舆论反映人们对事物的态度,影响个体道德观念的形成,也为道德标准打上了情感的烙印。

---

① 叶奕乾、何存道、梁宁建主编:《普通心理学》,华东师范大学出版社 2004 年版,第 253—254 页。

② 乔建忠主编:《现代心理学基础》,南京师范大学出版社 2001 年版,第 138 页。

③ 李伯黍、燕国材主编:《教育心理学》,华东师范大学出版社 1993 年版,第 51—52 页。

良好的舆论有利于正确道德感的唤起,而不良、错误的舆论则引导人们产生不道德的行为。

2. 形象性的道德感

形象性的道德感是通过形象思维发生作用的道德情感。人在社会环境中接触到各种各样与道德有关的人和事,伴随着道德规范的形成,这些具体的人和事也印入脑海。符合或不符合道德标准的人与事成为构成道德体系的形象内容。在一定的时候,这些形象被重新唤起,帮助人们进行道德判断。榜样就是一种按照一定道德规范行动的典型人物形象,它对青少年道德感的产生和发展有重要影响。在青少年期,个体的情感更容易与具体的形象相联系,他们容易被英雄人物的品质和事迹所激励,产生道德感。

3. 伦理性的道德感

伦理性的道德感是在认识道德理论的基础上产生的自觉的、概括性的情感。这种情感往往在青年期(十四五岁至二十四五岁)才开始产生并发挥作用。从青年期开始,个体开始意识到一些重大的社会问题以及广泛流行的社会观念,对人生理想也有了一定的理解,世界观逐渐形成。在这一过程中,人们逐渐形成了概括的道德标准和观念,具备了一定的理论水平,并且产生了深挚而概括的道德感。例如,人们按理想产生符合道德标准的行为,就会产生自重感、自豪感和自尊心。伦理性的道德感具有稳定性、持久性和深刻性的特点,具有动力作用,能增强人们对道德行为的控制力。

（二）理智感

理智感是人对认识活动成就进行评价时产生的情感体验。如,人们在探索真理时会产生求知欲,了解和认识未知事物时有兴趣和好奇心;在解决疑难问题时会出现迟疑、惊讶和焦躁,问题解决后产生强烈的喜悦和快慰;在坚持自己观点时有强烈的热情;由于违背了事实而感到羞愧等,都是理智感的体现。

理智感是高级情感,是在认识过程中产生和发展起来的,对人们学习知识、认识事物发展规律和探求真理的活动有积极的推动作用。理智感是个体良好精神境界的体现,是追求真理的精神力量,对人们的社会实践和科学研究有推动作用。理智感的推动作用发挥得怎样与个体已有的知识水平和经验有关,也与世界观、理想等有关。

(三)美感

美感是对事物美的体验。它是人们根据美的需要,按照个人的审美标准对自然和社会生活中各种事物进行评价时产生的情感体验。

美感具有两个明显的特点:一是一种愉悦的体验;二是一种有倾向性的体验。审美标准是美感产生的关键。客观事物(包括其内容和形式)中凡是符合个人审美标准的,就能引起美感体验。美感常常是在人们欣赏艺术品、自然景物和社会上的和谐现象的过程中产生的。审美时个体的心情是自由、愉快和轻松的。虽然美感具有快感体验,但它比快感更高级、更丰富。

与道德感一样,美感也是在一定的社会历史条件下产生的,受到社会历史条件的制约,具有社会性、历史性和阶级性。美感的这些特性主要通过审美标准来体现。审美标准体现了人们对美的需要。社会环境、风俗习惯、文化背景乃至气候条件的差异均会导致美感的差异,同一社会中不同阶级和阶层的人也具有不同的审美意识和美感。随着人类社会的进步,人类的美感从物质的、外表的审美需要发展到精神的、内在的审美需要,美感的内容也越来越丰富了。

美感具有较强的直观性,事物的外表形式对美感有很大的影响,但美感同时也依赖于事物的内容。事物内容的美赋予美感以更丰富的内涵。内在美是外在美的源泉,对内在美的追求是由更深刻的审美需要所引起的。

【资料窗 7-3】

怎样才能更快乐

快乐,就像胆固醇水平一样,是一个受遗传影响的特质。但正如胆固醇会受饮食和锻炼影响一样,我们的快乐在某种程度上也受个人的控制。这里有一些基于科学研究的建议,用于改善你的心境,提高你对生活的满意度。

1. 认识到持久的快乐并不来自于财富上的成功。人们能适应不断变化的环境——无论是获得财产还是遭遇伤残。财富就像健康,完全缺失会引起痛苦,但是拥有它并不能确保快乐。

2. 管理好你的时间。快乐的人总感到能驾驭自己的生活,通常从合理支配他们的时间中得到帮助。管理好自己的时间有助于确立目标,并把总的目标分解为每天的工作。尽管我们经常高估我们某一天的工作量(这使我们灰心),但我们也总是低估我们一年中能完成的很多工作,只要你每天都取得一点进步。

3. 表现得快乐。有时,我们的行为表现能影响我们的心理感受。做出一个微笑的表情,人们会感觉更好;而当他们皱着眉头,整个世界似乎都阴沉下来,所以要面带微笑,讲话是要显得充满自信,乐观而开朗。通过这些动作可以引发愉快的情绪。

4. 寻求能施展你才华的工作和娱乐方式。快乐的人常常处于一种被称为"畅态"的境界中——指热衷并沉醉于具有挑战性的任务。通常,比起园艺、社交、工艺等活动,昂贵奢侈的娱乐方式并不能提供更多的"畅态"体验。

5. 参加运动。大量的研究表明,有氧运动不仅能促进健康和储备能量,它也是一种矫正轻度抑郁和焦虑的方法。健康的心理归功于健康的身体,皮之不存,毛将焉附。

6. 保证足够的睡眠。快乐的人士积极乐观、充满活力,但他们也要留出时间来补充睡眠和享受独处。睡眠不足的人会导致身体疲惫、警觉性降低、心情抑郁。

7. 重视亲密的人际关系。与那些深切关心你的人保持亲密的友谊可以帮助你度过困难时期。信任别人对身体和心理都是有益的。培养亲密关系的方法是:不要认为别人对你亲密友好是理所当然的,对待好朋友也要像对待其他人一样友善,还要肯定他们,和他们一起玩耍、一起分享。

8. 关心自我以外的人和事。帮助那些需要帮助的人。快乐会增加助人行为(好心情做好事),而做了好事也会感觉心情好。

9. 心存感激。心存感激的人,每天都会反思他们生活的积极方面(健康、朋友、家庭、自由、教育、意义及自然环境等等),体验着很高的幸福感。

10. 培养精神自我。对于很多人来说,信仰提供了一个支持系统,一个关注自身之外的理由,一种追求目标和希望的意义。这有助于解释为什么活跃在宗教团体的人报告获得更多的快乐,并往往能更好地应对危机。

[资料来源]戴维·迈尔斯著,黄希庭等译:《心理学》,人民邮电出版社2005年版,第455页。

第三节　情绪表现和情绪识别

一、情绪表现

情绪表现也称表情,是指情绪在有机体身上的外显行为。它包括情绪在面部、言语和身体姿态上的表现,称为面部表情、言语表情和身段表情。①

---

① 黄希庭著:《心理学导论》,人民出版社2002年版,第514—520页。

（一）三种主要的表情

1. 面部表情

不同的情绪会产生不同的面部表情。由于面部表情能精细、准确地反映人的情绪，所以它是人类表达情绪最主要的一种表情动作。伊扎德将人们面部分为额眉—鼻根区、眼—鼻颊区和口唇—下巴区，认为这三个区域的活动构成了不同的面部表情，表达着相应的情绪。比如，人愉快时，额眉—鼻根区放松，眉毛下降；眼—鼻颊区眼睛眯小，面颊上提，鼻面扩张；口唇—下巴区嘴角后收、上翘。这三个区域的肌肉运动组合起来就构成了笑的面部表情。在表现不同情绪的面部表情中，起主导作用的肌肉各有不同。如笑时嘴角上翘，惊奇时眼和嘴张大，悲哀时双眉和嘴角下垂。

2. 身段表情

身段表情是除面部之外身体其他部位的表情动作。头、手和脚是表达情绪的主要身体部位。例如，人在欢乐时手舞足蹈，悔恨时顿足捶胸，惧怕时手足无措，羞怯时扭扭捏捏。舞蹈和哑剧是演员用身段表情和面部表情反映情感和思想的艺术形式。

3. 言语表情

言语表情是情绪在言语的声调、节速和速度上的表现。人在高兴时音调轻快，悲哀时音调低沉节奏缓慢，愤怒时音量大、急促而严厉。同样一句话用不同的方式讲出来则会表现出不同的含义。例如，"你干吗?"用升调说出来时表示疑问，用降调则表示不耐烦，用感叹语气强调"吗"字则表示责备。

表情动作与言语一样是人际交往的重要工具，但是在三种主要表情动作中面部表情起主要作用，而身段表情和言语表情往往是情绪表达的辅助手段。①

表情是情绪所特有的外显行为。在高等动物的种属内或种属间，表情起着通讯的作用，如求偶、顺从、维持接触行为的信号以及警告、求救和威胁

---

① 叶奕乾、何存道、梁宁建主编:《普通心理学》，华东师范大学出版社 2004 年版，第 251 页。

的信号等。在人类,表情特别是面部表情是人际交往的一种重要工具。

(二)情绪表现的先天遗传性

情绪表现具有先天遗传模式。世界上所有的儿童当受伤或悲哀时都哭泣,快乐时都发笑。刚出生就双目失明的盲童不可能通过学习来模仿别人的表情,对他们的研究表明,随着成熟,和不同情绪有关的面部表情、姿势和手势就自然会显现出来。

达尔文在他的《人和动物的表情》一书中认为,人类的情绪表达是从其他动物的类似表达进化而来的。他的推理逻辑是,如果全世界的人,不论相互多么隔离,都表现出相同情绪的面部表情,那么这种表情一定是遗传的,而不是习得的。例如,相互隔离的不同文化就发展了不同的语言,因此,语言是人为习得的产物,而不同文化的人表达相同情绪的表情相同,这说明表情是遗传的。

在一项研究中,把代表快乐、愤怒、厌恶、恐惧和惊奇的面部表情的照片给五种不同文化的人(美国、巴西、智利、阿根廷和日本)观看,结果表明,他们很容易指出每种表情所代表的情绪(表7-2),甚至与世隔绝的前文化部族(新几内亚的 Fore 和 Dani 部族)人,与西方文化毫无接触,也能正确地判断面部表面;而美国大学生观看 Fore 部族人的表情录像,除了惊奇和恐惧外,也能相当准确辨别他们的情绪表情。孟昭兰的研究(1985,1986,1987)也表明,成人基本情绪的面部表情在很大程度上保持了自儿童时期以来的原始模式,人们的面部表情具有一致性和继承性。

表7-2   不同文化的人对表情判断符合的百分数

判 断 者	愉快	厌恶	惊奇	悲伤	愤怒	恐惧
美国(99人)	97	92	95	84	67	85
巴西(40人)	95	97	87	59	90	67
智利(119人)	95	92	93	88	94	68
阿根廷(168人)	98	92	95	78	90	54
日本(29人)	100	90	100	62	90	66

（三）情绪表现的社会制约性

基本情绪的表现具有先天遗传性，但它们的具体表露却受社会文化因素的制约，特别是复杂情绪的表露更是如此。

情绪表现在个体的社会化过程中复杂性和强度逐渐增加并产生分化。这表现在两个方面：（1）表情的复杂性增加。在社会交往中，各种基本情绪在快感度、激动度、紧张水平和强度上的区分越来越精细、越来越复杂。人能够表达和区分越来越多在各维度上有细微差别的情绪。另外，由两种或两种以上情绪复合而成的复杂表情也产生了。情绪与动机、认知因素或个性特质相结合，形成了人类复杂的表情系统。一定的表情要与相应的社会环境和主体的状态相联系方可得到准确的诠释。（2）表情的随意性在社会环境中学习、提高。随着个体社会化的不断深入，表情也逐渐发展与完善起来，表情产生和控制的随意性也得到了提高。人们逐渐学会根据需要来控制自己的表情动作，掩盖、修饰或夸张自己的情绪体验，以改变内心体验，协调人际关系。另外，一些复杂的表情，如痛苦，是在后天环境中习得的，是对自身不良状态的习得反应。文化发展的不同步性也带来了表情在不同文化环境中有不同程度和特征的反应形式。例如，印度尼西亚的爪哇部落要求部落成员控制自己的表情，不表露出来，并按此标准规范儿童的行为。因此，爪哇人的表情远没有其他种族的人丰富。[1]

二、情绪的识别

当我们与他人相互交往的时候，不管是不是面对面，我们都正在不断地表达着情绪，同时也正在观察并解释对方做出的表情。在人际交往过程中，情绪的表达和识别十分迅速及时。那么，人是借助于哪些线索来识别他人情绪的呢？

情绪识别实际上并不是针对表情本身的，而是针对着它背后的意义。例如，皱眉可能是一种情绪表现，我们见到这种面部表情就试图解释潜在于它背后的情绪。尖锐、短促、声音嘶哑可能是一种情绪表现，我们听到这种

---

① 叶奕乾、何存道、梁宁建主编：《普通心理学》，华东师范大学出版社 2004 年版，第 252 页。

语音表情就试图解释潜在于它背后的情绪。捶胸顿足可能是一种情绪表现,我们见到这种动作表情就试图解释潜在于它背后的情绪。对于这个复杂的问题,心理学家曾做过许多研究。

在文艺作品中人们往往可以看到,"眉目传情"、"双眼含情脉脉"、"眼睛是心灵的窗户"等描述,以致给人产生一种印象,似乎眼睛是面部最能传达情感的部位。实际上并非如此,你不妨做一个实验:用一张硬纸挡住你的面部只露出两只眼睛,然后让别人来识别你所做出的各种情绪表情,结果肯定是他人无法识别。如果你把面部露出的部分逐渐增多,那么,他人就越容易判断你所表现出来的表情。可见,从面部识别情绪的主要线索并不在"眉目之间"。情绪识别是借助于许多线索,特别是借助面部那些活动性更大的肌肉群的运动而实现的。

【资料窗 7 - 4】

面部表情识别

面部表情识别的研究可分两个步骤:第一步是面部表情刺激物的制作或选择,这可以用专门拍摄的照片(录像)或图式来描画,也可以用完全装扮出的活生生的表情或自发的表情等。第二步是对表情进行识别评定,也可以用多种方法,如自由评定法即让被试自由地对表情给出情绪词汇;或限制评定法,即向被试提供各种情绪词汇或情绪情境,要求被试只能根据所提供的情绪词汇或情绪情境进行分类或匹配等;或参照自由评定法,即向被试提供参考线索(如情境、人格特征等),让其说出表情所表达情绪的词汇等等。

[资料来源]黄希庭著:《心理学导论》,人民出版社 2002 年版,第 519 页。

情绪识别是一种复杂的认知过程,包含观察、分析、判断、推理等等。情绪识别的准确度受多种因素的影响。一般来说,快乐和愤怒最容易识别,而对恐惧、哀痛、厌恶等的识别较困难。从情绪行为的前后关系中识别情绪,准确度高,而孤立地识别情绪,准确度低。情绪识别易受暗示的影响。儿童对情绪的识别,准确度不及成人,随年龄增长,准确度提高,似乎在 12 至 14 岁左右有一个急剧发展变化的时期。

面部表情的识别如果能和身段表情结合起来,那就更有利于准确地判断情绪状态。识别身段表情,其中双手的表情占着很重要的地位。识别双手表达情绪的准确度可以达到和识别面部表情一样的水平。在日常生活中,即使我们看不清一个人的面孔,但只要能看清他的身体动作就能了解其情绪状态。流行于欧洲一些国家的哑剧,演员的面部或涂上白粉或戴上面具不可能较多地运用面部表情,但人们根据其姿势动作仍能理解他们所表达的情绪。所有的舞蹈都是身段表情动作。我们对舞蹈的欣赏,实际上就是根据身段表情来理解剧中人物的喜怒哀乐的。

言语表情的重要性也不可低估。同样一句话,由于说话者口气腔调的不同,往往可以从说话人的情绪做出相当准确的识别,而听话人的感受也因之而有很大差异。歌唱家、演说家主要就是靠他们的声音来打动听众的。

正常成年人的情绪表现是可以随意调节的,可以加强它,也可以抑制它。情绪可以在没有表情的情况下产生,表情也可以在没有情绪体验的情况下出现。例如,并不喜爱可以满脸堆笑;真正气忿又可以装出心平气和。同样一种表情,可能具有不同的意义。因此,要准确地识别一个人的情绪单凭表情是不充分的,必须结合其他指标(如当时的情境,这个人的个性特征等)综合地进行比较才能达到。

在人际交往过程中,情绪不但可以被识别,而且是可以相通的。人们彼此间情感的相通,即情感上的相互作用和相互影响,称为感情移入或移情(Einfuhlung)。当我们知觉到别人有某种情感体验时,可以分享他的情感。这种分享并不意味着是同情,也不仅意味着对它的认识,而是指对别人的情感产生情绪性反应。

第四节　情感的功能

在心理学史上,由于人们缺乏对情感现象的深入认识,曾在相当长的时期内,不少心理学家一直忽视情感的功能性效用。他们往往只看到,人们在实践活动中,会因某种刺激引起身体外部的运动变化和身体内部的生理变化,以及由这种变化引起的主观体验,这样一种情绪现象(即情感过程)。而至于这种被激起的情绪,对一个人正在进行的或随后的活动又有何种影响,则未多加关注。如:现代情感理论的先驱——詹姆斯—朗格(James-Lang)认为,对情绪现象"更合理的说法是:我们觉得难过是因为我们哭;发怒是因为我们打人;害怕是因为我们发抖。而并不是因为我们难过、发怒或害怕,所以才哭、打人或发抖"(James,1890)。甚至有不少人把情绪视作成事不足、败事有余的东西。如美国现代情绪心理学家杨(Young)认为:"当人被周围情境激动(这就是说,情绪性地)到他的大脑控制减弱或失去的地步……那么,这人就有了情绪(Young,1961)。这种观点在生活实践中的扩散,也导致人们对情绪的种种误解和偏见——"认为情绪与符合现实的适应性功能是根本对立的"。① 从而,阻碍人们对情感现象的深入研究,以至于很多心理学家在研究情感时"只考虑情感是怎样发生的,而用不着把情绪看做有任何重要的目的或功能"。② 可以说,这也是导致迄今为止在教学活动中尚有不少人对情感作用认识不足、模糊,甚至怀疑、否定的重要原因。③

一百多年前,达尔文(Charles Darwin,1809—1882)从进化论角度提出:"情绪生活受到进化法则的支配。"④从人类漫长的进化和演变过程中可以发现,情感不仅没有退化,反而越来越丰富。仅此而论,人类的情感不可能只是一种干扰或破坏性的东西,而是必有其帮助人类适应环境的功能性效用的。事实上对于情感的正向效用的认知,自古就有,如先秦时期的墨家就曾明确提出了情感的动力功能问题。⑤ 虽然诸如此类的认识,在历史上都未占主要地位,但仍给我们颇多启迪。尤其令人感到庆幸的是,随着情感心理学在近三十年中的突破性进展,有不少心理学家对情感作了深入研究,揭示了情感的某些功能,引起人们对情感现象的某些认识上的根本性的改变。其意义,无论是对情感心理学本身的理论和研究,还是对情感心理学的实践和应用,都是巨大的、深刻的。

一、情感的动力功能和强化功能

(一)情感的动力功能

情感的动力功能是指情感对一个人的行为活动具有增力或减力的效能。人类祖先在捕猎、搏斗和防御时,发生愤怒的情绪反应,有助于增强体力,战胜猎物或敌手。现代科学更清楚地揭示了,在剧烈、紧张的情绪状态下,人的血压升高,脉搏加快,单位时间内心脏的排血量增加;呼吸的强度增大,频率提高,吸/呼比例加大,单位时间内氧气的吸入量增加……所有这一

---

① 　K. T. 斯托曼著:《情绪心理学》,辽宁人民出版社 1986 年版,第 4 页。
② 　克雷奇等著:《心理学纲要(下册)》,文化教育出版社 1981 年版,第 437 页。
③ 　卢家楣:《情感教学心理学》,上海教育出版社 2000 年版,第 86—87 页。
④ 　达尔文著:《人类和动物的表情》,科学出版社 1958 年版,第 8 页。
⑤ 　燕国材:《我国古代关于情感的几种学说》,《心理科学通讯》1982 年第 6 期。

切变化,都有助于一个人充分调动自身的体力,去应付紧急环境,提高适应能力。

美国现代情感心理学家汤姆金斯(S. S. Tomkins)指出,在由需要引起动机行为的过程中,情感起着重要的调节作用。而这种调节作用,确切地说,着重表现在对动机所发动的行为的强度上的影响。例如,同一个人,在同一个需要－动机系统支配下活动,情绪高涨时,他会全力以赴、努力奋进,能克服重重困难,去直达预定目标。情绪低落时,他则缺乏冲劲和拼劲,稍遇阻力,便畏缩不前,半途而废。马克思也说:"情欲、激情是人指向着自己的对象努力追求的性能。""热情就是一个人努力达到自己目标的一种积极的力量。"①正是在这一意义上,现代西方情感心理学家更倾向于把情感视为第一性动机,对人的行为活动施加着增力或减力的效能。

(二)情感的强化功能

情感的强化功能是指情感具有巩固或改变一个人行为的效能。在现实生活中,儿童会为获得愉快体验或为避免不愉快的体验而出现某种行为反复呈现的倾向。一般说,一个人的行为会因受到积极的情感体验而得以巩固;一个人的行为也会因受到消极的情感体验而获得改变。对一个婴儿来说,喂饱食物或听到诱惑他的玩具声音时,他会自动微笑,而巨大的爆炸声会引起他的惊吓。因而"他首先学会希望有积极的情绪状态,而不希望有消极的情绪状态。其后,当他的适应行为的能力成熟时,他学着以各种方式去行动,以便得到最大的积极情感状态和最小的消极情感状态。"②这样,从引发行为动机的角度上说,某种活动若能给予个体的积极的情感体验,它也就成为一种富有吸引力的诱因。如果说,情感的动力功能主要是对动机行为的强度发生作用,那么情感的强化功能则主要是对动机行为的维持或改变发生作用。其基本的心理机制是,一个人趋向积极情感体验而回避消极情感体验,表现出一种先天性的倾向。情感的强化功能反映了情感对行为活动的作用过程。这一功能的揭示,对于在教育实践中矫正人的行为活动,有着十分重要的意义。

---

① 《马克思恩格斯全集》第3卷,第644页。

② 克雷奇等著:《心理学纲要(下册)》,文化教育出版社1981年版,第44页。

二、情感的调节功能

情感的调节功能是指情感对一个人的认知操作活动具有组织或瓦解的效能。情感的动力功能和强化功能涉及到的是情感对一个人行为活动的积极性和方向性影响问题。情感的调节功能则涉及情感对一个人认知操作活动效果的影响问题。大量的研究表明,适当的情感对人的认知过程是具有积极的组织效能的,揭示了情感独特的、较为重要的调节功能。

(一)情绪极性对认知活动影响

一般说,诸如快乐、兴趣、喜悦之类的正情绪有助于促进认知过程,而诸如恐惧、愤怒、悲哀之类的负情绪会抑制或干扰认知过程。

1. 不同情绪极性对感知觉活动的影响

一个人愉快时,更容易通过感知觉接收外界信息,而不愉快时,则易闭塞接收外界信息的通道。正如古人所说,"耳之情欲声,心弗乐,五音在前弗听。目之情欲色,心弗乐,五色在前弗视。……心必和平然后乐,心必乐然后耳目鼻口有以欲之。"(《吕氏春秋·适音》)不少心理学实验也进一步发现,情绪会影响感知觉的选择性。有过强烈情绪体验的东西,往往会被一个人首先感知。

2. 不同情绪极性对记忆效果的影响

我们平时当自己心情好的时候,记东西快,且不易忘记,而当心情不佳时,读了好多遍的材料,仍记不住,勉强记住了,也会很快忘记。C. M. 海特纳和 B. L. 鲍里夫通过"被试在六种心境水平上的识记成绩"的实验证明了这种观点。另外,我国心理学家张述祖又通过实验也证明了:带有快乐情调色彩的词比带有不快乐情调色彩的词,无论在识记效果还是保持效果上都有相当显著的优势,而且由富有情调色彩的词所引起的微弱的情绪变化,也会表现出不同情绪极性对识记和保持的影响。可见情绪极性对记忆影响之显著。

3. 情绪极性对思维活动的影响

当一个人情绪快乐时,思维会变得格外灵活、敏捷,头脑显得尤其清醒、明晰,分析判断也易于正确;而当一个人情绪不佳时,则思维迟钝、涣散、头脑混浊,分析、判断易出差错。有位德国著名化学家奥斯特瓦尔德曾收到一位名叫贝齐里乌斯的青年从国外寄来的一篇介绍新的溶液理论的论文。但奥斯特瓦尔德收到的那天,正牙病发作,妻子又分娩不顺利,他坐立不安地勉强看完论文,只觉得满纸胡说八道,便弃之一边。过了两天,牙痛好了,妻子也顺利产下孩子,他心情愉快,又想起那篇论文,重新审阅起来。而这回却令他拍案叫绝,他敏锐地发现了该文的科学价值,便推荐发表于德国科学杂志。嗣后,那位青年因此项成果荣获了诺贝尔奖。① 同一篇论文,前后得到一个人的两次如此不同的评价,原因正在于不同情绪状态对分析、判断的影响。

(二)情绪水平对认知活动的影响

在日常生活中,我们也许都有过这样的体会:当我们情绪不高时,处理事情,解决问题的效果往往不好,但有时情绪兴奋性太高,效果亦不见佳。对于这个问题,不少心理学家都做了大量的实验来揭示它。后来耶克斯和道森通过实验发现,智能操作活动越复杂,情绪唤醒水平的最佳点越偏低些(见图7-3)。这就是反映情绪唤醒水平和认知操作效率之间关系的耶克斯—道森定律(Yerkes-Dodson Law)。根据这一定律,当我们在进行认知操作活动时,情绪强度不宜过高和过低,而应保持适中水平,并且这一适中点还应根据智能操作活动难度作相应调整,难度大的,适中点低些,难度小的,适中点高些,这样才能积极地发挥情绪对智能操作过程的调节功能。

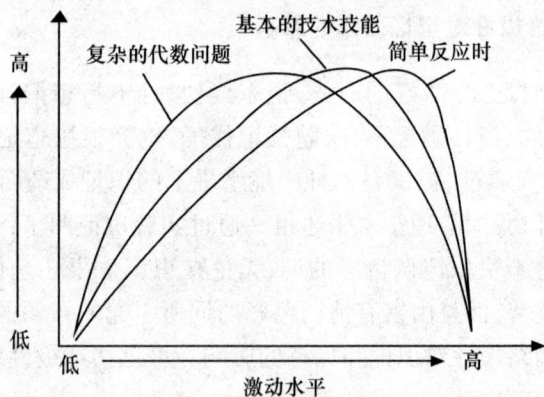

图7-3　耶克斯—道森定律

---

① 朱长超:《情绪的优化》,《大众心理学》1985年第3期。

（三）情感丰富性对认知活动的影响

生活中大量事实已给我们这方面的启发：凡是曾伴以我们较强烈的情绪体验的事物——一次与某人的会面、一个激动人心的时刻等等，一般都会给人以较深刻的印象，留下长时的乃至永久的记忆。情绪在这里似乎起着某种"烙印"的作用。有助于记忆的保持。一项对成年人回忆儿童时代的经验的早期研究，支持了人们的上述体验，并给了这样一个数量化的概念：大多数最初经验的共同情绪是同愉快相联系的（30%），其次是与害怕相联系的（15%），再次是与愤怒、痛苦等相联系的（Waldvogel，1948）。这就是说，以较强情感体验的事物比缺乏这种体验的事物更容易被记住；而伴以情感体验事物中，与正情绪相联系的事物比与负情绪相联系的事物又易留下深刻印象。

三、情感的信号功能和感染功能

（一）情感的信号功能

情感的信号功能是指一个人的情感能通过表情外显而具有信息传递的效能。一个人一方面能凭借表情传递情感信息，另一方面也能凭借表情传递自己的某种思想和愿望。心理学家阿尔波特（Mehrabian albert）通过研究发现，在日常生活中，55%的信息是靠非言语表情传递的，38%的信息是靠言语表情传递的，只有7%的信息才是靠言语传递的。在人们实际交往过程中，很多时候都是通过细察表情才能真正领会说话者的用意和言语中的深层含义。例如，当有人询问，是否参加晚上的宴会，同样回答一个"去"字，伴以不同的言语和非言语表情，会表达当事人完全不同的几十种态度：坚决的、高兴的、急不可待的、欣然的、扭捏的、半推半就的、无所谓的、犹豫的、勉强的、被迫的、厌恶的、豁出去的……正因为情感的信号功能具有上述独特作用，因而它的充分发挥，能使人际信息传递达到日臻完善的程度。

（二）情感的感染功能

情感的感染功能是指一个人的情感具有对他人情感施予影响的效能。当一个人产生某种情绪时，不仅自身能感受到，而且又会通过表情外显，为他人所觉察，并进而引起他人的情绪反应。我们把这种情感现象称为情感的感染功能。它往往可分为两种常见的情形。一种是一般的情绪气氛感染。例如,一个人走入欢乐的人群之中,会受到这种情绪感染而有所兴奋、振作;而走入悲伤的人群之中,自己情绪也会受到感染而压抑、低沉。另一种是被特定对象引起与之相应的情绪反应。例如,当你看电影时,你的情感也会随着主人翁的情感一起跌宕起伏,他笑你也乐,他哭你也悲。而且心理学研究还表明,一个人的情感会影响他人的情感,而他人的情感还能反过来再影响这个人的原先情感。

四、情感的迁移功能和疏导功能

(一)情感的迁移功能

　　情感的迁移功能是指一个人对他人的情感会迁移到与他人有关的对象上去的效能。当一个人对他人有感情,那么对他所交的朋友、对他所经常使用的东西,也都会产生好感。中国有句成语叫"爱屋及乌",便生动而典型地概括了这一独特的情感现象。燕国材教授曾提出"在一定的条件下,人的情感可以弥漫到主体与客体上去"①。苏联心理学家雅科布松也曾运用高级神经活动的规律来解释情感迁移或情感扩散现象。

(二)情感的疏导功能

　　情感的疏导功能是指情感能提高或降低一个人对他人言行的可接受性的效能。
　　情感的这一功能体现在三个方面。首先,他人言行的情感状况。一般说,一个人真挚、生动的情感易打动他人,使他人较易于接受、悦纳该人的言行,而冷漠、无情或不真实的情感,则使他人易于产生隔膜甚至反感,大大降低对其言行的接受性程度。其次,个体本身的情绪状况。一个人自己当时的情绪状况,也会影响对他人言行的接受性程度。一般说,当一个人处于快乐的正情绪状态时,更容易使自己畅开心怀,展示于外,也就更容易接受、加工和内化外部输入的信息。而当一个人处于不快乐的负情绪状态时,则容易使自己闭锁、沉溺,也就不容易接受、加工和内化外部输入的信息。再次,彼此之间的情感状况。彼此间的感情融洽,有利于提高一个人对他人言行

---

　　①　燕国材:《论情感及其培育》,《教育研究》1992 年第 2 期。

的接受性,而彼此间的感情抵触,则会降低一个人对他人言行的接受性。当一个人对他人有好感的时候,那么对他人的言行,往往倾向于以积极的态度去对待它、认可它、接纳它,甚至会出现偏听偏信的情形,而当一个人对他人有恶感的时候,那么对他人的言行,就往往倾向于以消极的态度去对待它,从反面去理解它,从而置于拒听不从的境地。

五、情感的保健功能和协调功能

(一)情感的保健功能

情感的保健功能是指对一个人的身心健康具有增进或损害的效能。当一个人在发生情绪时,其身体内部也会伴之以出现一系列生理变化,且不同情绪所引起的生理变化对一个人的身体影响是不同的。有些情绪所引起的生理变化对身体是有利的,例如,一个人在愉快时,肾上腺素分泌适量、呼吸平和、血管舒张力使血压偏低,唾液腺和消化腺分泌适中,肠胃蠕动加强等等,这些生理反应均有助于身体内部的调和与保养。而有些情绪所引起的生理变化则对身体是不利的,例如,一个人在焦虑时,肾上腺素分泌增多,肝糖元分解,血压升高,心跳加速,消化腺分泌过多,肠胃蠕动过快,乃至出现腹泻或大小便不自主泄出。这些生理反应无疑加重心血管负担和引起消化系统紊乱,影响身体内部的调和与保养。倘若一个人经常处于某种情绪状态,他身体内部也就会频繁出现某种相应的生理反应,这样,久而久之,便会影响一个人的身体健康。

(二)情感的协调功能

情感的协调功能是指一个人的情感具有促进或阻碍人际关系的效能。心理学研究发现,在人际交往过程中,人们往往喜欢那些喜欢自己的人。美国社会心理学家阿朗森(E. Aronson,1965)等做过这样一个实验。他们故意设置一个情景,让被试感到似乎是在偶然情况下听到几次助手与实验者关于对被试印象的谈话。事后问被试对实验助手的喜欢程度,结果表明,对在被偶然听到的谈话中表示喜欢被试的助手的喜欢程度评价分 6.25 分,而对表示不喜欢被试的实验助手的喜欢程度评价分为 2.52 分,相差十分悬殊。从而证明了情感的这种协调功能。

生活经验告诉我们,当一个人对他人有好感时,哪怕没有过多交往,事后证实,他人也往往对该人怀有好感。因此,在人际交往中我们要向对方尽可能表达友善情感,通过充分发挥情感这一协调功能来促进自己的人际关系的和谐。①

从进化论的角度看,随着人类自身的演进,人类情感功能也会日益多样化,这是人类适应不断发展、愈趋复杂的社会生活环境的必然结果。并且可以预言,随着人类社会的进一步发展,随着人类实践活动的进一步开拓,人类情感还会被赋予更多的功能,而这也会随着人们对情感认识的深入,被更多地揭示出来。②

第五节 情绪理论

情感体验同时伴有生理和心理两种过程,情绪的理论企图对情绪的生理、心理过程以及它们的关系作出系统的解释。不同的心理学流派和心理学家对情绪的产生和理解有不同的角度和研究方法,因而产生了许多不同的观点,进而形成了各种情绪理论。

一、情绪的早期理论

(一)詹姆士—兰格理论

情绪往往伴随着一定的身体变化,如血液循环、肌肉、呼吸、腺体分泌的变化。1884 年和 1885 年,美国心理学家詹姆士(W. James)和丹麦生理学家兰格(C. Lange)先后提出了相似的情绪理论:情绪产生于植物性神经系统的活动。他们把情绪的产生归因于身体外周活动的变化,如哭泣是产生悲伤的原因,惧怕产生于颤抖等,他们认为"先有机体的生理变化,而后才有情绪"。詹姆士—兰格理论可示意性地概括成图 7 - 4。当一个情绪刺激物作用于感官时,引起个体生理上的某种变化和反应,并激起神经冲动;神经冲动传至中枢神经系统产生一定的情绪。

詹姆士—兰格理论重视情绪与机体变化的密切关系,但又片面地强调

---

① 卢家楣:《情感教学心理学》,上海教育出版社 2000 年版,第 86—125 页。

② 卢家楣:《情感的功能及其在教学中的作用》,《教育研究》1988 年第 7 期。

了植物性神经系统的作用,忽视了中枢神经系统的控制和调节作用。这种最早的情绪理论引起了生理学和心理学家的长期争论,促进了情绪理论的发展。

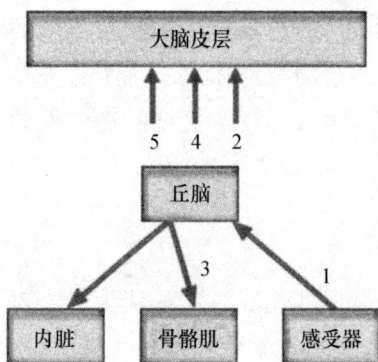

图7-4　詹姆士—兰格理论示意图
（箭头表示作用的方向）

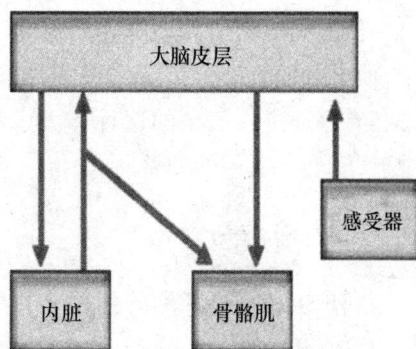

图7-5　坎农—巴德理论示意图
（箭头表示作用的方向）

（二）坎农—巴德理论

针对詹姆士—兰格的情绪理论,生理学家坎农(W. B. Cannon)提出了批评,同时他和自己的追随者巴德(P. Bard)阐述了自己的观点。这种后来被称为坎农—巴德理论的学说认为,情绪的中心不在外周神经系统,而是中枢神经系统的丘脑,当丘脑过程被唤起时,情绪的特殊性质就附加于简单的感觉之上。

图7-5是坎农—巴德情绪理论示意图:外界刺激引起感官产生神经冲动,这些神经冲动由丘脑进行信息加工后,分别传送到大脑皮层和机体的其他部分。传送到大脑皮层的信息产生情绪体验,传送到内脏和骨骼肌激活生理反应。

坎农—巴德情绪理论重视情绪中枢性生理机制的研究,相对于詹姆士—兰格理论前进了一大步,但它忽视了大脑皮层对情绪的作用以及外周神经系统对情绪的意义而有较大的局限性。

二、情绪的动机唤醒理论

（一）扬的理论

1961年美国心理学家扬通过实验研究指出,情感过程与感知过程的不同就在于它产生动机作用并影响了行为。扬的理论着重于情绪的动机作用,大量引用了唤醒概念,将情感看成愉快—不愉快两极之间的享乐序列,享乐程度不同其唤醒功能也不同,对行为施加了不同的影响。

虽然扬对情绪的动机作用给予了高度重视,但与其他心理学家不同的是,他更多地看到了情绪的破坏性。他认为情绪的唤醒作用干扰了行为正常和有序地进行。扬的这种夸大了情绪的破坏性,忽视了情绪的适应性的观点,受到了人们的质疑。

(二)利珀的理论

利珀也从动机唤醒的角度来理解情绪,但强烈地反对那种认为情绪对行为具有瓦解作用的观点,他主张情绪是具有动机和知觉作用的积极力量,组织、维持并指导行为。在利珀看来,情绪具有破坏性的观点是对当情绪状态干扰或使期望的行为瓦解时更容易引起人们注意的事实的一种误解。利珀认为,情绪起着动机的作用,它在大多数时间里处于温和的激活状态,在无意识的情况下控制着主体的行为,指示着行为的方向。

(三)汤姆金斯的动机理论

汤姆金斯 1962 年提出了一个独创性的情绪理论。他认为,感情系统是原始的,它具有先天决定作用,与后天形成的驱力系统相互影响并为之提供能量。感情不受时间和强度的限制,因而具有多变的特点。感情是最基本的动机系统,它的作用是激活、唤醒或放大内驱力,成为行为的动力。

三、情绪的行为理论

1929 年,华生提出了第一个行为主义情绪理论。他强调"情绪是一种遗传的'反应模式'",并认为抚摸等刺激是婴儿产生情绪的强化条件,有了这些条件,婴儿才逐渐学会了微笑等情绪反应。华生的情绪理论与实验研究为将来建立完整的行为主义情绪概念奠定了基础。

继华生之后的哈洛和斯塔格纳(H. F. Harlow & R. Stagner, 1933)认为,人类存在着先天无差别的基本情感。这些无条件的感情反应(感情即主体体验到的中枢生理变化)是情绪产生的根源。原始感情反应在外部环境接触中受到多种联系的奖与惩,由此学习形成了各种情绪,这种社会学习又受到神经中枢的调节。

米伦森(J. R. Millenson,1967)受华生和普拉奇克等人的影响,认为通过一个经典性条件作用过程引起的情绪变化会增加或抑制其他情绪行为。

格雷(J. A. Gray,1971)通过对先天的恐惧、早期的条件反应和情绪在语言中的最初表现提出了侧重探讨变态情绪的情绪理论。他认为,情绪是由外部事件引起的内部状态,当外部事件与内部状态之间关系变得混乱时,就产生病理反应。

情绪的行为理论是以外部刺激引起行为习得的角度来理解情绪,主要的缺点是忽略了主体认知功能的作用。

四、精神分析和体验的理论

萨特(J. P. Sarte)为该理论的代表人物。他用存在主义的观点解释情绪。(1)情绪的主体和客体密不可分,情绪是人们理解世界的一种方式。(2)情绪包含着对世界的改变。如果达到某种目标时遇到挫折,那么主体就会试着改变它,使它容易应付。这种在意识指导下的情绪性改变,想象有时发挥着重要作用。例如,一个人对黑暗感到害怕,他就会试着逃离这个环境,甚至想象离开这个环境的益处,从而免于加深恐惧感。(3)简单的行为反应不是情绪,真正的情绪必须有情绪体验,这种体验不是按意愿而能任意制止的。如,一个人虽然停止逃跑,却不能停止战栗。(4)并非所有的情绪都是完全清晰可辨的。朦胧的直觉是潜在的情绪,它使人对灾祸或喜事产生模糊预感。

萨特对情绪抽象、描述性的观点,以及对情绪模糊性、主观作用的阐述引起了心理学界的重视,但他将情绪视作本能的、不可驾驭和难以观察的论点缺乏科学依据。

五、情绪的认知理论

(一)阿诺德和拉扎勒斯的认知和评价理论

阿诺德在20世纪50年代提出了著名的情绪认知评价理论。该理论主要有两个方面的内容:

1. 情绪刺激必须通过认知评价才能引起一定的情绪

阿诺德认为,同样的刺激情景由于对它的估量和评价不同,个体会产生不同的情绪反应。对以往经验的记忆存贮和通过表象达到的唤起,在认知评价中起关键作用。老虎是让人恐惧的,但关在动物园的老虎与山林中的老虎不一样,它不会引起人的恐惧。因为经验告诉人们被铁笼牢牢围住的老虎无法对人构成威胁,这种认知评价决定了个体对笼中老虎没有恐惧情绪,更多的是好奇与欣赏。

2. 强调大脑皮层兴奋对情绪产生的重要作用

阿诺德认为,当外界情绪刺激作用于感受器时产生的神经冲动经内导神经传至丘脑,再到大脑皮层,由大脑皮层产生对情绪刺激与情境的评估,形成一种相应的情绪。

拉扎勒斯(R. S. Lazarus)发展了阿诺德的认知评价学说,将"评价"扩展为评价、再评价的过程。他认为,这个过程由筛选信息、评价、应付冲动、交替活动、身体反应的反馈,以及对活动后果的知觉等环节组成。情绪的产生是生理、行为和认知三种成分的综合反应。对认知起决定作用的是个体心理结构,即信仰、态度和个性特征等。社会文化因素影响着个体对刺激情境的知觉和评价。

(二)沙赫特和辛格的三因素论

美国心理学家沙赫特和辛格(S. Schachter&J. Singer)在 20 世纪 60 年代由一系列情绪实验的结果推论出与前人迥然不同的情绪认知理论——三因素论。这个理论的基本观点是:认知的参与以及认知对环境和生理唤醒的评价过程是情绪产生的机制。各种情绪状态的特征是交感神经系统以一定形式的普遍唤醒。人们通过环境的暗示和认知加工对这些状态进行一定的解释和分类。认知对刺激引起的一定的生理唤醒的引导与解释导致情绪的产生。

(三)伊扎德的动机—分化理论

伊扎德以整个人格结构为基础研究情绪的性质和功能。他的情绪认知理论重视情绪的动机作用。伊扎德认为,情绪是在生命进程中分化发展起来的,包括情绪体验、脑和神经系统的相应活动以及面部表情三个方面。他提出了一个情绪—认知—运动反应模型,认为在激活情绪的过程中人与环境是相互作用的,其间个体内部认知过程起着重要作用。认知、运动系统和情绪的相互作用经过认知整合导致了一定的情绪、体验和反应。

在重视认知因素对情绪作用的同时,伊扎德将情绪的适应价值置于十分重要的地位,认为情绪是基本动机。情绪使有机体对环境事件更敏感,能激起机体的活力;情绪对认知的发展和认知活动起着监督作用,它激发人去认识、去行动。例如,兴趣激发人去学习、研究和创造。

伊扎德还强调情绪对人格整合的动机功能。他认为,人格是由知觉、认知、运动、内驱力、情绪和体内平衡六个子系统构成的复杂组织,情绪是这个复杂组织的核心。这个复杂组织的整合是靠情绪的动机作用来完成的。

情绪的认知理论既继承了情绪有生物成分和进化价值的观点,又重视社会文化环境、个体经验和人格结构等对情绪的制约作用;它强调情绪受主体认知功能的调节,是一种较全面的理论。这一理论有着广泛的发展前景。①

第六节　情绪的调控

一、什么是情绪调节

情绪调节是个体管理和改变自己或他人情绪的过程,在这个过程中,通过一定的策略和机制,使情绪在生理活动、主观体验、表情行为等方面发生一定的变化。情绪调节有以下几个方面。

(一)具体情绪的调节

情绪调节包括所有正性和负性的具体情绪。例如快乐、兴趣、悲伤、愤怒、恐惧、抑郁、焦虑等。关于情绪调节,人们很容易想到对负性情绪的调节,当愤怒时人们需要克制;悲伤时需要转换环境,想一些开心的事情等。

---

① 叶奕乾、何存道、梁宁建主编:《普通心理学》,华东师范大学出版社2004年版,第257—262页。

其实,正情绪在某些情况下也需要调节。当学生在学校里取得了好成绩时,不能表现得过分高兴,以免影响其他同学的情绪。

(二)唤醒水平的调节

情绪调节是个体对自己情绪的唤醒水平的调节。一般认为,主要是调节过高的唤醒水平和强烈的情感体验,但是一些低强度的情绪也需要调节。研究表明,高唤醒对认知操作起瓦解和破坏作用,如狂怒会使人失去理智,出现越轨行为。成功的情绪调节就是要管理情绪体验和行为,使之处在适度的水平。也有人指出,情绪调节包括削弱或去除正在进行的情绪,激活需要的情绪,掩盖或伪装一种情绪。所以情绪调节既包括抑制、削弱和掩盖等过程,也包括维持和增强的过程。

(三)情绪成分的调节

情绪调节的范围相当广泛,它不仅包括情绪系统的各个成分,也包括情绪系统以外的认知和行为等。情绪系统的调节主要是指调节情绪的生理反应、主观体验和表情行为,如情绪紧张或焦虑时,控制血压和脉搏;体验痛苦时,离开情境使自己开心一点;过分高兴时掩饰和控制自己的表情动作等。此外还有情绪格调的调节、动力性的调节等,如调节情绪的强度、范围、不稳定性、潜伏期、发动时间、情绪的恢复和坚持等。情绪调节的机制是一种自动化的机制,不需要个体的努力和有意识地进行操作。①

二、健康情绪的必要条件

情绪能够影响一个人的精神状态,提高或降低一个人的学习和工作效率。它能反映出一个人的志向、胸怀和度量。一个具有良好修养的人,懂得保持健康情绪,能够自觉而有效地控制和调节自己的情绪。因此,健康情绪的养成或保持对一个人的工作、学习或生活都起着至关重要的作用。

(一)正确的人生追求

正确的人生追求是个人学习、工作与生活的一种精神支柱。有了这种

---

① 彭聃龄主编:《普通心理学》,北京师范大学出版社 2004 年版,第 380 页。

精神支柱,就能在遭受挫折、打击和失意时,依然"心有所恃,情有所依",始终保持坚强的精神和健康的情绪。正确的人生追求应当是使别人过得更美好,对社会有所贡献。这就要求在生活、学习和工作中认准"人生的意义在于贡献而不是索取",只有确立这种正确人生态度的人,才能百折不挠,也才能在现实生活中遇到不顺心的事情(如失恋、失学、疾病等)时,始终保持乐观向上的情绪。

(二)宽广的胸襟

保持宽广的胸襟是形成健康情绪的基本条件。宽广的胸襟表现在对待生活琐事能开阔视野、旷达胸怀,不要只津津乐道于眼前琐事。一个人只有把眼光放在远大的事业上,才会有宽阔的胸怀和豁达度量。看问题应全局和长远,不能因暂时的不利境遇而烦恼沮丧,不能为那些微不足道的小利而大动感情。在为人处世上,应当从渺小的个人感情中解脱出来,摆脱"自我中心"的小圈子,以宽广的胸怀去接纳他人,以真心、诚心去打动他人。

(三)理性地适应生活

人总是生活在一个现实的情感世界中,这种情感世界是复杂多变的,有顺心的时候,也有不顺心的时候;有眼泪,也有欢笑;有冷嘲热讽,也有热情和友谊。一个人如果不能适应这些变化,情绪将会随之起伏动荡,时喜时怒,时悲时愁,情绪会受到伤害,不良情绪将会由此而形成。如果能够主动适应它,不管生活怎样起伏始终不改愉快、乐观的精神面貌,理智对待环境、条件、生活、人际关系等情绪问题,就能在现实生活中形成并保持健康情绪。

(四)寻找身边的欢乐

经常保持欢悦、乐观是健康情绪的重要表现。因为,乐观的情绪是身心和谐的象征,是健康的标志,它能使人从内心到外表都感染上愉快的色彩,更使人享受到对于生活的满足感,从而更加热爱生活、热爱人生。

保持乐观情绪的前提是善于寻找身边的欢乐。生活中有欢乐也有忧伤,有的人经常看乐的一面,他由此而感到生活很美好;有的人却总是看到忧伤的一面,就会生活得很忧心。当然,善于在身边寻找欢乐,多看生活中欢乐的一面,并不是只看生活中美好的东西而否认痛苦和困难的存在。生活中的现实是无法逃避的。我们提倡,无论欢乐还是忧伤,都应当以乐观的情绪去面对。对于眼前的困难,只要以乐观的态度米看待,通过自身的努力,相信它是能够被克服的。虽然乐观的心情并不能改变客观事实本身,但是乐观却可我们勇敢面对现实,不畏困难,能使我们鼓足勇气改变我们所遇到的挫折和失败。

欢乐或乐观其实都是建立在心理学家所谓的自我效能感上,亦即相信自己是人生的主宰。这种心态能使你最大限度地发挥既有能力,努力培养欠缺的能力。班杜拉对自我效能感颇有研究,他认为,一个人的能力深受自信的影响,能发挥到何种程度有极大的弹性。能力感强的人跌倒了能很快爬起来,遇事总是着眼于如何处理而不是一味担忧。①

【资料窗 7 -5】

不要让它使你沮丧

"好心态胜良药"是一句古老的医疗箴言。他可能比现代医学认可的观点更接近真理。患者越不忧郁、越乐观,就越可能从压力性手术中康复。

在一项关于 100 名患者由于白血病需要进行骨髓移植的研究中,发现其中 13 个患者严重抑郁。这些抑郁患者中有 12 个在手术一年内就去世了(92%),而不抑郁的患者只有 61% 在研究的两年中去世。

其他研究考察了悲观主义的影响,发现悲观主义是死于心脏病的最大预测因子。例如,122 个人在患心脏病时接受乐观或悲观的评估。八年后,发现他们的心理状态,而不是其他任何标准危险因子,比如心脏损伤、血压升高、胆固醇水平高等与死亡的一致性较高。最悲观的 25 人中有 21 人去世,而最乐观的 25 人中只有 6 人去世。

皮特森等人(Peterson,Seligman&Valliant,1988)研究了乐观主义者与悲观主义者。他们指出,悲观主义者倾向于将生活中的挫折解释为是由于人格中的不可变因素导致。相反,乐观主义者则倾向于将挫折解释为由于外在的情景引起的,并不是自己的错。皮特森等人根据哈佛大学本科生的战时经历的文章,把他们评定为乐观主义者和悲观主义者。二十年后,悲观主义者(45 岁)更可能患慢性病。不过,其他研究报告说,人格对疾病只有较小的影响。

[资料来源]迈克尔·艾森克著,吕厚超等译:《心理学——国际视野》,北京大学出版社 2010 年版,第 191 页。

---

① 柏桦著:《EQ 情商》,中国文史出版社 1997 年版,第 92—95 页。

三、不良情绪的控制

(一)暴怒情绪的控制

暴怒是因对客观事物不满而产生的一种情绪反应,一般都是由外在的强烈刺激所引起的。这种情绪反应会严重危害身体。加拿大生理学家谢尔耶通过多年研究,认为暴怒能够击溃一个人的生物化学保护机制,使人降低抵抗力以至为疾病所侵袭。当暴怒时,机体往往能发挥出超乎寻常的力量。这时,人的机体处于高度兴奋的应激状态,交感神经受到刺激,也处于应激状态,消化活动被抑制,糖从肝脏中释放出来,肾上腺素分泌增多,以致血压升高,脉搏加快,呼吸变深,肌肉中消耗能量增多。因此,在持续的暴怒状态刺激下,心脏、脑、胃、肠等都会受到损害。暴怒不仅伤自己,还伤他人。妨碍团结,影响人际交往。《三国演义》里,诸葛亮阵前痛骂王朗,王朗暴怒,一声大吼,坠马而亡;社会上因为暴怒而伤人、杀人的现象更是屡见不鲜。这些例子都是暴怒危害的佐证。

暴怒的不利影响早就得到了大量的证明,在现实生活中,我们一定要有意识地采取适当的措施控制自己的情绪,避免暴怒情绪的发生。控制暴怒情绪的基本程序有三步。第一步:自我意识自己的暴怒。只有承认自己的情绪处于什么状态,才有可能从这种不良状态中解脱出来。有了不良情绪,又不愿意承认或自我意识不到,这种不良情绪也就难以消解了。第二步:对暴怒情绪进行归因。情绪的存在,就要分析产生暴怒情绪的原因,弄清楚为什么会暴怒。这可以帮助我们弄清楚自己有没有必要暴怒,只要理智分析,暴怒情绪就会得到消解。第三步:寻求制怒的方法。制怒的方法很多,比如,当你暴怒时,转换环境,找一个体力活干一下,或操起斧子劈材,或拿起锄头锄地,或者干脆跑一圈,当你累得满头大汗、精疲力竭,这时,你的气就会基本平静下来。暴怒时,多反省反省自己,看到自己也有责任,这也是制怒的一种方法;暴怒时,采用"逆向性思维",把思路从"恨"的方向调回头,朝相反的方面想想,这同样是制怒的一种比较好的方法。

(二)过度焦虑情绪的控制

焦虑是由某种不顺心的因素而引起的不愉快的情绪反应。它主要是对危险、威胁和需要特别努力但对此又无能为力的苦恼的强烈预期反应。

　　心理学家通过实验研究,发现过度焦虑无论对人的生理,还是对人的心理都将产生不利影响。在生理方面,由于焦虑会使人的自主神经系统活动增加,肾上腺素输出量提高,血压和心率增强,皮肤出汗,面色苍白,嘴发干,呼吸加深、加快,肌肉失去弹性,大便和小便率增加。在心理方面,焦虑会破坏一个人的精神面貌,使人变得颓废、沮丧和消沉,过度的焦虑还会使人过早衰老,无异于慢性自杀。《红楼梦》中,林黛玉因焦虑,不能自制,当闻听贾宝玉娶亲时,悲愤交加,在极度焦虑中饮恨而死。因此,焦虑实质上是对自己的一种折磨和伤害。持续的焦虑会引发疑病症,歇斯底里反应也可能产生。

　　焦虑从长期看,它是令人无法适应的,从短期看,它是令人不愉快的。因此,我们应当采取一些有针对性的办法来消除焦虑。首先,积极进入放松状态是消除焦虑的重要方法。通过适当的放松练习,可以使焦虑者的思绪专注在放松的感觉上,达到以转换注意的方式让焦虑者停止忧虑。其次,以新压旧也是消除焦虑的一种方法。实验证明,以另外新的忧虑可以压制原来的焦虑,通过转换注意力,使其离开原来引发焦虑的客观情境。另外,控制焦虑还可采用一种对他人陈述自己心中的忧虑的方法。通过向朋友倾诉自己的不快,道出自己的恐惧,朋友会针对你的情况进行开导,会使你的恐惧源自主消失掉。与此同时,你自己把你心中的忧虑说出来,这本身也会使你更加轻松,有时会醒悟到完全是不必要的焦虑,由此,在你陈述的过程中,你的焦虑本身就在逐渐自主消失。

(三)过度紧张情绪的控制

　　紧张是在生活情境中,对威胁性的或不愉快的因素的情绪反应或唤起性反应。它是由一定环境对个体所产生的压力而引发的反应。紧张情绪形成的条件主要表现在四个方面。第一个条件是人体质上的脆弱性。即体弱多病的人容易产生紧张感。第二个条件是人的性格特征。例如抑郁型的人,具有内向的个性,胆怯的性格,他们容易产生紧张情绪。热衷于竞争的 A 型性格的人,他们总想出人头地,在执行体力或脑力任务时总是加快速度,因而经常处于紧张状态。第三个条件是难以解决的互相矛盾冲突的目标或活动,以及已经发生在人身上的危险或伤害,在通向目标中遇到的障碍等。第四个条件是存在着的威胁,即预料中将要发生的生理的、心理的或社会的危害。

大量的研究表明,紧张对人体影响较大,过度的长时间的紧张会损害人们的健康,妨碍生活的正常进行,乃至于引起人格特征的变化。因此,对紧张情绪有必要进行控制。控制的方法可以着手于四个方面:第一是阻断导致紧张情绪的有关环节或途径,从根本上消除导致紧张的根源或刺激,以此得以放松。第二是改善环境。既要改善人生活与工作的物质环境,又要改善心理环境,防止或消除各种矛盾、冲突和挫折因素。第三是改善和培养个体的应对能力。这既可以通过教育和锻炼,提高原有的能力,获得新的技能来实现,又可以通过锻炼和改进个性特征,以适应环境的要求来实现。第四,言语放松训练。1932 年美国心理学家舒尔兹在其出版的《自我暗示和放松训练》一书中,提出运用几个准确言语的句子的自我暗示,达到放松的效果。其基本内容是:(1)我非常安静;(2)我的右(左)手或脚感到很沉重;(3)我的左(右)手或脚感到很暖和;(4)心跳很平稳、有力;(5)呼吸非常轻松;(6)腹腔感到很暖和;(7)前额凉丝丝的很舒服。我国心理学界和体育界也编制了一些这类放松训练的指导语和暗示语,围绕呼吸的调整、肌肉的放松、感觉上的平静等方面使自己的情绪得以放松。

(四)抑郁情绪的控制

抑郁是一种极为复杂的情绪障碍,也是一种极端情绪的表现,它与其他许多不良情绪相关,并受许多情绪如焦虑等的影响而加重。抑郁情绪具有五组特征①:(1)一种悲哀的、冷漠的心境;(2)一种消极的自我概念,含有自我谴责等;(3)一种回避他人的期望;(4)一种睡眠、食欲和性欲的丧失;(5)一种活动水平上的变化,它经常具有激动的形式,但更经常的是包含着嗜睡症。

抑郁症是一种心理综合征。它包括三方面的心理障碍:(1)心境障碍,如悲伤、沮丧或易激动;(2)思维障碍,主要表现为消极的判断和评价,如无兴趣、无望、无助;在自我方面表现为自罪、自责、孤立感;(3)躯体功能障碍,如疼痛、疲乏、自主性功能减退或过度等。抑郁症不是单一的情绪状态,它包括痛苦、愤怒、厌恶、轻蔑、恐惧、羞愧等多种基本情绪。主要是痛苦,其次是厌恶、轻蔑和愤怒。后三者的结合构成敌意。在抑郁症中敌意是重要的成分。

---

① K.T. 斯托曼,张燕云译:《情绪心理学》,辽宁人民出版社 1986 年版,第 62 页。

抑郁情绪的产生主要来自于两个方面的因素,即坏境压力与潜在的心理倾向。塞利格曼提出抑郁是由于学习的习得性无力感引起的。习得性无力感指人在被动地接受某种刺激后感到无能力去应付,不能学会去应付的一种状态。在抑郁症患者之中,他们认为自己不能对外部事物产生任何影响,起不了任何作用。他们表现为压抑、消沉、嗜睡等。

抑郁情绪将严重危害身体,破坏人体身心的平衡。处于抑郁情绪的人一般都处于一种压抑状态,内心隐存着某种能量,这种能量积聚过量会破坏人的理智,使其出现混乱、注意力无法集中、记忆衰退等现象,到后期心智充塞混乱的扭曲思绪,再也无法感受人世的乐趣,最后生趣尽失,连希望也烟消云散,以此走向自杀的境界。因此,在严重的抑郁情绪状态下,生命已形同瘫痪,完全没有生机。

对抑郁情绪的控制可采用的方法较多,但真正行之有效的方法较少。我们认为,当你处于抑郁状态时,不妨大哭一场。因为哭能释放积聚已久的能量,并调整机体的平衡。在亲人面前痛哭,可以爆发纯真的感情,如同夏天的暴风雨,越是倾盆而下,天就越晴得快。许多人在痛哭一场后,抑郁症状就减轻了许多。有人经过化学分析得知,在人哭泣流出的眼泪中,含有一些生物化学物质,而正是这些生化物质能引起血压升高、消化不良或心率加剧,把这些物质排出体外将有利于身体健康。因此,大哭可以化解由于抑郁情绪所带来的对机体的不良影响。

刻意安排较愉快的事件转移注意力也是一种好的方法。转移注意力之所以能够治疗抑郁,是因为抑郁往往是自发性的,它不请自来地入侵人的心灵。即使你努力要压抑消沉的情绪,往往也徒劳无功。通过刻意安排较愉快的事件,可以唤醒抑郁者,使其对生活产生乐趣,以此忘记悲伤,忘记忧愁,进而缓解内心积压的抑郁。

当然,当处于抑郁状态时,语言暗示法、请人疏导法、环境调节法、自我表达法都是比较好的疏导方法。那种以独处反思来化解抑郁的方法是不可取的,它会加重抑郁症状,使人在抑郁中更加消沉。

【资料窗 7 - 6】

压制情绪是健康的吗?

情绪当然是有好有坏的。当和朋友们玩了一天后,你可以肆意地表达心中的快乐。但是,有时候我们也会压制自己的一些情绪,特别是心情差的时候。你曾经在公共场合对朋友发过火吗?在舞会上由于某个人的行为而难堪吗?在这些情况下,人们通常能很好地压制自己的情绪表露。但是,压制情绪实际上会增加交感神经系统的活动,换句话说,隐藏情绪需要付出更大的代价。

压制情绪会对思维和记忆造成一定损伤,因此,尽管压制情绪使我们在外面看起来更冷静镇定,但这种表现却付出了很大的代价。通常压制情绪的人不能很好地应对生活,而且更容易抑郁,相反,将自己的情绪表达出来的个体在情绪和身体上都会更好。通常来说,对情绪进行管理比对其进行压制更好。

[资料来源]Dennis Coon,John O. Mitterer 著,郑刚译:《心理学导论——思想与行为的认识之路》,中国轻工业出版社 2008 年版,第 473 页。

(五)自卑情绪的控制

自卑是人们由于发展受挫而将自己看得很低,从而产生的一种轻视自己的情绪。自卑情绪是人们奋发上进的一种反作用力。它表现为自我怀疑和自我压抑,以自我消沉和自我埋没而告终。

在正常情况下,人们都有着比较强烈的自尊心。只有在发展受挫以后,他们自尊的本性在挫折经历的压力下被扭曲了,这才导致自卑的产生。导致自卑情绪产生的因素较多,归纳起来主要有这样几个方面的因素:(1)自身出现了某种不如他人的因素。如身体有缺陷,工作能力差,工作岗位不如别人理想以及没有文凭等。(2)好胜心受到挫折。在屡次的暗暗比赛中落后,心理上往往会受到挫伤,由此会感到自卑。(3)自尊心得不到应有的尊重。如经常受到领导的无故责备或周围人的疏远冷淡等。(4)体验不到集体的温暖。如果一个人在集体中经常被轻视、嫌弃和冷落,也会感到伤心和自卑。(5)意志薄弱和性格软弱是自卑的一种重要的心理病源。(6)不能全面地看问题,对自己的长短和现实环境的利弊缺乏正确的、全面的认识,这也会助长自卑的产生。

总之,不利的客观现实加上不良的心理素质是导致自卑感的重要因素。而自卑感一经形成,如果不能及时克服,就会由自卑走向自贱,从此浑浑噩噩,很难再有所作为。

由于自卑感的形成有着客观和主观两方面的因素,因此,克服自卑,应当从正确看待客观现实和克服自身心理弱点两方面下工夫。首先要把自身存在的一些弱点和缺陷看作是正常的事,不应当当作包袱背起来。另外,对于被人瞧不起,我们应当化为动力,赶超他人。我们应当把别人的看法当作良药,以此激励自己,振作起来,以自己的行动重新塑造自己的形象。总之,不管在什么情况下,最关键的是自己要瞧得起自己。想想,你有不及人的地方,而别人也有不及你的方面,自信心就会由此产生,并不断得到加强。人必自尊而后人尊之,因此,不要老是让虚构的自卑压抑自己,要坚信自己能够改进自己,提高自己,赶上别人,超过别人。经常保持充分的自信心。只有这样,一个人的自卑情绪才会得以控制。①

● 拓展阅读

情绪控制八大技术②

制怒术:做情绪的主人,当喜则喜,当悲则悲。在遇到发怒的事件时,一思发怒有无道理,二思发怒后有何后果,三思有无其他方式替代吗?这样就可以变得冷静而情绪稳定。

愉悦术:努力增加积极情绪。具体方法有三:一是多交友,在群体交往中取乐;二是多立小目标,小目标易实现,每一个实现都能带来愉悦的满足感;三是学会辩证思维,可使人从容地对待挫折和失败。

幽默术:常笑多幽默。心理学家认为,人不是因为高兴才笑,而是因为笑才高兴;不是因为悲伤才哭,而是因为哭才悲伤。生活中要多笑勿愁。

助人术:学雷锋做善事,既可以给他人带来快乐,也可使自己心安理得,心境坦然具有较好的安全感。

宣泄术:遇到不如意、不愉快的事情,可以通过运动、读小说、听音乐、看电影、找朋友谈心诉说来宣泄自己不愉快的情绪,也可以大哭一场。

代偿转移术:当需求受阻或者遭到挫折时,可以用满足另一种需要来代偿。这一门课没考好,可争取在另一门课上取得好的成绩,也可以通过分散注意力,改变环境来转移情绪的指向。

升华术:即把受挫折的不良情绪引向崇高的境界。如著名文豪歌德在失恋后,把失恋的情绪能量升华到文学写作中,写出了名篇《少年维特之烦恼》。

放松术:心情不佳时,可以通过循序渐进、自上而下放松全身,或者是通过自我催眠、自我按摩等方法使自己进入放松入静状态,然后面带微笑,想象曾经经历过的愉快情境,从而消除不良情绪。

---

① 全国十二所重点师范大学联合编写:《心理学基础》,教育科学出版社 2009 年版,第 167—173 页。

② http://www.999.com.cn/Public/mentalworld/phycology/2002201/11889420020120.htm.

◉ **思考与练习**

1. 解释情绪、情感的概念。

2. 试从快感度、紧张水平、激动水平、强度等方面说明情绪的两极性。

3. 试述情绪与情感的区别和联系。

4. 举出表情动作的三种主要类型。

5. 试述情绪和情感的中枢机制。

6. 举例说明情绪和情感的动力功能和适应功能。

7. 举例说明情绪唤醒理论,并作简要评价。

8. 简述健康情绪的主要条件。

9. 论述诱发自卑情绪的各种因素并给出解决办法。

◉ **参考文献**

1. 叶奕乾、何存道、梁宁建主编:《普通心理学》,华东师范大学出版社 2004 年版。

2. 孟昭兰主编:《普通心理学》,北京大学出版社 1994 年版。

3. 黄希庭著:《心理学导论》,人民出版社 2002 年版。

4. 乔建忠主编:《现代心理学基础》,南京师范大学出版社 2001 年版。

5. 李伯黍、燕国材主编:《教育心理学》,华东师范大学出版社 1993 年版。

6. 戴维·迈尔斯著,黄希庭等译:《心理学》,人民邮电出版社 2005 年版。

7. K. T. 斯托曼,张燕云译:《情绪心理学》,辽宁人民出版社 1986 年版。

8. 克雷奇等著:《心理学纲要(下册)》,文化教育出版社 1981 年版。

9. 达尔文著:《人类和动物的表情》,科学出版社 1958 年版。

10. 卢家楣著:《情感教学心理学》,上海教育出版社 2000 年版。

11. 彭聃龄主编:《普通心理学》,北京师范大学出版社 2004 年版。

12. 柏桦著:《EQ 情商》,中国文史出版社 1997 年版。

13. Dennis Coon,John O. Mittcrcr 著,郑刚译:《心理学导论——思想与行为的认识之路》,中国轻工业出版社 2008 年版。

14. 曹日昌主编:《普通心理学》,人民教育出版社 1987 年版。

15. 全国十二所重点师范大学联合编写:《心理学基础》,教育科学出版社 2009 年版。

16. 迈克尔·艾森克著,吕厚超等译:《心理学——国际视野》,北京大学出版社 2010 年版。

第八章　能　　力

◉ **内容提要**

　　能力是个体顺利、有效地完成活动的重要心理条件,也是学校对学生教育和培养的重要方面。本章论述了能力的概念和基本理论,介绍了能力测量的方法,着重分析了能力发展的规律及成因。

　　在日常生活中,我们经常会遇到评价别人或被别人评价关于能力高低的问题的情况,对一个人能力的评价敏感而重要,因为它标志着他人和社会对个体的认可,体现着个体的社会价值,关系着个体的自尊感和成就感。那么,什么是能力,为什么不同的人之间能力会有如此大的差异,影响能力发展的因素又有哪些呢? 本章我们就要对这些问题进行探讨。

第一节　能　力　概　述

一、能力的定义

　　我们知道,每个人都具备能力,而且能力各不相同,有的人擅长绘画,有的人擅长乐理,有的人巧舌如簧,有的人笔走游龙,有的人善协调会组织,有的人逻辑强善推理。说起来人人都有能力,可是它却看不见抓不着,那么能力到底是什么呢? 心理学家认为,能力是指个体顺利、有效地完成某种活动所必须具备的心理条件。

从定义中我们可以看出,首先,能力总是而且必须与某种活动相联系。一方面,个体的能力是在活动中培养、形成和发展起来的,并且只有通过活动才能得以体现。厨师嗅觉和味觉的敏感度,作家对文字的驾驭和丰富的想象力,都是在长期的专业训练和活动中逐渐培养发展起来的。另一方面,任何一项活动的完成都需要相应的能力作为必备条件来保障,否则活动就无法完成。例如,不具备良好的语言表达能力就很难成为一名优秀的教师。

其次,能力直接影响活动效率。能力高低会影响一个人掌握某种活动的快慢、难易和巩固程度。在其他因素相同的条件下,能力高的人比能力低的人可以取得更好的活动效果。

再次,在活动中表现出来的心理特征并不都是能力。成功地完成某项活动需要多方面的因素:需求动机、知识经验、努力程度、生理状况等。所以,个体在完成活动的过程中,会表现出各种心理特征,只有那些为完成某种活动所必需的、直接影响活动效率与活动成败的心理特征,才能称作能力。能力不是唯一的条件,而是完成某项活动的必要条件。例如,曲调感和节奏感对于音乐活动,色彩鉴别力和透视能力对于绘画活动等,才能称作能力。而诚实、活泼、沉稳、勤奋等个性心理特征虽然与完成活动有一定的关系,但不直接决定活动的完成,不是顺利完成活动的必要条件,也就不能算是能力。

最后,根据能力发展的阶段和程度可以将能力分为能力、才能和天才三个层次。能力是指顺利、有效地完成某种活动所必须具备的心理条件。具备完成某项活动需要的所有心理条件叫才能。比如要求教师必须具备几种基本能力:逻辑思维能力、语言表达能力、教材组织能力、注意分配能力、课堂管理能力等。多种才能的完美结合且为人类作出重大贡献者称作天才,天才的成功除了具备超强的能力外,还受到个人主观努力和社会条件的影响。

二、能力与智力

关于能力与智力的关系,目前学界并无统一的认识。我国学者目前大多认为能力包含智力。成功完成某项活动需要多种心理条件,在这些心理条件中,有些是从事任何活动都需要的条件,即智力。智力是指人认识、理解客观事物并运用知识、经验等解决问题的能力,它主要包括五种能力:观察力、注意力、记忆力、思维力和想象力。其中思维力是支柱和核心,它是人脑对客观事物间接的、概括的反映能力,代表着智力的发展水平。

三、能力与知识、技能

能力、知识和技能三者关系密切,理清三者之间的关系有助于我们对能力概念的理解。

能力是指个体顺利、有效地完成某项活动所必须具备的心理条件。知识是人们在认识世界和改造世界的过程中对认识和经验的概括和总结。根据内容可以分为自然科学知识、社会科学知识等。技能是能够完成某项工作的专业动作系统。比如电焊、绘画、游泳、烹饪、雕刻等。首先,从概念看,三者分别属于不同的范畴。能力是指心理特征。知识是对认识和经验的总结,是人类的认识成果。技能是专业的动作系统和方式。其次,发展不同步。知识主要通过口头和文字的方式传授和保存,人们掌握知识速度最快,而且随着年龄的增长,知识不断得到积累。技能的掌握需要练习的过程,而且熟能生巧。能力的形成和发展较前两者稍晚,且随着年龄增长具有发展、停滞和衰退的过程。同时,知识、技能与能力不一定成正比例关系。成绩同样优秀的两名学生,一名可能是才能出众,而另一名则可能是勤奋努力的结果。

三者之间虽然差别较大,但是彼此又有着密切的联系。只有具备最基本的观察力、记忆力和思维力等,才能顺利掌握知识和技能,在获得知识和技能的过程中,能力得到进一步发展。因此,能力既是获得和掌握知识与技能的前提,又是获得和掌握知识与技能的结果,而且决定着掌握知识和技能的速度和质量,三者是相辅相成的关系。也可以说,能力在一定程度上决定着个体在知识、技能获得和掌握上取得的成就。

正确理解能力和知识、技能的区别与联系,有利于鉴别与培养人才。在选拔人才时,既不能把高文凭当作高能力,也不能偏重能力而忽视基本知识和技能的培养。同样,在教育过程中应该知识技能培训与能力培养并重,以避免"高分低能"现象的出现。

四、能力的分类

人们具有的能力各种各样,依据不同的标准,可以划分为以下几类。

(一)一般能力和特殊能力

按照能力的结构,能力可以分为一般能力和特殊能力。

一般能力又称普通能力,是指各种活动共同需要的心理条件,也即我们通常所说的智力。它是人们完成任何活动所不可缺少的,是能力中最主要又最一般的部分。特殊能力又称特殊才能,是指某些专业活动所需要的专门能力。例如音乐能力、绘画能力、体育能力等。一个人可以同时具有多种特殊能力,但其中只有某种特殊能力占优势。

一般能力和特殊能力关系密切。首先,二者的发展是相互促进的。一方面,一般能力是特殊能力的重要组成部分,一般能力是特殊能力形成和发展的基础,它为特殊能力的发展提供有利条件。另一方面,特殊能力的发展会促进一般能力的提高。其次,要顺利完成某项活动,既需要具备一般能力,又需要具备与完成该活动有关的特殊能力。一般能力和特殊能力在个体所从事的具体活动任务中共同发挥作用,并表现出个体独特的能力特征。

(二)模仿能力和创造能力

按照能力活动性质的不同,可以把能力分为模仿能力和创造能力。

模仿能力是指通过观察别人的言行举止来学习各种知识和技能,然后以相同的方式做出反应的能力。例如,儿童模仿成人的言行、习字临摹等都属于模仿。模仿是儿童认识事物和形成行为方式的主要途径,也是个体实现社会化的基本过程。模仿能力在人的一生中都发挥着重要作用,对个体行为有着重要影响。

创造能力是指产生新思想、发现和创造新事物的能力。创造能力是成功完成某种创造性活动所必需的心理品质。例如:发现新理论,发明新技术,设计新产品,创作新作品等。它的主要成分是发散思维,即无定向、无约束地由已知探索未知的思维方式。创造能力最大的特点在于它的新颖性和独创性。

模仿能力和创造能力二者联系密切。模仿是创造的前提和基础,创造是模仿的发展和结果。而且二者在发展过程中你中有我,我中有你,相互渗透。

(三)液体智力和晶体智力

按照能力与先天禀赋和社会文化因素的关系,可以把能力分为液体能力和晶体能力。这是美国心理学家雷蒙德·卡特尔在1963年依据智力测验结果的分析而提出的。

液体能力(液体智力)是指在信息加工和问题解决过程中所表现出来的能力。如对关系的认识,类比、演绎推理能力,形成抽象概念的能力等。它较少地依赖于文化和知识的内容,而决定于个人的天赋。液体能力的发展与年龄有密切关系。一般人在20岁以后,液体能力的发展达到顶峰,30岁以后将随年龄的增长而降低。

晶体能力(晶体智力),是指获得语言、数学等知识的能力,它决定于后天的学习,与社会文化有密切的关系。晶体能力在人的一生都有发展,只是到25岁以后发展速度日趋平缓。

(四)认知能力、操作能力和社交能力

按照能力功能的不同可以把能力分为认知能力、操作能力和社交能力。

认知能力是指人脑加工、储存和提取信息的能力,它是人们成功地完成活动所需要的最基本和最重要的心理条件。智力所包含的观察、记忆、注意、思维和想象的能力都属于认知能力。

操作能力是指支配肢体以完成某项活动的能力,如劳动能力、艺术表现能力、体育运动能力、仪器操作能力等。掌握操作技能是提高操作能力的基础,同时操作能力又为顺利掌握某些操作技能提供重要条件。

社交能力是指人们在社会交往活动中表现出来的能力,如:言语表达能力、组织管理能力、协调人际关系的能力等。社交能力是个体能够与他人顺利沟通和交流的基础,是个体能够适应社会和被社会接纳的基本保证。

认知能力、操作能力和社交能力紧密联系,不能绝对地把它们分开来,它们共同发挥作用,为各项活动的顺利完成提供基础和条件。

第二节　能　力　理　论

一、能力因素理论

（一）斯皮尔曼的智力二因素理论

智力二因素理论是由英国心理学家斯皮尔曼（C. E. Spearman）提出的。该理论认为智力由一般因素（G 因素）和特殊因素（S 因素）构成。一般因素是完成任何活动都必备的共同因素，不同个体拥有的一般因素不同，该因素高者聪明，低者愚笨。特殊因素是完成某种活动必备的特有因素。包括口头能力、数算能力、机械能力等。不同个体的特殊因素也存在大小、有无的差别。斯皮尔曼认为，一般因素得自遗传，显示个人能力的高低。S 因素代表的特殊能力，只与少数活动有关，是个体在某方面异于别人的能力。完成任何一种活动，都需要 G 和 S 两种因素的共同参与，但 G 因素是第一位的。在个体完成的智力作业中，如果包含的 G 因素越多，则作业成绩的正相关值就越高。相反，如果包含的 S 因素越多，则其成绩的正相关值就越低。

斯皮尔曼的智力二因素理论简单明确，为智力测验技术提供了理论依据，也为智力落后儿童进行教育的可能性提供了理论上的支持。在智力理论的发展中具有重要地位。但是，智力二因素理论把一般因素和特殊因素完全对立起来，没有看到它们之间的关系和联系，也是不可取的。

（二）瑟斯顿的群因素理论

群因素理论又称"基本心理能力论"，是由美国心理学家瑟斯顿（Thurstone, L. L.）提出的。瑟斯顿凭借多因素分析法，突破过去的智力因素理论的框架，提出了"基本能力"（Primary abilities）学说。瑟斯顿认为，智力包括 7 种平等的基本能力，这些能力的不同搭配构成了不同个体独特的智力结构。这 7 种基本能力是：

语词理解（Verbal comprehension, V）：理解语词含义的能力；

语词流畅（Word fluency, W）：语言迅速反应的能力；

数字运算（Number, N）：迅速正确计算的能力；

空间关系（Space, S）：方位辨别及空间关系判断的能力；

联想记忆（Associative memory，M）：机械记忆能力；

知觉速度（Perceptual speed，P）：凭知觉迅速辨别事物异同的能力；

一般推理（General reasoning，R）：根据经验做出归纳推理的能力。

瑟斯顿通过实验证明这七种基本心理能力之间并不是彼此独立的，而是存在不同程度的正相关。

智力结构的二因素理论和群因素理论对个体能力理论都起着积极的作用。虽然在初期二者都把一般能力和特殊能力对立起来，但后来都作了修改，观点趋于接近。斯皮尔曼的二因素说现在可以称为"一般因素—群因素理论"，而瑟斯顿的群因素说现在可以称为"群因素——般因素理论"。

二、能力结构理论

（一）吉尔福特的智力结构理论

美国心理学家吉尔福特在 20 世纪 60 年代提出了智力三维结构模型理论。他否认 G 因素的存在，认为应该从三个维度来区分智力。

智力活动的第一个维度是内容，即智力活动的对象或材料。包括图形（具体事物的形象）、符号（字母、数字等）、语义（词、句的意义及概念）、行为（社会能力）四个因素。

智力活动的第二个维度是操作，是智力的加工活动，即对测验时给予的信息内容进行处理的过程，包括认知（理解或再认）、记忆（保持或记录）、发散思维（对一个问题寻求多种答案或观念、思想）、聚合思维（对一个问题寻求最佳答案或最普遍答案）、评价（对人的思维品质或事物性质作出某种鉴别）五个因素。

智力活动的第三个维度是产物，即运用智力操作信息后得到的结果。这些产物可以是单元（字母、单词、数字或概念），可以是类别（一系列有关的单元，如动词、植物等），也可以表现为关系（单元与单元之间的关系）、系统（运用逻辑方法组成的概念）、转换（对安排、组织和意义的修改）和含义（从已知信息中观察某些结果）六个因素。

吉尔福特不断充实自己的三维空间理论。1971 年，他将内容维度中原属图形的材料，再分成视觉与听觉两种，将智力视为 $5 \times 5 \times 6 = 150$ 个不同因素的组合体，如图 8-1。1983 年，他又将操作维度中的"记忆"分为短时记忆和长时记忆，使其由五项变为六项，智力结构的组成因素便增加到 $5 \times 6 \times 6 = 180$ 种。

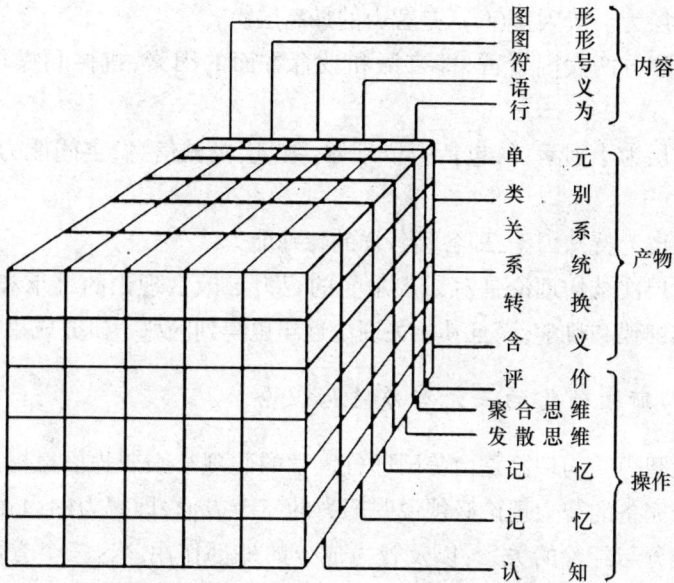

图 8 – 1　吉尔福特的智力三维结构模型

　　吉尔福特的智力三维结构模型理论提出了分散思维与创造性的关系，为研究人类的创造性提供了工具。它引导人们去探索和认识智力结构的复杂性，把握智力要素之间的内在关系，对于心理学能力理论的发展具有积极的深远意义。

（二）智力层次结构理论

　　智力层次结构理论是由英国心理学家弗农（P. E. Vernon）提出的。他以一般因素（G）为基础，认为智力结构应该是根据智力因素按照层次排列，他把智力划分为四个层次（如图 8 – 2）：

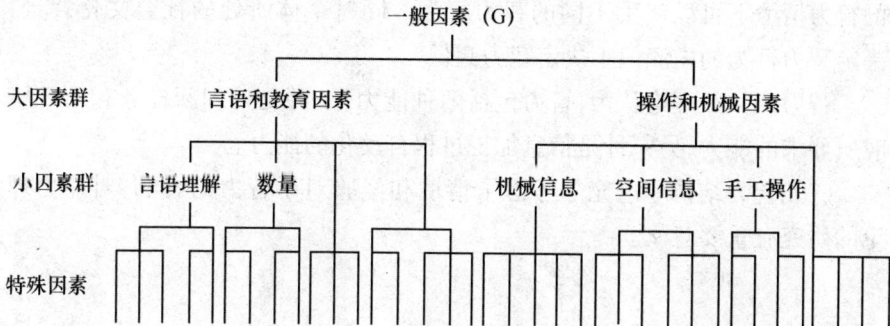

图 8 – 2　智力层次结构理论

第一层为一般因素（G），是智力的最高层次；

第二层分两大因素群，即言语和教育方面的因素，机械和操作方面的因素；

第三层为小因素群，包括言语理解、数量、机械信息、空间能力、手工操作等；

第四层为特殊因素，即各种各样的特殊能力。

智力层次结构理论是对斯皮尔曼的智力二因素理论的继承和发展，比前者更加细致和科学，而且其相关理论近年也得到脑科学研究成果的支持。

（三）斯腾伯格的三元智力结构理论

三元智力结构理论是由美国耶鲁大学的心理学家斯腾伯格提出的。他认为一个完备的智力理论必须说明智力的三个方面，即智力的内在成分、这些智力成分与经验的关系，以及智力成分的外部作用。这三个方面构成了智力成分亚理论、智力情境亚理论和智力经验亚理论，可以回答人与人之间的智力差异。

智力成分亚理论认为，智力包括三种成分及其响应的三种过程，即元成分（用语计划、控制和决策的高级执行过程，如确定问题的性质，选择解题步骤，调整解题思路，分配心理资源等）、操作成分（表现在任务的执行过程，是指接受刺激，将信息保持在短时记忆中，并进行比较，它负责执行元成分的决策）和知识获得成分（指获得和保存新信息的过程，负责接受新刺激，作出判断与反应，以及对新信息的编码和存储）。在智力成分中，元成分起着核心作用。成分亚理论与个体的内部世界相联系。

智力情境亚理论认为，在日常生活中，智力表现为有目的地适应环境、塑造环境和选择新环境的能力，这些统称为情境智力。同样的行为在不同的智力情境下可以产生不同的智力行为。同时个体所处的社会文化背景，决定智力行为的内涵但不决定智力高低。

智力经验亚理论认为，智力包括两种能力，一种是处理新任务和新环境时所要求的能力，另一种是信息加工过程自动化的能力。

三元智力结构理论充分考虑了情境和经验对于智力的影响，对能力理论的研究有重要意义。

【资料窗 8 – 1】

成功智力

　　成功智力是 1996 年斯腾伯格在三元智力理论的基础上提出的成功智力理论。成功智力是指用以达到人生中主要目标的智力，是对个体的现实生活真正起到举足轻重影响的智力。它强调成功不应仅仅涉及学校里学业的成功，更应是指向人生理想目标的成功。

　　斯腾伯格认为，成功智力包括分析性智力、创造性智力和实践性智力三个关键方面。分析性智力是进行分析、评价、判断或比较和对照的能力，也是传统智力测验测量的能力。创造性智力是面对新任务、新情境产生新观念的能力。实践性智力是把经验应用于适应、塑造和选择环境的能力。

　　斯腾伯格认为，成功智力是一个有机的整体。只有在分析、创造和实践能力三方面协调、平衡时才最为有效。而知道什么时候以何种方式来运用成功智力的三个方面，要比仅仅是具有这三个方面的素质来得更为重要。具有成功智力的人不仅具备这些能力，而且还会思考在什么时候、以何种方式来有效地运用这些能力。

　　[资料来源]彭聃龄主编：《普通心理学》，北京师范大学出版社 2012 年版，第 462 页。

(四) 智力 PASS 模型

　　PASS 模型是由加拿大心理学家戴斯（J. P Das）、纳格利尔里、柯尔比等人提出的，他们认为"必须把智力视作认知过程来重构智力概念"。所谓智力 PASS 模型（Plan Attention Simultaneous Succesive Processing Model）即"计划—注意—同时性加工—继时性加工"。它包含了三层认知系统和四种认知过程。其中注意系统是整个系统的基础。最初它只是作为一种信息加工模型，随后又被描述为一种信息整合模型。直到 1988 年，才被肯定为是认知评价模型。

　　智力 PASS 理论突显计划在智力活动中的重要作用，认为认知是人类特有的活动，并且强调文化背景对于智力发展的意义，对探索人类智力的奥秘提供了新的理论思路。

第三节　能 力 测 量

　　对人类能力问题的研究就是为了解个体能力发展的规律，以便在现实生活中能够更好地发现和选拔人才,量才使用,心理学提供的能力测量工具帮助我们解决了这一问题。

能力测量的分类。按照测量能力的类别可以分为一般能力测量、特殊能力测量和创造力测量;按照测量的人数可以分为个体测验和团体测验;按照测量的内容可以分为文字测验和非文字测验等。

一、一般能力测量

一般能力测量即智力测量。智力是个体能力结构的重要组成部分。测量个体的智力,对于了解人的智力水平,做好教育教学、人力资源管理、心理健康及疾病防治工作具有重要意义。

对于智力的测量古已有之,而且最早发端于中国。我国自古以来就有七巧板、九连环等智力测验工具。但是,采用科学的手段使用测验量表的方法进行智力测验是由法国心理学家比奈首创的。比奈和西蒙编制了世界上第一个智力测验量表,即比奈—西蒙量表,后经其他心理学家修订为《斯坦福—比内量表》。后来美国心理学家韦克斯勒编制了《韦克斯勒智力量表》,这两个量表也是目前国际通用的最知名的智力测量量表。

(一)斯坦福—比内量表

1905 年,为研究智力落后儿童的教育问题,将低能儿童与正常儿童区分开来,比奈和西蒙合作编制了一套智力测验,称作比奈—西蒙量表。1905 年发表的第一个量表共有 30 个由易到难排列的题目,主要测量个体的判断、理解和推理能力。此量表先后经过两次修订。1908 年发表了第一次修订后的第二个量表,适用年龄 3—16 岁,题目增加到 59 个,提出了"智力年龄"①的概念,建立了常模②。1911 年发表了第二次修订后的第三个量表,此次修改变化较小,适用年龄扩大为 3—18 岁,重设了年龄水平分组,增加了成人组。

比奈—西蒙量表自发表就引起了全世界的关注,不同国家的心理学家

---

① 智力年龄,简称"智龄",相对于实际年龄(生理年龄)而说的,由比奈首先提出并采用。是指在智力测验量表上与某一智力标准水平相当的年龄。

② 常模是一种供比较的标准量数,由标准化样本测试结果计算而来,即某一标准化样本的平均数和标准差。它是心理测评用于比较和解释测验结果时的参照分数标准。测验分数必须与某种标准比较,才能显示出它所代表的意义。

对其进行了修订,其中最负盛名的就是斯坦福大学推孟教授于 1916 年修订的斯坦福—比内量表。此量表先后经过四次修订,目前使用的为斯坦福—比内量表第四版。

1916 年,推孟教授对比内—西蒙量表进行了大量修改,新增 39 个题目,并首次引入比率智商的概念,以 IQ 作为智商指标。适合年龄为 3—13 岁。

1937 年,推孟教授和其助手梅里尔对该量表进行第一次修订。施测年龄范围扩大为 2—18 岁,由一个量表变为 L 和 M 型两个等值量表。并且重新选择了样本的代表,使量表的信度①和效度②更符合编制要求。

1960 年,推孟教授和其助手梅里尔对该量表进行第二次修订。他们将 L 和 M 型两个等值量表中的最佳项目合并成单一的量表,称作 L—M 型量表,并再次拓展了样本的代表性。最重大的改革是采用韦氏量表的离差智商替代比率智商,既克服了计算成人智商的困难,也解决了智商变异对人们的困扰。

1972 年,斯坦福—比内量表经过第三次修订,此次量表内容本身没有变化,只是修订了常模,由于时间的变化调整了常模的样本。

1985 年,桑代克(R. L. Thondike)、哈根(E. P. Hagan)和沙特勒(J. M. Sattler)等人对斯坦福—比内量表进行了大量修改,称作斯坦福—比内量表第四版。

该版本提出了智力认知结构模型理论,认为智力分三个层次:第一层次为智力因素,用来解决新问题;第二层次由晶体能力、流体—分析能力和短时记忆构成;第三层次由语言推理、数量推理和抽象(视觉)推理构成。此项理论更加强调记忆能力。

同时,第四版把所有测验分成四个认识区域:(1)语言推理,包括词汇、理解、谬误和语词关系四个分测验;(2)数量推理,包括数量、数列关系和建立等式三个分测验;(3)抽象/视觉推理,包括图形分析、仿造、矩阵和折纸剪纸四个分测验;(4)短时记忆,包括珠子记忆、语句记忆、数字记忆和物品记

---

① 信度主要是指测量结果的可靠性、一致性和稳定性,即测验结果是否反映了被测者的稳定的、一贯性的真实特征。和信度相关的一个概念是效度,信度是效度的前提条件。

② 效度是测量的有效性程度,即测量工具确能测出其所要测量特质的程度,或者简单地说是指一个测验的准确性、有用性。效度是科学的测量工具所必须具备的最重要的条件。

忆四个分测验。

（二）韦克斯勒智力量表

韦克斯勒是美国著名心理学家、现代临床心理学的创始人。他从 1934 年开始致力于智力测验的编制工作。韦氏量表包含言语和操作两个分量表，并首创以离差智商代替比率智商。韦氏量表中以《韦克斯勒学前和初小儿童智力量表》（Wechsle，Preschool and Primary Scale of Intelligence，WPPSI）、《韦克斯勒儿童智力量表》（Wechsler Intelligence Scale for Children，WISC）和《韦克斯勒成人智力量表》（Wechsler AduIt Intelli. gence Scale，WAIS）三个量表最为著名。

1.《韦克斯勒学前和初小儿童智力量表》（WPPSI）

该量表发表于 1967 年，适用于 4—6 岁半儿童，包括 11 个分测验，即 6 个语言测验、5 个操作测验，主要测查处于该年龄段儿童的智力水平及可能存在的智力障碍。

2.《韦克斯勒儿童智力量表》（WISC）

该量表发表于 1949 年，1974 年进行了修订，适用于 6—16 岁儿童。内容包括言语分量表和操作分量表。

言语分量表包括常识测验、领悟测验、算术测验、相似性测验、词汇测验和数字广度测验等六个方面的测验。操作分量表包括六个方面的测验：数字符号测验、图画填充测验、木块测验、图片排列测验、物体聚合测验、迷津测验等六个方面的测验。通过测验可以得出总智商（TIQ）、言语智商（VIQ）和操作智商（PIQ）。

《韦克斯勒儿童智力量表》在编制过程中，标准化样本覆盖面广泛，具有较强的适用性，是目前世界各国普遍应用的儿童智力量表。

3.《韦克斯勒成人智力量表》（WAIS）

该量表发表于 1955 年，1981 年进行了修订，适用于 17—74 岁成人，由言语分量表和操作分量表组成。言语分量表包括知识、领悟、算术、相似性、数字广度和词汇六个分测验，操作分量表包括数字符号、填图、木块图、图片排列和图形拼凑五个分测验。

《韦克斯勒成人智力量表》具有很好的信度和效度,已经被各国广泛应用于智力评估、智力障碍的诊断和教育等多个领域。

韦克斯勒智力测验不仅能够计算出总智商,而且能够得出言语智商、操作智商及各种分测验的量表分。因此,通过韦克斯勒智力测验既能了解一个人的智力水平,而且能对不同种类的智力水平进行比较,了解其智力特征。同时,操作量表为文化水平较低的人提供了智力测验工具。根据"割裂脑"实验结论,对言语智商和操作智商的比较还能反映出个体左、右脑是否受损的情况。

韦克斯勒智力量表中的一项重要改革就是采用了离差智商。推孟教授提出的比率智商和实足年龄是直线比例关系,即智龄随实足年龄不断增长。但我们知道事实并非如此。到了一定年龄,智龄不再随实足年龄增长。例如,若按传统的比率智商计算,一个人在 20 岁时智商为 130,到 40 岁时智商则为 65,降为低常了。离差智商解决了这个矛盾,它用以确定被试的智力在同龄人中的相对位置,实际上就是一个人的成绩与同年龄组被试的平均成绩比较而得出来的相对分数。

由于韦克斯勒智力量表测得的智力分数,在任何年龄水平上都代表了同样的相对位置,而且不再受各年龄水平智商变异性的影响,因此在智力测验中离差智商已经取代比率智商而被广泛使用。

二、特殊能力测量

智力测验提供了对人的一般能力的了解,但我们知道,除一般能力外,人类还具有特殊能力,了解不同个体的特殊能力对于选拔和使用人才更有意义。如机械操作能力、音乐能力、艺术能力等。使用不同的方法和手段来测量这些能力,就叫特殊能力测验。下面介绍几种特殊能力的测量。

(一)音乐能力测验

最早的音乐能力测验是由美国心理学家衣阿华大学西肖尔(C. E. Seashore)等人于 1939 年编制的。该测验主要是测量音乐能力的六个方面:音高、响度、节拍、音色、节奏和音调记忆。

后来维格、戈登等编制了更为复杂的音乐能力测验。维格(H. D. Wing)等人编制的维格音乐能力标准化测验,从八个方面计分:和弦分析、音高变化、记忆、节奏重音、和声、强度、短句和总体评价,适合于 8 岁以上的儿童。戈登等人编制的音乐能力倾向测验,主要从音乐表达、听知觉和音乐情感动觉三个方面测量音乐能力。

(二)美术能力测验

美术能力测验可以分为美术欣赏能力测验和美术创作能力测验。美术欣赏能力测验一般要求被试比较两幅图画,哪一幅更美更好一些。例如:格雷夫斯图案判断测验(Graves Design Judgement Test)为被试提供 2—3 个同一图案的变式,要求被试判断哪一张最好,即符合格雷夫斯提出的八项美学基本原则(调和、主题、变化、平衡、连贯、对称、比例、韵律)。而梅尔艺术鉴赏测验(Meier Art Judgement Test)则是提供一对图片,每对中有一张是原作的复制品,另一张是经过改动的作品,要求被试判断哪一张更好。

关于美术创作能力的问题,梅尔(N. C. Meier)经过长期的研究,分析提出构成美术能力的要素有以下六种:(1)手艺技巧;(2)坚定的意志;(3)美术的智力;(4)敏锐的知觉;(5)创作性的想象;(6)美的判断。常用的洪恩艺术能力倾向问卷就是通过让被试作出三种画:素描画、随意画和想象画来测试被试的作画技巧及抽象思维能力等。如图 8-3,要求被试用 A 中的线索完成一幅图画,B 是一名被试所完成的作品(如图 8-4)。

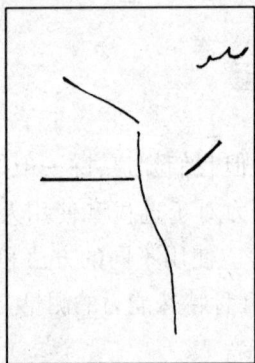

图 8-3 测试提供图案

图 8-4 被试完成图案

(三)文书能力测验

文书能力测验的特点是强调知觉速度和动作的敏捷性。但在实际的文书工作中,除了需要这两种能力以外,言语和数字能力也很重要。因此许多文书能力测验包括与智力测验类似的题目以及测量知觉速度和准确性的题目。

文书能力测验又分为一般文书能力测验和测量速记能力、计算机程序编制与操作能力的测验。

一般文书能力测验在内容上既有简单形式也有复杂形式。简单形式为简单的数字和姓名检查。复杂形式包括知觉运动的任务，也包括一般智力测验的任务。一般文书能力测验主要有明尼苏达文书测验（Minnesota Clerical Test）和一般文书测验（General Clerical Test）。

明尼苏达文书测验（Minnesota Clerical Test）由安得鲁（D. M. Andrew）和帕特森编制。测验主要用于选拔职员、检验员和其他要求知觉和操纵符号能力的职业人员。测验分两部分：数字比较和姓名比较，要求被试检查 200 对数字和 200 对姓名的匹配正误。测验以正确题数减去错误题数记分。

一般文书测验（General Clerical Test）是由美国心理公司发行的一种综合的文书能力测验，测验主要检测个体的文书才能、算术潜能和语文的流利能力。

由于计算机在办公自动化中的作用越来越重要，文书人员也要求具有一定的程序编制和计算机操作能力。计算机程序编制和操作能力测验主要有计算机程序员能力倾向成套测验（Computer Operator Aptitude Battery）和计算机操作能力倾向测验（Computer Operator Aptitude Battery）。

计算机程序员能力倾向成套测验由帕洛摩（J. M. Palormo）编制，包括五个分测验：言语意义、推理、字母系列、数字能力和制图能力，主要用于评估和选择学习计算机课程的申请者。

计算机操作能力倾向测验由赫罗威（A. J. Holloway）编制。它包括三个分测验：序列再认、格式检查（检查字母和数字遵从的特定格式）和逻辑思维，是用来评估在学习计算机操作时重要的能力倾向。

（四）机械能力测验

机械能力主要指机械知识、机械推理和空间关系能力等。机械能力测验最早和最经常用于工业和军事测验中。现存的机械能力测验有很多种，例如明尼苏达机械拼合测验、明尼苏达空间关系测验、明尼苏达书面形状测验、本纳特机械理解测验、SRA 机械概念测验、机械能力测验等。机械能力测验应该考虑性别差异，男性通常在空间和机械理解题上得分较高，而女性则长于手部灵巧度与知觉辨别测验。

三、创造能力测量

创造能力是指产生新思想、发现和创造新事物的能力。它是成功完成某种创造性活动所必需的心理品质。它的主要成分是发散思维，即无定向、无约束地由已知探索未知的思维方式。创造能力的主要特征在于：（1）流畅性，是表示个体能够在比较短的时间内没有阻碍地表达出较多观念。（2）变通性，是表示个体能够对环境或信息随机应变、举一反三、触类旁通，不易受功能固着等心理定势的干扰和影响，能产生超常的构想，提出不凡的新观念。（3）独特性，是表示个体对事物具有不寻常的独到见解或观点。

鉴于创造力的这些特点，我们可以看出，一般能力测验并不适用于创造力的测量。创造力测验的典型方法有南加利福尼亚大学发散性思维测验、托兰斯创造性思维测验、芝加哥大学创造力测验等。

（一）南加利福尼亚大学发散性思维测验

该测验由美国南加利福尼亚大学的吉尔福特和他的同事编制，适用于具有中学以上文化水平的个体。测验的项目有 14 项，主要测量个体创造力思维的流畅性、变通性和独创性程度。其中前 10 项要求用言语反应：语词流畅性、观念流畅性、联想流畅性、表达流畅性、非常用途、解释比喻、用途测验、故事命题、事件后果的估计、职业象征；后 4 项要求用图形反应：组成对象、绘画、火柴问题、装饰。

图 8－5 是火柴问题测验题，要求移动指定数目的火柴，形成特定数目的正方形或三角形。

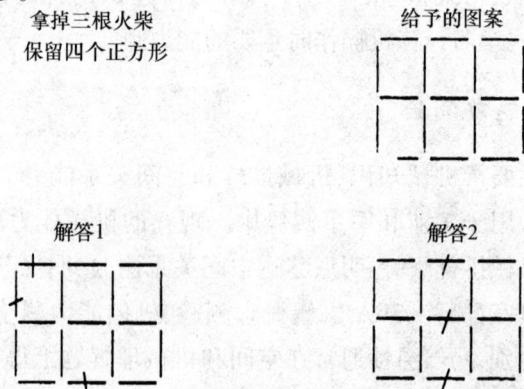

图 8－5　火柴问题测验

【小测试】

创造力测验

对于一个高层次的人才,我们常要求其具有革新精神;同样对于某些技术型人才,我们也要求其具有创新精神。创造力对于今天这个瞬息万变的世界来说是最为重要的。因此,心理学家早在20世纪50年代就对创造力进行了系统的科学的研究,并编制了一系列的测验来测试创造力。以下是一组创造力测验。

1. 请你把你所记得的树的名字写下来。

2. 下图可以代表哪些东西?

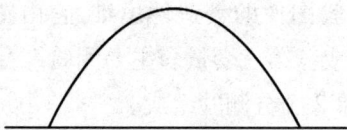

3. 请你随便想一个字或念头,然后把你紧跟着联想到的东西写下来,接着再把那东西使你联想到的第二个东西写下来,以此类推,你可以充分发挥你的想象力,注意联想,至于这些联想是否有意义无关紧要。

4. 充分发挥你的想象力,把你所想到的白色柔软而且能吃的东西的名称写出来。

5. 你能想象出一张褐色的纸有多少用途吗?

6. 请你尽可能多地写出带有"火"字旁的字。

说明:

1. 你所能想到的答案每个算1分。0—7分创造力低;15分创造力中等;15分以上则表明你的创造力很高。

2. 你所能想到的答案一个算1分。0—5分表明你的创造力低;6—10分创造力中等;10分以上则表明你的创造力很高。

3. 你所能想到的东西,每个给1分,两分钟之内你能想出多少个就得多少分。如果你的得分低于10分,就表明创造力低;11—20分创造力中等;超过20分则表明你能力很高。

4. 每个答案算1分。0～5分表示创造力低;6—10分中等;而10分以上则表明你的创造力很高。

5. 每个答案算1分。评分要计时,必须看看你有多快的反应,以便评估你答案的创造性。每种完全不同的用途可以多2分。0—5分表明创造力低;6—10分创造力中等;10分以上则表明创造力高。

6. 每个答案算1分。0—5分表明你的创造力低;6—10分创造力中等;10分以上表明你的创造力高。

如果你在这六个测验题中的平均得分是20—40分,这是一个较好的中等分数;40—60分表明你的创造力较高;70或80分则表明你的创造力特别高。

(二)托兰斯创造性思维测验

该测验由美国明尼苏达大学的托兰斯等人编制。它适用于从幼儿到研究生的文化水平,但对小学四年级以下的个体,一般采用个别口头测试。该测验分为 3 套,共有 12 个分测验。为了减少被试的心理压力,用"活动"一词代替"测验"一词。第一套量表主要测验语词的创造性思维,它由询问、猜测原因、猜测结果、产品改进、不寻常用途、不寻常问题和假设 7 个分测验组成。第二套量表主要测验图像的创造性思维,它由图像构建、图像完成、平行线或圆 3 个分测验组成。第三套量表主要测验声音语词的创造性思维,它由声音想象、拟声字想象 2 个分测验组成。

测验根据 4 个标准评分:流利(中肯反应的数目);灵活(由一种意义转到另一种意义的数目);独特性(反应的罕见性)和精密(反应的详细和特殊性)。被试从整个测验中得到一个总的创造力指数,代表个体的创造力水平。

(三)芝加哥大学创造力测验

该测验是由美国芝加哥大学的心理学家盖泽尔斯(J. W. Getzels)和杰克逊(P. W. Jackson)等人编制,适用于小学高年级到高中阶段的青少年,可以个别施测,也可用于团体施测,并有时间限制。这套测验包括下列五个项目:语词联想测验、用途测验、隐蔽图形测验、完成寓言测验、组成问题测验。测量结果同样是从思维的流畅性、变通性和独创性三个方面评定个体的创造力水平。

创造力在现实生活中具有重要意义,因此,对创造力的研究与测量也引起了普遍重视。由于创造力测验历史不长,关于创造力的研究成果不多,且标准化程度不高,所以距离人们对预测和培养人的创造力的要求还差距较大。但我们应该看到现有创造力测验对于个体创造成就还是具有一定预测性的。正如利伯特(R. M. Liebert)等人所说:"对创造性的适当测量和规定只是探索的开始。创造性量度是否与现实生活成就有关,或它们能否预测现实生活成就,根据大量研究证明,回答似乎是肯定的。"[①]

----

① R. M. 利伯特等著,刘范等译:《发展心理学》,人民教育出版社 1983 年版,第 475—476 页。

第四节　能 力 发 展

人的能力是不断发展的。不仅个体能力不断发展，人类的整体能力也在不断提高。能力发展既有共同趋势，又存在个体差异。

一、能力发展的一般规律

贝利、韦克斯勒、瑟斯顿等很多心理学家对能力发展的规律性进行了研究（如图8-6和表8-1），能力发展的趋势可以总结如下。

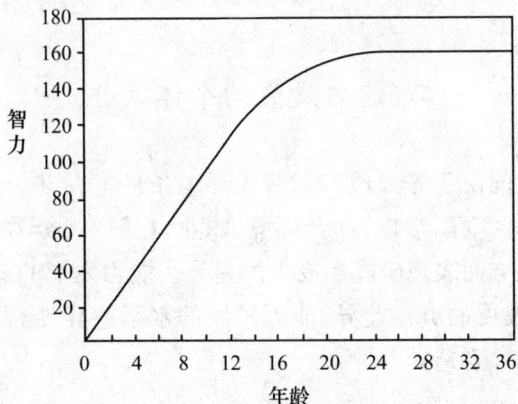

图 8-6　智力年龄曲线（贝利，1968 年）

1. 幼儿期是能力发展最快速的关键期。

2. 随着年龄的增长，个体的能力会趋于稳定。二十五六岁至四十岁间的中年期是能力发展最稳定的时期。这是由于能力发展具有累加性，即个体在每个年龄阶段的知识经验与技能都含有以前所有的知识技能。

3. 能力不是匀速发展的。随着年龄的增长，能力发展呈现出先快后慢的趋势，25岁左右达到最高峰，之后增速明显缓慢，并保持稳定，到老年出现下降趋势。

4. 不同能力成分存在着不同的发展与减退速度。知觉能力、空间能力、推理能力、计算能力和记忆能力发展较早，语词理解能力和语词流畅能力发展比较迟。但多数能力在老年时期出现下降趋势。

5. 不同个体能力发展的趋势存在一定差异,如能力发展起步的时间、能力发展的速度和衰退方面,人与人之间都存在不同。

6. 能力的发展会受到环境、教育、医疗条件的影响。

表 8–1　不同年龄的智力变化

年龄	10—17	18—29	30—49	50—69	70—89
知觉	100	95	93	76	46
记忆	95	100	92	83	55
比较、判断	72	90	100	87	67
动作、反应速度	88	100	97	92	71
合计	355	385	382	338	239

二、能力发展的个体差异

不同个体之间由于先天遗传和后天环境条件上存在的差异,特别是后天环境条件,诸如家庭、学校、社会环境、职业以及主观努力等因素的不同,使人在能力发展方面表现出或多或少的差异。能力发展的差异主要表现在四个方面:能力发展的类型差异、能力发展的水平差异、能力发展的早晚差异及能力发展的性别差异。

(一)能力发展的类型差异

能力类型差异是指能力在质的方面的差异,主要表现在知觉、记忆、思维、想象等相对稳定的心理特征上。

知觉方面的类型差异主要有分析型、综合型、分析综合型;记忆方面的类型差异主要有视觉型、听觉型、运动型、混合型;根据个体在记忆不同材料时的效果与方法,可以分为直观形象型、抽象记忆型和中间记忆型。言语与思维方面的类型差异主要有生动的思维言语型、逻辑联系的思维言语型和中间型。

另外,人的特殊能力的差异也很明显。例如,有人听觉敏感,有人记忆力强,有人音乐能力强,有人善于想象等等。

能力类型的差异,并不说明个体能力的高低优劣,只代表个体能力的倾向性特征。在任何能力的基础上,每个人都可以得到全面的高水平的发展,只不过是不同类型的人,能力发展的内容与方式有所不同而已。

(二)能力发展的水平差异

人与人之间在能力发展水平上存在着明显的差异,突出表现在智力差异上,心理学家通过智力测验工具研究发现智力在同龄人中基本呈两头小、中间大的常态分布。如表8－2。

表8－2　智力在全部人口中的分布

智商	含义	占全部人口的百分比
139 以上	极优秀	1.33
120—139	优秀	11.30
110—119	中上	18.10
90—109	正常	46.50
80—89	中下	14.50
70—79	临界	5.60
70 以下	智力落后	2.90

从上表所示,我们可以清晰地看出,在一般人群中,智商在140以上的智力极高者与智商在70以下的智力极低者都占少数,而智商在80—120之间的智力中等者占大多数,占总人口的80%。实际上,在智商分布的常态曲线两侧并不完全对称,智商低的一端的人数要多些,这是因为除了由于遗传引起的智力落后外,还会有由于疾病、脑外伤以及其他意外事故而造成的智力落后。

美国心理学家韦克斯勒对智力分布进行了重新分类,并对智商区间的划分进行了重新解释(如表8－3)。目前,国际心理学人都采用该智商分类。

表8－3　韦克斯勒智商分类

类别	IQ	实际分布(%)
极优秀	130	2.2
优秀	120—129	6.7
中上	110—119	16.1
中等	90—109	50.0

续表

类别	IQ	实际分布(%)
中下	80—89	16.1
低能边缘	70—79	6.7
智力缺陷	69	2.2

在同龄群体中,按智力发展水平可以将个体划分为智力超常、智力中等和智力低常三类。

1. 智力超常

智力超常是指智力发展显著超过同年龄平均水平,或指具有某种特殊才能,能创造性地完成某种或多种活动的人。中国自古以来称这类儿童为神童,而西方则称他们为天才。例如,唐代诗人白居易,1 岁时识字,5 岁就开始做诗,9 岁已精通声韵;莫扎特 5 岁开始作曲,11 岁已经能够创作歌剧,这些都是超常儿童的典型例子。

20 世纪初,美国心理学家推孟把智商达到或超过 140 的儿童称为天才儿童。此后在相当长的时期内,主要由智力测验来鉴别天才儿童。但是,20 世纪 50 年代后许多心理学家认为仅用智力来鉴别天才儿童是有局限的,他们认为天才儿童还应该具备创造力或特殊能力。

20 世纪 70 年代末任朱利(J. S. Renzulli)提出"三圆圈天才儿童"的概念,认为天才儿童是由中等以上的智力(包括一般智力和特殊能力)、对任务的承诺(包括强烈的动机、责任心等)和较高的创造力这三种心理成分相互作用高度发展的结果。

20 世纪 80 年代,美国心理学家加德纳(H. Gardner)提出鉴别天才儿童的 14 个主要特征:独创性强、好奇心、身体健康超过普通人、多才多艺、比一般人提前运用更多词汇、记忆力强、观察敏锐、能解决高度抽象问题、掌握阅读技能迅速、对语文理解力强、社会适应能力强、潜能充分、兴趣广泛和独立性。

1983 年坦纳鲍姆(A. T. Tannebaum)提出,天才个体应该由五种因素交互作用而形成,这五种因素分别为:一般能力、特殊能力、非智力因素、环境因素和机遇因素。

我国心理学界和教育界把天才儿童称为超常儿童,认为超常儿童的心理结构中不仅包含智力和创造力,也包含一些非智力个性特征。我国超常儿童研究协作组从1978年开始对超常儿童进行调查与追踪研究,认为超常儿童具有五个方面的共同特点:第一,浓厚的认知兴趣和旺盛的求知欲;第二,思维敏捷,理解力强,有独创性;第三,敏锐的感知觉,良好的观察力;第四,注意力集中,记忆力强;第五,进取心强,自信,勤奋,坚韧。

中国古代称智力超常儿童为神童的原因即认为他们是天赐神授的,其实超常儿童的出现并不神秘。首先是先天禀赋优异。其次主要得益于科学的早教。美国芝加哥大学著名心理学家布鲁姆(B. B. Bloom)1964年根据对千名儿童多年的观察研究指出,如果以17岁时所达到的普通智力水平为100,那么儿童从出生到4岁的智力已达到50%,从4岁到8岁又获得了30%,而剩下的20%是在8—12岁时获得的。查子秀等(1990)对超常儿童的调查也表明,超常儿童几乎都拥有优越的早期教育条件。根据这些研究,可以认为,儿童早期是智力发展的关键期,科学的早期教育是超常儿童成长的主要条件。

大家一般认为智力超常者更易成功取得非凡的成就。推孟曾经对智力超常者进行过跟踪研究。这些天才成年后有86%的人从事了社会地位较高的职业,出现科学家、作家等专家的比例高出同龄智力平均者10—30倍。但是,他们中没人取得爱因斯坦或毕加索那样的成就,大多过着平凡的生活。推孟还发现被调查的男性中取得成就最大的20%的人与成就最小的20%的人的显著差异就在于人格特征。

2. 智力低常①

智力低常是指智力发展明显低于同龄平均水平,并有适应行为障碍的人。现代心理学一般根据两个指标来确定低常者:其一为智商明显低下,低于70分。其二为社会适应不良。低常者在个人生活能力和履行社会职责两方面不能顺利完成或者存在行为障碍。

美国智力发展迟滞协会(AAMR)依据智商、适应性行为缺陷将智力低常分为轻度、中度、重度和极重度四级。

(1)轻度智力落后又称愚笨。智商为50—70,表现为轻度适应缺陷,即适应能力低于一般人的水平,但具有相当的技能,生活一般能够自理,并能

---

① 梁宁建主编:《心理学导论》,上海教育出版社2011年版,第465页。

够承担简单家务劳动或工作,但缺乏技巧性,在一般指导下能够适应社会,也能够比较恰当地与人交往。

(2)中度智力落后。智商为35—49,表现为中度适应缺陷,即适应行为和实用技能不完全,生活能够部分自理,能做简单家务劳动,具有初步卫生和安全常识,阅读和计算能力很差,对周围环境辨别能力弱,只能以简单方式与人交往。

(3)重度智力落后。智商为20—34,表现为重度适应缺陷,即适应能力差,即使经过训练也难以达到生活自理,仍需要他人的照顾,运动和语言发展差,与他人交往能力差。

(4)极重度智力落后。智商低于20,表现为极重度适应缺陷,即适应行为极差,眼神明显呆滞,全部生活需要他人的照料,运动感觉功能极差。

一般来说,智力低常者的智力发展问题发生在早年,尤其是智力缺陷往往出现在16—18岁以前。智力低常者的心理活动具有以下特点:(1)注意方面,重度智力低常儿童完全缺乏注意力,对周围事物漠不关心,置若罔闻,轻度智力低常儿童可以有被动注意,对有兴趣的事物也能有主动注意,但注意力不稳定,注意广度也狭窄。(2)知觉方面,智力低常儿童知觉范围狭窄,速度缓慢,内容笼统而不够分化。(3)记忆方面,智力低常儿童对词和直观的材料识记都很差,再现会发生大量歪曲和错误,缺乏逻辑和意义的联系,记忆的保持也很差。(4)言语方面,智力低常儿童言语出现迟且发展缓慢,意义含糊,词汇量小,缺乏连贯性。(5)思维方面,智力低常儿童的思维带有具体性,概括水平低,在归纳、推理和概念化上都有困难,限制了对抽象材料的学习。(6)人格方面,智力低常儿童在人格上表现出沮丧,缺乏自信,对人有敌意,情绪紧张、压抑,常常以失败的心情来对应自己所做的工作,思想方法绝对化等等。

低常者的成因主要包括生物医学因素和社会文化因素。前者指脑在发育过程中(产前和围前期)接受到的各种不利因素,它们可使脑的发育不能达到应有水平,最终影响智力。后者指教育不足、教养不当、心理刺激等因素影响智力水平。

对于低常者,我们应该给予应有的尊重和关注。针对不同情况采取教育、治疗措施,促进其智力发展,开发智力潜能。

（三）能力发展的早晚差异

我国汉代哲学家、教育家王充说："人才早成，亦有晚就。"[1]也就是说人的能力表现存在着早晚差异，主要有人才早熟、中年成才和大器晚成之分。

1. 人才早熟。人才早熟多表现为"神童"。例如，唐代王勃6岁就善于文辞，13岁时写下了著名的《滕王阁序》。德国大诗人歌德，4岁前就识字读书，9岁时已能用德文、拉丁文和希腊文阅读和写诗。在当代也出现了不少超常儿童。英国男孩亚朋·夏尔马对语言情有独钟，年仅10岁已熟练掌握11种语言。武汉17岁的神童邓菲斯同时被普林斯顿大学、哈佛大学、斯坦福大学、麻省理工学院、芝加哥大学和弗吉尼亚大学等六所美国顶尖大学录取，并获得全额奖学金。

能力早熟现象在文学、音乐、绘画领域最为常见。能力的早期表现，一方面是因为有良好的素质基础，另一方面是成长环境的影响，特别是家庭早期教育等。此外，个体的主观努力也不可忽视。

2. 中年成才。心理学家研究发现，25—40岁是人生成才的最佳年龄。在这一时期，中年人年富力强、精力充沛，既有较强的逻辑思维能力和记忆能力，又有丰富的基础知识、专业技能和实际经验，具备成功成才的最基本素质。因此，中年是个人获得成就最多的时期，也是对社会贡献最多的时期，是创造发明的最佳年龄，更是人生的黄金时期。[2]

美国心理学家李曼（H. C. Lehman）通过大量研究发现，人成才的最佳年龄是25—40岁，而且，不同学科的人的最佳创造年龄是不同的。（如表8-4）

表8-4　不同学科的最佳创造平均年龄

学科	最佳创造的平均年龄（岁）	学科	最佳创造的平均年龄（岁）
化学	26—36	声乐	30—34
数学	30—34	歌剧	35—39
物理	30—34	诗歌	25—29

---

[1]　王充：《论衡·实知篇》，上海人民出版社1974年版，第402页。
[2]　叶奕乾、何存道、梁宁建主编：《普通心理学》，华东大学出版社2004年版，第462页。

续表

学科	最佳创造的 平均年龄（岁）	学科	最佳创造的 平均年龄（岁）
实用发明	30—34	小说	30—34
医学	30—39	哲学	35—39
植物学	30—34	绘画	32—36
心理学	30—39	雕刻	35—39
生理学	35—39		

3. 大器晚成。有许多人的能力到了人生年龄较晚的时候才展现出来，做出了成就。我国古代医学家和药学家李时珍在 61 岁时写就了巨著《本草纲目》。著名画家齐白石 27 岁时才开始正式学画画，40 岁后才显现出他杰出的绘画才能，50 多岁成为著名画家。英国生物学家达尔文在 50 多岁时才写出了名著《物种起源》。大器晚成的原因是多方面的，其一可能是所从事的专业或职业需要较长时间的积淀和研究；其二可能是年轻时不太努力或者不具备学习的条件等等。

（四）能力发展的性别差异

心理学研究发现，男性和女性在总体智力上并无明显差别，而且不存在某些心理特征一方有而另一方无的问题。美国心理学家托尔曼和他的同事用十多年时间开展了关于"男性——女性测验"。结果显示：群体男性与群体女性比较确有差异，男子更进取、好争斗、喜欢自夸、敢冒险，对社会活动多注意；女于富于同情心、比较柔和、有审美观念、爱打扮、对家庭生活多注意；这些差异随着年龄、家庭地位、教育、职业的不同而有强弱高低之分，但是同性之间的差异大于异性之间的差异；家庭环境优越的男女差别不大，接近常模（平均数）；受教育越高，个性越向异性方向转化，差别越小。①

多项研究表明，就整体而言，男女智力存在差异，主要表现在以下几个方面。

1. 智力类型差异。男性偏于逻辑思维，女性偏于形象思维。男性的空

---

① 怎样正确看待男女的性别智力差异？：http://www. lnga. gov. cn/detail. php？ newsID = 123112。

间视觉能力和数学能力较好,女性则短时记忆和语言能力较优。

2. 智力表现的早晚差异。一般女性表现较早,男性表现较晚。所以我们常见小学时女孩子学习成绩一般好于男生。

3. 智力分配有差异。女性与男性相比,女性中智力超常和低能的比例较小,智力中等的比例较大;男性则智力超常和低能的比例较大,智力中等的比例较小。

男女智力性别差异的原因有生理因素也有社会因素,生理因素表现在肢体构造和大脑构造的不同,社会因素表现在教育方式、社会期待、社会角色等方面的差异。

【资料窗 8-2】

弗林效应

弗林效应(Flynn effect)是指智力随年龄增加的现象。政治科学家弗林经过研究发现:如果一个国家攻克某种疾病,它的居民的智力水平就会得到提升。1983 年弗林声称在过去半个世纪中所有发达国家年轻人的 IQ 指数都出现了持续增长。这些发现都被称作"弗林效应"。关于出现弗林效应的原因,弗林认为是环境因素的影响,比如营养条件、医疗水平、父母的教育能力、科技水平的提升等等。

[资料来源]彭聃龄主编:《普通心理学》,北京师范大学出版社 2012 年版,第 486 页。

第五节　能力成因

关于能力发展的影响因素理论,曾有过"遗传决定论"和"环境决定论"之间漫长的争论,但是经过心理学家的不懈努力,通过对同卵双生子和异卵双生子在亲生父母家庭、养父母家庭及分开在不同家庭中的能力发展情况的研究,得出了令人信服的数据结果。(见表 8-5)

表 8-5　不同血缘关系者智力的相关系数

血缘关系	智力相关系数
无血缘关系而又生活在不同环境者	0.00
无血缘关系但在同一环境长大者	0.20
养父母与养子女	0.30

续表

血缘关系	智力相关系数
亲生父母与亲生子女(生活在一起)	0.50
同胞兄弟姐妹出生后在不同环境长大者	0.35
同胞兄弟姐妹出生后在同一环境长大者	0.50
异卵双生子不同性别而在同一环境长大者	0.50
异卵双生子同性别而在同一环境长大者	0.60
同卵双生子出生后在不同环境长大者	0.75
同卵双生子出生后在同一环境长大者	0.88

从上述结果可以很清楚的看出,无血缘关系者智力相关最低;亲生父母与子女的智力相关高于养父母;同卵双生子智力发展的相关高于异卵双生子和同胞兄弟姐妹。这说明血缘关系越接近则智力发展相关越高,充分证明了遗传在能力发展中的重要作用。同时,同胞兄弟姐妹在同一环境成长的智力相关高于不同环境成长者,也说明环境在能力发展中的不可忽略的重要作用。

作为影响能力形成的两大因素,遗传因素是基础和前提,环境因素是外因,提供外在条件。遗传因素决定了能力发展水平的上限,而环境因素决定了在遗传因素决定的范围内能力实际发展达到的水平。

一、遗 传 因 素

一切生物,无论是植物还是动物、高等动物还是低等动物,他们的前后代之间在形态结构和生理特征上,总要表现出某些相似的特征。这种把生物具有的性状,相对稳定地传给后代的现象叫作遗传。遗传是通过染色体上的遗传因子实现的,遗传学称之为基因,基因决定着性状的遗传。"龙生龙,凤生凤,老鼠的儿子会打洞"、"有其父必有其子"等俗语也反映了遗传因素在生理特征、人格特征、能力发展等方面对个体的影响。

早在 20 世纪初,心理学家亨利·高达德曾对两个普通家族进行跟踪研究,即尤克家族和卡利卡克家族。尤克家族有发育迟缓、行为不良和犯罪的记录。研究者发现在该家族 2000 多名成员中,458 名发育迟缓、171 人有犯罪记录,还有数百名是乞丐、放纵者和妓女。卡利卡克先是与一名有发育障碍的女子结合,他们的后代有 480 人,这些人中只有 46 人是正常的,另有 143 人有身心缺陷,其他成员则普遍有犯罪、酗酒、心理障碍等行为。而后来,卡利卡克又与一位正常的女子结婚,他们的后代有 496 人,只有 3 人有身心缺陷。① 高达德的研究已充分表明了遗传在能力发展方面的重要作用。同时更提醒我们在今天做好优生优育工作是多么重要的一件事情。

做好优生优育工作的重点在于预防遗传性疾病。据 2011 年发布的《中国妇幼卫生事业发展报告》透露,近年来,我国新生儿出生缺陷发生率呈上升趋势,由 1996 年的 87.7 万上升到 2010 年的 149.9 万,增长幅度达到 70.9%。2010 年医院检测的前 5 位的出生缺陷种类是先天性心脏病、多指(趾)、先天性脑积水和神经管缺陷。这些缺陷共占全部出生缺陷的 49.1%。其中,先天性心脏病成为新生儿出生缺陷的头号病种。②

为防止遗传性疾病的增加,我们应该加强对遗传疾病的预防意识,首先要严格遵守《中华人民共和国婚姻法》关于禁止结婚的条款:(一)直系血亲和三代以内的旁系血亲;(二)患有医学上认为不应当结婚的疾病。比如:重症精神病,即精神分裂症和躁狂抑郁症。重症智力低下者,即痴呆症。处于发病期间的法定传染病,包括未经治愈的梅毒、淋病、艾滋病、甲型肝炎、开放性肺结核、麻风病等等。其次,自愿做好婚前检查工作,可以提前预防和治疗。再次,要做好孕前保健和孕产期保健,建议去医院进行咨询,接受营养指导、行为指导、孕期检查等等。如果发现高危人群,可以进行产前诊断,并及时作出相应处理。

二、环境因素

1. 产前环境

医学实验已证实,胎儿在母亲子宫内已具有触觉、视觉、听觉等感知能力,此时胎儿所能接触的所有信息就是他的产前环境,这种环境对于胎儿的发育和成长具有重要意义。在今天,胎教已成为大家公认的优生优育的措施和途径。

---

① [美]理查德·格里格、菲利普·津巴多著,王垒、王甦等译:《心理学与生活》,人民邮电出版社 2003 年版,第 272—273 页。

② 张然:《我国平均每天 573 名婴儿死亡》,《京华时报》2011 年 9 月 22 日,第 4 版。

胎教是指调节孕妇饮食起居、思想修养及视听言行,促进孕妇身体健康,预防胎儿发育不良及培养胎儿气质品格的调养方法。① 母亲是胎儿获取外界信息的唯一媒介,对胎儿各种信息的传递是通过母亲来实现的,因此,母亲的身体状况和素质修养等对胎儿都有重要影响。首先我们关注母亲的孕龄。比如大家比较熟悉的唐氏综合征,也称为先天愚型,其发病率就与母亲的年龄有关,如果母亲的孕龄低于 29 岁,发病率只有 1/3000;母亲的孕龄在 30—34 岁,发病率则为 1/600;母亲年龄为 40—44 岁,发病率为 1/70。其次,孕妇的营养状况。如果母亲在怀孕期间营养不良或者挑食、偏食,就会导致胎儿生长发育所必需的蛋白质、矿物质、维生素等摄入不足,形成智力或其他发育缺陷。胎儿期碘缺乏病可导致流产、死胎、先天畸形、智力障碍等,缺钙会导致孕妇小腿抽搐、胎儿骨骼发育不良,出现先天佝偻病、智力低下等。再次,孕妇患病、滥用药物及接触有害物质等。怀胎十月,时间较长,期间患病也在所难免。但是很多疾病和药物对胎儿有着致命影响。比如孕妇早期感染风疹病毒后,胎儿轻者可有先天性心脏畸形、白内障、耳聋及发育障碍等,重者可致死产及早产。孕妇感染流感病毒后可能造成胎儿先天性心脏病以及兔唇、脑积水、无脑和小头畸形,孕妇也会因为高热及毒素刺激子宫收缩,造成流产和早产。同时,孕妇自孕前准备时期就要谨慎使用药物,因为很多药物会导致胎儿畸形,比如四环素、土霉素等抗生类药物可造成胎儿短肢畸形,卤门隆起,先天性白内障等,安定等镇静催眠类药物可致肢体、面部及脑发育畸形,黄体酮、避孕药等激素类药物可致胎儿生殖器官畸形,等等。孕妇还应注意避免接触有害物质。烟酒、较强的放射线、农药、苯、甲醛、铅、喷漆、有机溶剂、电池、皮革加工、劣质的建筑材料等造成的环境污染,都会影响胎儿的健康发育,导致胎儿发育迟缓、畸形、流产。第四,孕妇的个人品质修养和情绪。孕妇具有良好的个性修养有利于孕妇保持稳定的情绪。孕妇品质端正、个性沉稳、兴趣广泛、积极向上等人格特质,对于婴幼儿心理素质的养成非常重要。很多相关实验表明,孕妇情绪波动会导致胎儿胎动增加,这样的胎儿一般体重较轻,表现为躁动不安,好哭闹,睡眠差,消化功能紊乱,适应能力也差。这种发育不良的孩子长大后,无论是智力或体力都显得软弱无能。情绪持续低落或受到严重精神打击的孕妇,还可导致婴幼儿出现抑郁症、自闭症等精神疾病,孕妇子宫出血、早产、胎盘早

---

① 全国科学技术名词审定委员会:http://www.cnctst.gov.cn/index.jsp。

剥等现象。这些都说明人在消极情况下，内分泌系统分泌的化学物质变化会直接干扰胎儿的正常发育，而造成不良的后果。

为了能够拥有健康聪明的孩子，每一个准妈妈都要远离不良物质和偏好，保持愉快的心情，培养正直、勇敢、积极健康的品性，给胎儿创造一个温暖、安全、舒适的环境，让他迈好人生真正意义上的第一步。

2. 早期经验

我们把0—6岁儿童除学校教育外所接受的环境影响称为早期经验，对于这一时期儿童的活动范围而言，早期经验主要来自于家庭，具体而言是指儿童在此期间所接受到的营养条件和环境刺激。

很多实验表明，婴幼儿期极度营养失调会导致智力偏低，而在儿童日常饮食中添加维生素会让儿童智力发展更为充分。目前，在非洲贫困地区，相关组织已经实施为婴幼儿免费发放营养剂工程。我国自2011年11月启动了农村义务教育学生营养改善计划。中央财政每年为22个省份、699个试点县的所有农村义务教育学生提供每天3元钱的营养膳食补助。截至目前，699个县已全部开餐。近2600万农村学生吃上营养午餐。启动此项工程的目的即为增加学生营养，提高学生身体素质。

同样，科学而有益的环境刺激对于儿童能力发育会产生积极而重要影响的结论，也已经为科学实验所证实。动物养大的孩子会智力低下，这已是大家熟知的事实。孤儿院的孩子由于工作人员较少，无法细致照顾，智力发育一般会低于正常。而相反，积极而丰富的环境刺激则为孩子能力发展提供了积极的促进作用。比如，为幼儿提供温馨的房间、会转动的音乐玩具、色彩鲜艳丰富的图片，经常对其爱抚、与他说话、交谈，给他们讲故事、做游戏等等，都会对孩子能力发育产生积极的促进作用。

毋庸置疑，这一时期是个体生长发育最快、各种能力开发最为关键的时期。确实是我们开展早期教育的好时机。早期教育的核心在于提供一个教育营养丰富的环境，对孩子的大脑发育和人格成长进行"激活"，从而为其日后的能力发展打下一个坚实的基础。

3. 学校教育

学校教育是由专门机构和专职人员对受教育者有目的、有系统、有组织地施加影响的社会活动，其目的是对受教者进行知识、能力和素质的培养，为社会提供有用之才。

心理学家赛西曾发现人在离开学校后智力会下降,相反,在学校学习时间越长,智商提高越多。这一观点在 2011 年再次为挪威科学家所证实。1955 年至 1972 年挪威的地方政府将义务教育时间从 7 年延长到 9 年。挪威奥斯陆大学的研究人员通过对 10 万余名学生的跟踪研究发现,学生每多上学一年,智商就会提高 3.7 点分值。此项发表在美国《国家科学院学报》月刊上的研究指出,儿童接受教育时间越长智商越高。而且,这种作用在个体青春后期表现最为显著。①

就我国而言,由于各地经济发展水平不同,教育资源的分配也差异较大。但是政府和社会一直为此而努力。1986 年我国正式确立义务教育制度,2006 年,随着新的《义务教育法》的修订,规定义务教育经费由政府保障,完成了"人民教育人民办"到"义务教育政府办"的真正转变。相信随着国家经济的快速发展,能够为国民提供更加公平、高质量的教育环境。

三、实践活动的影响

实践活动是人们生存与发展的前提,人们的各种知识和能力都是在社会实践活动中形成和发展起来的。遗传因素为能力发展提供了物质前提和基础,环境因素对能力的发展起到了决定性作用,而二者的结合只有通过实践活动这一重要途径才能得以实现。关于这一点,我国古代思想家王充早就指出"施用累能"②,即能力是在使用中积累的。他说:齐的都城世代刺绣,那里的平常女子都能刺绣;襄地传统织锦,即使不聪明女子也变成了巧妇。这是因为天天看到,时时学习,手自然就熟练了。王充还提出"科用累能"③,即长期从事不同职业的活动可以积累不同的能力。比如长期从事领导工作的人,其组织管理能力会优于一般员工;银行职员点数纸币的速度和准确度及对纸币真假的辨别力会高于一般人;油漆工的辨色能力能够达到 400—500 种等等。所以,我们要积极投身于实践活动中去,在实践中增长知识,提高技能,以促进能力的不断提升和发展。

---

① 《挪威科学家研究发现多上一年学可提高智商 4 分》,新华网 2012 年 1 月 3 日。

② 《论衡·程材篇》。

③ 《论衡·程材篇》。

四、主观能动性的影响

主观能动性是指人们认识世界和改造世界中有目的、有计划、积极主动的有意识的活动能力。它不直接作用于客观事物,但是它能够为人们的行动提供一种无形的动力支持。

主观能动性的强弱取决于个体的心理品质。一个思想进步、积极乐观、好学向上、坚强勇敢的人,具有广泛的兴趣爱好、强烈的求知欲和坚忍不拔的毅力,其能力就可能得到发展。而一个胸无大志、浑浑噩噩、无理想无追求的人,其能力就不可能得到发展。古今中外无数成功人士的案例向我们证明了这一点。爱因斯坦说:"人们把我的成功,归因于我的天才,其实我的天才只是刻苦罢了。"爱默生认为"要想获得成功,应当以恒心为友,以经验为顾问,以耐心为兄弟,以希望为守护者。"在人生学习、生活和工作的征途上,诚实正直、乐观勇敢、积极好学、独立顽强、坚强勇敢等心理品质可以为个体提供积极的动力支持,对于个体成功具有重要的意义。

● 思考与练习

1. 什么是能力、智力?两者关系如何?

2. 能力与知识、技能有什么关系?

3. 什么是才能、天才?

4. 能力的种类有哪些?

5. 能力的理论主要有哪些?试阐述各种理论的主要观点。

6. 举例说明一般能力测量的演变。

7. 能力发展有哪些个体差异?

8. 联系实际分析人的能力发展受哪些因素影响。如何在能力发展的过程中发挥人的主观能动性?

● 参考文献

1.《中华人民共和国婚姻法》,中国法制出版社 2012 年版。

2.《中华人民共和国义务教育法》,法律出版社 2012 年版。

3. 叶奕乾、何存道、梁宁建主编:《普通心理学》,华东师范大学出版社 2004 年版。

4. 俞国良、戴斌荣著:《基础心理学》,武汉大学出版社 2007 年版。

5. (美)理查德·格里格、菲利普·津巴多著,王垒、王甦等译:《心理学与生活》,人民邮电出版社 2003 年版。

6.（美）丹尼尔·戈尔曼著,杨春晓译:《情商:为什么情商比智商更重要》,中信出版社 2010 年版。

7. R. M. 利伯特等著,刘范等译:《发展心理学》,人民教育出版社 1983 年版。

8. 梁宁建主编:《心理学导论》,上海教育出版社 2011 年版。

9. 王充:《论衡》,上海人民出版社 1974 年版。

10. 彭聃龄主编:《普通心理学》,北京师范大学出版社 2012 年版。

11. 付建忠主编:《普通心理学》,清华大学出版社 2012 年版。

12. 李汉松著:《心理学的故事》,中央编译出版社 2006 年版。

13. 徐远理、孙天义主编:《公共心理学教程》,华东师范大学出版社 2010 年版。

14. 全国十二所重点师范大学联合编写:《心理学基础》,教育科学出版社 2008 年版。

15. 李红主编:《心理学基础》,高等教育出版社 2009 年版。

16. 姚本先主编:《心理学》,高等教育出版社 2005 年版。

17. 李小平主编:《新编基础心理学》,南京师范大学出版社 2007 年版。

第九章 人 格

◉ **内容提要**

人格是心理学中一个复杂而重要的研究领域。这一章将概括地介绍心理学关于人格的理论与研究,主要包括人格的概念和结构,主要的人格理论以及人格测验的主要方法和工具,影响人格差异形成的主要因素及人格的培养等。

第一节 人 格 概 述

在日常生活中,我们会遇到形形色色的人,他们有的聪颖智慧、有的愚钝木讷,有的灵敏快捷、有的稳重迟缓,有的勇敢真诚、有的虚伪狡诈,有的热情洋溢、有的冷漠无情,总之百人百态,千人千面。我们通常把这些称作个人的脾气、秉性或个性。在心理学中,我们称之为人格。那么,什么是人格呢,如何了解一个人的人格特征,人格形成的影响因素有哪些,怎样培养健康的人格呢? 这些就是我们这一章节要共同探讨的问题。

一、人格的含义

"人格"在中国人的观念中是很严肃的一个词。因为它总是出现在这样的语句中:"人格高尚(低下)"、"人格平等"、"人格健全"等,很显然,"人格"在这里或者带有道德评价的意义,或者带有法律意义,或者带有心理学意义,可见,"人格"是个含义深刻而广泛的词汇。那么,究竟什么是人格呢?

"人格"一词是个舶来品。从词源上看,中国古汉语中没有人格这个词,只有"人性"、"人品"、"品格"等词汇。"人格"一词从日文引入,日文的"人格"来自英文"personality"一词的意译,而英文"personality"又由拉丁文"persona"演变而来。"persona"原意指面具,即演员根据剧情需要在舞台表演中佩戴的面具。它类似于中国京剧中的脸谱,用于表现角色人物的身份及性格特征等。后来,心理学借用这个术语表述为人格,扩展为两层含义:一是个人在人生舞台上所表现出来的言行,即人遵从社会行为规范的要求作出的反应,就像"面具"所表现出的个人表现于外的人格特征。二是个人潜藏于内不愿意示人的人格特征,即面具掩盖下的"真实自我",这是人格的内在特征。

在历史上,古今中外的学者专家,从不同的角度和层面对人格下了不同的定义,美国人格心理学家奥尔波特(Gordon W. Allport)在研究中曾经考察过 50 个关于人格的定义,也曾有学者将这一过程比喻为盲人摸象。虽然这些概念的研究取向和侧重点不同,但是,综合各家的看法,可以将人格的概念定义为:人格是构成一个人的思想、情感及行为的独有模式,是一个人区别于他人的稳定而统一的心理品质。

人格是一个具有丰富内涵的概念,反映了人的本质特征。

二、人格的特征

(一)整体性

人格是个体心理特征的整体表现,它是由多种成分和特质组合而成的有机整体,如气质、性格、情感、意志、认知、需要、动机、态度、价值观等。但这些要素不是简单的相加或混合,而是相互之间密切联系和合作,有机地融合在一起,像任何一部机器一样,零部件之间环环相扣、紧紧相连,整体统筹协调,才能运转正常。所以,人格的整体性是心理健康的重要指标。当一个人的人格要素在各方面彼此和谐统一时,他的人格就是健康的;否则可能会出现适应困难,甚至出现人格分裂。

(二)稳定性

俗话说,"江山易改,本性难移",这正形象地说明了人格的稳定性特征。人格的稳定性主要表现在两个方面:首先是跨时间的持续性。即个人的人格一旦形成就比较稳定,其基本人格特征会伴随人的一生,从其幼儿期、少年期、青年期、中年期到老年期,持续而稳定。俗语"三岁看大,七岁看老"就从某种意义上佐证了人格的跨时间稳定性特征。其次是跨空间的一致性。即个人的人格在不同的空间或情境下表现一致,不管是一个人独处、在家人朋友面前、还是在单位,或者在其他公共场合,其基本人格特征保持一致。所以在判断一个人的人格特征时,我们应该依据其一贯表现,而不是偶尔表现。正因为人格的稳定性,我们可以通过一个人幼年的表现推测其成年后的人格特征,可以通过对其平时的表现概括其主要人格特征,我们对人格的了解和测评才有意义。

但是,人格也并非一成不变。在下面三种情况下,人格会发生改变,甚至会朝着截然相反的方向变化。一是人格特征会随着年龄的不同而呈现不同的表现方式。二是环境因素和机体因素的重大变化,比如:父母离异、至亲离世、转学迁居、罹患重疾等,以及其他对个人产生重大影响事件的发生,会导致一个人的人生观、价值观、信仰等发生较大变化甚至彻底改变。所以,对于自身发生重大事件或家庭发生变故的学生,我们应给予及时的关注,帮助其尽快从挫折和打击中顺利度过,以维护学生人格健康。关于人格改变的问题,我们应该注意,人格改变不同于行为改变,行为上的变化往往只是表面现象,是由不同的环境条件引起的,而人格变化则是更深层次的内在特质的变化。

(三)独特性

"龙生九子,种种不同",即便是同卵双胞胎,心理学也已经证明,在酷似的外表下也会有迥然不同的性格。更不用说来自不同国度、不同民族、不同家庭的个体。人格的独特性是人格最显著的特征,人格心理学的研究重点也正是对于个体人格差异性的研究。人格的独特性来源于人格形成的影响因素的不同,遗传基因、家庭环境、所受教育、政治、经济、社会环境等的不同会直接或间接影响个体的能力、性格、兴趣、信仰、价值观等人格要素,从而形成不同的人格特质,呈现出多姿多彩、千姿百态的人格形象。所以每个人都是"独一无二"的,这也是教师因材施教的心理学依据。

强调人格的独特性,并不排除人与人之间人格特征上的共同性。人格的共同性是指同一群体、同一阶层、同一民族的人们由于共同的群体生活环境所形成的相似的人格特征,比如对事物和问题的看法及态度、情感倾向、价值判断等。因此,人格是独特性和共同性的统一,共同性寓于独特性之中,并通过个体的行为来展现。

(四)社会性

人是自然属性与社会属性的统一,社会属性是人的本质属性。所以,个体只有在社会生活中,习得并掌握社会文化、习俗和社会规范,成为社会人,才能形成完整意义上的人格。因此,人格既是个体社会化的对象,又是个体社会化的结果。个体社会化的程度影响人格的形成与发展,我们应该帮助学生尽早尽快完成社会化,这是培养其健康人格的关键环节。

三、人 格 结 构

人格是一个复杂的结构系统,包括许多成分,其中主要有气质、性格、自我调控等方面。

(一)气质与性格

1. 气质

气质(temperament)是表现在心理活动的强度、速度、灵活性与指向性等方面的一种稳定的心理特征。人的气质差异是先天形成的,受神经系统活动过程的特性所制约。孩子刚一出生时,最先表现出来的差异就是气质差异。

气质是人的天性,无好坏之分。任何气质的人都有可能成为一个道德高尚的人,有益于国家和社会的人,也有可能成为(一个)道德败坏的人,一个有害于社会的人。

2. 性格

性格是个体对现实的态度和习惯的行为方式,是在长期的社会环境中形成的稳定的人格特征。它受人的价值观、人生观、世界观的影响,有好坏之分,能最直接地反映出一个人的道德风貌。比如,有的人大公无私,有的人自私自利等。

性格是在社会生活中逐渐形成的,同时也受个体的生物学因素的影响。心理学家在研究中发现,一个大脑额叶受损伤的人,性格会发生变化,病人会变得情绪无常,说脏话、固执、冲动等。这一研究说明大脑皮层的额叶与人的性格有关。

【资料窗 9－1】

额叶与人格——盖奇的故事

1848 年,一位名叫菲尼亚斯·盖奇的工人在铁路工地工作时发生意外,一根铁棍从他的左侧面颊插入,穿过大脑额叶,从头顶穿出。令人难以置信的是,他竟然活了下来,而且话语如常,思维清晰,他又回到工地上班。

但不久以后,人们发现盖奇的脾气与从前大不相同了。他本是一个非常有能力、有效率的领班,思维机敏灵活,对人和气、彬彬有礼。但这次事故以后,他变得粗俗无礼,对事情缺乏耐心,既顽固任性,又反复无常、优柔寡断。他似乎总是无法计划和安排自己将要做的事情。正如他的朋友们所说,"他不再是盖奇了"。

在盖奇之后,又发生了不少类似的案例。相似的情况是,患者都是在额叶受伤后,其脾气、秉性、为人处世的风格等等发生了巨大的转变,与从前判若两人。

现代科学研究证实,大脑额叶承担着几乎所有的心理功能,记忆、语言、智力、人格等等,在情绪调节和社会交往中发挥着重要作用。这也正是盖奇现象出现的原因。

[资料来源]彭聃龄主编:《普通心理学》,北京师范大学出版社 2012 年版,第 497 页。有增减。

（二）自我调控系统

自我调控系统是人格中的内控系统或自控系统,包括自我认知、自我体验、自我控制三个子系统,其作用是对人格的各种成分进行调控,保证人格的完整、统一、和谐。

1. 自我认知

自我认知是对自己的洞察和理解,包括自我观察和自我评价。自我观察是指对自己的感知、思想和意向等方面的觉察,自我评价是指对自己的想法、期望、行为及人格特征的判断与评估。这两者是自我调节的重要条件。如果一个人不能正确地认识自我,只看到自己的不足,觉得处处不如别人,可能会产生自卑,丧失信心,做事畏手畏脚;相反的,如果一个人过高地估计自己,可能会骄傲自大、盲目乐观,导致工作的失误。因此,恰当地认识自我,实事求是地评价自己,是自我调节和人格完善的重要前提。

2. 自我体验

自我体验是伴随自我认知而产生的内心体验,是自我意识在情感上的表现。当一个人对自己作积极的评价时,会产生自尊感,作消极的评价时,就会产生自卑感。自我体验可以使自我认知转化为信念,进而指导一个人的言行。自我体验还能伴随自我评价,激励适当的行为,抑制不适当的行为,如一个人在认识到自己不适当的行为后果时,会产生内疚、羞愧的情绪,进而制止这种行为的再次发生。

3. 自我控制

自我控制是自我意识在行为上的表现,是实现自我意识调节的最后环节,包括自我监控、自我激励、自我教育等。如一个学生一旦认识到学习的意义,就会激发起努力学习的动力,表现出刻苦学习、不怕困难的精神。

第二节　人格理论

在心理学史上,关于人格问题的研究历史悠久,产生了丰富的理论成果,根据其研究取向和研究角度的不同,可以将其大致分为:人格的类型论、人格的特质论和人格的形成与发展理论。

一、人格的类型论

前面我们讨论了人格的共同性问题,相同的生活环境会让同一群体形成相似的人格特征。也正是在这一理论基础上,很多心理学家站在不同的角度根据某种规律或原则将人类划分为几大类型,形成对人格认知的一种理论。下面我们介绍几种有代表性的人格类型理论。

（一）体液理论

体液理论是指古希腊著名的医生和学者希波克拉底（Hippokrates）在《论人的本性》一书中提出的"体液学说"。他认为人体内由血液、粘液、黄胆和黑胆四种体液组成。根据四种体液在人体内的比例不同，形成了不同的气质。某种体液占优势，则此人归属该气质类型。在体液的混合比例中，如果一个人的黄胆汁占优势，则属于胆汁质；如果一个人的血液占优势，则属于多血质；如果一个人的粘液占优势，则属于粘液质；如果一个人的黑胆汁占优势，则属于抑郁质。同时他还认为如果四种体液在同一人体内比例协调，那么他就健康，即心理正常。否则比例失衡就会得病，即心理失常。希波克拉底还认为，各种体液是由冷、热、湿、干四种性质相匹配而产生的。黄胆汁是热与干的配合，因此，胆汁质的人热而躁，好似夏天；血液是热与湿的配合，因此，多血质的人温而润，好似春天；粘液是冷与湿的配合，因此，粘液质的人冷酷无情，好似冬天；黑胆汁是冷与干的配合，因此，抑郁质的人冷而躁，好似秋天。他指出，胆汁太多使头脑过热，导致恐怖与恐惧。粘液太多使头脑过冷，导致忧虑与悲伤。

后来，希波克拉底的体液说，被古罗马时期的医生盖伦继承发展为气质学说，指出了气质类型的各种表现。如下表9-1。

表9-1　希波克拉底气质类型特征

气质类型	行为方式上的表现
多血质	活泼、好动、敏感、反应迅速、喜欢与人交往，注意力容易转移、兴趣和情绪容易变换，具有外向性。
粘液质	安静、稳重、反应缓慢、沉默寡言，显得庄重，坚韧，情绪不容易外露，注意稳定但难以转移，具有内向性。
胆汁质	精力旺盛，脾气暴躁，情绪兴奋性高，容易冲动，反应迅速，心境变化剧烈，具有外向性。
抑郁质	情绪体验深刻，孤僻，行动迟缓，而且不强烈，具有很高的感受性，善于觉察他人不易察觉的细节，具有内向性。

人格的体液理论，是最早关于人格气质类型的理论。但是，限于当时科学发展的水平，希波克拉底对人的气质的成因的解释并不正确，所以该理论的科学根据不足。

(二)体型理论

体型理论是德国精神病学家克瑞奇米尔(E. Kretschmer)于1925年提出的。他根据自己对精神病人的观察和研究，提出按体型划分人气质的理论。它认为，人的身体结构与气质特点以及可能患有的精神病种类有一定的关系。而精神病人与正常人之间只有量的差别而无质的区别。它认为，人的体型可以分为三种类型：(1)肥胖型，这种人身材短胖，圆肩阔腰，易患躁狂抑郁症。它们的气质特点是：好社交、通融、健谈、活泼、好动、表情丰富、情绪不定，气质类型为躁郁型气质。(2)瘦长型，这种人高瘦纤弱、细长、窄小，易患精神分裂症；其特点是不善社交、内向、退缩、世事通融、害羞沉静、寡言多思，气质类型是分裂型气质。(3)斗士型，这种人骨肉均匀，体态与身高成比例，易患癫痫病；其特点是正义感强，注意礼仪，节俭，遵守纪律和秩序，气质类型为粘着型气质。

在克瑞奇米尔理论的基础上，美国心理学家谢尔顿(W. H. Sheldon)于1942年提出了胚叶气质理论，该理论把人的气质分为三类，即内胚叶型、中胚叶型和外胚叶型。内胚叶型对应于肥胖型，肥胖，乐观，体态松弛，反应缓慢，睡眠很深。中胚叶型对应于瘦长型，健壮，好动，体态线条鲜明，富有竞争性。外胚叶型对应于斗士型，瘦小，敏感，反应迅速，睡眠很差，易疲劳。谢尔顿收集了几百个人格特征，并将这些特征整理为50个特征，经因素分析后发现上述三种体型与三种人格类型的正相关系数都很高，约为0.8。

人格的体型理论看到了人的体型与人格的相关性，有一定的合理性。但是其缺点也非常明显，体型差异来自多个方面：遗传基因、饮食或生活习惯，不同民族、不同年龄等，而且这些观点有可能只是社会对这些体型人员的态度和偏见所致，此外，研究者的研究对象也过于单一。

(三)心理机能优势理论

心理机能优势理论是英国心理学家培因(A. Bain)和法国心理学家李波特(T. Ribot)在19世纪提出的。他们依据智力、情感和意志三种心理机能何者在人格结构中占优势，把人格分为理智型、情绪型和意志型。理智型的人通常以理智来评价周围发生的一切,并以理智支配和控制自己的行动,处世冷静、沉稳、谨慎;情绪型的人不善于思考、行为受情绪左右;意志型的人通常行动目标明确,主动积极、果敢坚定,自制力强。

按心理机能划分人格类型具有简单易行的特点,但是实际生活中,单一的典型性格非常少,很多是中间型,有的两者兼有,有的三者兼有。

(四)内外倾理论

内外倾理论是瑞士心理学家荣格(C. G. Jung)在 1913 年慕尼黑国际精神分析会议上提出的。荣格根据里比多(libido)的倾向性将人格划分内倾型(intro-version)和外倾型(extro-version)。里比多(libido)是由奥地利心理学家弗洛伊德于 1905 年提出的概念,最初指性欲或性冲动,后来扩展为一种机体生存、寻求快乐和逃避痛苦的本能欲望,是一种与死的本能相反的生的本能的动机力量。心理学把它看作是人的一切心理活动和行为的动力源泉,是一切心理现象发生的驱动力。个体的里比多的活动习惯性倾向于外部环境,就属于外倾型;里比多的活动习惯性倾向于自己,就属于内倾型。外倾型(外向型)的人,重视外在世界、爱社交、活跃、开朗、自信、勇于进取、对周围一切事物都很感兴趣、容易适应环境的变化。内倾型(内向型)的人,重视主观世界、好沉思、善内省、常常沉浸在自我欣赏和陶醉之中,孤僻、缺乏自信、易害羞、冷漠、寡言、较难适应环境的变化。外倾型和内倾型是人格的两大态度类型,是人格反应特有情境的两种态度或方式。所以也被称为荣格关于人格理论的"一般态度类型"(general-attitude types)。

荣格同时提出了关于人格的机能类型(function-types)理论。

荣格指出,个体的心理活动有感觉、思维、情感和直觉四种基本机能。感觉(感官知觉)告诉我们存在着某种东西;思维告诉你它是什么;情感告诉你它是否令人满意;而直觉则告诉你它来自何方和向何处去。一般地说,直觉在荣格看来是允许人们在缺乏事实材料的情况下进行推断。按照两种态度类型与四种机能的组合,荣格描述了人格的八种机能类型。即内倾思维型、外倾思维型、内倾情感型、外倾情感型、内倾感觉型、外倾感觉型、内倾直觉型、外倾直觉型。内倾思维型的人,情感压抑,冷漠,沉溺于幻想,固执骄傲。外倾思维型的人,情感压抑,个性冷淡傲慢。内倾情感型的人,思维压抑,沉默内敛,气质忧郁。外倾情感型的人,思维压抑,情感外露,爱好交际、寻求与外界和谐。内倾感觉型的人,内向,过于关注自我,艺术性强,情感压抑。外倾感觉型的人，寻求享乐，追求刺激，一般情感浅薄。内倾直觉型的人，不关心外界事物，脱离实际，善幻想，观点新颖，但有点稀奇古怪。外倾直觉型的人，敏感、好奇心强、富开拓性，但缺少恒心。

荣格关于人格的类型学说影响较大，特别是内外倾理论非常著名，已被人们广泛接受，且后来一些心理学家编制了有关内外倾人格的测评量表。但是其缺陷也是非常明显的：首先，把人格划分为内倾和外倾两种类型，显然把复杂的人格简单化了；其次，内外倾类型的划分是依据里比多，是一种生理本能，忽视了人格的社会性；再次，机能类型的划分是数学方法演绎出来的，缺少科学依据。

二、人格的特质论

人格特质理论(theory of personality trait)起源于 20 世纪 40 年代的美国。主要代表人物是美国心理学家奥尔波特和卡特尔(R. B. Cattell)。人格的类型论是把人划分为不同类型，类型之间彼此独立互斥，无连续性。而特质论则不同，特质是指人格的品质或特征，这些品质或特征使个体在各种情况下的行为保持一致性和连续性，如能力和情感等。特质理论认为，特质是决定个体行为的基本特性，是人格的有效组成元素，也是测评人格所常用的基本单位。代表性的人格特质理论主要有以下几种。

(一)奥尔波特的特质论

奥尔波特(G. W. Allport, 1897—1967)是美国心理学家，是人格特质理论的创始人和推进者。他认为特质是人格的基础，是心理组织的基本构成单位，是每个个体在遗传与环境相互作用下形成的一些稳定的性格特征。奥尔波特将人格特质区分为共同特质(common traits)和个人特质(personal traits)。共同特质是人所共有的一些特质，所有人都具有这些人格特质，他不能使不同个体之间相互区别。比如外向性，是每个人都具备的特质，只是不同的人蕴含的多寡或强弱不同而已。个人特质是在个体特定的成长环境中形成的，属个人特有，是个体之间相互区别的主要因素，决定着个人独特的心理和行为倾向。鉴于每种特质在人格中的不同地位及其与其他特质的不同关系，他又将个人特质分为三类：第一类为首要特质(cardinal trait)，是指个体最具特点的代表特质，它在个人特质结构中处于主导性的地位，影响着个体的所有行为。第二类为中心特质(central trait),是指代表个体人格的核心成分,也对个体行为发挥着重要作用。第三类为次要特质(secondary trait),是指个体的某种具体的偏好或行为倾向,如对于衣着和食物的偏好等。显然,某种特质是一个人的首要特质,但在另一个人身上却可能是中心特质,在第三个人身上也可能只是次要特质。人们通常用中心特质来说明一个人的性格。

奥尔波特的特质理论为人格研究开辟了一条新的道路,但是没有摆脱思辨的色彩。

(二)卡特尔的特质论

卡特尔(R. B. Cattell)是美国心理学家,他采用因素分析的方法,将众多的人格特征分为表面特质(surface traits)与根源特质(source traits)。表面特质是指能观察到的特质,只反映个体的外在行为表现,会随着时间和环境的变化而变化,不具有本质性,因此不能仅仅根据表面特质界定个体人格特征。根源特质是指隐藏在表面特质之下的内在特质,需要通过因素分析的科学方法才能得到,是决定表面特质的本质性的人格特质,具有稳定和持久的特点,是个体人格的根本特征。他还指出,每一种表面特质都来源于一种或多种根源特质,而一种根源特质也能影响多种表面特质。

卡特尔在经过多年的研究后,找到了16种根源特质,如表9-2。他认为每个人身上都具有这16种特质,只不过表现程度有所差异。根据这16种根源特质,卡特尔编制了"卡特尔16种人格因素问卷"(Sixteen Personality Factor Questionnaire,简称16PF),这份问卷已成为世界公认的最具权威的个性测验方法,在临床医学中被广泛应用于心理障碍、行为障碍、身心疾病等个性特征的研究,对人才选拔和培养也很有参考价值。

表9-2 卡特尔的16种人格特质

编号	特质	高分者的特征	低分者的特征
因素 A	乐群性	外向,热情,乐群	缄默,孤独,冷漠
因素 B	聪慧性	聪明,富有才识	思想迟钝,学识浅薄
因素 C	稳定性	情绪稳定,能面对现实	情绪激动,易受环境支配
因素 E	恃强性	好强固执,独立积极	谦逊,顺从,通融,恭顺
因素 F	兴奋性	轻松兴奋,随遇而安	严肃,审慎,冷静,寡言

续表

编号	特质	高分者的特征	低分者的特征
因素 G	有恒性	有恒负责,做事尽职	苟且敷衍,缺乏奉公精神
因素 H	敢为性	冒险敢为,少有顾忌	畏怯退缩缺乏自信心
因素 I	敏感性	敏感,感情用事	理智,着重现实
因素 L	怀疑性	怀疑,刚愎,固执己见	依赖随和,易与人相处
因素 M	幻想性	幻想,狂放不羁	现实,合乎成规
因素 N	世故性	精明能干,世故	坦白,直率,天真
因素 O	忧虑性	忧虑抑郁,烦恼自扰	安详,沉着,有自信心
因素 Q1	激进性	激进的,不拘泥于现实	保守的,尊重传统观念
因素 Q2	独立性	自立自强,当机立断	依赖,随群附众
因素 Q3	自律性	知己知彼,自律谨严	矛盾冲突,不顾大体
因素 Q4	紧张性	紧张困扰,激动挣扎	心平气和,闲散宁静

卡特尔关于特质理论的研究对人格心理学作出了重要贡献,但是仅仅使用因素分析的方法而忽视了人格特质形成的社会原因,缺乏完整性和科学性。

(三)艾森克的特质论

艾森克(H. J. Eysenck)是英国心理学家,他通过长期研究工作发现,虽然可以区分出用以描述人格的特质,但是却很难找出绝对独立的特质,一些特质之间是连续变化的,他们之间存在着一定的联系。因此他主张用特质群而不是以分散的特质去描述人格。他运用因素分析的统计方法,分析出描述人格的三个维度,即外向性(extraversion,内源导向性的或外源导向性的),神经质(neuroticism,情绪稳定的或情绪不稳定的),精神质(psychoticism,善良的、体贴的或有攻击性的、反社会的)。艾森克将内外性和神经质这两个维度组合起来建立起一个坐标图,如图9-1,从图中可以看到,每个维度上不同程度表现的结合构成了四个象限,即四种不同的人格类型,正好对应于希波克拉底的四种气质类型。而且一个人的人格特质可以在某一象限的任一点上,一个在一个维度上得高分的人,在另一个维度上可能是低分。

艾森克同时提出了人格结构理论。他把人格结构分为类型、特质、习惯

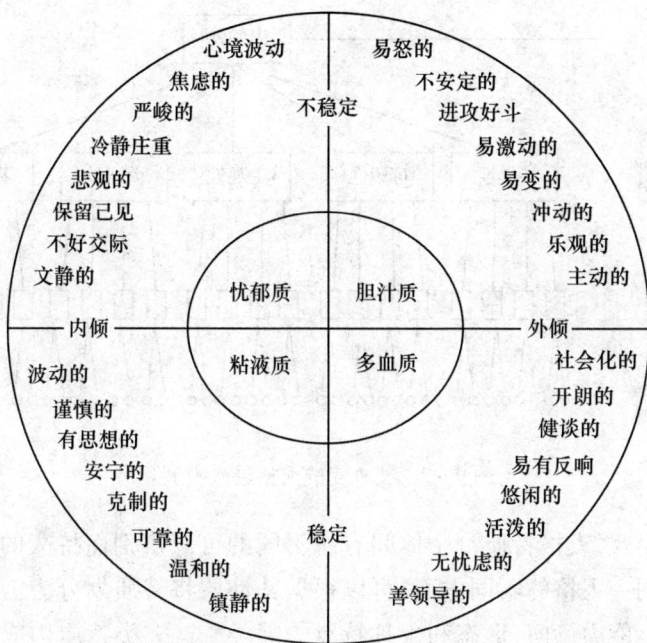

图9-1   艾森克人格二维模型

反应和特殊反应四个水平。如图9-2,最底层是特殊反应水平,是个体对一次试验或日常生活中一些基本反应,属于误差因素,可能是个体的人格特征,也可能不是。其上为习惯反应水平,是指在重复实验或生活情境重新出现时,一个人会表现出的相似反应,属于特殊因素。特质水平,是指不同习惯反应中所共有的人格特质,属于群因素。最上层的类型水平,是联系各种不同特质的共同基础,例如,社会性、冲动性、活动性、活泼性、兴奋性的共同联系的基础是内向型。属于一般因素。具有同一类型的人具有相同的人格特质,并形成自己的行为模式。

艾森克的人格维度理论和人格结构理论为许多实验所证实,受到各国心理学家的重视。依据这些理论编制的艾森克人格问卷(EPQ)现已广泛地应用于医疗、教育和司法领域。

(四)吉尔福特的特质论①

吉尔福特(J. P. Guilford)是美国心理学家,他认为人格是由各类特质构

---

① 俞国良、戴斌荣著:《基础心理学》,武汉大学出版社2007年版,第422—423页。

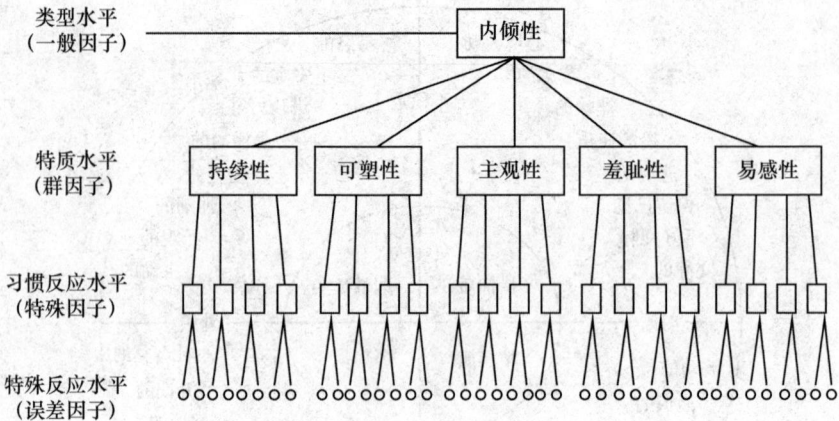

图 9-2　艾森克的人格层次模型

成的独特模式,人格特质是个体间有所不同的可以辨别而持久的特性。各
种特质是同一人格的不同方面,可以根据其性质将特质划分为需要、兴趣、
态度、气质、能力倾向、形态和生理特点等七类。这七类特质构成了人格的
整体。他还认为人格特质是不能直接观察的,只能根据可观测的行为来推
知它。各个特质组成一个包括三部分的层次式结构。在这个结构中,最低
层的特质叫作"基倾",指个体在特殊情境下表现某种行为的倾向,它不一定
通过学习获得。中间层的特质叫作"基本特质",位于基倾之上,它是由多个
基倾所构成。最高层叫作"类型",位于基本特质之上,它是由涉及范围更广
的多种基本特质构成。他认为上层的特质可以影响或决定下层的特质。

吉尔福特的特质论指明了特质间存在着一定的层次式关系,丰富了人
们对人格的特质论和人格的类型论的认识。但是,此理论过分强调特质的
遗传性、稳定性和不变性,忽视了人格的社会性。

(五)人格的五因素模型

美国心理学家麦克雷(R. R. McCrea)和科斯塔(P. T. Costa)在对多个人
格特质理论分析研究的基础上,结合自己的理论构想,编制了"神经质、外向
性和开放性人格调查表"(NEO-PI Five-Factor Inventory),该量表包括 300 个
项目,被试在五点量表(从完全同意到完全不同意)上指出每个句子表示他
们自身特点的程度。除了五个因素上的得分,被试还有为每个维度量表设
置的六个测量特质水平的层面量表得分,这些层面量表提供有关大五因
素的每个因素内的行为的更大区分性。在问卷研究的基础上,他们通过因

素分析发现,在人格特质中存在着五对相对稳定的因素,后来的研究证实了"五种特质"的合理性,并构成了著名的"人格大五结构模型"。

人格大五结构模型中的五个因素是:(1)开放性(openness)。具有想象、情感丰富、求异、创造、审美、智能等特质。(2)责任心(conscientiousness)。具有胜任、公正、有条理、克制、谨慎、自律、成就、尽责等特质。(3)外向性(extraversion)。具有热情、社交、果断、活跃、冒险、乐观等特质。(4)宜人性(agreeableness)。具有利他、信任、依从、直率、谦虚、移情等特质。(5)情绪稳定性(neuroticism)。具有焦虑、敌对、压抑、自我意识、冲动、脆弱等特质。这五个特质的起始字母构成了"OCEAN"一词,代表人格的海洋(John,1990)。

目前已经有"大五人格因素测验量表"(NEO-PI-R)用于人格特质测量(见表9-3)。

表9-3　大五人格的五大因素

五大因素		低分	高分
1	开放性	刻板、创造性差、遵守习俗、缺乏好奇心	富于想象、创造性强、标新立异、有好奇心
2	责任心	马虎、懒惰、杂乱无章、不守时	认真、勤奋、井井有条、守时
3	外向性	孤独、不合群、安静、被动、缄默	喜欢参加集体活动、健谈、主动、热情
4	宜人性	多疑、刻薄、无情、易怒	信任、宽容、心软、好脾气
5	情绪稳定性	冷静、不温不火、自在、感情淡漠	自寻烦恼、神经质、害羞、感情用事

20世纪90年代以来,心理学进行的大量跨文化研究以及人格特质研究都支持人格的"大五"模型。与此同时,人格的五因素模型也在自我等级评定与他人等级评定一致性方面,在人格特质分数与个体的动机、情感和人际行为相关性方面,以及在进化论和遗传学方面都获得了证据支持。

(六)人格七因素模型

人格七因素模型是由美国心理学家特莱根和沃勒(Tellegen&Waller,1987)提出的。他们采用不同的选词原则,通过对400个人物描述词的研究结果,经过因素分析后,认为人格由以下七个因素构成:(1)正情绪性(positive emotionality),(2)负情绪性(negative motionality),(3)正价(positive valence),(4)负价(negative valence),(5)可靠性(dependability),(6)宜人性(agreeableness),(7)因袭性(conventionality),并由此编制了由 161 个项目组成的人格特征量表。

与人格五因素模型相比,人格七因素模型把评价性特质词纳入到因素分析范围,并作为评价人格的重要特质内容,尤其是增加了正价的评价维度(如优秀的)和负价的评价维度(如邪恶的)两个因素,其余五个维度与五因素基本对应。一些心理学家在跨文化情境下通过实验对大七模型进行了验证。因此,人格特征量表(Inventory of Personal Characters,IPC − 7,1991)已经成为目前常使用的"大七人格模型"的测量工具。

第三节　人格的成因

关于人格是怎样形成的问题,经过心理学家多年的研究已基本达成共识:人格是在生物遗传和后天环境的交互作用下逐渐形成的。

一、生物遗传因素

对于生物遗传因素在人格形成过程中的作用一直是人格心理学家颇为关注的问题。为此,他们开展了多次关于对同卵和异卵双生子的研究,以期求得遗传在人格形成过程中发挥的影响和作用。虽然目前整个学界还难以对此得出明确的结论,但是也已经就以下方面得出共识。

第一,遗传是人格不可缺少的影响因素。

第二,遗传因素对人格的作用程度随人格特质的不同而异。通常在智力、气质这些与生物因素相关较大的特质上,遗传因素的作用较重要;而在价值观、信念、性格等与社会因素关系密切的特质上,后天环境的作用可能更重要。

第三,人格的发展是遗传与环境两种因素交互作用的结果。人是生物属性与社会属性的统一体。人在胚胎状态时,环境因素就开始发挥作用,小到胎教、家庭环境,大到社会环境,各种环境因素将伴随人的一生,这些因素对人格的形成与发展会起到重要影响。

总的来说,遗传素质是人格形成的自然基础,它为人格形成与发展提供了可能性。徐远理等认为生物遗传因素对人格形成的影响表现在四个方面。第一,个体的容貌、身高、体重等生理特征,会因社会文化的评价与自我意识的作用,影响到自信心、自尊感等人格特征的形成。第二,生理成熟的早晚也会影响人格的形成。一般地,早熟的学生爱社交,责任感强,较遵守学校规章及社会规范,容易给人良好的印象;晚熟的学生往往凭借自我态度和感情行事,责任感较差,不太遵守校规,很少考虑社会准则。第三,某些神经系统的遗传特性也会影响特定人格的形成,这种影响表现为或起加速作用或起延缓作用。比如:活泼型的人比抑制型的人更容易形成热情大方的人格;在不利的客观情况下,抑制型的人比活泼型的人更容易形成胆怯和懦弱的人格特征,而在顺利的条件下,活泼型的人比抑制型的人更容易成为勇敢者。第四,性别差异对人类人格也有明显的影响。一般认为,男性比女性在人格上更具有独立性、自主性、攻击性、支配性,并有强烈的竞争意识,敢于冒险;女性则比男性更具依赖性,较易被说服,做事有分寸,具有较强的忍耐性。①

二、社会文化因素

每个人都处在特定的社会文化环境中,文化对人格的影响极为重要。社会文化塑造了社会成员的人格特征,使其人格结构朝着相似性的方向发展,这种相似性具有维系社会稳定的功能,又使得每个人能稳固地"嵌入"在整个文化形态里。而对一些具有严重偏离其社会文化要求人格特征的个体,由于其不能融入社会文化环境中,就有可能被视为行为偏差或患有心理疾病。

社会文化对社会成员的人格塑造功能主要表现在不同文化的民族有其固有的民族人格。比如,中国人的勤劳刻苦、美国人的自由奔放、德国人的严谨认真、法国人的热情浪漫、英国人的保守矜持等等,民族文化是一个民族世世代代积累起来的民族性,这些典型的民族人格都是由其各国特有的社会文化环境塑造而成。同时,每一种民族文化为了使本民族得以顺利地延续和发展,都会崇尚并努力倡导和培养它的社会成员形成民族所需要的

---

① 徐远理、孙天义主编:《公共心理学教程》,华东师范大学出版社2010年版,第146页。

人格特征。

三、家庭环境因素

苏联著名教育学家苏霍姆林斯基曾把儿童比作一块大理石,他说,把这块大理石塑造成一座雕像需要六位雕塑家:家庭、学校、儿童所在的集体、儿童本人、书籍、偶然出现的因素。从排列顺序上看,家庭被列在首位,可以看得出家庭在塑造儿童的过程中起到很重要的作用,在这位教育学家心中占据相当的地位。为此了解家庭教育对儿童人格的形成、培养和塑造的重要性是十分必要的。不同家庭的经济状况,家长的受教育程度、教育观念、水平、方式,家庭氛围、家庭结构、儿童的家庭地位等等,都对儿童人格的形成有非常重要的影响。从这个意义上讲,"家庭是制造人格的工厂"。

家庭气氛是指家庭中占优势的态度和情绪,对于孩子的智力开发、情感陶冶、个性塑造和道德品质的培养,有潜移默化的影响。生活在不同家庭气氛中的儿童会形成不同的人格特征。宁静愉快、成员之间和睦相处、相互尊重、相互体贴、相互理解的家庭气氛,会使儿童感到安全愉快、生活乐观、信心充足、待人和善,有助于儿童形成谦虚、有礼貌、待人亲切而诚恳的性格。反之气氛紧张的家庭,成员之间吵闹不断、猜疑,存在矛盾与隔阂,则容易使儿童长期忧心忡忡而形成紧张、焦虑、恐惧、自卑、孤独等性格特征。也有学者把家庭氛围划分为三类。暴躁型:家庭从早到晚弥漫着"火药味"。埋怨、责骂、争吵、打架的声音此起彼伏。在这种气氛中长大的子女,敏感、聪明、急躁和好强,有成才的希望,但如不加引导教育,极可能走上邪路。冷淡型:冷淡型家庭最大特点是家庭结构不"紧密",谁发生了什么事,大家不大关心。这种家庭的子女性格比较温和,但有些孤僻;他们遇事冷静,却缺乏敏感和热情,上进心也不太强。这样的子女,一般来说既闯不了大祸,也无太大的作为。和谐型:和谐型家庭最大特点是民主与尊重。家庭成员相互尊敬,彼此体贴、关心。如有矛盾,多是心平气和地协商解决。但是这种家庭的思想往往比较"正统"和"保守"。这种家庭的子女,多数性格开朗,待人有礼貌,遵守法纪。有较强的上进心和较高的自觉性,比较容易接受教育。不足之处是胆子小,循规蹈矩,缺乏闯劲。[①]

---

① 3edu 教育网,http://y.3edu.net/jjy/61293.html。

　　家庭的教养方式是影响儿童健全人格建构的又一重要因素。家庭的教养方式是父母人格、父母对孩子的态度以及教育方式的整合体,一般研究者通常把家庭教养方式分成三类,这三类方式造就了具有不同人格特征的孩子:1. 权威型教养方式,这类父母在对子女的教育中表现为过分支配,孩子的一切均由父母来控制。成长在这种教育环境下的孩子容易形成消极、被动、依赖、服从、懦弱,做事缺乏主动性,甚至会形成不诚实的人格特征。2. 放纵型教养方式,这类父母对孩子过于溺爱,让孩子随心所欲,父母对孩子的教育甚至达到失控状态。这种家庭里的孩子多表现为任性、幼稚、自私、野蛮、无礼、独立性差、唯我独尊、蛮横胡闹等。3. 民主型教养方式,父母与孩子在家庭中处于一个平等和谐的氛围中,父母尊重孩子,给孩子一定的自主权,并给孩子以积极正确的指导。父母的这种教育方式使孩子形成了一些积极的人格品质,如活泼、快乐、直爽、自立、彬彬有礼、善于交往、容易合作、思想活跃等。很明显,在所有的家庭教养方式中,民主型是最好的。民主型家庭的父母认为:孩子不只是属于家庭的,同时更是国家的、社会的一员,将来他总要独立生活,走向社会,从小就应教给孩子生活的自理能力而不是处处包办代替。然而,在我国独生子女家庭教育中保护型教养方式仍居多,造成了孩子依赖性强、易反抗、任性、孤僻等不健全人格。日本性格心理学家诧摩武俊研究了母亲的教养态度与孩子性格关系,结果如下表9－4。

表9－4　母亲的教养态度与孩子的性格

母亲态度	孩子性格
支配	服从、无主动性、消极、依赖、温和
照管过甚	幼稚、依赖、神经质、被动、胆怯
保护	缺乏社会性、深思、亲切、非神经质、情绪稳定
溺爱	任性、反抗、幼稚、神经质
顺应	无责任心、不服从、攻击性、粗暴
忽视	冷酷、攻击、情绪不稳定、创造性强、社会性
拒绝	神经质、反社会、粗暴、企图引人注意、冷淡
残酷	执拗、冷酷、神经质、逃避、独立
民主	独立、直爽、协作、亲切、社交
专制	依赖、反抗、情绪不稳定、自我中心、大胆

同时,研究发现父母的文化程度对儿童的人格发展会产生很大影响。父母的文化程度对儿童的自制力、灵活性有显著影响;母亲的文化程度对儿童人格的果断性、思维水平、求知欲、灵活性四项行为特征产生显著影响;父亲的文化程度的影响主要表现在儿童的意志特征上,母亲的文化程度除了在人格的情绪特征、意志特征上有某些影响外,对儿童人格的理智特征也有较大的影响。①

家庭自然结构对孩子的人格形成也有很大的影响。家庭成员的组成是家庭结构的基本要素。几代同堂的传统大家庭、核心家庭和破裂家庭是主要存在的三种家庭结构。目前社会上普遍存在的是由独生子女和双职工父母组成的三口之家,独生子女在家庭中有着特殊的地位,扮演着特殊的角色。家长在教育态度与方式上稍有不当就很容易造成子女人格上的不良后果。也有不少家庭是破裂家庭,孩子跟着单亲生活(单亲家庭);还有父母双亡或者遭父母遗弃,孩子跟随隔代长辈生活或寄养在亲戚家中。生活在不同结构家庭中的孩子,在其性格形成和发展过程中,家庭的影响不同。其中,破裂家庭对孩子的性格发展带来不良影响。研究发现,破裂家庭中的孩子常因幼时的情感缺失以及缺少合理教育,在人格发展上出现障碍。五岁前失去父亲的男孩所受的不利影响更严重。父母离婚对子女性格的不良影响,远远超过父母死亡,它对子女性格的不良影响是终生的。②

四、早期童年经验

"早期的亲子关系定出了行为模式,塑造出一切日后的行为。"这是麦肯依(Mackinnon,1950)有关早期童年经验对人格影响力的一个总结。中国也有句俗话:"三岁看大,七岁看老。"人生早期所发生的事情对人格的影响,历来为人格心理学家所重视。很多心理学家对孤儿、弃子和流浪儿进行了调查,发现这些早期被剥夺母亲照顾的孩子,长大后在各方面的发展均会受到影响。鲍尔比(Bowlby,1951)在对非正常家庭成长的儿童和流浪儿进行调查后得出结论,儿童心理健康的关键在于婴儿和年幼儿童与母亲建立一种

① 徐远理、孙天义主编:《公共心理学教程》,华东师范大学出版社 2010 年版,第147 页。

② 家庭环境与性格形成和发展, http://home. 51. com/aaazhang88/diary/item/10047430. html。

和谐而稳定的亲子关系。

总之,童年经验对人格发展影响深远。幸福的童年有利于儿童发展健康的人格,不幸的童年会使儿童形成不良的人格,但两者不存在一一对应的关系。比如溺爱也可能使孩子形成不良的人格特点,逆境也可能磨炼出孩子坚强的人格。另外,早期经验不能单独对人格起作用,它与其他因素共同决定着人格的形成与发展。

五、学校教育因素

学校是一种有目的、有计划地对学生施加影响的教育场所,是社会成员人格形成过程中最重要的环境因素之一。学校的校园文化,教师的人格、职业道德和教育管理方式,师生关系、班集体和同辈群体等因素都会对学生的人格形成产生重要影响。

校园文化是学校所具有的特定的精神环境和文化气氛,它包括校园建筑设计、校园景观、绿化美化这种物化形态的内容,也包括学校的传统、校风、学风、人际关系、集体舆论、心理氛围以及学校的各种规章制度和学校成员在共同活动交往中形成的非明文规定的行为准则。健康的校园文化,可以陶冶学生的情操、启迪学生心智,促进学生的全面发展。对于学生思想观念、价值取向和思维方式等人格特征的形成具有重要的潜移默化的熏陶和导向作用。

如果说校园文化是一种间接引导因素,那么作为与学生朝夕相处的教师对学生人格的成长就起着直接而至关重要的指导作用。教师高尚的人格魅力和良好的职业道德对于学生特别是小学生意义非凡。美国著名心理学家罗森塔尔和雅格布森在小学教学上予以验证并提出了"皮格马利翁效应"。它给我们的启示是:赞美、信任和期待具有一种能量,它能改变人的行为,当一个人获得另一个人的信任和赞美时,尤其是自己喜欢、钦佩、信任和崇拜的人的鼓励时,他便感觉获得了社会支持,从而增强了自我价值,变得自信、自尊,获得一种积极向上的动力,并尽力达到对方的期待,以避免对方失望,从而维持这种社会支持的连续性。而在小学时期,具有高尚的人格魅力、渊博的知识和平易近人的亲和力的教师往往会成为学生崇拜的对象,所以,不断提高教师的自我修养,充分发挥"皮格马利翁效应",会对学生的人格成长和成才形成良好的指导效应。

【资料窗 9-2】

皮格马利翁效应

  皮格马利翁效应（Pygmalion Effect）是由美国著名心理学家罗森塔尔和雅格布森在小学教学上予以验证提出，亦称"罗森塔尔效应（Robert Rosenthal Effect）"或"期待效应"。皮格马利翁效应是指人的情感和观念，会不同程度地受到别人的影响。人们会不自觉地接受自己喜欢、钦佩、信任和崇拜的人的影响和暗示。而这种暗示会成为个体积极行动的动力之源。

  古希腊神话中有个关于塞浦路斯国王皮格马利翁的故事。相传，塞浦路斯国王皮格马利翁性情孤僻，一人独居。他善雕刻，孤寂中用象牙刻了一座理想女性的雕像。他与美女像日夜相伴，竟对她产生了爱慕之情。他祈求爱神阿佛罗狄忒赋予雕像以生命。阿佛罗狄忒为他的真诚爱情所感动，就使这座美女雕像活了起来。皮格马利翁遂称她为伽拉忒亚，并娶她为妻。

  罗森塔尔受故事启发。1968 年，他和助手来到一所小学，声称要进行一个"未来发展趋势测验"，并煞有介事地以赞赏的口吻，将一份"最有发展前途者"的 18 人名单交给了校长和相关教师，叮嘱他们务必保密，以免影响实验的准确性。其实他撒了一个"权威性谎言"，因为名单上的学生都是随机挑选出来的。8 个月后，奇迹出现了，凡是上了名单的学生，个个成绩都有了较大的进步，且各方面都很优秀，再后来这 18 人全都在不同的岗位上干出了非凡的成绩。

  显然，罗森塔尔的"权威性谎言"发生了作用，因为这个谎言对教师产生了暗示，左右了教师对名单上学生的能力的评价；而教师的心理倾向性通过情绪、语言和行为等表现了出来，学生强烈地感受到来自教师的热爱和期望，变得更加自尊、自信和自强，从而使各方面得到了异乎寻常的进步。这一现象后来被称为"皮格马利翁效应"。

  由不同的教育管理方式而形成的师生关系同样直接影响到学生人格的形成。每个教师都有不同的人格特征和处事方式，他们或温文尔雅、或慈爱善良、或严厉刻板、或冷酷无情，很显然，在不同风格下，学生的感受必然不同，也自然出现不同的行为倾向。教育学家勒温等人研究了不同教育管理方式对学生人格的影响。他们发现在专制型、放任型和民主型等不同的教育管理方式下，学生会表现出不同的人格特点（见表 9-5）。

表9-5　教师的管教方式对学生性格特征的影响

管教方式	学生的性格特点
民主的	情绪稳定、积极、态度友好、有领导能力
专制的	情绪紧张、冷漠或带有攻击性、教师在场时毕恭毕敬,不在场时秩序混乱、缺乏自制性
放任的	无团体目标、无组织、无纪律、放任

班集体和同辈群体是社会成员在青少年时期习得社会规范,满足归属感,完成社会化的重要载体和途径。班集体一般在学校统一管理和组织下形成,又有教师的直接管理和参与,虽然会受到教师管理风格的影响而形成不同的班风,但是班集体组织严密规范,活动丰富多彩。班集体的特点、要求、舆论、评价对学生都是一种无形的巨大的教育力量,是学生学习文化知识、掌握社会规范、学会人际交往、培养兴趣爱好、养成良好人格品质的重要场所。但是,也有一些风气不好的班集体会对学生成长造成恶劣影响,是我们在学校教育过程中应该尽力关注和避免的情况。同辈群体又称同龄群体,是由一些年龄、兴趣、爱好、态度、价值观、社会地位等方面较为接近的人自发所组成的一种非正式初级群体。同辈群体在青少年中普遍存在,他们交往频繁,时常聚集,彼此间有着很大的影响。青少年同辈群体有着自己的思想价值观念和行为方式,具有较强的凝聚力,也会形成所谓的"核心人物",出现"上下级关系"或"平等互助关系",但是这些关系都是在他们的交往中自然形成的。青少年在同辈群体中可以满足情感交流的需要、获得社会经验和社会信息、促进兴趣爱好发展、培养社会角色、学习社会规范,增强社会适应和合作竞争能力。青少年同辈群体是个体成长发展的一个重要的环境因素,尤其是在青少年时期,同辈群体的影响日趋重要,甚至有可能超过父母和教师的影响。一般来说,青少年同辈群体的性质是好的,但是我们也要注意,由于年龄较小、阅历不足等原因,同辈群体往往具有自卫性和排他性、容易意气盲目用事,甚至有些会出现与主流价值观念相悖的亚文化出现。所以,家长、学校和社会要高度关注青少年同辈群体,加强对他们的引导和规范,对一些不良团伙,要及时拆散,防止他们对学校和社会产生危害。

六、自我调控因素

我们知道,自我调控系统是人格的重要成分之一。它包括自我认识、自我体验和自我控制三个子系统，其重要功能是对人格的各种成分进行调控，保证人格的完整、统一和和谐，它属于人格中的自控系统。

自我调控系统运转协调的个体，能够悦纳自我，既愉快地接受自己的优点，又诚恳地接纳缺点，实事求是地评价自我。更重要的是能够在此基础上改变自我、塑造自我，不断完善自我，朝着理想自我迈进。俄国伟大的教育家乌申斯基认为，人的自我教育是人格形成的基本条件之一，因为一切外来的影响都要通过自我调节起作用。从这个意义上讲，每个人都在自己塑造自己的人格。

自我调控是良好人格形成与发展的内在动力。因此，教育者要鼓励和指导学生通过自我调控塑造自己良好的人格。

第四节　人格测评

心理学家对人格理论的研究，为我们了解不同个体的人格特征提供了人格测量的方法和工具。人格理论和人格测评工具在诸如人员选拔、临床诊断中发挥着广泛的应用价值。由于人格的复杂性，测量人格的方法有很多种，在这里只介绍几种典型的，具有代表性的人格测评方法。

一、访　谈　法

访谈法是指通过访员和受访人面对面地交谈来了解受访人的人格特征的基本研究方法。根据参加人员的数量，可以分为个别访谈和团体访谈。由于心理学研究内容的特殊性，访谈法对访员要求条件较高，访员必须经过专业训练，具备心理学专业知识和访谈技能。访员需要事先做好充足的准备工作：确定谈话目的，制定访谈提纲或问卷、收集当事人资料等。在访谈过程中还要做到把握访谈节奏、访谈方向、谈话氛围，以期获得有效资料，实现访谈目的。谈话法在心理咨询中应用很广泛，它对了解受访人的人格、搜集资料、确定解决问题的途径具有重要意义。

二、观　察　法

观察法是指在自然情境或预先设置的人为情境中，研究者有计划有目的地通过感官和辅助工具直接观察被研究对象的言语、行为、表情、态度等，从而分析其人格特征的方法。采用此方法的关键点在于使被研究对象始终处于自然情景中，特别是需要预设情景时，所设置的场景越接近自然，被观察者的行为就越接近真实。同时，还要使用掩饰观察法，即在不为被观察者所知的情况下监视他们的行为过程，这样才能保持被研究者心理活动的自然性和客观性，获得最真实的资料。观察法获得的资料生动、及时、真实，是人格测评常用的方法之一，但是会受到时间和感官限制，不能观察到深层次的人格特征。

三、自然实验法

自然实验法是指研究者根据研究目的创设实验情境，主动引起被研究者某种人格特征的表露，然后经过分析概括来确定被研究者人格特征的方法。比较著名的自然实验法有以下几种。

(一)哈尔霍恩(Hartshorne)和梅(May)的品德测验

品德测验可以用来测量诚实、自我控制等行为特点。比如在考试后将试卷复印，然后把试卷和答案交给学生自己批改。收回试卷后再将两份试卷对照，即可发现学生是否为了提高分数而修改答案。又如，"不可能的成绩"测验。在测验时，要求学生闭目在下图9-3圆圈内画点，连做3次，每次点10点，点中1个得1分。如果被试按照要求闭目操作，其总分不会超过

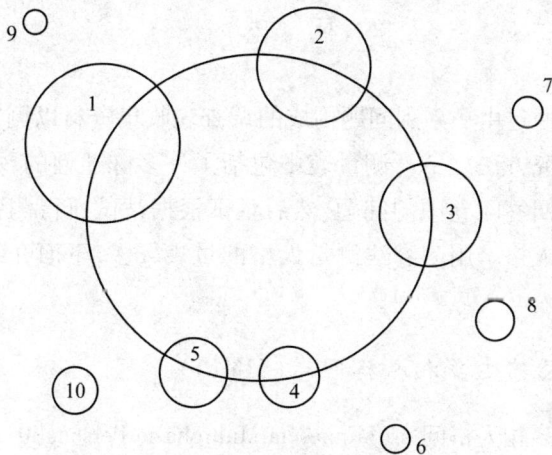

图9-3 诚实测验

13分(经过多次测定,每次最多点中4—5个)。如果超过13分,则说明被试可能不诚实(测试时没有闭目,而偷看)。

(二)苏联心理学家谢列布列亚科娃的教育实验

为了测量儿童的自信心,谢列布列亚科娃设计了一个教育实验。实验为被试提供3组难、中、易程度不同的9个算术题,被试可以有选择性地回答。谢列布列亚科娃发现学生在挑选问题时,大体上有3种情况:一部分学生在挑选问题时是稳定而适当的,被认为是有自信心的;另一部分学生挑选不能胜任的问题,被认为是自负的;再有一部分学生只敢挑能够回答的问题,被认为是缺乏自信心的。然后,可以针对学生的性格特征分别进行不同的教育。

(三)苏联心理学家阿格法诺夫的"拾柴火"实验

苏联一位心理学家阿格法诺夫曾用自然实验法设计了冬夜"拾柴火"的实验来研究儿童人格的意志特征。实验是这样的:取暖需要的干柴被放到离被试宿舍较近但需要走夜路的山谷中,而湿柴放到离被试宿舍较远但有路灯的储藏室里,然后要求被试在夜晚去取柴火。研究结果发现,一部分被试勇敢而负责任地到山谷中取干柴;而另一部分被试怕黑,宁愿走远路去储藏室取湿柴,而且还边走边埋怨。在这个特设的实验中,研究者真实地了解了被研究者人格的意志特征。

四、问 卷 法

问卷法是通过由一系列问题构成的调查表收集资料以测量人格特征的心理学基本研究方法之一。测量表中包括了许多陈述性的题目,要求被试按标准化程序回答问卷中的问题,然后主试根据被试所得测验分数和常模来推知被试的人格。用问卷法测量人格的量表较多,下面介绍一些常用的人格测评量表。

(一)明尼苏达多相人格问卷(MMPI)

明尼苏达多相人格问卷(Minnesota Multiphasic Personality Inventory,简称MMPI)于1943年由美国明尼苏达大学教授哈撒韦(S. R. Hathaway)和麦金

利(J. C. Mckinley)编制,该量表包括健康状况、情绪反应、精神状态、社会态度等26类题目,可以测量人格的各个特征,也可以用来鉴别强迫症、偏执症、精神分裂症、抑郁症等,既可用于个别测量,也可用于团体测量,是一种探测人格病理倾向的测量工具,广泛应用于人类学及医学的研究。MMPI 由 566 个题目组成,分为14个分量表。其中包括 10 个临床量表,分别代表 10 种人格特质,如表 9 - 6;4 个效度量表用以检查被试作答的态度,分别是疑问量表(Q)、说谎量表(L)、效度量表(F)和校正量表(K)。该量表适用于年满 16 岁、初中以上文化水平及没有什么影响测验结果的生理缺陷的人群,一般测试时间为 45 分钟,不超过 2 个小时。题目表述方式模拟如下:

　　我确实缺少自信心。

　　有时我会哭一阵笑一阵,连自己也不能控制。

　　似乎没有一个人了解我。

　　我发现我很难把注意力集中到一件工作上。

　　我曾经有过很特别,很奇怪的体验。

　　有时我觉得我的灵魂离开了我的身体。

　　我从未有过正常的生活。

　　我能在我周围看到其他人所看不到的东西、动物和人。

　　对于每个题目,均采用是、否来回答。对于 MMPI 中的 10 个分量表,经过计算并将测量结果制成曲线,就可以看出变态与常态之间的差别,并确定各种人格障碍的问题性质。在一个分量表中得分超过 66 分者可能存在人格障碍,超过 76 分者即可能为严重患者,得分低于 40 分者也可能存在人格障碍或其他问题。但是,如果被试在 4 个效度量表上得分特别高,则表明被试没有诚实认真作答。MMPI 除了能够鉴别人格障碍外,还可以供职业辅导和个人咨询之用。

表 9 - 6　MMPI 的临床量表

序号	临床量表	略号	高分解释
1	疑病量表	Hs	强调疑病倾向或对身体高度关注
2	抑郁量表	D	情绪低落、焦虑、抑郁
3	癔病量表	Hy	对身体敏感、敌意、攻击性强
4	精神病态量表	Pd	病态倾向
5	男性化—女性化量表	Mf	女性或男性气质及同性恋倾向
6	妄想症量表	Pa	异常思维、怀疑、妄想

续表

序号	临床量表	略号	高分解释
7	精神衰弱量表	Pt	强迫、恐惧、烦恼、焦虑
8	精神分裂症量表	Sc	孤独、怪异思维、精神分裂
9	轻躁狂量表	Ma	冲动、激动、兴奋、夸大
10	社会内向量表	Si	内向、害羞、社会性退缩倾向

（二）卡特尔16种人格因素问卷（16PF）

卡特尔16种人格因素问卷（Cattell the Sixteen Personality Pactor Text or Questionnaire,16PF）是美国伊利诺伊州立大学人格及能力测验研究所教授卡特尔（R. B. Cattell）编制的人格测量问卷。他采用因素分析的方法概括出16种人格根源特质,并据此编制了16种人格因素问卷量表。该问卷共187个题目,每一个题目都有3个选项,可以避免"二选一"不得不勉强作答的缺点。题目表述方式如下：

我对人或物的兴趣都很容易改变。（   ）
①是的；②介于①③之间；③不是的。

在工作中我愿意：（   ）
①和别人合作；②不确定；③自己单独进行。

在一生中,我总觉得我能达到预期的目标。（   ）
①是的；②不一定；③不是的。

在科学中,我喜欢：（   ）
①音乐；②不一定；③手工劳动。

被试在每题后的三种答案中选择一项。测量结果可以形象地绘制成16PF人格剖面图。卡特尔16种人格因素问卷所测的16种人格特质各自独立,每一种特质与其他特质的相关系数极小,其不同组合构成了个体的独特人格,每种特质的测量能认识被试某方面的人格特征,整个问卷能对被试的16种人格特质进行综合了解,能比较全面地评估个体的人格特质。卡特尔16种人格因素问卷适用于16岁以上的成年人,既可以用于个别测验,也可以用于团体测验。该问卷已广泛应用于心理咨询、就业指导等方面。

（三）艾森克人格问卷（EPQ）

艾森克人格问卷（Eysenck Personality Questionnaire,简称EPQ）是由英国

伦敦大学心理系和精神病研究所汉斯·艾森克和 S. B. G. 艾森克设计的一种有关人格维度的测定方法。通用的 EPQ 是 1975 年制定的,共 90 个题目,被试以"是"或"否"作答,题目表述方式如下:

在做任何事情之前,你是否都要考虑一番?

你是一个整洁严谨、有条不紊的人吗?

遇到为难的事情你是否拿不定主意?

你是否担心将会发生可怕的事情?

有坏人想要害你吗?

艾森克人格问卷有成人版和少年版两种形式,各包括 4 个量表:E——内外向;N——神经质(又称情绪性);P——精神质;L——掩饰性或自身隐蔽。经因素分析计算,前 3 个量表代表人格结构的 3 种维度,它们是彼此独立的,L 则是效度量表。

内外向(E):分数高表示人格外向,如好交际、渴望刺激和冒险,情绪易冲动等。分数低表示人格内向,如好静,富于内省,除至亲密友外,对一般人缄默冷淡,保守,循规蹈矩,情绪稳定。

神经质(N):反映的是正常行为,与病症无关。分数高者可能是焦虑、担心、常常郁闷不乐,情绪反应强烈,有时会出现不理智行为。

精神质(P):并非指精神病,它在所有人身上都存在,只是程度不同。但如果某人表现明显,则易发行为异常。分数高者可能是孤独冷漠、适应困难、缺乏爱心,反应迟钝,爱挑剔、猎奇等。

掩饰性(L):测定被试的掩饰、假托或自身隐蔽,或者测定其社会性朴实或幼稚的水平。L 与其他量表的功能有联系,但它本身代表一种稳定的人格功能。

艾森克人格问卷题目较少,易于测查,因此实施较为容易。

上面介绍的几种人格测评问卷法,基本为自陈式问卷,其优点是实施简便,易评分,易分析,避免了主试的个人观点和偏见对被试的影响。其缺点是,被试在回答问题时容易受社会期望的影响或道德防御的限制,同时被试对自己人格的认识也不一定正确,因而会影响测量的效度。

五、投 射 法

投射法是指向被试呈现模棱两可、意义模糊的刺激材料(如墨迹或不明确的人物图片),要求被试在自由状态下作出反应,让他在不知不觉中将其人格特征投射出来,由主试进行分析和判断的人格测评方法。投射法是基于人的思想、态度、情感、愿望等个人特征,会不自觉地投射到外界事物上这种精神分析假设的基础上发展起来的。在运用时,对被试毫无限制,且被试不了解测验意图,能够真实完整地表现出人格特征。投射测验以及对测验结果的解释完全依赖于主试者的专业知识和经验。尽管其信度和效度较低,但是,在历经多年的实际应用后,投射法被证明是用以整体了解和研究人格特征的重要方法之一。最有名的人格投射测验是罗夏墨渍测验和主题统觉测验。

(一)罗夏墨渍测验

罗夏墨渍测验是由瑞士精神病学家罗夏(Hermann Rorschach,1884—1922)1921 年创制的。罗夏以知觉和人格之间存在着反映和被反映关系的理论为假设,经过数千张墨渍图片测试后,最后选定其中 10 张墨渍图作为人格测验的材料,确定了记分方法和解释原则。这 10 张图片都是对称图形,且毫无意义。它们以一定顺序排列,其中 5 张图片是黑白图片,2 张图片是黑白墨色加红色斑点组成的图片,3 张图片是彩色图片。图 9 - 4、9 - 5 为两幅墨渍图片。

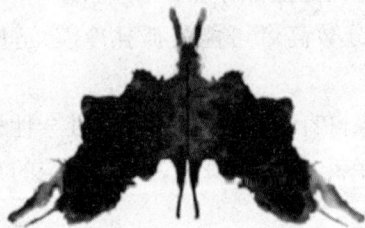 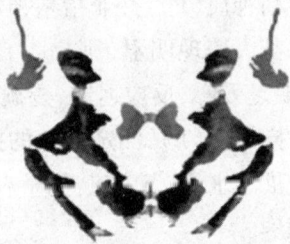

图 9 - 4　　　　　　　　　　　　　　　图 9 - 5

测试时,10 张图片依照一定的次序依次呈现在被试面前。主试可以使用例如"这看上去像什么?"、"这可能是什么?"、"这使你想到什么?"等简单的指导语,但应避免一切诱导性提问。主试应如实记录被试在每张图片出现到开始第一个反应所需的时间,各反应之间的停顿时间,对每张图片反应总共所需的时间及被试者的言语、动作和表情等反应状态,作为分析结果的重要依据。

罗夏墨渍图测验一般根据四个方面记分、分析和解释:(1)反应部位(整体还是局部);(2)决定反应因子(形状还是颜色);(3)反应内容(人、动物还是物体);(4)独创或从众反应(与众不同还是与众一致)。主试根据记分和解释的结果确定被试的人格特征。

罗夏墨渍测验发表后,很多人认为这是一大创举。由于它不受语言文字的限制,传播较广,在人格测量和临床心理学中产生了巨大影响。但由于它记分困难,对结果的解释常带有主观性,对主试的心理学专业知识和测试技能要求颇高。

(二)主题统觉测验(TAT)

主题统觉测验(thematic apperception test)是美国心理学家默瑞和摩根(H. A. Murray & C. D. Morgan)于1935年采用投射技术编制的人格测评工具。

全套测验共由30张内容暧昧、意义隐晦的人物或风景图片(如图9-6、9-7)和一张空白卡片组成,被试按年龄和性别分成成年男子、成年女子、男孩和女孩组。施测时,取每组19张图片和1张空白卡片。被试根据图片内容按一定要求讲一个故事(被试叙述故事时应眼看空白卡片,它起着集中被试的注意和刺激想象的作用)。故事要求包括以下四个要素:(1)图片描述了一个怎样的情境;(2)图片中的情境是怎样发生的;(3)图片中的人物在想什么;(4)结局会怎样。

图9-6

图9-7

默里认为个体面对图片时编造的故事素材应该来源于日常生活经验,特别是自己内心深处的体会和感受,个体的需求会有意或无意地折射在故事情节中,特别是隐性的个体需要。通过对故事情节要素的分析,可以了解一个人的人格特征。

主题统觉测验主要用于临床诊断及动机、情感等研究中,与罗夏墨渍测验一样,主题统觉测验也可以规避问卷法可能出现的作假现象,但由于缺乏客观标准,没有统一的记分和分析系统,主试必须经过特殊的训练才能胜任。

第五节　人格培养

良好的人格是心理健康的重要保证,心理健康水平的高低,很大程度上反映着一个人的个性发展水平。人人都想有所作为,都想做一个受人欢迎的人,那么,怎样形成一个良好、健康的个性呢?

一、健康人格的标准

健康人格是指各种良好人格特征在个体身上的集中体现。人格内涵丰富,包含多种成分,不同的心理学家站在不同的角度不仅给予人格不同的定义,而且对于健康人格标准界定也不相同。

什么是健康人格呢? 美国当代著名心理学史家杜·舒尔茨认为"健康人格是什么? 迄今为止,我们只描述了它不是什么。对于这一点,我们是有充分理由的,我们确实不知道是什么构成了健康的人格,因为在这个领域中工作的心理学家一致的意见是很少的。关于健康人格有足够写满一本小册子的定义。在我们认识的当前这个阶段,我们能够完成得最好的事情,是研究那些看来是最完善的心理健康的概念,看一看关于我们自身,这些概念告诉我们些什么东西。"(杜·舒尔茨《成长心理学》)尽管给健康人格下一个完整的定义是困难的,但舒尔茨还是列举了7种西方人格理论家关于健康人格的模式:

(一)奥尔波特的"成熟者"模式

奥尔波特是美国人格特质理论的主要代表人物。他把高人格健康水平的人称作"成熟者",认为他们身上具备以下几种特质:

1. 自我拓展的能力。能主动、直接地将自己投入到自身以外的兴趣和活动中,并且有许多朋友和爱好;

2. 具有同情心、亲密和爱的能力；

3. 自我接纳；

4. 知觉的客观性；

5. 具备工作能力，能够专注地投入工作；

6. 客观认识自我；

7. 自我意识统一。

（二）罗杰斯的"机能充分发挥型"模式

美国人本主义心理学家罗杰斯认为具有健康人格的人所表现的是真实的自我，他们认为幸福并不在于满足全部需求，而在于积极参与和持续的奋斗。罗杰斯概括了"机能充分发挥型"的五种人格特征：

1. 对个人的各种经验均开放接受；

2. 充分体验个人的存在；

3. 充分相信个人的体验能够引导个人作出正确的决策；

4. 有自由感；

5. 具有创造性；

6. 乐意给他人以无条件的关怀，能与其他人高度协调。

（三）弗洛姆的"创造者"模式

弗洛姆是新精神分析派的代表人物之一。他批判地吸收了弗洛伊德的人格理论，着重从社会文化因素的角度考察人格的形成与发展。他认为拥有健康人格的人应该是充分发挥自己的潜能进行生产和创造的人，他认为"创造者"具有 5 个特征：

1. 自由平等的互爱；

2. 客观反映世界；

3. 身心健康，愉快幸福；

4. 道德自律；

5. 发掘潜能，创造自我，奉献社会。

（四）马斯洛的"自我实现的人"

美国心理学家马斯洛认为，具有最健康人格的人是自我实现的人。所谓"自我实现"就是个人的潜能得以实现，所有的能力得到运用。马斯洛从

"自我实现者"身上归纳出 15 种特点：

1. 正视现实；

2. 接纳自我；

3. 言行坦率；

4. 责任感强,勇于担当；

5. 热爱生活,积极向上；

6. 关爱他人；

7. 能够独立自处；

8. 常有成功的高峰体验；

9. 有主见,自主性强；

10. 民主平等,谦虚好学；

11. 拥有亲密挚友；

12. 具有幽默感；

13. 坚守道德标准；

14. 富有创造性；

15. 信仰主流文化。

此外,还有荣格的"个体化的人"、弗兰克的"超越自我的人"及皮尔斯的"此时此刻的人"等。

我国心理学者对于健康人格标准的研究和关注始于 20 世纪 80 年代,下面介绍几种有代表性的观点：

王建平、马林芳(1999)分析了西方学者健康人格模式,认为他们在健康人格模式的几个主要标准上达成一致：

一是生活、行为的意识性。

二是对自我的正确认识和接纳。

三是生活的现实性。

四是强调增加紧张的重要性。

顾智明(1999)论述了市场经济条件下健康人格的标准：

一是尊严感。

二是创造性。

三是合作精神。

四是乐观态度。

尊严感、创造性、合作精神、乐观态度,四方面相互联系、相互作用、相互影响。其中,创造性是核心。

沙莲香教授认为健康人格具备四个特征:

1. 能够发挥潜能,乐于工作;

2. 人际关系和谐;

3. 悦纳自我,完善自我;

4. 客观反映现实,适应力强。

通过对这些健康人格特征的了解,我们可以清楚地看到他们的共同特点是能够客观真实地认识自我、接纳自我、完善自我;具备一定的技能,富有创造性,热爱工作;富有爱心和同情心,关爱他人、民主平等,人际关系和谐;信仰主流道德标准和文化,不偏激、不极端等等。

马克思所描述的"全面发展的、自由的人"是人类所追求的个体发展的完美状态,它也是与社会发展阶段紧密相连的目标,在不同社会阶段、不同经济发展水平下,个体能达到的程度和层次是有限的,所以,在当前的社会条件下,国内比较公认的健康人格标准有以下几个特征:

(1)和谐的人际关系。人际关系最能体现一个人人格健康的程度。人格健康的人乐于与他人交往,并与他人建立良好的关系;与人相处时,尊敬、信任等正面态度多于嫉妒、怀疑等消极态度。健康的人常常以诚恳、公平、谦虚、宽容的态度尊重他人,同时也受到他人的尊重与接纳。

(2)良好的社会适应能力。社会适应能力反映了人与社会的协调程度。人格健康的人能够和社会保持良好密切的接触,以一种开放的态度,主动关心社会,了解社会;在认识社会的同时,使自己的思想、行为跟上时代的发展,与社会的要求相符合,能够很快适应新的环境。

(3)正确的自我意识。自我意识是个体对自己和自己与他人、与周围世界关系的认识。具有健康人格的人对自己有恰如其分的评价,充满自信、扬长避短,在日常生活中能有效地调节自己的行为,与环境保持平衡。缺乏正确自我意识的人常常表现出自我冲突、自我矛盾,或者自视清高、妄自尊大,做力所不能及的工作,或者自轻自贱、妄自菲薄,甘愿放弃一切可以努力的机遇。

(4)乐观向上的生活态度。积极的人生态度是人类在社会实践中获得的本质力量的表现。乐观的人常常能看到生活的光明面,对前途充满希望和信心,对自己所从事的工作或学习抱有浓厚的兴趣,并在其中发挥自身的智慧和能力。即使在遇到困难和挫折时,也能不畏艰险,勇于拼搏。大学生的主要任务是学习,因而对学习的兴趣如何可以反映出对生活的基本倾向。人格健康的学生对学习怀有浓厚的兴趣,表现出观察敏锐、注意集中、想象丰富、充满信心、勇于克服困难,通过刻苦、严谨的学习过程,获得学习的满足感和成就感。我们很难相信,对学习和生活缺乏兴趣,整天精神不振的学生的人格是健康的。

（5）良好的情绪调控能力。情绪标志着人格的成熟程度。人格健康的人情绪反应适度,具有调节和控制情绪的能力,经常保持愉快、满意、开朗的心境,并富有幽默感。当消极情绪出现时能合情合理地宣泄、排解、转移和升华。

二、人格的发展与形成

美国著名心理学家埃里克森（E. H. Erikson,1902）认为人格发展是一项终身课题。在人生的不同阶段都会面临此阶段的关键性心理问题,这些问题得到解决的程度和效果,会直接影响到与此相关人格特质的形成与发展,解决得好会形成积极的人格特征,否则会形成消极的人格特征。埃里克森将人生划分为八个相互联系的阶段。埃里克森的人格发展阶段论为不同年龄段的教育提供了理论依据和教育内容。

第一阶段,婴儿期(0—1.5岁)信任——不信任

婴儿期是获得基本信任感而克服基本不信任感的阶段。所谓基本信任感的获得来源于婴儿的需要与外界对他需要的满足保持一致。这一阶段婴儿的主要需求就是饥饿或热冷,如果他的需要在第一时间得到了满足,他就会对母亲或其他看护人表示信任,婴儿感到所处的环境是个安全的地方,周围人们是可以信任的,由此就会扩展为对一般人的信任。否则,婴儿如果得不到周围人们的关心与照顾,他就会对外界特别是对周围的人产生害怕与怀疑的心理,而影响到其日后处理人际关系的能力,出现与人交往时不信任别人、焦虑不安等心理问题,以致会影响到下一阶段的顺利发展。

第二阶段,婴儿后期(1.5—3岁)自主——羞怯

这一阶段是获得自主感而避免怀疑感与羞耻感的阶段。个体在第一阶段处于依赖性较强的状态下,什么都由成人照顾。到了第二阶段,儿童开始有了独立自主的要求,如想自己穿衣、吃饭、走路等,他们开始去探索周围的

世界。如果成人允许他们独立地去干一些力所能及的事情,并且表扬他们完成的工作,就能培养他们的意志力,使他们获得一种自主感,能够自己控制自己。

相反,如果成人过分爱护他们,处处包办代替,或过分严厉,这也不准那也不许,稍有差错就粗暴地斥责,甚至采用体罚,孩子就会产生自我怀疑或羞耻感。例如,孩子由于不小心打碎了杯子,尿湿了裤子,成人就对其打骂,使孩子一直遭到许多失败的体验,他就会产生自我怀疑与羞耻之感。

第三阶段,幼儿期(3—6岁)主动——退缩

幼儿期是获得主动感而避免消极退缩的阶段。个体在这一阶段的运动和语言表达能力发展很快。除了模仿行为外,个体对周围的环境(包括他自己的身体)充满了好奇心。这时候,如果成人对于孩子的好奇心以及探索行为适当鼓励,让他们有更多的机会自由参加各种活动,耐心地解答他们提出的各种问题,那么,他们就会更加积极地探索和控制外在环境,形成目的意识,为自信心和创造性品质的形成打下基础。

反之,如果父母对儿童采取否定与压制的态度,就会使他们认为自己的游戏是不好的,自己提出的问题是笨拙的,自己是受父母讨厌的,致使孩子产生挫折感与失败感,认为自己做错了事情,做坏了事情,会导致孩子在以后的人生发展过程中遇到问题时不是积极地面对和解决,而是消极地选择逃避和退缩。

第四阶段,儿童期(6—11岁)自信——自卑

在这一时期,儿童的智力不断地得到发展,特别是逻辑思维能力发展迅速,他们提出的问题很广泛,而且有一定的深度。他们的能力也日益发展,参加的活动已经扩展到学校以外的社会,这时候,对他们影响最大的已经不是父母,而是同伴或邻居,尤其是学校中的教师。他们对事物探索的积极性和主动性更加强烈,如果能得到成人的支持、帮助与赞扬,则能进一步加强他们的勤奋感。埃里克森劝告做父母的人,不要把孩子的勤奋行为视为捣乱,否则孩子会形成自卑感,认为自己不如别人。应该鼓励孩子努力完成任务,获得成功,以激发他们的勤奋感和竞争心,使之有信心获得好成绩。还要鼓励他们尽自己最大努力与周围人们发生联系,进行社会交往,使他们相信自己是有能力的、聪明的,任何事情都能做得很好。总之,使他们怀有一种成就感,树立自信意识,避免自卑心理。

第五阶段,青年期(11—18岁)自我同一——自我混乱

从十一二岁到十七八岁是青春期。这一阶段的核心问题是自我意识的确定和自我角色的形成。

"同一性"这一概念是埃里克森自我发展理论中的一个重要组成部分，它具有非常广泛的含义，它可以理解为社会与个人的统一、个体的主我与客我的统一，个体的历史性任务与其主观愿望的统一，也可理解为对自己的过去、现在和未来的统一，即在任何情况下都能够全面认识到意识与行动的主体是自己，或者说能抓住自己，亦即是"真正的自我"，也可称为"核心的自我"。

青少年对周围世界有了新的观察与新的思考方法，他们经常考虑自己到底是怎样一个人，他们从别人对他的态度和自己承担的各种社会角色中，逐渐认清了自己。这个阶段，他们逐渐疏远了自己的父母，从对父母的依赖关系中解脱出来，而与同伴们建立了亲密的友谊，从而进一步认识自己，对自己的过去、现在与未来之间的连续关系形成了更深层次的认识，也认识到自己与他人在外表上与性格上的相同与差异。认识到自己的现在与未来在社会生活中的关系，这就是同一性，即心理社会同一感。埃里克森认为，这种同一感可以帮助青少年了解自己以及了解自己与各种人、事、物的关系，以便能顺利地进入成年期；否则，就会产生同一性的混乱，如怀疑自我认识与他人对自己的认识之间的一致性，做事情马虎，看不到努力工作与获得成就之间的关系。同一性混乱，还表现在对领导与被领导之间的共同点与差异看不清，要么持对立情绪，要么盲目顺从等。在两性问题上也会发生同一性混乱，认识不到两性之间的相同与差异等。

第六阶段，成年前期(18—25岁)亲密——孤独

从十七八岁至二十五岁是成年早期，这是建立家庭生活的阶段，是获得亲密感、避免孤独感的阶段。亲密感，是人与人之间的亲密关系，包括亲情、友谊与爱情。亲密的社会意义，是个人能与他人同甘共苦，相互关心。亲密感在危急情况下往往会发展为一种相互承担义务的感情，它是在共同完成任务的过程中建立起来的。

如果一个人不能与他人分享快乐与分担痛苦，不能与他人进行思想情感交流、相互关心和帮助，就会陷入孤独寂寞的苦恼情绪之中。

第七阶段，成年中期(26—60岁)大我——小我

这是中年期与壮年期，是成家立业的阶段，是实现自我价值和社会价值的阶段。这一阶段有两种发展的可能性：一种是向积极方面发展，自我意识

更加充实和完善,个人除关怀家庭成员外,还会扩展到关心社会上其他人,
关心下一代以至子孙万代的幸福。他们在工作上勇于创造,追求事业的成
功,而不仅是满足个人需要,更是为了实现社会价值。另一种是向消极方向
发展,只关注"小我",即所谓"自我专注",自私自利,就是只顾自己以及自己
家庭的幸福,而不顾他人的困难和痛苦,即使有创造,努力奋斗,其目的也完
全是为了自己的利益。

第八阶段,老年期(60 岁—)完美——失望

这是老年期,亦即成熟期,是获得完美感,避免失望感的阶段。如果前
面七个阶段积极的成分多于消极的成分,就会在老年期汇集成完美感,回顾
一生觉得这一辈子过得很有价值,生活得很有意义。相反,如果消极成分多
于积极成分,就会产生失望感,认为自己没有实现理想自我,想要重新开始
又为时已晚,对人生产生厌倦和失望,精神萎靡不振,马马虎虎混日子。

埃里克森在分析每个阶段时,都提出一些积极的建议。例如,他认为,
一个人不应该对任何人都信任,不信任感也有用处,会让人产生危机感,做
到未雨绸缪、防范于未然,否则,一旦遇到挫折就会备受打击,甚至一蹶不
振,不利于自我的成长。但埃里克森认为,在人际关系中信任与不信任感要
有一定的比例,信任感应该多于不信任感,以有利于心理发展。

他还认为,自信感也不能无限制地发展,也必须有一定的怀疑感和羞耻
感,如果过分相信自己,就会变得自负和一意孤行。埃里克森认为,自信感
应强于怀疑感与羞耻感。儿童的勤奋感中也应该有点儿失败的经验,以使
今后能经受住失败的挫折,但又不能过分地经常遭受失败,经常失败就会产
生自卑感。

以上是埃里克森自我发展的八个阶段,从中可以看到自我的形成与社
会文化因素的关系,也可以看到自我与社会生活在个体人格发展中的作用。
他的理论有相对的合理性,在西方心理学界有相当大的影响。

三、健康人格的培养

(一)健康人格培养的内容

1. 思想素质

对青少年进行思想素质的培养和教育是社会主义体制下人格培养的应

有之义。青少年通过对马克思主义理论的学习,可以提高他们的政治素养和政治觉悟,坚定对社会主义的信仰。提高青少年认可和接受先进思想意识、先进文化、主流文化的积极性、主动性和自觉性。引导、指导、培养青少年确立积极的人生态度,树立高远的人生理想、形成奋发向上的人格风貌。不断提高青少年运用马克思主义的理论和观点分析和解决他们在学习、生活、工作和社会中遇到的各种问题的能力。

2. 心理素质

古人云:"人格之道,当治于心"。健康人格是个体心理健康的基础,心理健康是个体健康人格的重要体现和保障。所以,个体心理素质水平的高低决定着健康人格形成与发展的层次。通过对青少年的认识能力、情绪和情感品质、意志品质、气质和性格等个性品质诸方面的教育和培养,可以提高他们对环境及社会关系的适应能力、自控能力,以及为人处世的态度和素养。不断提高的心理素质为健康人格的形成培育了良好的土壤。

3. 人文素质

人文素质,从狭义来说指人文知识和技能的内化,它主要是指一个人的文化素质和精神品格。从广义来说则是指一个人成其为人和发展为人才的内在精神品格。它体现在人们的气质和价值观之中。所以,人文素质在青少年人格培养过程中起着举足轻重的作用。青少年应该通过学习人文知识、理解人文思想、掌握人文方法、领悟人文精神,不断提高人文素质,以达到追求崇高的理想和优秀道德情操,向往和塑造健全完美的人格,热爱和追求真理,培养严谨、求实的科学精神及儒雅的风度气质等的高尚境界。

(二)健康人格培养的途径和方法

在本章第三节我们分析阐述了人格的成因。在生物遗传、社会文化、家庭环境、早期童年经验、学校教育和自我调控六个方面的因素中,从影响的途径和方式角度,我们可以将其划分为两类,其一为内因因素,即生物遗传因素和自我调控。其二为外因因素,即社会文化因素、家庭环境因素、早期童年经验和学校教育因素。因此,我们可以将健康人格的培养途径和方法概括为以下两种:

1. 环境影响法

个体在成长过程中,会依次融入三大环境:家庭、学校和社会。这三大环境也是冶炼和锻造我们人格的大熔炉,需要我们给予最多的关注。

(1)家庭方面

家长首先要树立全面的健康观。了解健康的含义,要认识到人的健康不仅仅包含躯体的生理健康,还包含心理健康。作为家长,要改变以往只对孩子身体嘘寒问暖、呵护备至的局面。不仅要加强对孩子心理健康的保护和教育,还要不断增强自身心理素质,以健康的心态和良好的心理素质教育和影响孩子。其二是要树立科学的成才观。走出偏重智育的误区,关注孩子的全面发展。要清醒地认识到青少年的成长成才应该是建立在个体兴趣和爱好基础上的综合素质的全面发展和提升,体现在人的社会价值中,而不仅仅是学习好、考高分、进好大学、有高收入。其三是树立民主的教育观。采取宽松、民主的教养方式,营造和谐温馨的家庭氛围,培养学生独立自主、乐观积极、热情开朗的人格特征。

(2)学校方面

第一,课堂教育。课堂教育应该是青少年人格培养和心理健康教育的系统化和专业化的平台。不同阶段的青少年可以由受过专业培训的教师通过课堂游戏、思想品德课程、德育课程等开展专业、规范而系统的人格培养,以达到培养学生良好人格品质或矫正学生不良人格特征的目的。

第二,校园文化。校园文化对青少年人格的形成影响隐性、间接却深远。学校应该不断完善校园硬件设施、美化校园环境、开展各种文体活动、营造良好的校风学风和浓郁的人文氛围,为学生成长成才构建积极向上的校园文化氛围。

第三,教师的人格榜样。教师和家长一样对孩子的影响直接而深远。在青少年期,教师的影响甚至远远大于父母对孩子的影响,又由于教师身份的特殊性,学生对教师的效仿度也较高。所以,教师高尚的人格魅力对于学生而言是一种无言却强大的榜样力量,对于学生意义非凡。因此,作为教师应该充分认识到健全自己人格的重要性,实现自己人格的提升,以自身高尚的人格魅力去影响、引导学生形成健康的人格。

(3)社会方面

作为个体成长的社会大环境,人格形成的大背景。社会的政治体制、经济发展水平、道德状况、人文精神等都会对青少年的成长产生重要影响。因此,社会应努力创造一个良好的大环境,使得每个人都能顺利、健康地发展。

2. 自我教育法

在培养学生健康人格的过程中,应该充分调动和发挥青少年人格塑造的自我调控功能,引导学生自觉地对自己的人格特征进行自我分析、自我评价,自我监控。针对自我的不足,设定培养目标,拟订自我教育计划,从而有意识地培养自己健康的人格。

◉ **拓展阅读**

弗洛伊德小传①

弗洛伊德出生在今斯洛伐克的摩拉维亚一个犹太人家庭,父亲是经营呢绒的商人。4岁那年,由于营业不景气,他父亲带着全家搬到德国莱比锡,后来定居在奥地利首都维也纳。弗洛伊德学习优异,于1881年获得博士学位,后成为一名大学教师,并开设了自己的个人诊所。1938年纳粹德国入侵奥地利,弗洛伊德被迫流亡英国,第二年因口腔癌恶化死于英国伦敦。

弗洛伊德创立精神分析并非偶然。他的居处维也纳在19世纪末作为奥匈帝国的首都,正处在物质文明和人欲横流的时代,而住在贫民窟里的大多数市民却生活潦倒,更受种种欺压,精神上的矛盾冲突引发出众多的精神病患者。作为医生,弗洛伊德处于这样的环境下,思考到自己应负的医疗责任和病人的需求,于是形成了一种特殊有效的治疗方法与理论:精神分析。

所谓"精神分析",或称心理分析,实际上是一种情感心理学或称深奥心理学在精神病治疗上的应用。它认为病人之所以情绪紊乱、行为失常,其病因就在于其意识深处的无意识的作用。

弗洛伊德深受白洛尔、沙可等人催眠术的影响,在长期实践和治疗过程中,弗洛伊德发现很多病人的回忆跟早期的性爱有关,这使弗洛伊德更加注意性爱和精神病因的关系。1895年他和白洛尔合作出版《关于歇斯底里的研究》,书中包括弗洛伊德关于精神病理学的内容,它标志着精神分析正式问世。

1897年弗洛伊德开始做了两年的自我分析,1900年他将研究所得整理发表了《梦的解析》,该书介绍了对梦作自由联想的分析方法和梦的象征作用。这本书标志着他从精神治疗转向研究心理学的开端。以后,他不断研究治疗和写作,名声逐渐传开。1909年

---

① 李汉松著:《心理学的故事》,中央编译出版社2006年版,第102—108页。有删减。

美国克拉克大学 20 周年校庆,邀请他到大会上演讲。他带着两位得意门生荣格和阿德勒等到了美国,并会见了詹姆士、铁钦纳等著名心理学家,一时名声大振,表明国际社会承认了弗洛伊德及其精神分析理论。

从弗洛伊德的思想发展看,起初他似乎认为,人的精神生活包含意识和无意识的两部分。实际上,在他看来,意识部分并不重要,重要的是无意识,它是人类思想行为背后的内驱力。人的一切喜怒哀乐及其存亡都决定于无意识,尤其是无意识的性欲冲动及其种种变相的活动。此后,他还承认有前意识的存在,认为这种意识状态和无意识相比,较容易被召唤到意识中来。和上述三种意识的存在相适应,他又提出本我、自我和超我三个概念。本我是最原始的、处在最难接近的底层,但它极端有力量,犹如"巨大的深渊,一口充满沸腾刺激的大锅",它"不知道价值判断,是不好的,不道德的"。它不考虑客观现实环境,只一味地直接追求满足。自我处在本我和超我之间,协调自身和外界的关系,使本我满足。自我和超我的关系,犹如骑士和马的关系:马提供力量,骑士指向要去的方向。超我则高居其上,是社会道德的代表,和本我处在直接冲突中。如下图所示。

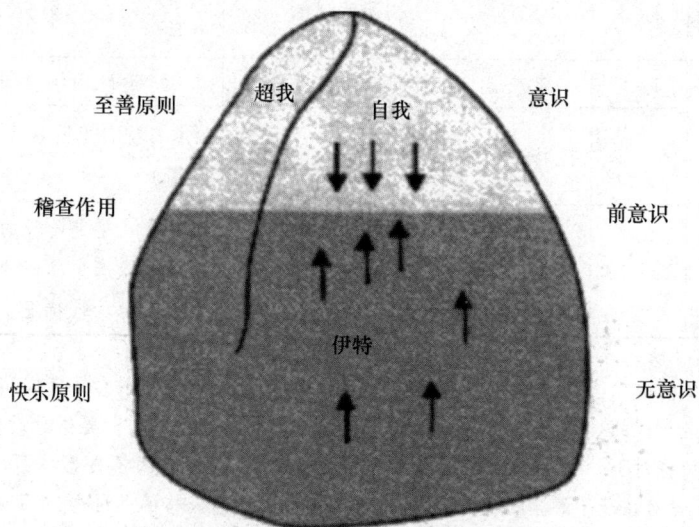

弗洛伊德的心理及人格结构图

由于本我充满着无意识的精神力量,即力比多,它一旦发作就引起张力,驱策无意识的活动,弗洛伊德把这种力的性本能活动叫作内驱力。这种内驱力引起的内部冲突和动机推动着人的心理发展。这就是以无意识的内驱力为理论基础的弗洛伊德的人格内部冲突和动机学说。由此可见,关于这个因内部冲突而引起心理发展的学说,是以生物学的性本能欲望为动力的。因此,弗洛伊德声称,他自己是一个决定论者,认为人的一切思想行为和情绪都有因果关系,都有决定的原因,决不例外。当然,这个最后的决定者无疑是性本能的内驱力。不过,他又认为,虽然内驱力是体内生来固有的,但也和外界环境发生关系,而这些关系又和人的年龄、性欲活动范围的变化相关。在 5 岁以前幼儿的性欲是盲目地为所欲为的,弗洛伊德称之为自恋时期。5 岁以后,由于正在形成自我意识,逐渐知道现实不允许无限地满足欲望而采取了唯实原则,从而无意识地遵循该原则,经过许多发展阶段形成一个人的人格。每个阶段在心理上都存在着性欲本能和环境之间特殊的相互作用。通过下面的表格可以了解到弗洛伊德关于人的性心理发展和人格形成各阶段的基本思想。

弗洛伊德性心理发展阶段一览表

阶段	年龄	性敏感区	主要发展任务 (潜在冲突来源)	本阶段发生的固着会导致的 成人性格特点
口唇期	0 - 1	口、嘴唇、舌头	断奶	嘴部行为,如抽烟、过度饮食;被动性和易上当
肛门期	2 - 3	肛门	上厕所的训练	杂乱无章、吝啬、固执,或者相反
性器官期	4 - 5	生殖器	恋母(父)情结	虚荣、莽撞、固执、或者相反
潜伏期	6 - 12	无特定区域	防御机制的发展	无(一般在此阶段不会发生固着)
两性期	13 - 18	生殖器	成熟的性亲密行为	成功完成早期阶段的成年人会对他人产生真诚的兴趣并具有成熟的性特征。

弗洛伊德的以上说法,好像有些离奇,但不少父母认为,确有一些是事实,而且最终的目标却是积极的。例如,注意儿童早期经验,这是警告做父母的,不要错过教育的最好时机,否则,将对下一代的人生感到终身遗憾。其次,早期经验的不良影响是可以防止的,只要父母对孩子不娇生惯养,不放任是能够培养出理想人格的。再者,加强道德教育将人类的潜能充分发挥出来,使孩子走上正确轨道是可能的。最后,即使已经成为疾病,也是可以治疗的。

后来他的小女儿安娜从防御机制的研究,继承发展了父亲的自我心理学思想,并经过哈特曼形成了以弗洛伊德正统思想为主线的自我心理学体系。

弗洛伊德的著作主要有《梦的解析》、《日常生活的心理病理学》、《性学三论》、《图腾与禁忌》、《自我与本我》、《精神分析引论》、《精神分析引论新编》等。

● **思考与练习**

1. 简述人格的定义及特征。

2. 简述人格的结构。

3. 简述有关人格的基本理论观点。

4. 人格的测量方法有哪些?

5. 试述人格的成因。

● 参考文献

1. 李亦园、杨国枢编:《中国人的性格》,江苏教育出版社 2006 年版。

2. [奥]弗洛伊德著,周艳红、胡惠君译:《梦的解析》,上海三联书店 2008 年版。

3. [奥]弗洛伊德著,林尘等译:《自我与本我》,上海译文出版社 2011 年版。

4. 叶奕乾、何存道、梁宁建主编:《普通心理学》,华东师范大学出版社 2004 年版。

5. 俞国良、戴斌荣著:《基础心理学》,武汉大学出版社 2007 年版。

6. [美]理查德·格里格,菲利普·津巴多著,王垒、王甦等译:《心理学与生活》,人民邮电出版社 2003 年版。

7. 梁宁建主编:《心理学导论》,上海教育出版社 2011 年版。

8. 彭聃龄主编:《普通心理学》,北京师范大学出版社 2012 年版。

9. 付建忠主编:《普通心理学》,清华大学出版社 2012 年版。

10. 李汉松著:《心理学的故事》,中央编译出版社 2006 年版。

11. 徐远理、孙天义主编:《公共心理学教程》,华东师范大学出版社 2010 年版。

12. 全国十二所重点师范大学联合编写:《心理学基础》,教育科学出版社 2008 年版。

13. 李红主编:《心理学基础》,高等教育出版社 2009 年版。

14. 姚本先主编:《心理学》,高等教育出版社 2005 年版。

15. 李小平主编:《新编基础心理学》,南京师范大学出版社 2007 年版。

第十章 个体心理发展

● **内容提要**

本章分析了心理发展的概念、基本规律、发展的主要理论及研究方法。介绍了个体身体、动作与感知觉的发展，重点讲述了儿童语言的获得规律与影响因素，个体的情绪、道德、人格等社会性发展的理论、规律及影响因素等。

第一节 个体心理发展概述

引言

假设你怀中正抱着一个刚刚出生的小婴儿，那么请你预测一下，这个孩子在 1 岁时会是什么样子呢？在 5 岁时呢？在 15 岁时呢？在 50 岁时呢？在 70 岁时呢？在 90 岁时呢？你的预测肯定是一般性和特殊性二者结合的综合结果——这个孩子肯定能学会一种语言，但可能会、也可能不会成为一位天才作家。另外，你的预测肯定对遗传因素和环境因素都有考虑——如果小孩的父母都是才华横溢的作家，那么，你可能会预测这个小孩将来也会显示出文学才能；如果这个小孩在良好的环境中接受教育，你也许会预测说，这个孩子将来的成就可能会超过其父母。本章将着重讲述个体心理发展的理论,这些理论将有助于我们对新生儿的生活进程作出系统预测。

一、心理发展的含义及阶段划分

(一)心理发展的含义

一个人的心理是不断发展和变化的。一个人从出生到死亡,他的心理过程和个性心理特征不是固定不变的,而是处在一个不断发展变化的过程中。但是并非所有的心理变化都可以叫作心理发展。例如,由于病理原因而发生的心理上的变化就不能称之为心理发展。所谓心理发展是指个体随年龄的增长,在相应环境的作用下,整个反应活动不断得到改造,日趋完善、复杂化的过程,是一种体现在个体内部的连续而又稳定的变化。发展变化从开始到成熟大致体现为:一是反映活动从混沌未分化向分化、专门化演变;二是反映活动从不随意性、被动性向随意性、主动性演变;三是从认识客体的外部现象向认识事物的内部本质演变;四是对周围事物的态度从不稳定向稳定演变。发展通常是指使个体产生更有适应性、更具组织性、更高效、更复杂的行为。发展持续人的一生,其中儿童青少年的身心发展最为显著,也是传统上发展心理学家着重关心的发展阶段。

(二)心理发展的阶段性

在人的一生中,个体身心特征的发展既是一个连续的过程,也可以分为不同的阶段。个体发展到一定的年龄阶段,应该表现出与个体年龄相符合的行为特征。这种社会期待性的行为标准,称为发展任务。本章依据个体的年龄和主要的任务,将人的一生分为八个阶段:产前期、婴幼期、儿童早期、儿童后期、青年期、成年期、中年期以及老年期。每一发展时期的大致年龄以及身心发展的主要特点见表 10-1。但是,由于每个阶段还没有明确的生理和心理的发展指标,并且在社会评价指标上也存在差异,因此对各个阶段的划分只是相对的,各阶段的起止时间也只是近似的。

表 10 – 1　人生全程发展的分期

各阶段的名称	时间段	主要发展任务与发展特点
产前期	受孕—出生	生理发展
婴幼儿期	出生—3 岁	身体成长和动作发展 社会性依附:亲子关系 初步的认知能力、语言的发展
儿童早期	3—6 岁	力量增加、粗大和精细动作发展 认知发展:创造力、想象力 社会化发展:自我意识
儿童后期	6—12 岁	力量和运动技能发展 认知发展:有逻辑的具体思维、书面语言、记忆 社会化发展:同伴关系、自我概念与自尊
青年期	12—20 岁	生理发展:身体的迅速改变、生殖成熟 认知发展:抽象思维 社会化发展:人格独立、两性关系建立
成年期	20—40 岁	职业与家庭 认知能力处于巅峰之后逐渐下降 社会化发展:父母角色,社会职业实现
中年期	40—65 岁	生理机能出现某些衰退、活力下降 认知技能复杂化:解决实际问题能力提高,但学习新知识能力下降 社会化发展:性格有一定改变,对时间的取向改变
老年期	65 岁以上	生理机能衰退 智力与记忆能力逐渐衰退、反应变得缓慢 需调适多方面的缺损(如身体机能的衰退、记忆力的下降、失去所爱的人、退休后收入减少等) 寻求生命的意义、面对越来越近的死亡

二、影响心理发展的因素——遗传与环境

发展受到许多因素的影响,其中既有与生俱来的因素,也有经验的作

用。有些经验纯粹是个别的,但有的经验却是某种群体所共有的。例如,在
20世纪二三十年代出生的一代中国人,童年时期物质生活的匮乏和青少年
时期战争生活的经历对他们的发展产生了难以磨灭的影响。

但是,影响个体发展的决定性因素是什么? 长期以来哲学家和教育家
有着不同的看法。从古希腊哲学家柏拉图的"天性观"与亚里士多德的"教
养论"之争,到20世纪结构主义强调遗传和行为主义强调环境的作用,人们
一直关注遗传和环境这两个因素在个体发展中的作用。

遗传因素是指那些与遗传基因联系着的生物有机体的内在因素,包括
生理的因素。环境因素指个体生存空间中所有可能影响个体的因素。环境
因素可以分为两类:一类是生物有机体所共有的维持生存所必需的物质环
境,如食物营养、地理气候等;另一类是人类的社会环境,即人所处的社会生
活、教育、工作条件等。关于遗传与环境在个体发展中的作用以及二者的关
系,著名儿童心理学家皮亚杰(Jean Piaget,1896—1980)提出了相互作用效
应模型。皮亚杰认为,遗传和环境在个体发展中是相互作用的,好的遗传和
好的环境相结合会导致好的发展结果,而不良遗传和差的环境相结合会引
起不良的发展结果;如果优越的遗传与贫乏的环境结合或不良的遗传与丰
富的环境相结合,可能得到中等的发展结果。萨米诺夫也主张,遗传和环境
在个体发展的作用是相互影响的。个体一旦开始发展历程,个体的遗传特
性就会受到环境和个体经验的影响,而个体的经验同样也会受到遗传特性
的影响。环境影响了遗传特性起作用的方式、程度和途径,而遗传特性影响
着环境中某些因素的作用以及作用的方式和程度。

三、心理发展的规律

(一)连续性

心理发展是一个持续不断的前进过程。每一个心理过程和个体心理特
征都是逐渐地、持续地由较低水平发展到较高水平。人的心理发展自出生
就已经开始,以后日趋丰富和完善。人的心理发展过程是一个由量变到质
变的过程。

(二)阶段性

心理发展过程中存在着明显不同的各个年龄阶段,而各个相邻的阶段

既互相区别又互相联系。前一阶段为后一阶段准备了条件,后一阶段是前一阶段的继续和发展。一个阶段经过一定的发展时期,就必然地要过渡到更高一级的阶段。

(三)方向性

正常情况下,心理发展具有一定的方向性。如个体动作的发展就遵循自上而下(从头到脚)、由躯体中心向外围、从大肌肉动作到惊喜动作的发展规律。这些规律可概括为动作发展的头尾律、近远律和大小律,每个儿童发展都是如此。

(四)不平衡性

个体从出生到成熟并不总是按相同的速度直线发展的,而是体现出多元化的模式,表现在:不同系统的发展速度、起始时间、达到的成熟水平不同;同一机能系统特性在发展的不同时期(年龄阶段)有不同的发展速率。从总体发展来看,幼儿期出现第一个加速发展期,然后是儿童期的平稳发展,到了青春发育期又出现第二个加速期,然后再是平稳的发展,到了老年期开始出现下降。

(五)个别差异性

同年龄的中学生在心理发展上存在着明显的差别。这种差别主要表现在不同中学生的同一心理过程和个性心理特征的发展速度、水平上。例如,学生的智力发展或某些才能出现的早晚各不相同,许多智力超常的学生就是属于"才华早露"的典型。但是,多数学生的智力或才能的发展并非如此,个别的学生甚至到年龄很大才表现出他的智慧和某种才能。这种差别是客观存在的事实,关键在于教育者如何去认识它,对待它。

【资料窗 10 – 1】

白痴学者

白痴学者(idiot savant)是指轻度或中度精神发育不全,而同时在某(些)方面具有超群认知能力的人。其特殊才能可表现在日期推算、计算数字、音乐、绘画、背诵、查阅字典、下象棋等方面,甚至表现在某一专业知识领域。例如,对于一般人来说很难口算的多位数乘法,白痴学者会快速地说出答案。对于白痴学者形成的机制,有几种不同的假说。心理学假说认为,智力由一般智力和个别智力构成,前者代表智力的整体结构,后者代表智力的各个特殊方面,如计算能力、特殊记忆、音乐才能等。一般智力和个别智力之间,各种个别智力之间,其发展程度并不均衡协调,白痴学者就是这种不均衡性的一种突出表现。"熟悉块"假说认为,日期推算等行为强烈地激发着脑内作为动机性行为神经基础的"奖赏系统",从而出现了"自我刺激"行为。所谓"自我刺激",就是自我追寻某一特定刺激,并以刺激本身作为奖赏并感到满足。由于"自我刺激"的作用,患者脑内储存了大量的数字关系,形成了有利于快速提取的"熟悉块"。而神经电生理假说则提出,白痴学者可能是由大脑皮层各区发展不平衡所造成的,患者在总体上脑功能发育不全,但局部区域可能存在代偿性的超常发育。

[资料来源]陈时兴:《白痴学者》,《心理科学》1993 年第 2 期。

(六) 发展的关键期

奥地利动物习性学家劳伦兹(K. z. Lorenz)在研究鸭和小鹅的习性时发现,它们通常将出生后第一眼看到的对象当作自己的母亲,并对其产生偏好和追随反应,这种现象叫"母亲印刻"。心理学家将"母亲印刻"发生时期称为动物认母的关键期。关键期的最基本特征是:它只发生在生命中的一个固定的短暂时期。如小鸭的追随行为典型地出现在出生后的 24 小时内,超过这一时间,"印刻"现象就不再明显了。

心理学家所讲的关键期是:人或动物的某些行为与能力的发展有一定的时间,如在此时给予适当的良性刺激,会促使其行为与能力得到更好的发展;反之,则会阻碍发展甚至导致行为与能力的缺失。一般认为有四个领域的研究可以证实关键期的存在:鸟类的印刻、恒河猴的社会性发展、人类语言的习得以及哺乳动物的双眼视觉。关键期并不是突然开始和终止的,它逐渐发展并达到高峰,然后慢慢消退。由于早期心理迅速发展,揭示并且关注不同领域心理发展的关键期成为发展心理学家和教育家共同感兴趣的问题。斯拉金(W. Sluckin)在综合了许多文献后认为,人类的探究行为、攻击性行为、音乐学习、人际关系的建立等等,经早期学习更为有效。表 10-2 列举了一些心理发展的关键期。

表 10-2 一些心理发展关键期列举

心理发展的内容	关键期
依恋形成	0—2 岁
口语学习	1—3 岁

续表

心理发展的内容	关键期
书面语言学习	4—5 岁
形象视觉发展	0—4 岁
掌握数概念	5 岁左右
外语学习	10 岁以后
音乐学习	5 岁以前

四、心理发展的主要理论

(一)成熟势力说

成熟势力说简称成熟论,其代表人物是美国心理学家格塞尔(A. Gesell)。格塞尔认为心理发展是由机体成熟预先决定与表现的。成熟是推动心理发展的主要动力,没有足够的成熟,就没有真正的发展与变化。

格塞尔的观点源自于他的双生子爬楼梯研究。1929 年,他首先对一对双生子 T 和 C 进行了行为基线的观察,确认他们发展水平相当。在双生子出生第 48 周时,对 T 进行爬楼梯、搭积木、肌肉协调和运用词汇等训练,而对 C 则不做训练。训练持续了 6 周,其间 T 比 C 更早地显示出某些技能。到了第 53 周当 C 达到爬楼梯的成熟水平时,对他开始集中训练,发现只要少量训练,C 就赶上了 T 的熟练水平。进一步的观察发现,55 周时 T 和 C 的能力没有差别。据此,格塞尔断言,儿童的学习取决于生理上的成熟,成熟之前的学习与训练,难有显著的效果。

在成熟论看来,个体心理发展具有方向性,如动作的发展就遵循由上而下、由中心向边缘、由粗到细这样的发展规律。发展取决于成熟,而成熟的顺序取决于基因决定的时间表。因此年龄便成为心理发展的主要参照物。格塞尔收集整理了数以万计儿童的发展行为模式,推出了格塞尔行为发育诊断量表(即年龄常模)。通过与行为发育的年龄常模相比较,即可判断出不同儿童的心智发展水平。该诊断量表在临床实践中运用十分广泛。

【资料窗 10－2】

格塞尔行为发展量表

格塞尔根据数十年对婴幼儿行为的系统观察,于 1940 年发表了格塞尔行为发展量表。该量表的使用范围是 4—6 周岁,从四个领域对婴幼儿的发育状况作出评估。这四个领域是:运动,包括坐、走、跑等姿势,平衡、抓握等动作;适应,包括觉醒、探究、对环境的适应与调节等;语言,包括面部表情、发音、说话等;个人——社会交往,包括生活自理、游戏、大小便、与成人来往等,共计有 63 个项目。格塞尔强调发展的几个领域可以不平衡,因此在评价时必须分开计算能力。由于儿童年龄小,他提出发育商数(developmental quotient)的概念,用于小年龄儿童,区别于大年龄儿童和成人的智力商数。

[资料来源]宋维真等:《心理测验》,科学出版社 1987 年版,第 149—151 年。

(二)行为主义观

华生否认遗传在个体成长中的作用,认为一切行为都是刺激(S)—反应(R)的学习过程,通过刺激可以预测反应,通过反应可以推测刺激。

华生运用条件反射理论所做的婴儿害怕实验,为心理发展的行为决定论作了最有力的说明。男孩艾伯特 11 个月时与小白鼠玩了 3 天,后来,当艾伯特开始伸手去触摸白鼠时,脑后突然响起了钢条的敲击声。艾伯特受到了惊吓,但没有哭。第二次,当他的手刚触摸到白鼠时,钢条又被敲响,他猛然跳起,向前摔倒,开始哭泣。如此反复多次,以后当白鼠单独出现时,艾伯特会表现出极度恐惧,转过身去,躲避白鼠。在这个实验里,白鼠成为剧烈声响的替代刺激,引发了艾伯特的条件反应。华生据此解释说,任何行为(包括情绪),不论是积极的还是消极的,都可以通过条件反射而获得。华生的这一实验本身是有违道德的,但不可否认,它为行为的习得与消除提供了事实依据。

华生曾说:"给我一些健康的、发育良好的婴儿,在符合我的要求的环境中抚育他们,我保证能把他们随便哪一个都训练成为我想要的任何类型的专家——医生、律师、巨商、甚至乞丐和小偷,不论他的才智、嗜好、倾向、能力、禀性以及他的宗族如何。"

斯金纳继承了华生的行为主义基本信条。但与华生不同的是,斯金纳用操作性条件作用来解释行为的获得。他认为,行为分为两类:一类是应答性行为;另一类是操作性行为。前一种行为是经典条件反射中由刺激所引发的反应行为;后一种行为是个体时不时发放出来行为。在一个操作性行为出现之后,如果有一个作为强化的事件紧随其后发生(即"强化依随"),那么该操作性行为发生的概率就会大大增加。"斯金纳箱"的实验研究充分印证了这一观点。

斯金纳认为,人的行为大部分是操作性的,行为的习得与及时强化有关。因此,可以通过强化来塑造儿童的行为。行为是一点一滴地塑造出来的,每一个塑造出来的行为可以组合成统一完整的反应链,从而使个体的发展越来越朝人们预期的方向接近。因此,这一理论不仅适合于儿童新行为的塑造,对不良行为的矫正也有指导意义,最常用的途径例如对儿童的不良行为予以"忽视",这种未经强化的行为,很快就会消退。

尽管华生、斯金纳的观点各有所侧重,但他们的共同基本要旨都是主张心理发展只是量的不断增加过程,是由环境和教育塑造起来的。

(三)精神分析论

在弗洛伊德看来,存在于潜意识中的性本能是心理的基本动力,心理的发展就是"性"的发展,或称心理性欲的发展。

弗洛伊德所指的"性",不仅包括两性关系,还包括儿童由吮吸、排泄所产生的快感、身体的舒适、快乐的情感。在儿童的成长过程中,口腔、肛门、生殖器官相继成为快乐与兴奋的中心。以此为依据,弗洛伊德将儿童的心理发展分为五个阶段,即口唇期(0—1岁)、肛门期(1—3岁)、性器期(3—6岁)、潜伏期(6—11岁)、两性期(11、12岁开始)。

精神分析论强调性本能、潜意识与情感在发展中起至关重要的作用。心理的发展是有阶段的,生命的最初几年具有十分重要的意义,任何成人阶段表现出来的行为都能在个体的早期经验中找到根源,因此,对儿童早期经验的关注尤显重要。在个体的发展过程中,来自各方面的因素都有可能导致心理性欲的发展偏离常态。

五、个体心理发展的记录与研究方法

研究心理学发展的学者们经常采用心理学的一般研究方法,如因果研究。但是,由于研究对象的特点、研究目的和要求不同,发展心理学者们也使用一些特殊的研究方法,如纵向研究、横断研究、群体——连续研究等。

（一）纵向研究

纵向研究也称追踪研究，是以单一个体或一组个体为对象，就某一方面的心理与行为，持续观察与测量一段时间，从而探究年龄增长与心理变化两者间的关系。例如，在连续数月内的每个星期，研究人员对某些儿童进行若干次测试，用以确定每个儿童开始使用成熟策略来解决算术问题的准确时刻。通过确定发生变化的具体时刻，研究人员就可以对变化发生之前必定出现的情况有更多的了解。从理论上说，这种方法是最适于研究心理发展的方法。因为从同一（或同一组）个体的心理发展中，观察其前后变化，分析其成长历程，就能发现其前因后果的关系。但是，在实际使用时仍有以下的缺点与限制：第一，纵向研究需要时间较长，因此需要大量的经费和研究者的极大投入；第二，在长时间的研究过程中，被试会逐渐流失，而研究结果的可信程度和意义也会因此受到影响；第三，测量工具的标准难定，用于测量婴儿的工具，如以后重复用来测量成人，所得结果很难比较，如以后改用其他工具，其结果也难以比较；第四，根据一项较长时间纵向研究结果，不易作为模式去推论解释。因为社会变迁，影响个体心理发展的环境因素的改变。如三十年前的育婴方式，与现在大不相同，再过三十年，自然又不一样。因此，纵向研究结果，除解释原有对象的行为之外，很难作为普遍推论的根据。

（二）横断研究

横断研究是以不同年龄的个体或团体为对象，就某一方面的心理与行为，使用类似的观察与测量工具，在同一时间内，就可获得不同年龄组的同类资料。比较分析不同年龄组的心理发展特点，就可以了解，心理发展随年龄增长而变化的大致情形。例如，研究者想了解大学四年期间大学生的社会成熟程度随年级增加而变化的情形，就可同时从大学四个年级中，各抽取一个班或数个班作为样本，以大学生社会成熟程度测量工具为材料，搜集各年级大学生社会成熟的情况，然后分析比较。这样获得的结果，大致可以看出，大学生四个年级在社会成熟程度方面，随年级增长而改变的趋势。

横断研究避免了纵向研究时间过长、耗资较多，而且被试容易流失的缺点。从心理发展研究的目的来看，横断研究具有使用方便的优点，但并不具有从研究结果建立发展模式的理论价值。横断研究能分析比较不同年龄被试之间的差异，因为，根据横断研究所获得的资料，能据此推断不同年龄被试之间的差异是由于发展因素所致。换句话说,横断研究的缺点根源于它在出生日期和生活年代都不同的被试之间进行比较,与年龄有关的变化混淆在因出生于不同年代而遇到不同的社会或政治条件而产生的差异中。

(三)群体—连续研究

群体—连续研究也称横断后续研究或聚合交叉研究,是一种从横断研究开始,而后继续进行纵向研究的一种综合性研究。这种研究设计包括两种情况:第一,先以横断研究为主,采用不同年龄组为研究对象,并经观察与测量获得不同年龄组的资料;第二,经过相当时间的纵向研究,再对原来研究对象进行观察与测量,从而获得各年龄组被试自身在不同时间里的资料。每次重新观察与测量时,在原研究对象之外加入部分新研究对象,借以发挥比较的功能。例如,一个关于老年人的酗酒量与年龄关系的群体——连续研究的做法是:首先在 60—86 岁的被试者中选择不同年龄的群体,研究发现,随着年龄的增长酗酒量也减少。然后,研究又追踪了 7 年,结果还是发现了同样的趋势。由此可以得到这样的结论:酗酒量的减少确实受到年龄的影响,而不是由于不同群体生活经验的影响。

第二节　身体、动作与感知觉的发展

一、出生前(胎儿期)的发展

个体的生命不是从新生儿才开始的。一个人生命的真正起点是从父母的生殖细胞相结合而形成受精卵的时刻开始的。个体出生前,在母体内大约度过了 10 个月的时间(约 280 天),这一时期又可以分为三个阶段:胚芽期、胚胎期和胎儿期。

在胚芽期内,受精卵从受精的单细胞胚胞经过有丝分裂形成一个球形细胞团(只有针头那么大,又称胚胎),并植入子宫内,"着床"于子宫壁上。这一过程大约需要 8—14 天。

在胚胎期,胚胞的内层开始分化,形成主要的身体系统。心脏开始搏动,脑部、肾脏、肝脏和消化道的结构已经初步具备,头颅也在第一个月内形成,并分化出眼睛、鼻子、耳朵、嘴以及四肢的肢芽,胎儿与母体连接的生命线——脐带也开始发挥作用,胎儿可以呼吸。到7—8周,性别开始分化,3个月时已经可以区分胎儿的性别。胚胎期的时间并不长,但由于胚胎快速地生长和发展,因此这一时期胚胎最容易受到环境中不利因素的伤害。几乎所有生理发展上的缺陷(兔唇、肢体不全、盲、聋)都发生于怀孕的头三个月中,更严重的情况还会导致胚胎无法继续存活而造成流产。

从怀孕8—12周到胎儿出生称为胎儿期。大约在第8周出现第一个骨骼细胞时,胚胎便成为一个胎儿。从第12周起进入胎儿期。在这一时期,胎儿开始出现反射;皮肤表面形成,胎儿具有了自己的外形特征;完成身体的各部分发展,身长和体重都大大增加。胎儿从第30周开始,便具备了离开母体生存的可能性。一般来讲,在母体中生活满28周而不足37周的新生儿被称为早产儿。

二、婴幼儿的发展

(一)婴幼儿的身体发展

刚出生时,足月男婴的体重为3.3—3.4千克,女婴为3.2—3.3千克,身高为50厘米左右,男婴比女婴略高,头胎婴儿比二胎、三胎婴儿略矮一些。出生时的体格大小与父母身材、种族、婴儿性别、母体营养和母亲的健康状况有关。出生以后,婴儿的生理发展在外主要表现在身高、体重、头围、胸围、牙齿与骨骼发育等方面,在内主要表现为大脑的发展。

1. 脑重和头围

婴儿大脑的发育十分快,这主要表现在脑重和头围的变化上。婴儿的大脑从胚胎时就开始发育,出生时重量已达到350—400克,是成人脑重的25%(而这时婴儿的体重只是成人的5%,新生儿体重为3公斤左右,成人平均体重为60公斤)。此后第一年内脑重增长速度是最快的。6个月时,脑重达700—800克,约占成人脑重的50%(而体重要到10岁时才达到成人的50%)。12个月时,婴儿脑重达800—900克,相当于成人的60%。24个月即2岁时,婴儿脑重增加到1050—1150克,约占成人脑重的75%。36个月即3岁时,婴儿的脑重已接近于成人的脑重范围,以后发展速度变慢,15岁时达到成人水平。婴儿脑重的发展变化在一定程度上反映了婴儿大脑内部结构发育的情况,但由于每个婴儿的脑重存在着明显的个别差异,所以我们不能以脑重来衡量婴儿智力的发展水平,只要婴儿的脑重是处于正常值范围内的,就都属于正常发展。

头围是大脑生长和颅骨大小的主要测量指标,也可用来鉴别儿童的某些脑部疾病。它是指齐眉绕头部一周的长度。婴儿头围在刚出生时就已达到 34 厘米,大约是成人头围的 60%。研究表明,婴儿头围在第一年里增长最快。12 个月即 1 岁时,达到 46—47 厘米;24 个月即 2 岁时,则达到 48—49 厘米,以后的增长速度随年龄增大越来越慢。许多研究表明,婴儿出生前后(胎儿 24 周到出生后 12 个月)头围的增长与其体重的增长是呈正比的,而新生儿的头围与其体重则是呈高度正相关的。

2. 大脑皮质

婴儿大脑在胎儿早期就已开始发育。胎儿 6—7 个月时,脑的基本结构就已经具备(如大脑皮层的六层已全部形成,神经细胞数目已达 400 亿个,脑表面的沟回开始出现等),但其发育还很不完善(如专门的神经组织还未发育完全,脑沟还不明显,脑细胞比较少,结构简单,部分神经纤维未髓鞘化等)。婴儿出生时,脑细胞已分化(如细胞构筑区和层次分化已基本完成,脑细胞的数量接近成人),大多数沟回已出现(如大脑一、二级沟全部出现,三级沟也部分出现)。到 2 岁时,脑内各部分大小的比例已基本上类似于成人的大脑,白质已基本髓鞘化,并与灰质明显分开。此外,大脑两半球皮质表面在出生前后也有很大的发育,7—8 个月的胎儿大脑两半球表面只占成人的 10%—11%,而新生儿则已占成人的 42%。

【资料窗 10 - 3】

大脑的发育——二十年的历程

新生儿

新生儿的大脑约重 400 克。负责本能行为的大脑下部已完全形成,但大脑皮层的神经元(大脑上部的沟回区)几乎还没有形成任何起作用的连接。

婴儿

婴儿出生后的第一年里,在体验并学习的过程中,大脑皮层以每秒钟数以万计的速度形成神经键连接。为了向繁忙的神经元提供营养和保护,皮层形成了额外的支持细胞,因此大脑重量增加了一倍。

幼儿

随着幼儿开始应付他们的世界,神经键连接的数量却下降了。最初的大量神经键减至原来的一半,这是为了让神经通路效率更高。但这段时期大脑的总重量继续增加,达到1.1千克左右。

儿童

学龄儿童的大脑连接大部分已完善。现在这些链接表面习惯成了髓鞘。脂肪质的绝缘物质在神经纤维周围形成,确保大脑所有区域之间的良好关系。

青少年

青少年的大脑已经达到了发育成熟后的重量——1.3到1.4千克。但最高的皮层中枢,尤其是负责计划和社会思维的额叶还将进行最后阶段的突触发展。

成年人

到20岁,大脑已经基本建立了它的连接网络。神经学家曾认为大脑从这时起就开始走下坡路了。但根据最近的发现,大脑仍然会不时生长出神经元。因此只有当大脑确实患上疾病时,意识的衰退才变得不可避免。

[资料来源]英国《焦点》月刊,约翰·麦克龙,2003。

(二)婴幼儿的动作发展

婴儿动作的发展是在脑、神经、肌肉及神经中枢的控制下进行的,因此婴儿动作的发展与神经系统的发展密切相关。儿童动作的发展与身体的发展关系密切,并有类似的发展规律。所以,如果说儿童身体的发展遵循一定的先后次序,即头部→颈部→躯干→四肢,那么儿童动作的发展也有一定的时间顺序。

在胎儿期,胎儿就已经有了初步的动作:胎动与反射活动。出生以后,新生儿清醒的时候也是很忙碌的,他们转头、踢腿、挥动手臂,并能完成一连串的反射行为,在这些行为中,新生儿对动作并没有太多的意识控制。到4个月时,由大脑皮层控制的随意动作取而代之。在3岁以前,随着婴儿开始有意识地运用身体的特定部位,动作控制能力持续、迅速地发展,此时儿童已经可以完成一些精细的动作。

动作发展的基本顺序在不同儿童个体之间具有一定的共同规律。表10-3显示了我国北方地区婴幼儿动作发展的年龄常模。

表 10 – 3　从初生到 6 岁儿童智能与动作发展的年龄常模
（以 70% 儿童通过为标准）

大运动（全身）		精细动作（手）	
项目	年龄（月）	项目	年龄（月）
俯卧举头	1.5	跟随至中线	1.0
俯卧、头抬 45°	2.1	跟随 180°	2.2
俯卧、头抬 90°	2.9	抓住拨浪鼓	2.7
拉坐、头不滞后	3.5	两手握在一起	3.2
腿可以支撑一点重量	3.7	伸手够东西	5.6
翻身	4.5	坐着拿两块积木	5.8
不用支持坐着	6.4	摆弄小丸并拿到手	6.3
扶东西站	7.0	拇—食指抓握	7.9
拉物站起	8.6	拇—食指抓捏	10.5
能自己坐下	8.7	搭两层塔	13.9
扶家具可走	9.4	自动地乱画	14.6
能站瞬息	9.9	搭四层塔	17.8
独立站立	11.5	搭八层塔	23.5
走得好	13.7	模仿搭桥	26.9
走、能向后退	15.7	模仿画"〇"形	28.9
会上台阶	17.5	模仿画" ＋"形	35.4
踢球	18.6	画人画了三处	38.7
双足并跳	23.9	画人画了六处	46.2
独脚站 5 秒钟	33.3	模仿画"口"形	46.4
独脚跳	40.2	画人画了六处	50.4
抓住蹦跳的球	46.3		
脚跟对脚尖地向前走	47.0		

美国的心理学家格塞尔（A. Gesell）最先对婴儿动作发展的规律进行了详细而全面的描述。格塞尔认为婴儿动作的发展不是随意的，而是按照一定的方向，有系统、有秩序地进行的。这一过程主要由成熟因素所控制，在动作的发展过程中，相反力量总以相互交织的形式被再组织而得到平衡，其

中也存在发展不平衡、机能不对称现象;而婴儿动作总体的发展过程呈现出一种在稳定和不稳定之间有规律的波动。格塞尔根据这些观点,提出了婴儿动作发展应遵循的五条基本原则:发展方向的原则、个体成熟的原则、相互交织的原则、机能不对称的原则和自我调节波动的原则。需要注意的是,格塞尔对婴儿动作发展规律的这一描述虽意义重大,但由于他过分强调生理成熟的作用,忽视了外界环境在婴儿动作发展中的重要作用。

我国的心理学家朱智贤(1980)曾经概括地说,婴儿动作的发展,也就是婴儿行走动作和手的运用技能的发展应按如下的规律进行:第一,从整体动作到分化动作。婴儿最初的动作是全身性的、笼统的、散漫的,以后才逐渐分化为局部的、准确的、专门的动作。第二,从上部动作到下部动作。婴儿早期发展的是与头部有关的动作,其次是躯干动作,最后才是脚的动作。如果使婴儿俯卧在平台上,他先出现的动作是抬头,然后是俯撑、翻身、坐、爬、站立,最后是行走。第三,从大肌肉动作到小肌肉动作,婴儿首先出现的是躯体大肌肉动作,如头部动作、双臂动作和脚部动作等,以后才是灵巧的小肌肉动作,以及准确的视觉动作。

(三)婴幼儿的感知觉发展

感知觉是婴幼儿认识世界最初和最主要的手段,是发展高级认知活动的基础。有人认为新生儿没有感知觉,可很多研究表明并非如此。在出生之前,人的所有感官都已在某种程度上具备某些功能,并且在出生后各种感知能力都会迅速发展。

1. 视觉

出生前胎儿已经具备了视觉反应能力以及相应的生理基础。出生后,新生儿就可以使用他们的视觉系统,比如可以对灯光眨眼,可以追随移动的目标,但是其视敏度相比成人还很差(成人的视敏度是婴儿的40倍)。出生后头6个月,婴儿的视敏度迅速提高。出生后第一个月的婴儿,其视觉最佳距离为19厘米(大约是哺乳时婴儿与母亲脸部的距离)。如果物体距离不足或超过19厘米,其图像就会变得模糊不清(Teller&Movshon,1986)。出生3天的新生儿可以将视线集中于某个对象;在3个月内完成双眼辐合能力的发展,视线可以从一个物体移至另一个物体;4个月时,已经接近成人的视觉适应能力。

相对于视觉上与人类面孔相似的圆形,婴儿从一出生开始就偏好人类的面孔。4 天大的新生儿就能认识母亲的面孔,意味着新生儿已经能够存储一些与周围环境相关的信息,例如母亲的面部特征。新生儿具有视—听的协调能力,可以将视觉体验与听到的声音结合起来,对说话声音与面部口唇运动不吻合的刺激,4—7 月的婴儿会表现出不安。

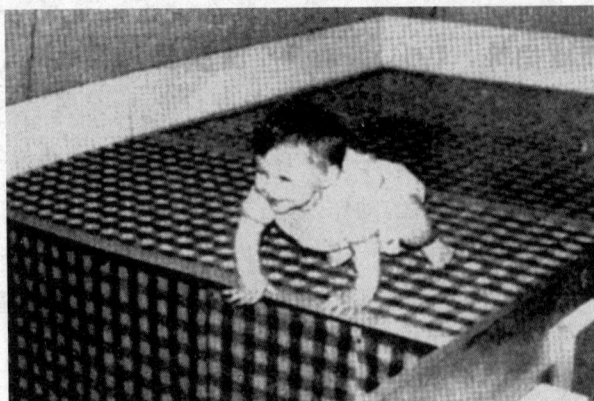

图 10 - 1　视觉视崖:即使母亲在另一边召唤,婴儿却怎么
也不愿意爬过这个"视觉悬崖"

我们已经知道获得深度知觉依靠两种线索:单眼线索和双眼线索。有一个著名的婴儿深度知觉发展研究:视崖研究(visual cliff research)。心理学家吉布森和沃克设计了一种叫作视崖的装置(Gibson&Walk,1960)。在此装置中(见图 10 - 1),一张 1.2 米高的桌子顶部是一块透明的厚玻璃,桌子的一半(浅滩)是用红白格子组成的平实桌面,另一半(深渊)是同样的图案,但是此图案在桌子下面的地板上。在深渊和浅滩中间有一块宽 0.3 米的中间板。将 6—14 个月的婴儿放在视崖的一边,让母亲在深渊一边呼唤孩子。大部分婴儿拒绝爬过视崖,他们远离母亲爬向浅滩的一边,或是因为不能够到母亲那边而开始大哭。在另一个实验中,将 2—5 个月之间的婴儿放在视崖深渊一侧的玻璃上,发现婴儿的心跳变慢,表明他们体验到了物体的深度。但有心理学家认为,这种心率变慢是感兴趣的标志,而不是恐惧的信号,恐惧应当伴随着心率加快,表明 2—5 个月的婴儿还没有习得对落差的害怕(Campos et al.,1978)。因此,对深度的知觉的能力可能在婴儿一出生就具备了,但是害怕跌落和避免危险是婴儿到了能够爬行的年龄并遇到危险时,通过经验习得的。

2. 触觉

触觉是婴儿认识世界的主要手段,出生后,婴儿对外界的探索主要是通过口腔和手的触觉活动。当婴儿面对一个物体时,会有三种反应:摆动手中的物体并观看新物体,口腔活动以及用新物体撞击桌面或在桌面滑动。其中,最可能出现的是口腔活动。婴儿的视—触协调活动也体现了触觉的发展。婴儿很早就出现前够物行为,他们对物体挥动手臂,物体越是在可触及的范围内,婴儿的手臂活动越多,婴儿对于面前的物体想抓又抓不住的举动总是让成年人忍俊不禁。实际上,直到4—5个月,婴儿才开始出现较为成熟的够物行为,能够抓住运动着的物体,可以有意识地完成手眼协调的动作。

3. 听觉

婴儿的内耳和中耳在母体中已经发展成接近成人的大小和形状。5—6个月的胎儿开始形成听觉系统,可以透过母体听到外界频率为1000Hz以下的声音。新生儿可以将头转向声音来源(Haith,1986)。一般常以习惯化(Habituation)的方法研究婴儿的听力发展。这种方法的主要特点是先后给婴儿不同的听力刺激,当婴儿对一个刺激已经习惯因而停止对该刺激作出反应(如吸吮奶嘴)后,如果呈现一个新的刺激,婴儿的反应又会重新开始。这说明婴儿已经可以分辨两种不同的声音刺激。有关习惯化的实验发现,出生三天的婴儿已能分辨新的语音和他们听过的语音。

新生儿已经具有视听的协调能力,能将视觉体验与听到的声音结合起来。4—7个月的婴儿对说话声音与面部口唇运动相吻合的刺激注视的时间更长,而对说话声音与面部口唇运动不吻合的刺激表现出不安(Walk,1981)。

三、儿童期的发展

在儿童成长的过程中,身体比例的变化是非常明显的。儿童出生后的最初两年,脑部发育迅速,头部占身体的比例很大。到两岁时,儿童脑部大约为成人大小的3/4。随后,头部发育速度变缓,躯干开始快速发育,头部占身体的比例开始缩小。10岁时,儿童头部的发育基本完成,而躯干会继续增长,直至青春期结束。

随着身体的发育和不断练习,儿童的动作技能逐渐提高。儿童在1岁左右的时候能够独立行走。随着身体协调性的提高,儿童逐渐掌握跑、跳、攀爬等技能。3—4岁时,儿童能够完成穿衣服、系鞋带等较复杂的任务。

四、青春期的发展

青春期(Adolescence)是大约10岁到20岁之间的年龄段,是一个人从儿童成长为成人的过渡时期。在这一时期,激素的变化加速了身体的生长和性成熟。青春期身体最明显的变化是身高和体重迅速增长,女孩一般从10岁半开始,到12岁的时候达到顶峰,男孩一般从12岁半开始,到14岁时达到顶峰。大约经过6年的时间,青少年的体重可以达到成人的水平。由于激素的大量分泌,在身体迅速发育的同时,第二性征的发育也非常明显。第二性征的发育具有一定的顺序。对男孩来说,最初是睾丸的生长,继而是阴茎的增大、腋毛和阴毛的生长、胡须的发育,最后声音变得低沉。对于女孩来说,胸部和阴毛最先发育,然后出现初潮。进入青春期的年龄具有很大的个体差异。最近的研究表明,与半个世纪前的情况相比,现在青少年性发育和发育高峰期的起始时间更早。

在青春期,大脑开始有选择地清除很少用到的神经元之间的连接。边缘系统的发育早于前额叶的发育。边缘系统主要控制情绪,而前额叶掌管执行控制功能,这可以用来解释青少年易冲动、急躁、情绪激烈的特点。

第三节　语言与认知发展

一、儿童语言的发展

语言能力是人类最重要的能力之一,是儿童发展其他高级认知活动(如抽象思维)和健全人格的重要基础。一旦儿童知道了代表事物的字词,他就可以用一套符号来代表周围世界中的种种事物,传达自己的需要、感情和想法,进而控制自己的行为。

（一）儿童早期语言发展的过程

1. 儿童早期语言发展的过程

在儿童开始说话之前，他们就具备了一定的理解话语的能力。例如，出生 4 天的婴儿已经能够分辨不同长度的语言音节，能区分母语与非母语，2 个月的婴儿能够区分音素，2—3 个月的婴儿会倾听，4 个月的婴儿已经表现出对语言刺激的偏好，4—5 个月的婴儿追踪成人语声，但这显然只是婴儿的声音听觉活动，成人语声对他来说还不具有词的意义。6 个月的婴儿开始学会保留母语的语音而放弃非母语的语音。6—7 个半月时婴儿开始意识到重复的声音具有某种意义。半岁后的婴儿似乎听懂成人的话，并能做出某些相应动作，但这种现象常常只是对整个情境的反应，语音本身并不是重要的成分。只有在婴儿晚期（1 岁以后），词语才成为复合刺激中的主要成分。

婴儿在 1 岁左右说出第一个词，这时出现的单词代表着一定的含义，像是一个句子，故称为一字句阶段。1 岁半到两岁为二字句阶段，二字句好像包含着主—谓—宾的简单句的含义，但常常缺乏其中的一个成分。这时期婴儿还不能把要表达的意思组织成完整句，但由于他们已能用词表示愿望、要求或命令，已开始掌握语言，因而自此即结束婴儿阶段而进入幼儿期。对语音的正确感知是婴幼儿发展正常的口语理解与表达的重要基础，而这一发展又是与婴儿的大脑发育密切相关的。在儿童出生后，大脑发育经历着皮层专门化的过程，而大脑语言中枢的专门化则是语言刺激与人脑相互作用的结果。迈尔斯（Mills,1997）在一项研究中，让 13—20 个月的婴儿听一些他们能够理解的单词、不能理解的单词以及反向呈现的单词。对于 13—17 个月龄的婴儿，可理解和不可理解的单词所引发的脑电图有显著差异，而且这种差异是半球两侧化的。到 20 月龄时，这种差异出现了 一 侧化，即只出现在左半球的颞叶与顶叶区域。而且，1 岁半左右的婴儿在听到词和非词时，在大脑额叶和颞叶也表现出不同的脑电图。这些证据表明，大脑的发育与儿童语言能力的发展是相辅相成的。

2—3 岁幼儿能说出完整的简单句，并逐渐出现复合句，不但使用名词、动词、形容词，而且学着使用连接词、介词等。4—6 岁幼儿已掌握了基本的生活应用词汇、各种词类和句型，亦即掌握了语言的基本部分。但在幼儿阶段的语言水平基本上属于情境性语言，并与活动直接联系着。

2. 儿童语言发展过程的特点

（1）从简单句到复合句的发展；（2）从陈述句到疑问句、否定句的发展；（3）从不完整句到完整句的发展；（4）从简单句到语句的修饰和精确化的发展。这些变化在6—7岁儿童的口语发展中均已出现。但是，对于语法的严格的遵守和运用、书面语言的发展、词与句的修饰等，则是儿童入学后在长期的学习中获得的。

（二）儿童口语发展的过程

虽然各种语言在性质上有差异，但是人类获得语言的过程却具有惊人的相似性。在不同的民族之间，儿童掌握母语的阶段以及在各个阶段中表现出来的特征是相似的。儿童口语获得的大致年龄和各阶段的特征见表10－4。

除了获得正常的口语之外，现在绝大多数的儿童也在适当的年龄开始学习书面语言——文字。一般而言，文字的学习开始于儿童进入教育机构，即幼儿园或小学。书面文字的学习，尤其是抽象性高的、在口语中较少使用的词汇，不仅扩展了儿童的词汇量，并且能够帮助儿童掌握更复杂的语法结构。儿童此时开始学习阅读和写作，并进一步完善阅读和写作技能。

表10－4　儿童口语获得的阶段与特征

口语习得的年龄阶段	口语习得各阶段的特征
刚出生后	能够分辨语音刺激与其他声音刺激
9—12个月	说出第一个指示词
18—24个月	出现双词话语
3—4岁	出现完全符合语法的完整句子
7岁前	获得完全符合语法的口头语言

（三）语言获得的理论

前面曾经提到过遗传和环境因素在发展中都很重要，在语言发展的研究中，研究者强调其中某一因素的作用，因而形成了不同的语言获得理论：学习理论（1earning theory）或经验论强调后天学习和经验是语言获得的基础，而先天论（nativism）则主张人类具有与生俱来的语言能力。

1. 行为主义学派是学习理论的典型代表

行为主义学派主张语言活动同其他任何技能一样,是在刺激和反应之间建立连接。例如,有人说"对不起",而你说"没关系",这一过程就是在两个词语之间建立联结。人类语言的获得是学习和强化的结果,这一学习过程与老鼠学习按压杠杆获得食物的基本原理是一样的,只不过前者的过程更为复杂。儿童随意发出声音,其中类似于母语的声音得到母亲的称赞、拥抱和抚摸。通过这种强化儿童逐步习得正常的语言。模仿理论是学习理论的另一个学派,认为婴儿语言是对成人语言的模仿,但是婴儿对成人的模仿不必是即时的,也不必是一一对应的。婴儿在语言学习中具有选择性和创造性。

许政援等人(1992)系统地研究了汉语儿童语言的习得过程,发现:11—14个月是婴儿自发发音和说出词并存的时期,12—13个月中,自发发音急剧减少,模仿发音达到高峰,14个月时交际发音有很大增长。婴儿的语言材料取决于儿童所处的语言环境,成人的语言是婴儿语言获得的主要输入来源。这些结果支持了语言获得的模仿理论。但是,强化论或模仿论都难以解释婴儿为什么可以在短短两三年内掌握结构严密而复杂的语言;为什么处于不同语言环境的儿童能在同一时期以基本相同的程序获得语言;为什么错过了固定年龄阶段后语言的习得会比较困难,甚至不可能。

2. 乔姆斯基是先天论的主要代表

乔姆斯基(N. Chomsky)认为,不同语言间存在一种基本的语言形式,即普遍语法(universal grammar),而且人类习得语言的时间和方式也存在普遍性。基于此,他假设人脑具有 种先天的对语言进行加工的装置,叫作"语言获得装置"(language acquisition device,LAD)。外界提供给儿童原始的语言材料,经过语言获得装置进行加工,儿童由此获得语言中的句法规则,并转换生成他们的内在语法体系。乔姆斯基主张,婴儿具有充分的天赋去从原始语言材料中获得语法。正是由于LAD的存在,才能解释为什么婴儿只听到有限的句子,却能理解他们从未听到过的句子,并创造出大量的新句子。但是先天论很难解释为什么儿童在语言获得中存在显著的个别差异。

语言发展的先天论与学习论引发了激烈的争论。随着研究的深入,关于先天因素与后天学习在语言获得中的作用,研究者有了一些共识:(1)在

儿童与成人的相互作用中,婴儿确实有许多可以模仿和得到强化的机会;
(2)儿童与成人之间的互动是影响儿童语言获得的重要基础,社会环境在儿童的语言习得中有重要作用;(3)虽然 LAD 的存在目前还是一种假设,没有得到神经生理学研究的证实,但是,语言作为人类与其他动物区别的最重要标志,存在其独特的脑机制是完全有可能的。

(四)儿童语言获得的影响因素

哪些因素决定了儿童获得语言的快慢和语言发展是否达到正常水平?这又要再次探讨遗传与环境问题。

父母的智力与儿童1岁前的沟通能力的发展速度存在显著性的相关,而且这种关系甚至体现在被收养的儿童与其亲生父母之间,而不是在被收养的儿童与其养父母之间,这有力地支持了基因在语言获得中的作用。同样,一些与遗传或出生前因素有关的变量也在影响儿童语言的获得,例如,儿童是否有正常发育的大脑、正常的听力和视力等。

正常的语言环境对儿童的语言发展也非常重要。在家庭中父母的话语特征、父母与子女的社会性联结、儿童对父母话语的模仿能力等因素都对儿童语言获得有重要影响。同时,儿童语言的发展与其他认知活动、个性心理特征的相互作用也是不可忽视的。

正如其他所有心理活动的发生和发展一样,儿童语言获得也存在极大的个别差异。这些差异不仅表现在语言获得的开始时间和速度上,也表现在语言获得的方式上。美国语言发展心理学家贝茨(Bates,1992)认为,在语言获得方式上存在两种不同的儿童:分析型儿童和整合型儿童。分析型儿童在语言获得中倾向于将语言分割成细小的单元,对这些单元的关系进行分析,然后将这些单元整合起来;而整合型儿童一开始就使用更大的组块,然后才分解为更小的单元。

二、儿童认知的发展

认知发展(cognitive development)是研究心理过程和产品如何在时间进程中发生和变化的。广义而言,认知发展包括个体在知觉、记忆、想象和思维等等方面的发展。由于研究人员对最早出现的认知能力特别感兴趣,所以对认知发展早期阶段给予特别关注。20世纪五六十年代以前,人们普遍认为儿童的认知能力极其有限,然而,随着研究方法与技术的不断进步,人们对儿童认知的看法不断更新,儿童惊人的能力与潜能不断被揭示出来。

对个体认知发展的解释,最有影响的当属于瑞士儿童心理学家皮亚杰(Jean Paul Piaget,1896—1980)的观点。皮亚杰认为,儿童认知发展的过程可以划分为四个主要阶段:感知运动阶段(出生—2 岁)、前运算阶段(2—7岁)、具体运算阶段(7—11 岁)、形式运算阶段(11、12—15、16 岁)。

(一)感知运动阶段

在这个阶段中,儿童的智力只限于感知运动,儿童主要通过感知运动图式与外界发生相互作用,智力的进步体现在从反射行为向信号功能过渡。皮亚杰又将这一阶段细分为六个亚阶段:

1. 反射练习阶段(0—1 个月)

新生儿已具有了很多先天的无条件反射能力,如吸允反射、抓握反射等,新生儿就是依靠这些反射来适应环境,这些反应能力构成儿童智力系统的最基本部分。

2. 初级循环反应阶段(2—4 个月)

从第二个月起,婴儿表现出初级循环反应。循环是某些动作或事件在经过一段时间之后再次出现的现象。在初级循环反应阶段中,婴儿不自觉地产生一些重复性动作,可以将过去那些分离的反射行为整合在一起。但婴儿这时的反应仍有三方面局限:第一,行为整合水平不高,后面出现的行为与前面出现的行为完全一样;第二,带有非常多的尝试错误成分;第三,所重复的行为结果只与自己身体感觉相联系,对外界环境的变化不感兴趣。

3. 二级循环反应(5—8 个月)

在这一阶段里,婴儿对超出自己身体之外的行为结果发生兴趣。如他们把球扔开,看球滚动,他们对这个动作结果产生兴趣,为了再看到这个结果,他们还会重复这个扔球动作。这时,婴儿对自身动作及动作结果之间的因果联系已经有了最初的了解。

4. 二级反应协调阶段(9—12 个月)

在这个阶段中,婴儿可以协调两个或更多的循环反应,并在这些反应之间形成更为有效的联系,婴儿的动作具有明显的目的性。这是婴儿的另一个非常大的进步,就是获得了"客体永久性"概念,即当物体从婴儿的视野中消失时,他知道这并非是客体不存在了,而是被藏在了某个地方,会继续寻找。

5. 三级循环反应阶段(13—18 个月)

在这个阶段中,婴儿试图寻找一种与客观事物相互作用的新方法,以实现目标。这是婴儿不是简单地重复某个动作,而是根据问题的情境,对每次动作加以改变,试图发现解决问题的新途径。

6. 表象思维开始阶段(19—24 个月)

在这个阶段中,婴儿具有了心理表征能力,可以对自己的行为和外在事物进行内部表征,开始了心理活动的内化。皮亚杰认为,婴儿获得心理表征能力的两个明显标志是:有时不用明显的外部动作就能解决问题;延迟模仿能力的产生。

(二)前运算阶段

在这个阶段里,儿童的思维已表现出了符号性的特点,他们能够通过表象和言语来表征内心世界和外部世界。但其思维仍是直觉性的、非逻辑性的,而且具有明显的自我中心特征。

这一阶段儿童的思维特点主要表现在下面几个方面:

1. 早期的信号功能

(1)表象符号—延迟模仿

皮亚杰认为,儿童内在表征系统发展的最早表现是延迟模仿。所谓延迟模仿,是指儿童观看了他人的某一动作,过了一段时间以后,仍能将此动作表现出来的能力,这种能力使得儿童能将各种信息以心理符号的形式贮存下来,从而促使儿童表象性思维的发展。

(2)语言符号

皮亚杰区分了两种不同的语言符号形式,即象征和符号。具有浓重个人色彩的特殊标志,如不同的儿童可以把狗象征成不同的标志。符号则是一种用于人际交往的、约定俗成的标记,它具有概括的特点。皮亚杰认为,在前运算阶段的早期,儿童主要是用象征来表征世界,儿童所用的象征符号在物理形状上与他们接触到的所谓真实课题具有某些相近性,但具有很大的个体性,不便于交流;在前运算阶段的后期,儿童则学会用符号来表征世界,学会了用词来表征物体,这促进了交流和沟通。

2. 自我中心

皮亚杰认为,自我中心性是这个阶段的儿童思维的又一个显著特点。所谓自我中心性,是指儿童还不能将自我与外界很好地区分开来,总是站在自己的角度而不是站在他人的角度去认识和适应外部世界。这种自我中心性不仅表现在儿童的心理过程,如感知、记忆、思维和情感等方面,而且还表现在他们的社会性发展方面。

3. 感知的局限性

感知的局限性是指儿童在观察事物时,往往只将注意力集中在事物所具有的显著的特征方面,而忽略其他方面。儿童思维的这一特点是导致其非守恒性的原因之一。

(三)具体运算阶段

在这一阶段里,儿童的思维已经具有了两个标记:一是符号性;二是逻辑性,即儿童能够运用符号进行简单的逻辑推演,克服了思维的自我中心性。但这一阶段儿童的思维活动仍局限于具体的事物及日常经验,缺乏抽象性。

儿童在该阶段里,智力发展上最大的收获是达到了思维上的守恒性。

皮亚杰设计了不同的守恒任务,如数量守恒、液体守恒、体积守恒和形状守恒等。每一种守恒任务都包含着同样的三个步骤。以数量守恒为例来看这三个步骤:给儿童呈现两排数量一样多的扣子,它们的排列方式也完全一样;改变第二排扣子的排列方式,使其中每个扣子间的空间距离变大,但所含的扣子数量未变;问儿童,现在这两排扣子是否具有相同的数量。这个阶段的儿童能正确回答这个问题。

【资料窗 10－4】

儿童的因果关系思维

用一只大塑料碗装满水,拿出一些日常生活用品,有能够漂浮的,如一个软木塞、一艘玩具船或一小张纸;也有不能漂浮的,如一枚硬币、一块石头或一颗钉子。让一个3岁儿童来预测这些各式各样的物体能否漂浮,并录下你们的对话——验证你对儿童的反应的预期。

看看你的提问将如何探查儿童对因果关系的理解,即在物理世界中,一个事件如何引起另一个事件。回头听听你的录音,找找是否有如下特点:

"魔力"思维:儿童是否表现出将自己的动作(如把物体投入水里)与漂浮的可能性联系起来?

"现象论"思维:儿童是否认为两个事件只要有联系就互为因果(例如,"硬币沉下去是因为它是褐色的")?

"拟人论"思维:儿童是否将人类的动机运用到无生命物体身上(例如,"石头沉下去是因为它累了")?

和一个5岁儿童来做这个实验,看看反应会有什么不同。

[资料来源]张向葵、刘秀丽主编:《发展心理学》,东北师范大学出版社2002年版,第68页。

(四)形式运算阶段

形式运算阶段的典型特征是抽象思维的发展和完善。这时青少年不再将思维局限于具体的事物上,他们开始运用抽象的概念,能提出合理可行的假设并进行验证,知道事物的发生有多种可能性,从而使他们的思维具有更大的弹性和复杂性。

皮亚杰的认知发展阶段理论具有广泛的影响力,但也受到了很多批评和挑战。例如,皮亚杰提出的发展阶段的具体时间没有得到证实,很多研究表明儿童获得守恒概念以及摆脱自我中心的年龄都要早于皮亚杰所说的时间。皮亚杰曾设计了著名的"三山实验"来测验儿童的"自我中心"的思维特征。在"三山实验"中,实验材料是一个包括三座高低、大小和颜色不同的假山模型(图10-2),实验首先要求儿童从模型的四个角度观察"这三座山",然后要求儿童面对模型而坐,并且放一个玩具娃娃在山的另一边。实验任务是要求儿童从四张图片中指出哪一张是玩具娃娃看到的"山"。结果发现,幼童无法完成这个任务,他们只能从自己的角度来描述"三山"的形状。皮亚杰以此证明,幼童无法想象他人的观点,他们的思维具有"自我中心"的特点(Piaget & Inhelder,1967)。

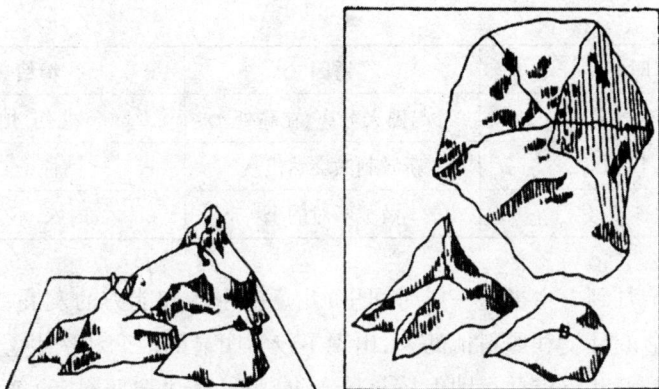

图 10-2　"三山实验"情景

第四节　个体社会性发展

一、情绪的发展

许多研究证实儿童具有先天的情绪机制。行为主义心理学家华生指出,新生儿有三种情绪:爱、怒和怕。而加拿大心理学家布里奇斯(K. M. B. Bridges)则认为,新生儿的情绪只是一种弥散性的兴奋或激动,是一种杂乱无章的未分化的反应。通过成熟与学习,各种不同性质的情绪才逐渐分化出来,如 3 个月时一般性的兴奋分化为痛苦与快乐这样一对矛盾的情绪状态,到八九个月时,痛苦的情绪又分化为怕、怒和厌恶等负性情绪;快乐的情绪则分化出高兴、喜爱等正向情绪。

我国学者孟昭兰根据自己的研究,提出个体情绪的发生有一定的时间次序和诱因(见表 10-5),情绪发展的个别差异表现很大。

表 10-5　情绪发生的时间、诱因和表现

时间	诱因	情绪
出生	痛→异味→新异光、声	痛苦→厌恶→微笑
3—6 周	看到人脸或听到讲话声	社会性微笑
2 个月	打针	愤怒

续表

时间	诱因	情绪
7个月	与熟人分离、在高处	悲伤、怕
1岁	新异刺激突然出现	惊奇
1—1.5岁	做了不对的事	内疚、不安

在6个月到1岁半这一段时间里,儿童由于认知能力的发展,加之慢慢熟悉了生活的环境和照料他的人,出现了较为明显的依恋和怯生。

依恋是婴儿寻求并企图保持与母亲(或另一个主要照料者)亲密的身体联系的一种倾向,主要表现为啼哭、笑、吸吮、喊叫、咿呀学语、抓握、身体依偎和跟随等行为。依恋是婴儿与抚养者之间一种积极的、充满深情的情感联结,是一种双向情感交流过程。

美国威斯康星大学动物心理学家哈洛(H. F. Harlow)在研究灵长类动物时发现,一些小猴与母猴隔离后,虽然身体上并无什么疾病,行为上却表现出一系列不正常现象。他因此设计了一个实验。哈洛制造了两个假母猴,一个是金属构成的"金属母猴",另一个则在金属外盖上一层柔软的毛巾做成"布母猴"。两个"母猴"都装有可供幼猴吸吮的奶瓶,可让小猴自由选择在有"母猴"的笼子里的活动。实验的结果是,不论"布母猴"是否供应食物,幼猴除了吃奶外,其余时间基本上是与"布母猴"一起度过的(见图10-3)。于是哈洛推断,身体接触的舒适比食物对依恋的形成起着更重要的作用。这一实验也经常被引用于解释父母对早期婴幼儿的拥抱、抚摸、微笑的重要性:依恋的程度与性质如何,直接影响儿童对周围世界的信任感、他们的情绪情感、社会性行为和性格特征。

20世纪70年代末,美国心理学家安斯沃斯及其同事研究了1—1.5岁的婴儿,提出了依恋行为发展模式主要有三种类型:安全依恋型、逃避型、焦虑矛盾型。

安全依恋型的婴儿在母亲离开时会哭、焦虑,当母亲回来时会很高兴;母亲在场时,他们通常以母亲作为探索外在世界的基点,在玩耍时不时回到母亲身边寻求安慰;他们通常比较合作,很少生气,对陌生人比较友善而好奇。

逃避型的婴儿在母亲离开时很少哭泣,在母亲返回时,他们不太高兴并设法逃避,他们在有需要时不会寻求帮助,经常有愤怒情绪,对陌生人不

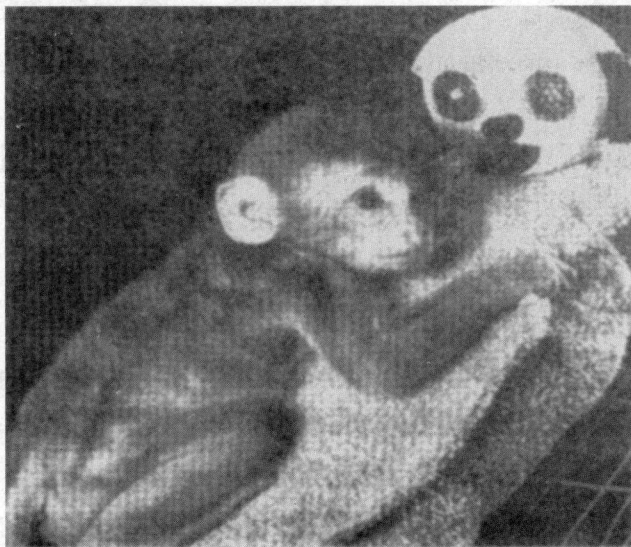

图 10 - 3　小猴与柔软的布妈妈的拥抱与依恋行为

在意。

　　焦虑矛盾型的婴儿在母亲离开之前就开始焦虑,他们紧张地看住母亲的行为,生怕母亲离开,为此他们不能将视线更多的转向外界;当母亲离开后他们更加不安,难以安抚,对陌生人不友好;当母亲回来后,他们的行为表现出矛盾;一方面想亲近,另一方面又尖叫踢打着来表示拒绝或者愤怒。这样的婴儿很少对周围环境进行探索,很难安抚,对陌生人也不友好。

二、道德的发展

　　道德指为某一社会的大多数人所接受的一套行为准则,不同的社会文化中可能有不同的道德准则,但也有许多道德准则是人类共有的。道德发展(moral development)指在社会化过程中个体逐渐习得道德准则并以这些准则指导自己行为的过程。

(一)皮亚杰的道德发展两阶段理论

　　采用观察实验方法研究儿童道德认知发展者,首推皮亚杰。皮亚杰主要研究了 4—12 岁儿童的道德观念,他以说故事的方法进行研究。皮亚杰的故事多数是一些两难问题。实验任务要求孩子对这些两难问题中的主人公的行为进行道德判断。以"打破杯子"的故事为例:故事有两种情景,男孩 A 因为偷着拿壁橱中的糖果打破了一个杯子,男孩 B 因为帮助妈妈洗碗时不小心打破了三个杯子。皮亚杰发现:6 岁以下的儿童多认为男孩 B 的过失更大,因为他打破了更多的杯子;而年龄大一些的儿童则认为第二个男孩的过失较轻,因为他的过失是在工作中无意间发生的。从孩子的反应中,皮亚杰将道德发展划分为两个阶段。

第一个阶段称为道德他律时期(5—8 岁)。处在他律阶段的儿童,其道德判断是僵硬的、简化的。他们通常只从行为的结果作出道德判断,而很少考虑行为的动机;他们将人的行为简化为要么全对,要么全错,并认为别人也有同样的看法。这时儿童还难以设身处地地从别人的角度看待事物;他们相信规则是由父母或其他权威人物制定的,是不能改变的。这种对权威的尊敬导致儿童服从规则,并认为违反了规则就应受到严厉惩罚。

第二个阶段称为道德自律时期(autonomous stage,8—12 岁),进入自律阶段以后,儿童开始能够设想他人的立场,以行为的动机而非结果来进行道德判断;他们开始认识到行为的原因和结果不止一种,道德判断开始呈现多样化;儿童开始重视同伴和自己在道德判断中的作用,认识到没有绝对不变的道德原则,规则是人定的,也可以由人来修改。

(二)科尔伯格的道德推理阶段论

你对下面这个两难故事将做如何判断? 一个患了癌症的妇女濒临死亡,医生认为只有一种药能挽救她的生命,而这种药只有一家药店有售。于是病人的丈夫汉斯到这家药店买药,发现药价是 2 000 元,是成本的 10 倍。汉斯四处借钱,只弄到1000 元,于是他哀求药店老板把药便宜点儿卖给他,或者以后再将欠款还清,但是药店老板一口拒绝,说卖药就是为了赚钱。汉斯无奈,只好夜里闯入药店,将药偷走。汉斯这样做应不应该? 为什么? (Kohlberg,1969)

"汉斯偷药"是柯尔伯格在研究中使用的一个最著名的两难问题。他对 75 名 10—16 岁的男孩进行了追踪研究。根据研究结果,柯尔伯格认为人们是以一个独立的方式作出道德判断的,而不是将父母、老师或同伴的标准加以内化得到的。柯尔伯格认为,道德推理存在三个层次的发展时期,每一时期又分成两个阶段,一共有六个阶段:

1. 前习俗水平（4—10 岁）

儿童处于外在控制的时期，服从于得到奖赏、逃避惩罚的道德原则。根据行为的直接结果和自身的厉害关系判断好坏是非。这一时期又分为两个阶段。

第一阶段：避免惩罚的服从阶段。此时的儿童专注于行为的结果（如打破多少个杯子）或刺激的物理属性（如撒谎的程度），遵从他人的规则以逃避惩罚、得到奖赏。

第二阶段：相对功利阶段。儿童开始基于自己的利益和他人将给予的回报来考虑服从原则，他们以被满足的需要来评价行为。例如对"汉斯偷药"的问题，一个典型的赞成回答是："汉斯应该拿那些药，因为他的太太需要这些药，而且他想让他的太太活下去。"

2. 习俗水平（10—13 岁）

儿童将权威的标准加以内化，他们服从法则以取悦于他人或维持秩序。习俗水平包括两个阶段，即第三阶段和第四阶段。

第三阶段：寻求认可阶段。儿童希望取悦他人，帮助他人。他们经常会想"我是不是一个好孩子"，并提出自己的标准。儿童会根据行为的动机、行为者的特点以及当前的情景来评估行动。例如对"汉斯偷药"问题，一个典型的反对回答是："汉斯不应该拿那些药，即使他太太死了，他也不应受到责备，因为这并不是因为汉斯不爱太太。自私绝情的人是那个药店老板，他没有做他本来可以做到的事情。"

第四阶段：顺从权威阶段。儿童开始考虑到社会体系和良心，自己的责任，显示出对较高权威的尊重，并力图维持社会的秩序。如果一个行为违反了某种法规并伤害了他人，他们都会认为这一行为是错误的。

3. 后习俗水平（13 岁以后）

道德观完全内化，他们认识到道德原则之间的冲突以及如何从中进行选择。后习俗水平包括两个阶段，即第五阶段和第六阶段。

第五阶段：法制观念阶段。人民以理想的方式思考，重视多数人的意愿和社会福利，认为依法行事是最好的行为方式。

第六阶段：价值观念阶段。人们根据自己认为对的方式行事，而不理会法律或他人的意见。他们的行动是依据内在的标准,行为受自我良心的约束。

柯尔伯格认为,儿童的道德构建是分阶段的有序过程。儿童是通过与社会和文化环境相互作用而发展起来自己的道德认知结构,而不是简单地通过成人解释、惩罚,将道德准则同化和内化为儿童的一部分。儿童不仅仅是在学习道德标准,而且是在构建道德标准。这就意味着在完成前一水平的道德认知建构前,儿童根本无法理解和使用后一阶段的道德推理。只有经历并且建构了前一阶段的内在道德模式,儿童才会使用该阶段的概念来解决道德两难问题。柯尔伯格认为,并不是每个人都会经历所有的三水平六阶段,有些人直到成年也没用超越顺产权威阶段,只有极少数人能够完成达到第六阶段。

三、人格的发展

(一)艾里克森的社会心理发展阶段理论

新精神分析学派的代表人物艾里克森的心理发展观与弗洛伊德的区别在于他既承认生物因素的影响,也重视社会因素在心理发展中的作用。他认为个体人格的发展过程是自我与周围环境相互作用和不断整合的过程。他以人格特征为标准把个体一生划分为8个阶段,同时指出了每一个阶段的主要发展任务。

第一阶段为婴儿期(0—1岁半),发展的任务是获得信任感,克服不信任感,体验着希望的实现,儿童获得的积极成果是身体舒适和安全感。

第二阶段为儿童早期(或称学步期,1岁半—3岁),发展任务是获得自主感,克服羞耻感和疑惑,体验着意志的实现,积极的成果是坚持的能力和自主的能力。

第三阶段为学前期(或称游戏期,3岁—6岁),发展任务是获得主动感和克服内疚感,体验着目的的实现;积极的成果是掌握新任务的主动性。

第四阶段为学龄期(6—12岁),发展任务是获得勤奋感,克服自卑感,体验着能力的实现,积极的成果是创造力发展和掌握技能。

第五阶段为青年期(12—18岁),发展任务是建立同一感,防止同一性混乱,体验着忠诚的实现,积极的成果是自我同感能力的发展。

第六阶段为成年早期(18—25岁),发展任务是获得亲密感,避免孤立感,体验着爱情的实现,积极的成果是亲爱。

第七阶段为成年中期(25—50岁),主要获得生殖感,避免停滞感,体验着关怀的实现,积极的成果是关怀后代。

第八阶段为成年晚期(50岁以后直到死亡),主要为获得综合的完善感,避免失望和厌恶感,体验着智慧的实现,积极的成果是体验完成人生的使命感。

(二)影响人格发展的因素

1. 生物特征与人格

人格是指具有一定倾向性的各种心理特征的总和。人与人之间的差异,很大程度上通过人格特征表现出来。"性格决定命运","三岁看大,七岁看老",这是生活中人们对人格的朴素理解。那么,人格的形成和发展特点如何? 为什么不同的人又会形成截然不同的人格?

20世纪60年代美国两位著名的心理学家托马斯和切斯(A. Thomas & S. Chess)主持开展了一项长达10年的追踪研究,主要考察儿童是否具有先天独特性,以及这些特性对未来的发展所造成的影响。通过研究,他们指出:儿童早期的行为反应差异主要是通过"气质"来表现的,托马斯等人发现,出生最初几周内,婴儿就已完全显示出了各不相同的气质特征。这些气质特征在儿童成长的后几年里趋向于保持相对连续稳定。令人吃惊的是,研究还发现,这些气质特点与父母的人格类型并没有太大的相关。这说明,儿童确实是带着先天特质来到世间的。

根据婴儿气质九维的不同表现,可以将他们划归为三种类型:一是"容易护理"的儿童,他们的饮食、睡眠和习惯等都有一定的节律,喜欢探索新事物,情绪较为平和乐观,易适应坏境的变化,爱与人交往。二是"困难的"儿童,他们的活动缺少节律,对新生活很难适应,遇到新奇的事物或人容易产生退缩行为,心境就会比较消极,时不时表现出不寻常的紧张反压,如大惊小怪等。三是"慢慢活跃起来的"儿童,他们的生活节律多变,初遇到新事物或陌生人时往往有些退缩,对环境的适应较慢,但适应后又表现良好。

除先天气质外,个体的体貌与体格、发育成熟的早晚也对人格的形成有某种程度上关系。通常,长相俊俏的人比较乐观自信,长得有些"对不起观众"的人,或身体有缺陷的人,易形成否定、消极的人格特征。但体貌与体格本身并不直接决定人的人格,只是当它成为社会注意的对象,特别是在儿童心目中有权威的人、对他有特别意义的人对其体貌与体格有看法时,这些积极抑或消极的影响才会显现。身体、发育成熟的早晚会使同年龄的儿童遭受不同的社会心理环境,从而影响个体的兴趣、能力、社会交往与人格特征。成熟的早晚对男女青少年的影响有些不同,研究发现,成熟早的男青年更早体验到独立与自信,更容易成为同伴中的首领。成熟晚的男青年则有更多的不足、受他人支配等体验。相反,成熟早的女孩会因发育快、月经早而显得不安,从而对人格的发展造成些许负面的影响。

2. 家庭与人格发展

家庭是儿童出生后首先接触到的环境,是对儿童影响最早、影响时间最长的环境。因此,家庭环境对于儿童的发展具有特别重要的意义。就人格而言,随着与家庭成员间的互动,先天生物学意义上的那些差别进一步扩大了。

家庭对于儿童的影响来自多个方面,包括父母本身的特点、其教养观念与方式、亲子的依恋、家庭结构、环境的布置等。

核心家庭、大家庭、单亲家庭是三种主要的家庭结构。核心家庭指由一对夫妇和一个孩子所组成的家庭。作为一种独特的社会现象,独生子女的心理发展一直是心理学家关注的焦点问题。综合该领域内的大量研究,现在一般的看法是,在认知发展和学业成绩方面,独生子女比非独生子女具有优势;在个性方面,独生子女内部差异很明显,如合群性,入托儿所、幼儿园的独生子女比未入学的孩子要强得多,且独生子女和非独生子女之间的差异随着年龄的增高而逐渐减少甚至消失。或许独生子女本身并不具有发展的优势或劣势,其发展主要还是取决于家庭环境中的一些中介因素。

大家庭即几代同堂的家庭。这类家庭成人教育和爱抚孩子的时间较多,但容易出现隔代溺爱,以及在教育孩子的观念和方法上不一致,从而使孩子无所适从,形成焦虑不安、恐惧等不良人格特征。

单亲家庭是指只有父母一方和孩子所组成的家庭。由于传统的婚姻和家庭观念日趋削弱,离婚率不断上升,单亲家庭成为越来越普遍的社会现象。与完整家庭儿童相比,单亲家庭的儿童在许多方面处于不利的地位:单亲家庭儿童更容易受朋友压力的影响而产生偏差行为,有更多的情绪和行为障碍。父亲缺失家庭的儿童,个性方面的问题更多,更容易犯罪。有学者对北京2432名儿童调查发现,在不同家庭类型中,单亲家庭儿童人格与行为问题检出率最高。

3. 同伴与人格发展

同伴是指儿童与之相处的具有相同或相近社会认知能力的人。年龄相同或相近的儿童,由某种共同活动并在活动中体现出相互协作的关系,就构成了儿童的同伴关系。同伴关系为儿童学习技能、交流经验、宣泄情绪、习得社会规则、完善人格提供了充分的机会。

儿童与同伴的互动首先表现出一种量上的增加,这也是儿童与同伴之间关系最明显的变化。儿童很早就对同伴发生兴趣,婴儿与同伴的互动方式,是在早期与父母互动的基因上发展起来的。同时,婴儿与母亲的依恋质量也是影响他们与同伴互动的一个重要因素。儿童与同伴的关系也可以在一定程度上起到替代亲子关系的作用,如当母亲不在时,与熟悉的同伴在一起,可以缓解母亲离开所造成的情绪上的不适。学前期儿童的认知能力、活动能力都比婴儿期有了很大的发展,儿童已经可以根据不同的社会对象采取不同的行为,从而形成不同的同伴关系。游戏是幼儿与同伴互动的主要方式,是儿童人格社会化的一条重要途径。依据游戏的社会化程度,儿童的游戏表现为旁观、单独游戏、平行游戏、联合游戏和合作游戏。

在儿童后期,角色采择能力的发展为儿童和同伴间的合作奠定了基础。这一阶段最为重要的一个变化是,集体作为同伴互动的社会背景,其重要性日益增加。集体是由经常发生相互作用的人组成,成员之间以一致的、结构化的方式相互影响,并且分享共同的价值观。集体的出现,使得同伴对个体行为、人格和价值观的影响有可能超过父母的影响。同伴的影响在青少年早期达到顶峰,之后开始下降。在衣着、兴趣爱好、朋友的选择、行为举止等方面,同伴的影响力超过了父母,特别是青少年时期。而在职业选择、学业等方面,父母仍具有支配性的影响。这一时期要特别留意同伴的消极影响,青少年极有可能在不良团体中沾染消极的价值观、行为方式以及人格特征。

◉ *扩展阅读*

青春期的自我同一性整合——性别角色的建立①

性别角色是特定社会所认为的适合于男性和女性的一整套行为特征。在西方社会,

---

① 彭聃龄主编:《普通心理学(第四版)》,北京师范大学出版社 2012 年版,第 608 页。

一般认为男性应该是自我控制的、有竞争力的和理智的,而女性是温和的、自然的、情绪化的。在东方社会,尤其在日本、朝鲜和中国,男性应该是坚强的、有事业心的、在家庭中占主导地位的,而女性应该是温柔贤惠的、容忍的、专注于家庭的。可以看到,无论在西方还是在东方社会,除了极少数的社会文化状态以外,在大多数社会形态中,男性是构成社会文化的主体。男女两性选择不同的职业,甚至在家庭中也有不同的工作分工;男女两性有不同的智力发展进程和特点,分别有人们可以接受的角色行为并表现出不同的人格特点。

是什么使得男女有别?一个可能的原因是生理上的差异:遗传的不同与性激素的不同。遗传使男女首先在生理结构和体能上就有差异。例如,一项研究(Kolb et al.,1996)表明,在刚刚出生的婴儿中,男性与女性在脑结构方面就存在差异:首先,颞叶的不对称性(左侧大于右侧),男性大于女性,男性的左侧颞叶比右侧大38%,而女性的两侧颞叶是对称的;其次,男性左半球的外侧裂的水平成分较女性大,因而表现出更大的不对称性。而这些差异可能与语言发展有关:女性倾向于更快地习得语言。

毫无疑问,许多性别角色特点都带有社会文化特征的烙印。儿童首先从父母、然后从同伴身上学习到怎样做一个"男孩"或"女孩"、"男人"或"女人"。男女两性的行为准则深深地融入社会文化规则中,潜移默化地影响我们的生活。康德赖等人(Condry et al.,1976)的研究得到了有趣的结果:给大学生被试看一段婴儿在啼哭的录像,当被试认为婴儿是男孩时,大多数被试认为他的啼哭表示"愤怒",而当被试认为婴儿是女孩时,多数被试认为她的啼哭表示"害怕"。

父母对不同性别的孩子寄予不同的期待,并以不同的行为标准约束孩子,对性别角色的形成也有重要影响。例如,父母希望男孩子坚强、控制自己的感情、具有竞争性,而女孩子应该温柔、有修养、具有"淑女"风范。父母倾向于给男孩、女孩不同的玩具,而且以不同的行为方式与他们交往。当孩子开始与同伴到处玩耍的时候,同伴的作用开始影响到儿童和青少年的性别角色定向,他们互相鼓励支持并模仿同性的行为。在同性小团体中,与性别角色相吻合的行为得到鼓励支持,相反的行为受到批评和嘲笑。

● 思考与练习

1. 什么是心理发展?心理发展规律有哪些?
2. 成熟论、行为主义观、精神分析论是如何看待个体心理发展的?
3. 儿童语言获得的理论主要有哪些?
4. 道德发展的阶段论有哪些?请简要阐述。
5. 什么叫依恋行为?怎样研究婴儿的依恋行为?
6. 个体人格的形成主要与哪些因素有关?

● 参考文献

1. 程素萍、林慧莲主编:《心理学基础》,高等教育出版社2011年版。

2. 宋维真:《心理测验》,科学出版社 1987 年版。

3. 张向葵、刘秀丽:《发展心理学》,东北师范大学出版社 2002 年版。

4. 彭聃龄:《普通心理学(第四版)》,北京师范大学出版社 2012 年版。

5. 黄希庭:《心理学基础》,华东师范大学出版社 2008 年版。

6. 梁宁建:《心理学导论》,华东师范大学出版社 2006 年版。

7. 郭本禹:《当代心理学新进展》,山东教育出版社 2003 年版。

8. 张春兴:《现代心理学——现代人研究自身问题的科学》,上海人民出版社 2005 年版。

9. 张明:《走进多彩的世界:心理学入门》,科学出版社 2004 年版。

第十一章 学习心理

● **内容提要**

　　本章首先介绍了学习的性质及主要的学习理论,并在各种学习观点的基础上,从学习动机、学习迁移、学习策略三个方面系统阐述了现代教学思想的心理学解释。本章的学习可以为教学实践提供心理学的支持,对于提高学习者的学习效率以及教师的教学效果具有促进作用。

第一节　学习与学习理论

　　学习是人类永恒的主题,也是人的基本需要。特别是在现代社会,"终身学习"的理念已深入人们的生活,学习的意义和作用显得更加重要。所以,了解学习的本质和发生的机制,掌握学习心理的相关知识,对于学习者和教育者都具有重要的意义。

一、学习的性质及分类

(一)什么是学习

一提到学习,人们首先想到的是学生的学习,但其实这只是学习的一个很小的方面。实际上学习现象在人类社会和动物界中都是普遍存在的,比如通过对动物进行特殊的训练,动物可以学会一些高难度的动作,这也是一种学习。所以,从广义的角度来说,学习包括了人和动物的学习。人类对于学习的研究最早是在艾宾浩斯的记忆研究中出现的,此后"学习"一词被广泛地应用。对于学习的含义,似乎人人都懂,但要下一个科学的定义,在心理学的发展历史中也有着很多争议。

当下比较为心理学界所接受的学习定义是:"学习是由经验引起的行为、能力和心理倾向比较持久的变化。"这个定义中包含了三个方面的含义:

第一,学习是由反复经验引起的。学习是由经验引起的变化,无论是知识的学习,还是技能的掌握,都需要一定的重复和练习。这种学习可能是有计划的也可能是偶然发生的,但无论是哪种形式,一定是由经验而引起的行为变化。另外一些因素比如年龄的增加也会引起行为的一些变化,但这种变化与经验无关,也就不能称之为学习,比如婴儿逐渐学会走路、说话等,这些变化更多的是由人体的成熟决定的。

第二,学习所引起的行为或心理变化必须是相对持久的。药物、疲劳、疾病等因素也能引起行为的变化,但这些变化都是暂时的,比如运动员服用兴奋剂后就可以提高比赛成绩,可一旦药效消失,就又会恢复到原来的状态。而学习引起的行为结果一定是持久的,一旦我们学会了某种知识或技能,比如学会一门外语、游泳、开车等,我们往往终身都不会遗忘。

第三,学习可以通过行为或心理倾向的变化表现出来。学习是否真正的发生,我们可以通过行为或心理潜能的变化观察得知。学习就是一个从不懂到懂、从不会到会的过程,当学习者表现出一种新的变化时,我们就可以推测学习的存在。这种变化可以是知识、能力的获得,也可以是情感、态度的养成。人们在学习中所获得的东西不一定能马上体现在行为变化中,比如对艺术的鉴赏力、道德情感等知识,可能需要一个长期的过程才能有所变化。

（二）学习的意义

1. 学习可以促进个体更好地适应环境和改造环境

在自然界中动物通过学习获得生存的技能，在人类社会中人们也需要学习才能更好地生存和发展。所以，人类通过学习使自己掌握足够的知识、技能和态度，以适应不断变化的世界。相对于动物而言，人类的学习是更加积极主动的，并且通过学校教育来培养下一代，使自己的后代能够更加便捷高效地掌握适应环境的能力。尤其是在当下的知识经济社会，社会的变化迅速，竞争也日益激烈，对当代人而言，学习就显得尤为重要。

个体学习不仅仅是适应环境，更重要的是改造环境。人类为了更好的生存，为了拥有更优质的生活空间，就必须通过学习来认识、把握自然规律和社会规律，并应用这些知识来改变人类的生活。

2. 学习可以促进个体的身心发展

首先，学习可以促进个体的生理发展。个体的学习程度和内容在很大程度上取决于个体的成熟程度，历史上的许多教育家和心理学家们都认为应当依照个体的生理发展特点来安排学习。同时，个体的机能虽然会随着年龄的增长有一定的变化，但这种变化与学习引起的变化相比，是非常缓慢的。教育学与心理学中许多的案例证明人类的生理机能遵循着"用进废退"的原理，个体如果没有了学习的经历，人类本身拥有的机能可能就会减退甚至消失，像印度的狼孩四岁回到人类社会后却依然不会讲话就是非常典型的案例。所以说，没有了正常的学习活动，个体很难拥有正常的成熟。

其次，学习可以促进个体心理的发展。人的心理发展是人在实践过程中逐渐形成的，是以人脑对客观世界的主观反映为基础的。这种主观反映的程度和效率与个体的学习密切相关。因为个体需要在学习中形成逐渐成熟的认知结构，更好地来认识环境，从而促使心理的成熟。

（三）学习的分类

学习是一种非常复杂的现象，尤其是人类社会的学习现象，涉及的范围非常广泛，学习的形式也是各式各样。课堂上知识的传授是一种学习，生活中道德的认知是一种学习，甚至对自然的观察也是一种学习。为了更好地理解学习，心理学家们按照不同的标准对学习进行了分类。

1. 按照学习内容分类

我国学者一般按照学习内容来对学习进行划分。教育心理学家冯忠良认为,依据教育系统内所传递的经验内容,可以将学习分为知识的学习、技能的学习、社会规范的学习。知识的学习就是知识的掌握,就是通过领会、巩固和应用三个环节来认识和掌握知识,在头脑中构建起响应的认知结构。技能的学习是通过一定的实践和练习,来认识和掌握活动的操作。社会规范的学习是将外在于主体的要求内化在主体内部,它包括了规范的认知、情感的认知等问题,比前两种更加复杂。

2. 按照学习目标分类

美国著名心理学家布鲁姆认为,学生预期的学习结果就是教育目标。由此出发,学习应该分为认知学习、情感学习、动作技能学习三个领域。其中认知领域的学习又可以分为六大类,参见表 11 – 1。

表 11 –1　认知领域中行为目标的分类①

序号	等级	目标	心理意义	具体表现
1	知识	对已学过材料的保持	主要依据记忆这种认知水平来学习	能回忆具体事实、过程、方法、理论等
2	领会	把握所学材料的意义	超越了记忆,但仍是较低的理解	能解释、概述和说明所学的材料,能用自己的语言方式讲述已学习的内容(即转换),能估计预期的后果(推断)
3	运用	将已掌握的知识应用于新的情境	已达到较高水平的理解	能将所学到的知识恰当地运用到其他情境中予以解决问题
4	分析	既能理解材料的内容,又能理解、把握材料的结构	是一种比运用更高的认知水平	能从整体出发把握材料的组成要素及其彼此联系

① 汪凤炎、燕良轼主编:《教育心理学》,暨南大学出版社 2011 年版,第 73 页。

续表

序号	等级	目标	心理意义	具体表现
5	综合	能将已学过的材料或已获得的经验结合成新的整体	产生新的认知结构,故特别需要有一定的创造力	能制订一项操作计划,能概括一些抽象关系,能表明(口头或文字)新的见解
6	评价	评定所学材料的合理性(如材料本身组织是否合乎逻辑)和意义性(如材料的社会价值)	最高水平的认知学习	能对各种体裁、题材、类型的材料作出价值判断

情感学习主要分为接受、反应、评价、组织、品格。技能学习主要分为知觉作用、心向作用、引导反应、机械反应、复杂反应、技能调适、创作表现。

3. 按照学习方式分类

美国心理学家奥苏伯尔按照学习进行的方式或学习主体经验的来源将学习分为接受学习和发现学习。接受学习是在教师的指导下,学习者通过教师的讲授和学习者的主动建构接受事物意义的学习,获得相关的概念、结论、原理等。发现学习是教师启发引导学习者独立地探索思考,获得事物的意义和问题的答案。

他按照学习材料和学习者原有知识结构的关系,又将学习划分为意义学习和机械学习。意义学习是在学习过程中,学习者通过理解学习材料的意义,将新知识与原有认知结构中的已有观念建立非人为的和实质性的联系。比如在学习一个新的概念正方形时,学习者会将原有认知结构中平行四边形和长方形的概念与之相联系。机械学习是指学习者没有理解材料的意义,与原有认知结构不存在逻辑上的关系。比如年幼的孩子背诵唐诗就是一种机械的记忆。

4. 按照学习结果分类

加涅认为按照学习的结果可将学习分为:(1)言语信息的学习,指有关"知识"的学习,比如事物名称、特征等方面的信息,主要解决"是什么"的问题。(2)智慧技能的学习,指学习者应用符号、概念与环境相互作用的能力,主要解决"怎么做"的问题。(3)认知策略,是指调控自己的注意、学习、记忆和思维的能力。比如在记忆英语单词时所采用的记忆策略。(4)态度的学习,是指影响个体对人、事物选择的内部状态或倾向。(5)动作技能,表现为平稳流畅、灵活精确的能力。

二、学习理论概述

学习理论是教育心理学最基本、最核心的理论,它是对学习发生的原因、机制、条件和规律进行的探索和研究,让人们更好地理解学习的发生机理,加深对学习的认识。进入 20 世纪以来,学习理论在发展的过程中有着一些重要的变化,从行为主义、认知主义到建构主义,为我们更好地理解学习提供了不同的理论视角。

(一)连接—行为学习理论

1. 巴甫洛夫的经典性条件作用论

俄国生理学家巴甫洛夫是最早提出经典性条件反射的人。他用狗作为实验对象,最初是将食物单独呈现,可诱发狗的唾液分泌。单独呈现铃声则没有这种反应。当将铃声与食物多次结合起来呈现后,发现即使单独呈现铃声时,狗也会有唾液分泌反应。在实验中,食物被称为是无条件刺激,铃声是中性刺激,二者在时间上的结合称为强化,

图 11 - 1　巴甫洛夫经典条件作用的
实验装置

这种强化反复出现时,就形成了条件反射。经典条件作用学习在生活中非常多,比如在医院看到白大褂就会害怕等。

2. 桑代克的连接主义学习论

桑代克是现代教育心理学的奠基人,他设计了著名的迷箱实验。他将一只饥饿的小猫放进特制的迷箱中,食物放在箱外,小猫可以看见食物但却

够不着。初次小猫会乱抓乱挠，然后在无意中触动迷箱的机关，箱门就会打开，从而得到食物。在将小猫重复多次放进迷箱后，小猫乱抓的行为逐渐减少，从迷箱出来的时间也越来越短，最后，小猫可以一进迷箱就打开机关，得到食物。因此，桑代克认为学习的实质在于形成刺激与反应之间的连接，而连接的形成需要通过不断的试误来建立，凡是导致满意后果的行为会被加强，相反的行为则被削弱。

3. 华生的行为主义学习理论

美国心理学家华生是行为主义的代表人物，他提出的刺激—反应说，与桑代克的连接说有一定的联系，但也有很大区别。他主张放弃意识的研究，认为所有的行为都是通过条件反射建立刺激—反应（S—R）联结而形成的。比如在学校生活中，学生有可能因为曾经考试的不理想，会将考试与焦虑情绪联系在一起，形成一种考试焦虑症。

华生曾做了一个恐惧情绪的实验来验证这种观点。小阿尔伯特是一个将近一岁的婴儿，起初并不害怕小白鼠。但在实验中，每当小阿尔伯特接近小白鼠时，实验人员就在他身后弄出巨大的响声，这种响声让小阿尔伯特产生了强烈的恐惧。几次试验之后，这种恐惧反应形成，并泛化到了其他的有毛东西上，比如小白兔、小狗等。

4. 斯金纳的操作性条件作用论

斯金纳认为学习的实质就是一种发生概率的变化，而增加发生概率的手段就是强化。斯金纳用动物作为实验对象，来研究这一过程。他将一只

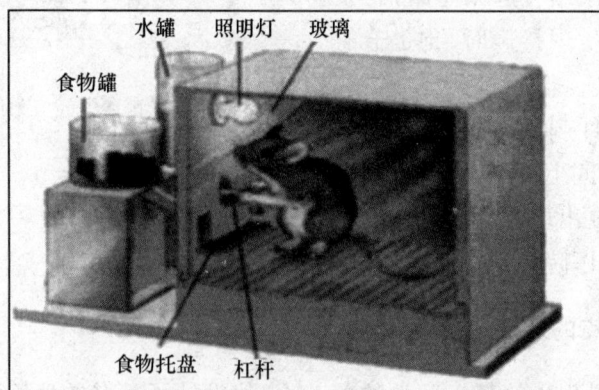

图 11 - 2　斯金纳箱。当老鼠每按一下杠杆，一定量的水或食物就会进入托盘。

白鼠放进一个特制的箱内,箱子内有杠杆,白鼠按压杠杆就可以得到食物,食物对于白鼠而言就是一种强化。经过多次尝试,白鼠就会不断按压杠杆直至吃饱。并且在后续的研究中,斯金纳提出了正强化和负强化以及惩罚的概念。比如学生因努力学习受到表扬就会提高努力学习的程度就是正强化,给表现好的因犯减刑则是负强化。

【资料窗 11 −1】

正负强化与奖惩原则

奖赏(reward)与惩罚(punishment)都是教育学生所用的手段。奖与惩的实施,都是在学生表现过某种行为之后。但两种手段使用的目的并不相同。奖励使用在学生的良好行为之后,目的在于肯定他的行为,鼓励他继续表现该类行为;惩罚使用在学生出现不当行为之后,目的在于否定他的行为,制止他再度表现该类行为。因此,本文中所述正负两种强化均具有加强行为的效用。正强化的性质虽与奖励相同,但负强化却与惩罚有异。负强化不同于惩罚的概念,对某些读者而言,也许尚需进一步说明。

负强化是加强某种适当行为,惩罚是制止某种不当行为,这是两者的主要区别。惟考虑到奖惩的目的时,奖励的目的只有积极性的一面,而惩罚的目的除了制止某种不当的行为的消极目的之外,另外带有使受惩罚者知错改正的积极目的。如果学生因犯错而受惩罚,事后非但不再犯错,而且在同样情境下学到以适当行为代替不当行为,则可谓对该生实施的惩罚,在性质上就带有负强化的意义。由此可见,在教育上使用惩罚时,只有在积极的目的下,使之符合负强化的原理,惩罚才会产生教育价值。

在教育上,如何善用惩罚,使惩罚除了消极地制止学生不当行为之外,更能积极地产生负强化效用,从而培养良好的行为,自然是教育心理学家们所关心的问题。对于一般情况而言,教育心理学家对使用惩罚者(教师或家长),提出以下四点建议:

1. 在实施奖励与惩罚之前,必须先让全班学生充分了解奖与惩的行为标准。

2. 惩罚只限于知过能改的行为。

3. 使用惩罚时应考虑学生心理需求上的个别差异。

4. 多使用剥夺式惩罚(removal punishment),少使用施予式惩罚(presentition punishment)。前者指剥夺其权利(如家庭作业未做完之前不准看电视),后者指加诸其痛苦的措施(如体罚)。

[资料来源]张春兴著:《教育心理学》,浙江教育出版社 1988 年版,第 186 页。

【资料窗 11 −2】

在不得已而必须给予惩罚时,应该记住七条原则:

1. 使用最轻的惩罚。

2. 不要使用类似体罚一样太严厉的惩罚。

3. 如果还有其他方式可以制止不良行为,切不要使用惩罚。

4. 惩罚要用在不良行为正在发生的时候,或在发生后立即惩罚。

5. 要保持一致性。

6. 要意识到惩罚对象对你的怒气,绝不要强化这种怒气。

7. 要以善意和尊重的态度进行惩罚。

[资料来源][美]库恩等著,郑刚等译:《心理学导论——思想与行为的认识之路》,中国轻工业出版社 2008 年版,第 310—311 页。

5. 班杜拉的社会学习论

班杜拉认为儿童社会行为的习得主要是通过观察、模仿来完成的,并相信观察是最基本的学习过程。

他在实验中让三组儿童都来观看一个成年男子踢打一个充气娃娃的场景,但接下来的内容是不同的。第一组儿童看到了这个成人得到了表扬;第二组儿童看到的是这个成人受到了惩罚;第三组观察到的是这个成人没有受到奖励也没有受到惩罚。然后,让儿童进入放有同样充气娃娃的房间,研究人员观察儿童单独和充气娃娃在一起的情景。结果发现,第一组攻击行为最多,第二组攻击行为最少。班杜拉在后续的实验中,同样证实了榜样的作用,也因此认为观察学习并不需要直接的强化,就能学到复杂的反应。

所以,在现实生活中,成人必须注意自己的行为,尤其是父母和老师,并且还要利用观察学习来对孩子进行教育。

【资料窗 11 –3】

电子游戏的影响

今天的孩子们所见到的血腥场面可能比以前很多人一生(甚至身处战争时期的人)所经历的还要多。例如,在某个游戏中,你可以用火焰枪干掉一整队的人,有些受伤以后没有立即死去的人,在痛苦中挣扎,求你立刻结果他们以结束痛苦。

这些充满暴力的游戏对孩子们有什么影响?最近一份报告总结了许多前人的研究,得到的比较可靠的结论是:暴力游戏增加了孩子们的暴力行为。相对电视来说,孩子们更容易受到充满暴力的游戏影响。

一项研究证明了游戏中的暴力的影响。首先让两组大学生分别玩一个非常暴力的游戏和一个不暴力的游戏,然后他们要与一个竞争者(其实是试验者扮演的)一起完成一项任务,完成过程中允许使用暴力和报复行为。结果发现,开始玩暴力游戏的那组大学生在任务完成过程中明显比另一组学生有更高的暴力倾向。

暴力游戏是怎么让暴力行为增加的呢？有可能是暴力游戏使得人民对暴力的敏感性降低,因此不那么反感暴力,增加了使用暴力的倾向。也有可能是玩游戏的人把在游戏中学到的暴力扩散到现实生活中了。新一代的网络虚拟游戏,让参加者们可以在虚拟世界中互相攻击。

[资料来源][美]库恩等著,郑刚等译:《心理学导论——思想与行为的认识之路》,中国轻工业出版社2008年版,第317页。

(二)认知主义学习理论

1. 格式塔学派的顿悟说

顿悟是格式塔学派的重要观念。该学派的代表人物曾用黑猩猩作为实验对象来说明这种观点。实验中,黑猩猩在笼子里,无法够到笼外的香蕉,但在黑猩猩能够着的地方放着一大一小两根竹竿。黑猩猩用两根竹竿都够不着香蕉,在尝试中它突然发现将小竹竿插入大竹竿内可以得到一根更长的竹竿,它很快用自己的发现够到了香蕉。在第二次的时候,黑猩猩很快就能把两根竹竿连在一起,够到香蕉。

图11-3 猩猩顿悟到把短杆换成长杆

格式塔在进行了类似的实验后得出,学习是通过顿悟过程实现的。尝试—错误是顿悟的前奏,顿悟则是练习到某种程度的结果。

2. 托尔曼的方位学习论

美国心理学家托尔曼等人不认同刺激—反应的理论,认为学习未必全部表现在外部,也可能会在以后的某些情境中表现出来。另外个体的学习不是被动的反应,而是主动的选择。

托尔曼设计了一个三路迷津实验来说明他的观点。在迷津中有三条通道可以到达放置食物的地方,通道1最近,通道3最远。实验中发现,如果三条通道都畅通,白鼠会选择通道1。如果A处堵塞,白鼠会选择通道2。如

果 B 处堵塞,白鼠则会选择通道 3。托尔曼认为动物的学习并非是反复的刺
激与反应,而是形成了认知学习地图。

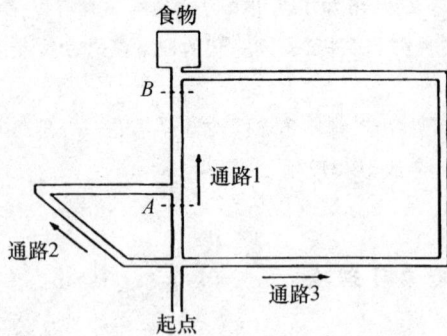

图 11-4　托尔曼的认知学习实验

3. 布鲁纳的认知结构学习论

布鲁纳是美国著名的教育心理学家,他认为学习的实质就是形成和发
展认知结构。布鲁纳非常强调学科结构的重要性,认为无论教什么学科,都
要使学生理解学科的基本结构,也就是学科基本的概念、原理、态度和方
法等。

在学习的方法上,布鲁纳强调发现学习,认为学习要以培养探究性的思
维为目标,主张学生进行独立思考、自己发现知识的意义。这种学习方式不
仅有利于培养学生的创造力,发挥学生的潜能,也有助于培养学生的内在动
机,提高学习的积极性。

4. 奥苏伯尔的认知接受学习论

虽然奥苏伯尔也强调认知学习,但他并不赞同布鲁纳的发现学习法。
奥苏伯尔认为发现学习忽视了知识的系统性,会降低学习的效果。他认为
"有意义接受学习"才是学习的最佳方式。

有人认为接受学习就是机械学习,发现学习才是有意义的学习。奥苏
伯尔认为这是错误的看法,学习是否有意义并不取决于学习的方法,而是看
是否符合两个先决条件。一个条件是学习材料本身对学习者是否具有潜在
的意义,也就是学习者是否具有与新知识相联系的知识结构。比如学生在
已经学习过三角形的概念后,再学习等边三角形,就具备了意义学习的这种
条件。意义学习的另一个条件是学习者要具有学习的"心向"——就是把新

知识与旧知识联系起来的意向,使新知识获得意义。奥苏伯尔主张学校教学应该采用有意义接受学习的方式。

5. 加涅的信息加工学习理论

信息加工学习理论主要是受到计算机科学的影响,把人的学习过程也分解为类似于计算机的加工过程,加涅就是这种理论的代表人物。他认为学习可以分为若干个阶段,每一阶段进行不同的信息加工,并且教学过程也要与此相对应。他提出的信息加工学习模式是一种被广泛引用的观点。(见图 11-5)

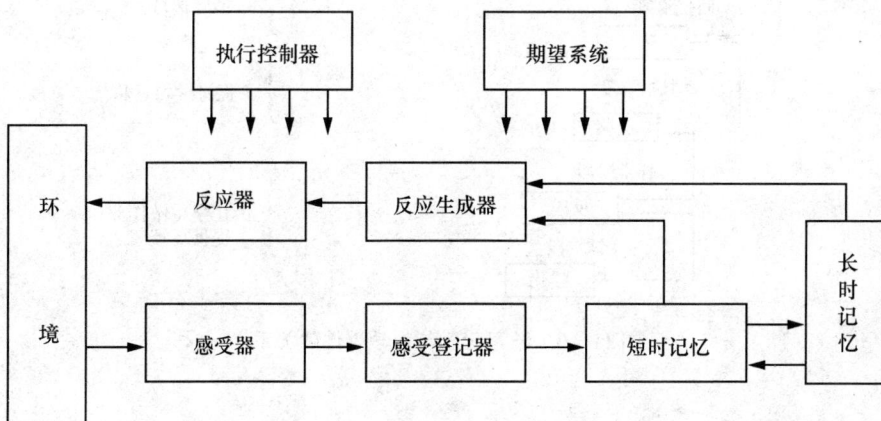

图 11-5　加涅的信息加工学习模型

这种信息加工模式表明,学生首先从环境中接受刺激,刺激信息进入感觉登记器,此时会有短暂的记忆保存。当信息从短时记忆进入长时记忆后,信息要经过一定的编码来储存。在需要使用信息时,通过检索提取信息进入反应器,然后输出。长时记忆的信息需要准确地提取出来,才算完成有效的学习。按照这种流程,学习可以分为八个阶段。(见图 11-6)

(三)建构主义学习理论

建构主义是认知主义在 20 世纪末的进一步发展,建构主义理论认为学习既不是行为主义认为的外部刺激的作用,也不是认知主义强调的内部作用。学习是一种学习者与外部世界交互作用的双向过程,是学习者主动建构知识意义的过程。这种思想被视为当代教学和课程改革的重要理论基础,主要具有以下几个方面的特点:

学习阶段	教学事件

动机阶段

　期望

1. 激发动机
2. 把目标告诉学生

领会阶段

　注意：
　选择性知觉

3. 指导注意

获得阶段

　编码：储存登记

4. 刺激回忆
5. 提供学习指导

保持阶段

　记忆储存

回忆阶段

　提取

6. 增强保持

概括阶段

　迁移

7. 促进学习迁移

作业阶段

　反应

反馈阶段

　强化

8. 让学生做作业
　提供反馈

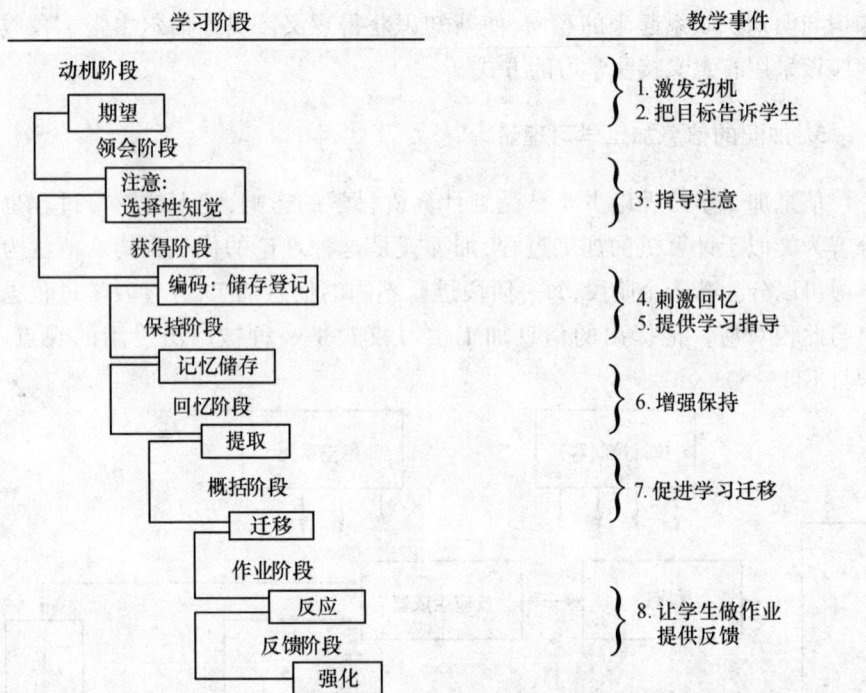

图 11-6　学习阶段与教学事件的关系

1. 知识观

认知主义强调的是知识对现实准确描述的客观性，而建构主义强调的是知识的主观性。建构主义认为知识只是对问题的一种解释和假设，并不是最终的答案。知识会随着人类的发展和进步而不断完善，在不同情境下，知识会有不同的解释，也会逐渐被新的解释和假设所替代，只能说知识是一种相对比较可靠的解释。

对于知识的应用性，认知主义强调的是知识应用的普遍性，而建构主义则强调知识应用的情境性，知识不可能适用于所有的情境。人们在解决问题时，不能仅靠已有的知识，而是需要进行创造性的思考。所以，学生的学习不能仅满足于书本上的知识，也不能将书本、教师作为绝对的权威让学生接受现成的知识，而是要通过学生的独立思考、批判和检验来建构对知识的理解。

2. 学生观

认知主义将学生看做是信息的接纳者,建构主义则认为学生是信息的主动建构者。学生在学习新知识之前,已经拥有一定的经验和认识,在学习时并非是一个完全的被动者,而是在已有知识经验的基础上,通过新旧知识的双向作用,建构起对信息意义的理解。古宁汉认为:"学习是建构内在的心理表征的过程,学习者并不是把知识从外界搬到记忆中,而是以已有的经验为基础,通过与外界的相互作用来建构起新的理解。"学习不是一个简单的输入输出的过程,而是要把旧知识作为新知识生长的起点。这种理论更加强调了学习者本身的主动性和探索性,有利于"以学生为中心"的教学观的落实。

3. 教师观

认知主义把教师看做是学生学习的指导者和设计者,建构主义则认为教师是学生学习的帮助者和合作者。学习不是从教师到学生的简单传递,而是在师生的共同合作中,教师提供支持和引导,帮助学生能够从原有的知识中生长出新的知识,加深对知识的理解。同时,启发引导学生对自己的学习进行反思,让学生对自己的学习能够进行自我管理和调整。在教学实践中,教师要注重学生的想法和观点,培养学生敢于质疑的精神。从教师的角度而言,建构主义实际上提出了更高的挑战。

【资料窗 11 - 4】

建构主义的教学实践

1. 建构主义教师鼓励和接受学生的自主性和主动性。

2. 建构主义教师使用原始数据和原始资料,还有操作的、交互式的实物资料。

3. 在制定任务时,建构主义教师使用认知术语,如"分类"、"分析"、"预期"和"创建"。

4. 建构主义教师允许学生对怎样开始上课、转变教学策略和选择内容作出反应。

5. 建构主义教师在学生分享他们对概念的理解之前询问学生对概念的理解。

6. 建构主义教师鼓励学生与教师也与其他人进行对话。

7. 建构主义教师鼓励学生问有深度的、开放性的问题,鼓励学生相互之间问问题。

8. 建构主义教师对学生最初的反应进行精加工。

9. 建构主义教师鼓励学生面对可能出现的与他们最初假设的矛盾,然后鼓励讨论。

10. 建构主义教师提完问题之后留有时间让学生回答。

11. 建构主义教师给学生提供发现关系和创建比喻的时间。

[资料来源][美]伍尔福克著:《教育心理学》,中国轻工业出版社 2008 年版,第 530 页。

第二节 学习动机

一、学习动机概述

我们在第五章已经介绍过动机的相关知识,那么动机与学习之间有什么样的关系? 是否学习动机水平越高学习效果就越好呢?

(一)学习动机的含义与结构

1. 学习动机的含义

学习动机是指激发个体进行学习活动、保持学习活动的持续进行,并始终是行为指向一定的学习目标的内部心理活动和状态。一个人要想有效地持之以恒地学习,就必须有学习动机的参与。正如伍尔福克所说:"学习动机不只是涉及学生要学或想学,还涉及更多含义,包括计划、目标导向、对所要学习与如何学习的任务的反省认知意识、主动寻求新信息、对反馈的清晰知觉、对成就的自豪与满意和不怕失败",并把学习动机定义为"寻求学习活动的意义并努力从这些活动中获得益处的倾向"。① 学习动机一旦形成,就会贯串于学习过程的始终。学习动机可以促进、加强学习活动,学习反过来也可以激发、增强学习动机。

2. 学习动机的结构

学习动机包含两个基本成分:学习需要和学习期待,二者相互作用构成了学习的动机系统。

学习需要是指个体在学习活动中感到了某种欠缺而力求获得满足的心

---

① 皮连生主编:《教育心理学》,上海教育出版社 2004 年版,第 331 页。

理状态。主要表现为学习者的学习愿望和意向,比如学习的兴趣、求知欲、学习态度等。从学习需要对学习的作用看,学习需要也可以称为是学习的内驱力。如果这种学习需要得到满足,内驱力就会下降,学习动机就会减弱。相反,内驱力会提高,学习动机会增强。

学习期待是指个体对学习活动所要达到目标的主观估计,学习目标是学习者通过学习活动想要达到的结果,所以也可以说学习期待就是学习目标在个体头脑中的主观反映。诱因是引起机体定向行为并能满足某种需要的外部刺激。诱因可能以物质的形式出现比如物质奖励等,也可能以更加复杂的形式出现比如名誉等。诱因有积极的诱因也有消极的诱因。积极的诱因会促使个体趋向目标,消极的诱因会使个体回避目标。

(二)学习动机的种类

学习动机有不同的分类,下面介绍几种常见的分类方法:

1. 内部学习动机与外部学习动机

根据动机的来源,可将学习动机分为内部学习动机和外部学习动机。内部学习动机是指由个体的内在需要引起的学习动机,如学习兴趣、求知欲、学习信念、理想等。外部学习动机是指外部环境中的诱因引起的动机,比如家长、老师的奖励或惩罚等。相比来说,内部学习动机会更加持久,所以在教学中教师要尽量引导学生由外部动机向内部动机转化,并不断地激发学生内部动机的活动水平。

2. 近景性学习动机和远景性学习动机

近景性学习动机与具体的活动相联系,影响范围较小,持续时间也较短,比如只是为了这一次的考试而作出的努力。远景性学习动机往往与一些具有社会意义的目标联系在一起,影响范围较大,持续时间长,比如想在将来成为一名科学家等。

3. 一般性学习动机与情境性学习动机

一般性学习动机是在学习活动中持续表现出来的较为稳定的动机。这种学习动机表现为对不同的学习内容都具有相似的动机水平,受教师和学科的影响较小。情境性学习动机常常只在某一种学习活动中体现,不够稳定和持久。比如某些学生只对某一学科感兴趣,在其他学习活动中没有相似的动机水平。

(三)学习动机与学习效果的关系

现在回到本章开始的问题上,学习效果是否会随着学习动机的增强而提高?

学习动机肯定会增强学习的努力程度,但学习动机与学习效果的关系并不是直接的。比如我们在教学实践中看到有些学生学习动机很强,但学习效果并不理想,这种现象说明学习动机并不是影响学习效果的唯一因素。耶基思和多德森的研究表明,动机强度与学习效果之间存在着一种倒"U"型的关系,学习动机对学习效果的影响随着任务的难度水平而变化,动机水平过高或过低都会降低学习的效果。

学习效果除了受到学习动机的影响外,还会受到多种因素的影响。比如学生的学习基础、智力水平、学习习惯、个性特征、身体情况以及教师影响等。所以,在保持较高学习动机水平的前提下,还要有较好的行为质量,才能有良好的学习效果。只有将动机、行为、效果联系起来,才能看出这三者之间的具体关系,如表 11 – 2 所示:

表 11 –2　动机与行为效果的关系

	正向一致	负向一致	正向不一致	负向不一致
学习动机	+	−	−	+
行为质量	+	−	+	−
学习效果	+	−	+	−

从表中可以看出,当学习动机强,行为质量高的时候,学习效果好,这是正向一致。如果学习动机弱,行为质量低,学习效果就会差,这是负向一致。当学习动机强,行为质量不高,学习效果也不好,这是负向不一致。当学习动机不强,但行为质量高的时候,学习效果也可能好,这是正向不一致。

二、学习动机的理论

(一)强化动机理论

行为主义的心理学家用 S—R 即刺激—反应公式来解释人的动机,同时也用它来解释学生的发生过程。在他们看来,人的某种学习行为的产生完全取决于先前刺激和学习行为之间建立的联系,而强化增加了这种反应的发生频率。这种强化可能来自外部也可能是来自内部,比如教师或家长的表扬和奖励是外部强化,在学习中获得的成功感增强了自信心就是内部强化。按照行为主义的观点如果学生的学习行为没有得到一定的强化,可能就会降低学习动机和努力的程度。如表扬、鼓励优异的成绩都属于是正强化,取消频繁的考试则是一种负强化,都起着增强学习动机的作用,但惩罚则一般起着削弱学习动机的作用。

美国心理学家班杜拉也非常重视强化对于学习的作用,提出了替代性强化的概念,就是通过观察其他人的学习行为受到的强化,从而间接地增强了自己的学习动机,即榜样的作用。而学习者主要就是通过外部强化、自我强化以及替代性强化来激发并维持自己的学习动机的。

强化动机理论过于注重外部力量,忽视了人的学习的自主性和主动性。研究表明,强化理论并不能用来解释所有的学习行为,比如有的学生在遭受打击之后仍能努力学习,有的学生却失去信心。这些问题都需要更合理的解释。

(二)成就动机理论

成就动机理论的代表人物阿特金森(J. W. Atkinson)认为人们的成就动机有两种:一种是力求成功的需要,这种类型的人在任务选择时会倾向于难度50%左右的任务,因为这种任务的完成可以带来心理的满足感和提高自信心。另一种是避免失败的需要,成就动机比较低,他们倾向于选择较容易的任务,以免失败。在困难任务中,会找适当的借口,取得一种理解,减少失败感。在教育实践中,教育者要有针对性地设计教学情境,对于力求成功型的学生,要安排竞争环节,严格分数评定,提供有一定难度的学习任务。而对于避免失败型的学生,则要较少地安排竞争性的情境,适当放大他们的成功,放宽评定的要求,避免公开的指责等。

(三)归因理论

归因理论由社会心理学家海德(F. Heider)最早提出,他认为人对行为的归因有两种,一种是环境归因,一种是个人归因。此后,心理学家罗特(T. B. Lotter)又根据人对环境的控制感将归因类型分为内控型和外控型。

内控型的人认为自己可以控制环境,将成功或失败归结为个人因素;外控型的人觉得自己无法控制环境,往往将成功或失败归因为运气等外部因素。美国心理学家维纳在吸收海德和罗特理论的基础上,做了更系统的研究,将归因分为内部和外部、稳定和不稳定、可控和不可控三个维度,并具体分解为能力高低、努力程度、任务难度、运气好坏、身心状态、外界环境六种因素。

归因理论有利于教师分析学习行为与心理的关系以及预测以后的学习倾向。比如两个成绩同样优异的学生,一个学生归因为能力,另一个学生归因为运气,那么在今后的学习中,前者会有更强的学习动机。再比如考试成绩不理想的时候,有学生会归因为努力不够,也有学生归因为试题太难,前者的学习动机会远远高于后者。

(四)需要层次理论

马斯洛按照从低到高的顺序将人的需要划分为生理需要、安全需要、归属和爱的需要、尊重需要、认知和理解的需要、审美需要、自我实现需要七个层次。自我实现的需要是人的最高需要,它的含义是人对完整人性的追求和个人潜能的实现。对学生而言,就是通过学习实现自己的价值,使自己的个性和潜能得到充分的发展和实现。

需要层次理论启示教育者,在分析学习者的学习动机时,要从多个角度和层次出发,一个学习动机低的学生可能是由于家境的贫寒,可能是因为单亲的家庭环境,也可能是缺乏同伴的认可等。教育者必须细致和细心地来对待这些问题,不要过于严厉和苛责,给学生营造安全、尊重和有归属感的环境。

(五)期望理论

期望理论是美国心理学家弗洛姆在《工作与激发》一书中提出的。他提出了这样一个公式:

$$激发力量 = 效价 \times 期望概率(M = V \times E)$$

他认为激发力量取决于预期目标的效价乘以对现实目标的期望概率。效价值可以是0,是负数,是正数。概率可以为0,大于0,等于1。如果乘积为0,说明学习者没有激发力量;如果乘积为负数,说明学习者产生了抵触的情绪;当乘积为正数时,才能产生真正的激发力量。

期望理论告诉我们,学生对自己成功机会的估计对其学习动机有很大的影响,如果学生认为成功没什么价值,那么成功的几率就会很低,甚至为零。期待理论认为当成功的可能性处于中等水平时,动机最强,所以选择任务时不要过难或过易。

(六)自我效能感理论

自我效能感这一概念最早由班杜拉提出,是指人们能否成功完成某一成就行为的主观判断。班杜拉认为人的行为不仅受到结果因素(比如强化)的影响,还会受到先行因素的影响,由此提出了期待的概念,也就是先行因素。班杜拉将期待分为两种,一种是结果期待,是个体对自己的行为可以导致某一种结果的预测,比如学生意识到努力学习就可以获得好的成绩或奖励,他就会加强自己的努力程度。另一种是效能期待,是个体对自己是否有能力实施某种成就行为的判断,比如有的学生认为自己不具备学好数学的能力,就会降低学习数学的动机。

班杜拉等人认为影响自我效能感的因素主要有:学习成功或失败的经验、替代性经验、言语的说服、情绪状态四个方面。所以,积极创设让学生体验成功的情境,树立学生身边的榜样,让学生相信自己有完成任务的能力和信心,是教育者应该努力去做的事情。

三、学习动机的培养和激发

(一)营造民主平等的学习环境

根据马斯洛的需要层次理论,学生的学习是一种高层次的需要,必须在低层次需要满足的前提下,才能更好地实现,尤其是归属与爱的需要以及尊重的需要。每个人都希望被人关注、爱护和支持,都希望在自己学习或工作的集体中找到建立和谐的关系。对于学生而言,首先要被教师所接纳,能感受到来自教师的尊重和关心,才能在学校这个集体里找到归属感。

学生都具有一种"向师性"的心理特征,与同学相比,教师对待的态度对学生的影响更大。所以教师必须尊重学生,无差别地对待学生,为学生营造出一种民主的心理氛围和平等的学习环境,这是培养良好学习动机的前提性条件。

（二）增加学习任务的趣味性

研究表明，增加学习任务的趣味性是激发学习动机的有效方法。对于教学而言，再好的方法如果只是重复性地教学也会扼杀学生的学习兴趣。所以，教师必须要不断地思考一些新的方法和技巧，使教学的形式更加新颖和富于变化。

首先，可以变换呈现的方式，创设问题情境，激发学生的求知欲。比如一位语文老师在讲授和环境污染有关的文章时，就带着学生到工厂附近进行实地考察，让学生亲自观察周围环境的变化，极大地增强了学生的学习兴趣。

其次，还可以为学生选择学生感兴趣的学习材料。学习任务的安排一定要考虑学生本身的特点，比如年龄、宗教等，结合生活实际会激发学生较高的求知欲望。比如有一位物理老师在讲解杠杆原理时，为学生表演了手掌劈砖，极大地调动了学生的积极性。

所以，在教育实践中，教师要采用丰富多变的呈现方式，可以使用一些游戏或是模拟的方式，比如让学生进行辩论或角色扮演等，加强书本知识与生活的联系。

（三）提出明确可行的学习要求

清晰的学习目标是激发学习动机的又一前提条件，教师必须让学生清楚他们应该做些什么，怎样去做，以及可能得到的评价。比如很多老师一上课，就会告诉学生课程的基本要求和目标，这样学生就会知道努力的方向，从而减少学习的盲目性。

另外学习动机理论告诉我们，难度过大或过小的学习目标，都不利于学习动机的激发。所以教师对学生提出的学习要求，难度要适当，必须符合学生的实际能力，同时又能在短期内实现。

在制定目标时，可以参考学生的意见，这会提高学生的主动性。要引导学生对目标进行一定的分解，降低任务难度，还要给学生以准确的反馈，不能只是笼统地概括。

（四）及时地进行反馈

对于学生的学习情况作出及时的反馈有利于激发学习动机。反馈可以让学生明白目前的学习程度,及时调整学习的努力程度和学习策略。年龄越小的学生反馈的时间要越早,因为年龄小的学生主动性还较差,更容易淡忘学习的要求。反馈可以让学生知道自己离目标还有多远,需要怎样努力。或是告诉学生目标已经达到,让学生可以感受到成功,从而向更高的目标努力。

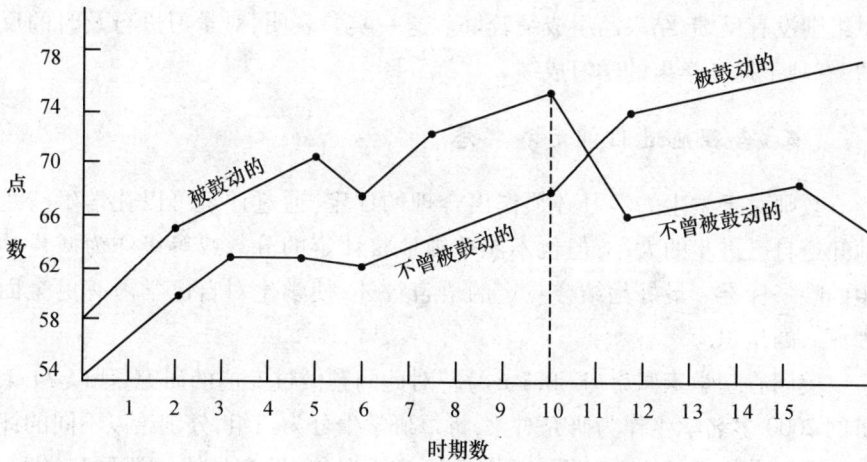

图 11-7　了解和不了解结果的成绩比较图

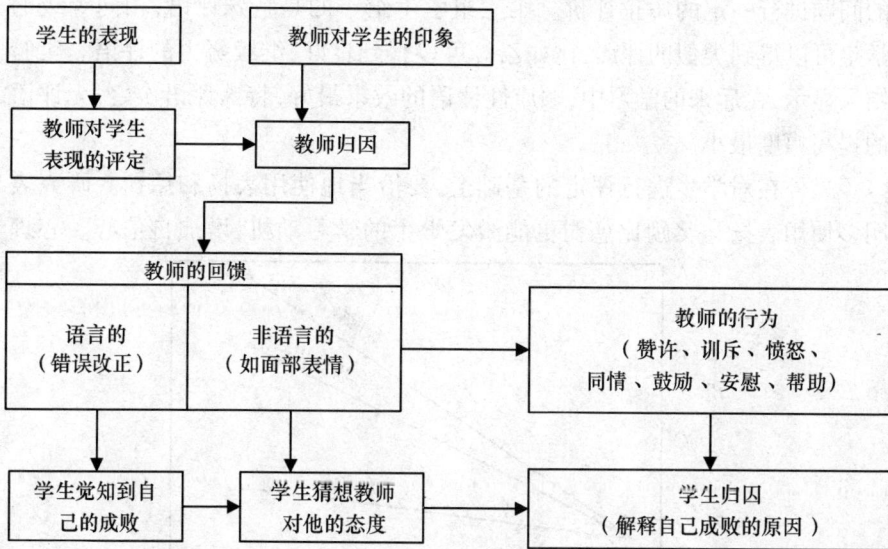

图 11-8　师生互动中教师的反馈对学生归因的影响

研究表明，有无反馈对学习者动机的激发水平是不同的。布克（W. F. Book）和诺维尔（L. Norvell）选取了 124 名大学生作为被试，让他们用最快速度做同样的练习，比如减法、乘法等。连续 75 次实验，每次 30 秒。前 50 次实验中，让甲组学生知道结果，并进行鼓励和督促，对错误进行分析，乙组学生不做任何反馈，结果甲组成绩较好。后 25 次实验中，给予乙组反馈，甲组则没有反馈，结果乙组成绩较好。这一实验表明，对学习进行及时的反馈，有利于提高学生的学习成绩。

（五）合理地进行评定和奖惩

教师对于学生的学习必须作出合理的评定，通过评定可以让学生清楚地知道自己进步的大小，但也不能单纯地将评定的分数或等级作为衡量学生的唯一标准。最好是结合一定的语言评述，使学生对自己学习有更全面和深入的认识。

美国心理学家佩奇（E. B. Page）曾对此问题做过专门的研究，他以 74 个班的 2000 多名学生作为研究对象，将每班学生分为三组，分别给以不同的评价。一组学生只给甲、乙、丙、丁之类的等级评价，没有具体的评语和说明。另一组学生除了等级评价，还有与学生水平相称的顺应评语，并且针对学生的问题进行一定的矫正评价。第三组学生给予的是特殊评语，相同等级的学生可以得到类似的评语，比如乙等可以得到良好，继续努力的评语。实验结果显示，在后来的学习中，顺应性评语的效果最好，特殊评语次之，无评语的提高幅度最小。

另外在对学生进行评定的基础上，要恰当地使用表扬和惩罚。研究表明多使用表扬与奖励比惩罚更能激发学生的学习动机，增加自信心。心理

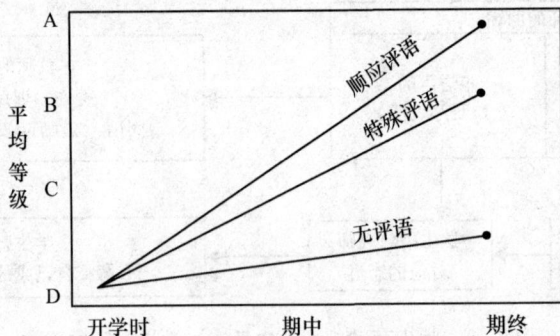

图 11-9　教师评语对学习成绩的影响

学家赫洛克(E. B. Hurlook)曾做过一个实验,将106名四、五年级的学生分为四个组,各组内能力相当,在四种难度不同的情况下进行同样难度的加法练习,每天15分钟,共练习5天。其中一组是控制组,单独练习,也不给评定,其余三个组为受表扬组、受训斥组、静听组,后三组在一起练习。受表扬组始终受到鼓励,受训斥组始终受到批评,静听组不给任何评定。结果显示实验组的

图 11 - 10　奖励与惩罚对学习结果的影响

成绩均优于控制组,受表扬组的成绩最好。但教师必须注意,不能滥用表扬和鼓励。并且表扬得要明确,要及时,要表扬那些真正值得鼓励的行为。同时,也要为处于劣势的学生创设成功的体验,以使他们得到更多的肯定和鼓励。

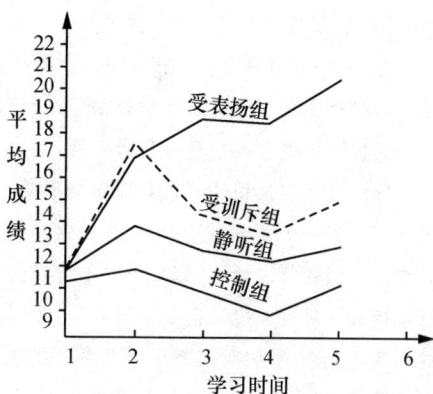

【资料窗 11 –5】

表扬与反馈的运用

表扬学生的方式决定了表扬能否激发学生的学习动机。但在实际课堂教学中很少见到有效的表扬,相反,表扬大多时候都与学生不值得表扬的行为联系在一起。教师给予的表扬基本上都没有说明学生的什么行为值得表扬;表扬的表述方式可能空洞、重复、信息性不强(如“做得好”;“太好了”;“不错”;“好……好……好……”等)。有时候,受到表扬的行为实际上根本就不值得表扬,例如,许多教师仅仅表扬参与(如“我很高兴你参与了”),而不是表扬对教学过程的深入参与(如“你的确认真思考了这个问题”)。

因此,有效的表扬应该:(1)发生在学生做出某种适宜合作型课堂结构激发以社会目标为中心的动机系统、良好的行为之后。(2)是有目的的,不应该是为了表扬而表扬。当表扬是真诚的、针对特定行为而且具体、可信的时候,表扬是最有效的。(3)应指出学生值得表扬的行为,即将注意的重点放在学生获得表扬的行为上。(4)是真诚的、发自内心的,能反映出教师对学生所获得成就的关注。(5)隐含着学生如果付出努力,在将来就有可能获得成功等这样的信息。

提供明确、具体、及时的反馈

要使反馈成为一个有效的激励因素,它必须是明确的、具体的且及时的。如果要表扬学生某项任务完成得好,那就应该具体指明好在何处。

“干得不错!我很高兴你能用字典中的检字表来查找练习本上的生词。”

"我认为这个答案不错。这说明你对我讲的自由和责任的问题进行了思考。"

"这是一篇好文章,你首先陈述自己的观点,然后列举相关的事实来支持自己的观点。你在拼写和词汇选用方面也很仔细,我很高兴。"

具体的反馈兼具信息性和激发性。它告诉学生对在哪里,这样他们就知道以后应该怎么做。具体的反馈还可以帮助学生形成对成功努力的归因。相反,如果学生仅仅受到表扬或得到一个高分,而没有得到任何具体说明,那么他们就难以从中获知以后该如何做才有可能获得成功,并容易形成能力归因或外部归因。研究表明,只有努力归因才是产生持久动机的最有效因素。同样,对于错误或失败进行反馈时,如果反馈所强调的是成绩或行为表现本身(而不是学生的一般能力),如果能与成功的反馈交替使用,那么这样的反馈也能够提高学生的动机水平。

及时的反馈也很重要。如果学生星期一完成的作业一直拖到星期五才得到反馈,那么反馈的信息价值和激励价值都会降低。首先,如果学生出现了错误,而这种情况完全可以通过及时反馈加以避免。其次,行为和行为结果之间的时间间隔较长,学生难以将二者联系起来,对于年幼的学生来讲尤其如此。如果他们得到几天前的作业的成绩,他们也许根本就不清楚究竟做的什么作业得到这么一个分数。

研究还表明,不管奖励多么有效,如果奖励的次数不够频繁,那么奖励对改善行为没有多大作用。频繁地给予小奖励比偶尔地给予大奖励更能促进学生的学习。对考试频率的研究发现,经常性地用一些简短的测验对学生的进步进行测试,其效果要好于不经常的、较大的考试。研究还证明了课堂中提问的重要性,经常向学生提问,可以使学生获得自己理解程度的有关信息,并且因注意听讲而有可能受到强化(表扬、认可等)。

[资料来源]全国十二所重点师范大学联合编写:《心理学基础》,教育科学出版社2002年版,第99—100页。

(六)对学生进行归因指导

不同的归因方式会导致个体有不同的认知,继而影响主体今后的行为。许多学生正是由于将失败归结为能力问题,而对自己失去信心,丧失了学习的动力。如果学生认为失败是由于自己不够努力造成的,就可能调整学习状态,付出更多的努力。所以,有必要对学生进行积极的归因训练。

德韦克曾对一些数学成绩差的学生进行过归因训练,当他们成功时,告诉他们这是努力的结果;当他们失败时,告诉他们是因为努力的程度不够。经过一段时间的训练之后,学生们都增强了学习的信心,成绩也有所提高。

实际上,除了个人因素之外,学生的成绩还受多种因素的影响,比如班级管理、运气、任务难度等。在学生完成某项学习任务之后,教师要引导学生进行积极的归因,所谓积极的并非一定是真实的。比如一味地归因为努力因素,有的学生可能在持续的努力之后仍没有取得太好的成绩,这时就会对该学生的自信心产生很大的打击,转而会怀疑自己的能力或智商。所以,在真实的教学情境中,教师要根据学生的个人情况,指导学生向着有利于提高自我效能感的方向进行归因,哪怕这时的归因并不完全属实。

(七)引导学生学会合作学习

在教学实践中,竞赛常常被用作激发学生的学习积极性,但研究表明,竞赛对学生的学习动机存在着一定的消极作用。在竞争情境中,学生比较关注个人的能力,当学生觉得自己有一定的竞争能力时,就会积极参与。但如果学生觉得自己没有竞争能力,就会想回避这种情境,从而导致学习积极性的下降。所以,竞赛一般对班上中等以上的学生影响较大,学习效果也较明显。

尽管竞赛具有一定的消极作用,但教师可以改变竞赛的标准和模式,多采用一些合作式的集体或小组间竞赛的方式,不要过于突出个人,要强调集体的荣誉感和责任感。在合作学习中,个体会以一种有利于实现集体目标的方式努力,每个人都需要集体其他成员的帮助和合作,集体的成功才是目标,需要大家共同努力。所以在合作学习中,可以最大限度地调动学习的积极性和主动性。

第三节　学习迁移

一定类型的学习总需要在一定的基础上进行,个体已有的经验在适当的条件下可以提高学习新知识的效率,或者用来解决一定的问题,新旧经验间会有相互的影响,这些在学习中普遍存在的现象就是迁移。

一、学习迁移概述

(一)学习迁移的含义

学习迁移是指一种学习对另一种学习的影响,这种学习可能是知识经验和动作技能,也可能是行为规范和情感态度。学习迁移广泛地存在于我们的学习和生活中,平常人们常说的"举一反三"、"触类旁通"等都是迁移的作用。比如数学学得好，就有利于学习物理和化学等学科；阅读能力强的人有助于其写作能力的提高；会弹钢琴的人会比较容易学会弹手风琴等。

迁移不仅存在于同类经验之间，也存在于不同的经验之间，比如知识和技能间也有迁移的发生。人们通过迁移使已有的知识经验得到巩固、应用和提升，只要有学习，就一定会有迁移的发生。

（二）学习迁移的种类

迁移在学习中无处不在，迁移的种类也是多种多样的，按照不同的角度，可以对迁移做不同的划分。

1. 根据迁移的产生的效果，可以分为正迁移和负迁移

正迁移就是一种学习对其他学习产生了积极的影响作用。比如学好平面几何有利于立体几何的学习；学会骑自行车有利于骑摩托车。教育工作中常说的"为迁移而教"，就是指的正迁移的作用。

负迁移是指一种学习对另一种学习产生了消极的影响或阻碍。比如在学习英语音标时拼音的干扰就是负迁移。

所以教师要善于引导学生分析新旧学习间的区别与练习，降低负迁移的影响，提高正迁移的作用，进而提高学习效率。

2. 根据迁移产生的层次，可以分为横向迁移和纵向迁移

横向迁移也称水平迁移，是指处于同一概括水平上的经验之间的相互影响，这种迁移间的逻辑关系基本上是并列的。比如学会写铅笔字可以影响写毛笔字；小孩子在会喊奶奶后，见到年长的女性也会喊奶奶。横向迁移主要是在相同或相近的层次上来进行的。

纵向迁移也称垂直迁移，是指不同概括层次上的学习之间的相互影响。纵向迁移主要表现在两个方面，一是自上而下的迁移，比如在学习了教育学和心理学的知识之后，有助于教育心理学的学习。另一种是自下而上的迁移，比如从简单的数字运算到复杂的方程运算等。

3. 根据迁移进行的方向，可以分为顺向迁移和逆向迁移

顺向迁移是指先前学习的经验对后继学习的影响。学生利用先前的学习经验解决了新问题，将新知识纳入到已有的认知结构中。比如教师在教

学中要明确新旧知识之间的联系,方便学生进行顺向迁移。

逆向迁移是指后继学习对先前学习的影响。比如先学习了低等动物的知识,又学习了哺乳动物,就会使先前对动物概念的理解发生变化。

4. 根据迁移的内容,可以分为一般迁移和特殊迁移

一般迁移是指将一种学习中的一般原理、方法、策略等迁移到另一种学习中,也就是将原理概念运用到具体的事例中。比如在学习了三角形的面积公式后去计算各种三角形的面积。

特殊迁移是指一种学习中具体的特殊的经验迁移至另一种学习中。比如学生在学完加减乘除运算之后,就可以学习四则混合运算了。

从不同的角度对迁移进行划分,有助于对迁移的规律进行研究,教师要在教学中灵活运用迁移的作用,提高教学的成效。

二、学习迁移的理论

学习迁移一直是学习理论所关注的问题,在心理学的发展历史上对学习迁移有过不同的研究,形成了各具特色的迁移理论。

(一)形式训练说

形式训练说是最早的迁移理论,它以官能心理学的研究为基础,认为人的"心智"是由不同的官能组成的,而官能包括注意、意志、记忆、想象、推理等。形式训练说认为迁移是通过对各种官能的训练,比如提高注意力、记忆力、想象力等而实现的,也就是说迁移要经过一个形式训练的过程才能产生。

形式训练说认为任何一种官能都能进行训练,所以他们把训练各种官能作为教学的重要的目标,而学习的内容并不重要。对于学习而言,主要是看学习的难度或是官能训练的价值,比如晦涩的古典语法、深奥的数学等,这些内容可以更好地训练官能,因为具休的内容比较容易忘记,而通过形式训练达到的官能发展才是长久的能力。

(二)相同要素说

桑代克在批判形式训练说的基础上,提出的学习迁移的相同要素说,认为两种心理机能具有共同成分时,一种心理机能才会对另外一种有影响。对学习情境而言,当两种学习有相同要素时,才能发生学习迁移,而且迁移的程度取决于相同要素的多少。

桑代克曾做过一个面积估计实验,他训练大学生被试先对各种大小不同的长方形面积进行估计,使被试对形状和面积的估计能力达到一定的水平。然后又用不同的平行四边形进行面积判断训练。最后被试接受两种测验,一是估计与训练图形相似的长方形面积;一是估计三角形、圆形以及不规则图形的面积。研究结果发现,被试对长方形面积的判断能力提高了,但其他图形的面积判断成绩并没有提高。

后来,伍德沃斯将桑代克的学说修改为共同成分说,认为当两种学习情境存在共同成分时,才会发生迁移。

(三)概括说

心理学家贾德认为两种情境之间存在共同成分只是迁移的前提,并不是迁移发生的决定条件,迁移的关键在于学习者能够概括出两种学习之间的共同原理和规则,知识的概括化水平越高,迁移的范围和可能性越大。

贾德在 1908 年所做的"水下打靶"实验是概括说的经典实验。他以五六年级的学生作为被试,分为两组作对比。在射击开始之前,他先让其中一组学生学习有关折射的理论,另一组则不学该理论。当靶子在水下 4 英寸的时候,两组成绩没有多少区别。但当靶子位于水下 12 英寸的时候,学习过折射理论的一组成绩不断提高,而另一组则表现出了极大的不适应。

贾德的概括说强调了学习者在学习过程中的能动作用,使得迁移的研究重点从迁移情境转向了对学习者心理活动的关注。

(四)关系说

格式塔心理学家对于学习迁移的研究强调经验的整体性,认为迁移的发生不在于情境之间有多少相同的要素,也不在于学习者掌握了多少原理,而是在于学习者能否顿悟两种学习情境之间的关系。

苛勒在 1929 年分别用小鸡、黑猩猩和小女孩作为实验对象,做了一个有趣的"觅食"实验,训练他们在不同颜色的纸下面找东西吃。一张纸浅灰色、另一张纸是深灰色,食物放在深灰色的纸下面。先训练被试学会在深灰色的纸下面找到食物,形成条件反射。然后改变实验条件,用一张颜色更深的纸来代替深灰色的纸,而用原来的深灰色的纸代替浅灰色的纸,将食物放在颜色更深的灰色纸下面。研究发现,被试都倾向于从颜色更深的纸下面寻找食物。所以苛勒认为个体越能理解事物之间的关系,迁移的发生就越普遍。

三、影响学习迁移的因素及在教学中的应用

(一)影响学习迁移的因素

迁移是学习中非常普遍的现象,但迁移的发生是有一定的条件的。影响学习迁移的因素主要有以下几种:

1. 学习材料之间的相似程度

两种学习材料具有一定的共同成分是产生迁移的必要条件,两种材料之间的共同因素越多就越容易发生学习迁移。共同的成分可以是学习目标、学习过程、学习结果等方面的,也可以是情感、态度等方面的。也有学者将学习材料的相似性分为表面特性的相似和结构特性的相似。表面特性是指与学习目标实现无关的成分;结构特性是指与学习目标和结果有关的成分,两种学习情境具有相同的结构成分,就会发生正迁移,否则不仅没有正迁移,还有可能发生负迁移。

2. 学习者的学习定势

学习定势也称学习心向,是指先于某一活动但又指向这一活动的心理准备状态。学习定势是一种特殊的心理状态,它取决于个体先前的经验,会影响到个体后继的学习,它会促使个体在学习新知识时倾向于使用先前的方式。定势对于学习来说,具有双重的作用,它可以促使正迁移的发生,也可能会导致负迁移的产生。关键在于学习者本身是否能区分当前的学习与先前的学习之间的区别与联系,是要发挥定势的作用,还是要打破定势的束缚。

3. 学习原有经验的概括水平和认知结构

学习者原有的知识背景是迁移产生的前提,原有的经验越丰富,概括水平越高,就越容易产生迁移。比如一些领域的专家就是因为拥有解决某一

类问题的丰富经验和概括能力,所以具有较强的迁移能力。同时,学习者原有的认知结构也在很大程度上影响着迁移的发生。认知结构是学习者的认知方式和经验组成的观念结构,它直接影响到对新知识的学习效果。因为合理组织的信息更容易被提取,并产生迁移。所以,训练个体的认知策略,是提高迁移的有效路径。

(二)学习迁移在教学中的应用

学习迁移对于学习者的学习效果有着重要的意义,所以为迁移而教已成为教育界的一种共识,如何促进迁移的发生是教育教学一项重要的任务和目标。

1. 确立明确具体的教学目标

教学目标是一切教学工作的依据和出发点,所以,确立明确具体的教学目标是促进学习迁移发生的重要前提。任何一种学习的完成都必须有一个明确的目标作为指导,教学目标的制定必须清晰而明确,才能保证其他教学工作的效果。同时,教学目标的表述必须是具体的,不能过于笼统,这样才能更有益于学生的学习,促进迁移的发生。

2. 精选科学合理的教学材料

在进行教学时,任何一门学科都不可能呈现出本学科所有的内容,学生也不可能完成所有相关内容的学习。要想在有限的时间内完成既定的教学任务和目标,就必须对要学习的内容进行精心的选择。选择的标准就是具有迁移价值的内容,比如基本方法、基本原理、基本概念等,这些知识更加具有概括性和普遍性,在学习时更容易发生迁移。在学习这些基础知识和技能时,要创设与这些内容相符合的学习情境,体现知识的应用性,创造迁移的条件。

3. 编排逻辑清晰的教学内容

学习的内容必须有一定的科学性和逻辑性,才能使迁移更多地发生。首先教学内容必须是一个有机的整体,要符合知识本身的逻辑结构,也要符合学生的心理发展特征。其次教学内容的各组成部分要具有合理的逻辑顺序和科学结构,让学生能够从中构建起相应的认知结构。再者教学内容的网络化结构,既要体现知识本身的纵向联系,又要突出知识的横向发展。经过合理编排的教学内容才能更好地促使学生进行融会贯通。

4. 设计组织有序的教学程序

合理编排的教学内容总是通过一定的教学程序来实施的。先教什么,后教什么,用什么样的方式来教,同样对学习迁移有着重要的影响。学习的先后顺序必须有一个整体性的安排,这影响着学习者整个认知结构的构建。具体到每一节课中,同样要认真安排教学的顺序,既要符合知识本身的逻辑顺序,也要考虑学生的认知规律。要在每一个环节上精心设计,激活学生的兴趣,引导学生对所学习的内容进行提炼和重组,促进迁移,提高学习的效率。

5. 教授切实有效的学习策略

教学不仅是交给学生具体的知识、技能和态度,更重要的是要交给学生学习的方法。所谓"授人以鱼,不如授人以渔"正是教学时应遵循的原则。因为,学习策略的掌握和提升是促进有效学习的重要手段,也是培养学生迁移能力的条件和前提。在教学实践中,教师要引导学生对所学的内容进行深入的分析、比较和概括,理清其中的关系和规律,学会归纳和总结,这种对学习策略的训练可以提高学生迁移的意识性和有效性。所以,掌握一定的学习策略是促进迁移的有利条件。

第四节 学习策略

一、学习策略概述

让"学生学会学习"是现代教育研究非常关注的问题。学生的学习是否有效率关键在于学习策略的掌握与获得,而对于教师,教学的关键不仅是交给学生现成的知识,更重要的是训练和培养学生拥有一定的学习策略,从而提高学习效率。

(一)学习策略的含义

布鲁纳在1965年提出过"认知策略"的概念。此后,随着学习理论的发展人们越发地意识到学习策略对于学习的意义和重要性,有关学习策略的观念和研究逐渐增多。但关于学习策略的表述却不一而同,有人认为学习策略是一种学习活动或步骤;有人认为学习策略就是学习的规则和能力;还有人把学习策略当作学习计划。

综合不同的观点,我们认为学习策略就是学习者为了提高学习的效果和效率,有目的有意识地使用有效学习的方法、规则和技能。学习策略的主要特征有:

第一,学习策略是学习者为了提高学习的效率主动使用的。学习者在学习时需要根据自己的学习任务和自身的特点,有针对性地选择学习方法和制订学习计划。

第二,学习策略是进行有效学习的基础。学生使用不同的学习方法可能都能达到学会的目的,但学习的效果和效率会有差别。拥有学习策略的学生会缩短学习的时间,体现较高的学习效率。

第三,学习策略既针对学习过程,又涉及学习结果。学习策略影响着学习者的决定,涉及到学习的顺序、安排和方式等各方面的问题。同时,学习策略也是一种学习结果,是在学习的过程中逐渐获得的。

(二)学习策略的类型

1. 单瑟洛(Dansereau,1985)的二分法

单瑟洛把学习策略分为了基本策略和支持策略。基本策略是指用来直接操作学习材料的各种学习策略,主要包括了信息获得、贮存、信息的检索和应用等。支持策略则主要是用来帮助学习者维持良好的学习状态,比如学习的计划和时间安排、注意以及自我监控等。

2. 三分法

迈克卡(Mckeachie,1990)将学习策略分为认知策略、元认知策略和资源管理策略。其具体的成分见图 11 – 11①。

---

① 陈琦、刘儒德:《教育心理学》,北京师范大学出版社 1997 年版,第 183 页。

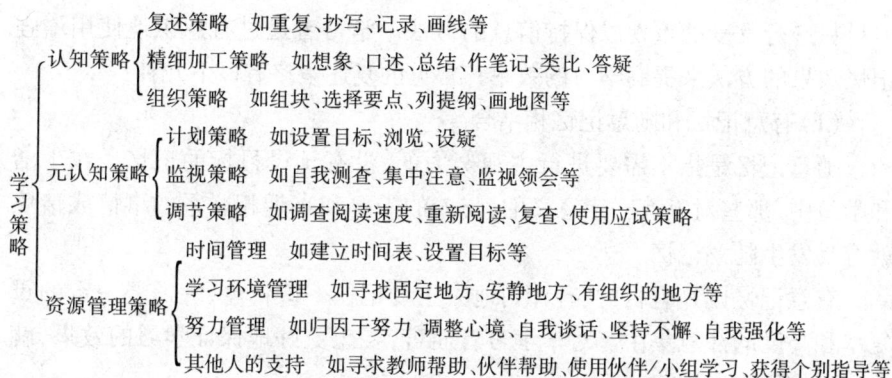

图 11 – 11　迈克卡的学习策略分类图

尼斯比特(Nisbet)根据学习策略的适用范围将其分为了三个方面:一种是与学习态度、学习动机密切相关的学习策略,是一种一般性的学习策略。一种是与学习者的经验紧密相关的学习策略,这是一种概括性的学习策略。还有一种是适用于某一特定场合和任务的,适用于具体的学习领域,使用范围较小。

3. 温斯坦(Weinstein,1985)的四分法

温斯坦将学习策略分为:认知加工策略、积极学习策略、辅助性策略、元认知策略。比如学习者把所学的知识同自己已有的知识相联系就属于认知加工策略;为了取得好成绩,积极地练习考试的类型和内容就是积极学习策略;主动调节学习的压力以降低焦虑属于是辅助性策略;而对自己的学习状态进行监控并及时作出调整则是元认知策略。

二、常见的学习策略

(一)认知策略

认知策略是根据信息加工理论所衍生的一种研究学习策略的观点和方法,认知策略包含于学习策略之中,同时又是学习策略的核心。根据信息加工的不同阶段,认知策略可分为复述策略、精细加工策略和组织策略。

1. 复述策略

复述策略是学习中最常用的一种记忆方法,主要是运用内部语言对学

习材料进行反复的重现以保持信息的方法。学习者通过有意识地使用增强记忆效果的方法来提高学习的效率。常见的复述策略有以下几种:

(1)有意记忆和随意记忆相结合

随意记忆是指不需要进行主观努力的,没有预设目标的记忆。在生活和学习中,那些对人有一定意义的,与人的需要和兴趣相联系的事情或情境就容易发生随意记忆。

有意记忆则是有目的、有计划地去主动记住一些信息,它需要一定的重复率和高度的注意集中。对于学习者而言,要想更好地保证学习的效果,就需要多使用有意记忆。

(2)排除干扰

学习者是否能牢固的记住某一信息,除了需要一定的反复之外,还需要排除其他信息的干扰。在记忆规律中,常常会发生前面学习的内容对后面的学习发生影响的现象,我们称之为前摄抑制。有时,后面的信息也会对前面学习的内容产生影响,这是后摄抑制。所以在学习中必须注意对前后学习的内容进行一定的区别和比较,防止这两种干扰的发生。

心理学家在研究时还发现,人们倾向于记住材料开始和结尾的部分,心理学家称之为首位效应和近位效应。所以对于中间的内容,我们需要多一些心理复述。

(3)多种感官并用

心理学的研究表明,多种感官同时参与识记会有更好的记忆效果。有人曾做过这样的实验,对于相同的内容,如果只听,被试可以记住60%,如果只看可以记住70%,如果既让被试看,又讲给被试听,则可以记住86%左右的内容。所以,在学习中,要发挥多种感官通道的作用,让写、听、看、想、读全方位地结合,以取得最佳的记忆效果。

(4)多种复习方式相结合

人们在学习过程中,总是无法避免遗忘的发生。但遗忘具有一种先快后慢的规律,所以,及时地复习是避免遗忘的重要方法。在学习的过程中,还要经常进行分段的复习,这对于信息的长久保持非常必要,家庭作业和课堂作业就是一种基本的分段复习方法。另外,还要进行一定的总结复习,集中性地将某些内容重复学习多次。

2. 精细加工策略

精细加工策略是一种对学习材料进行深入加工的策略,它能帮助学习者将信息更好地保存到长时记忆中,它主要通过将新材料与学习者原有的知识经验联系起来,从而加深对信息的理解和记忆。常用的有这样一些策略:

（1）特殊记忆法

特殊记忆法主要是将所学习的材料进行一定的再加工,赋予其一定的意义,使学习更加方便和有效。

传统的位置记忆法,就是学习者在头脑中描绘出一幅场景,将所要记忆的内容视觉化,并按顺序将场景中的各个点联系起来,这种方法需要人们充分的想象,比如将没有生命的东西拟人化。

编歌诀则是将一些关键性的信息缩减成一些关键性的字,从而减轻记忆的负担,比如二十四节气歌:"春雨惊春清谷天,夏满芒夏暑相连,秋初露秋寒霜降,冬雪雪冬小大寒。"

谐音联想法是一种假借意义的记忆方法,比如有的同学会将英语的发音用汉语来表示。

关键词法则是将新信息与已有相似的信息联系起来,进行记忆,比如在学习外语时,记忆 wolf 这个单词时,可以联系到狼嚎叫的声音。

还有语义联想法,就是找出新旧知识之间的联系,进行逻辑性的记忆,比如对一些公式、原理的记忆就可以用这种方法。

（2）做笔记

做笔记是一种很有效的精细加工策略,它既可以让学习者集中注意力,也可以帮助学习者更好地建构意义程度上的理解。

笔记中通常需要记录学习内容的知识点,要标出重点和难点,思考的问题和解答等内容。在做笔记时要注意详略得当、重点突出、分清层次。所以教师在教学时,要注意留给学生一定的时间,要点出重要的信息,要给学生一定的指导,来帮助学生更好地使用这种策略。

（3）联系生活实际

学生在学习时面对的大都是书面的材料和内容,和学生的生活有一定的距离,所以将学习材料与生活实际相联系有利于学生对知识的理解和参悟,因为学生可以直接感受到学习材料的有用性。另外与实践相结合,也容易引起学生的兴趣,从而提高学习的积极性。

（4）提问

学习时学习者自己要多问一些为什么,可以帮助学习者更好地理解新知识。同时教师也要多设置一些问题来启发学生的思维,比如对学习任务的问题式导入、引导学生思考的预测式问题、总结时的推理性问题等,都会促使学生进行深度的加工。

(5)利用学习者的背景知识

如果新知识能够与学习者已有的知识背景相联系,那么学习者就会更容易建立起新旧知识间的联系,使原有的知识成为新知识的生长点。

对于精细加工策略而言有一个重要的标准就是这种策略是否是学习者本身产生的与学习内容相联系的策略。

我们可以通过这样几个例子来说明这一点:①

例1 一个学生读到"哥伦布 1492 年发现美洲"时,他认为应该记住,就在心里一遍又一遍重复"哥伦布 1492 年发现美洲"。

分析:这不是精制。因为他并没有进行精制,而只是简单的复述。

例2 小明读到"哥伦布是西班牙人,1492 年航海到了美洲",他想记住此事,于是便想:"哥伦布很可能是由东而西到美洲的,因为这是从西班牙到美洲的最短航线。"

分析:这是精制。这是由学生自己产生的,并将其原有的地理知识与这一新知识联系起来了。

例3 小斌读到"哥伦布 1492 年发现美洲,他是西班牙人",而后又想:"哥伦布平时爱吃什么呢?"

分析:这显然不是精制。尽管它是由学生自己产生的,但与教学内容毫无关联。

例4 小红听见算数老师讲:"做分数除法,先颠倒除数的分子和分母,然后再相乘。"然后又听老师说:"记住,除数就是用来除的那个数。"

分析:这不是小红的精致,而是老师的精制。

例5 小强听见算数老师说:"做分数除法,先颠倒除数的分子和分母,然后再相乘。"他想:"这又是一个做分数运算题的法则,在分数乘法里,不颠倒乘数,直接相乘就行了。"

分析:这是精致。它不仅与教学内容有关,而且学生应用已有的分数乘法知识来学习分数除法的内容。

例6 一个学生听见物理老师说:"分子在气体中比在液体中相隔更远,所以气体比液体轻。"该学生就想到:"这好像编织疏松毛织物要比用同样毛线编织密实的衣物来得轻。"

分析:这是精致。它与教学内容有关,并且该学生将自己已有的生活经验与这一教学内容联系起来了。

---

① 《心理学基础》,教育科学出版社 2002 年版,第 241—242 页。

3. 组织策略

组织策略是学习信息的重要手段,通过整合新旧知识之间的联系,形成新的知识结构。组织策略可以使繁复的知识变得更加清晰和直接,能够使离散的知识更好地联系在一起,从而便于理解和记忆。

（1）列提纲

列提纲主要是通过简明扼要的语言将学习内容的要点按一定的逻辑关系罗列出来。所列出的内容必须具有一定的概括性和条理性,这样学习者只要掌握了这些知识点的内在层次联系,就能抓住主题和要领。

（2）画结构图

画结构图是学习者在预习、复习、整理学习资料时常用的一种学习策略,主要是通过对新旧知识的整合,标明彼此之间的联系,点明其中的知识点和要点,常见的有流程图、树形结构图、网络关系图等模式。这种学习策略有助于将学习内容条理化,逻辑更加清晰,这促使得学习者能够更快地生成新的认知结构。（见图 11-12）

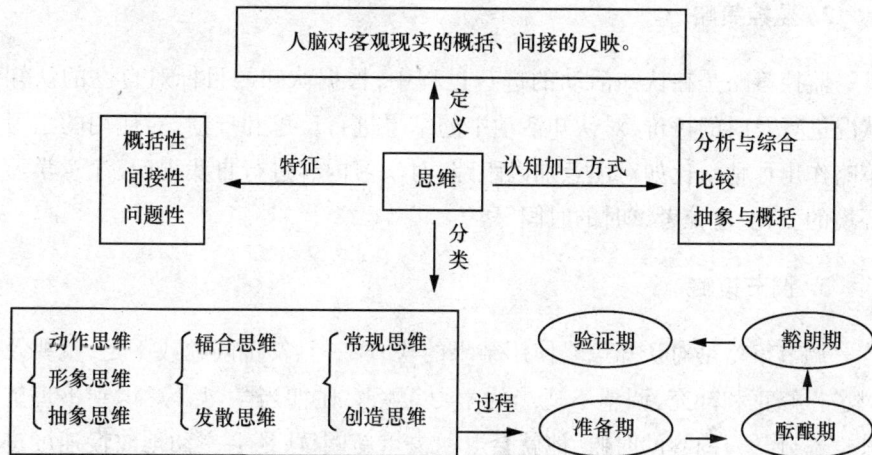

图 11-12　网络关系图

（3）组块

记忆研究发现,如果对学习材料进行一定的分类,能够提高记忆的效果。因为被分成组块后的材料具有相似的特征和属性,这样材料间的内部联系被加强,学习者也就更容易进行信息的提取和保存。所以教师在教学时,要注意训练学生的归类能力,特别是年龄较小的学生,更要加强这种策略的培养。

(二)元认知策略

在认知过程中,学习者需要使用一些策略去评估自己的学习状况,比如预计学习时间、选择有效的学习方法等。具体点说就是学习者对自己认知过程的认识以及对认知行为的调节和控制。元认知策略主要包括计划策略、监控策略以及调节策略。

1. 计划策略

计划策略是在认知活动开始之前,根据既定的认知目标,来选择适当的学习策略并预测认知的效果等。这其中包括设置学习目标、浏览学习材料、设计待回答的问题、分析如何完成学习任务等。学习者在认知活动进行之前必须对自己的学习环境、学习时间、学习基础、学习材料、认知特点等因素作出分析和估计,以选择恰当的学习方法和设计合理的学习程序。

2. 监控策略

监控策略是在认知活动的进行过程中,根据认知的目标对自己的认知状况进行及时的评价,对认知活动中的结果进行反思和反馈,对使用的学习策略作出评估。比如对注意加以跟踪、对学习内容进行自我提问、注意学习环境的变化、监控考试时的时间等。

3. 调节策略

调节策略是对认知策略使用结果的检查,一旦发现问题或不足,就要及时进行修正和补充,调整不适当的学习策略。比如当学习者意识到不理解某一部分学习内容的时候,他就会退回去重新阅读,还会主动地放慢速度进行重复性思考。调节策略可以使学习者根据学习情境的变化,客观地评价学习效果,主动地调节控制学习方法,不断提高学习的效率。

(三)资源管理策略

资源管理策略是帮助学习者有效合理地利用学习环境中的各种资源,如信息、人员、设备、资料等,帮助学生更好地适应学习环境,并利用环境中的可调节因素,提高学习的效果。

1. 时间管理

首先,统筹地安排学习时间是保证学习效率的前提之一。学习者有不同的学习任务,在制订学习计划时,要根据自己的生活习惯和学习方式将自己的学习时间进行合理有序的安排。

其次,要注意时间的有效性。每个人有不同的生物钟和学习风格,学习时间一定要符合自己的学习最佳期,每天、每周、每月的变化规律都会有个人的特点,所以要结合自己的时间规律和模式来安排学习的内容。

2. 环境管理

环境管理有物质环境和精神环境两种情况。首先要选择空气通畅、环境整洁、光线充足、温度适宜的地方,对于自己的学习空间要注意环境内的布置和安排等。而对于精神环境,则需要学习者自己加强自己的自控能力,维持自己的信念,多激发内在动机,进行自我的鼓励和调节。

3. 学习工具的管理

现代的学习工具非常丰富,比如有各种参考资料、图书馆、电视、电脑、网络等。但面对众多的学习工具,学习者必须要慎重,多选择那些权威的和正式的参考资料。

三、学习策略的训练

学习策略可以通过一定的训练掌握,在学习策略的教学时,要遵循一定的原则。

(一)训练的原则

1. 针对性原则

学习策略必须与一定的学习目标和学习类型相适应,必须有利于学习者主观能动性的发挥。教师必须要考虑学生的年龄和性格特征,要向学生说明学习策略使用的目的和原理,以及该种学习策略使用的范围和情境。还要指导学生对自己的学习策略进行监控和反思,分析策略使用的效果。

2. 生成性原则

使用学习策略的重要操作就是对学习材料进行一定程度的深加工。这种加工可以通过列提纲、提问、图解等一系列方式来进行,那种不分重点的画线和记录则是一种生成性较低的策略。

3. 有效监控原则

教师要培养学生有效地使用学习策略的能力,知道何时去应用学习策略,并能对学习策略进行适时的反思,及时考察学习策略的使用效果,提高应用的水平。

4. 自我效能感原则

教师要创设一定的情境让学生体会使用学习策略的效果和成就感,要让学生体验自己掌握学习策略的能力,要帮助学生树立使用学习策略的信心,增强学生的自我效能感。教师要在学生学习时,进行适当的指导和评价,使学生增加使用学习策略的频率,培养学生使用学习策略的习惯。

(二)训练的方法

1. 元认知训练

元认知训练主要是针对学习者的认知状况进行的,比如监督自己的学习状况、及时调整使用不当的方法或策略、调控学习的进程、对学习的状态进行反思和评价。这种元认知的训练要贯穿于整个教学中,要让学生明白每种学习策略的使用情境;使用学习策略的条件;如何判断学习策略使用的有效性;如何反思学习策略对学习效果的影响等,以此保证学习者可以及时调整学习策略,对自己的认知过程进行有效的监督与控制。

2. 感受性训练

学习策略都有一定的适用范围,为了提高学习策略的有效性,布朗等人对以下三种训练方法进行了研究。一种是盲目训练法,只教学生使用策略,而不说明这种策略为什么有用以及何时使用;另一种是感受训练法,在教授学习策略的基础上,帮助学生理解使用学习策略的原因以及情境;还有一种是感受—自控训练法,就是在感受训练法的基础上,给学生使用这些学习策略的机会。通过研究,布朗等人发现,最后一种方法对于学习效果的改善最为明显。

3. 教师示范与学生反馈相结合的训练法

在实践教学中,教师的讲解和示范是一种非常常用的教学方法,但必须与学生的反馈相结合,才能取得较好的效果。教师在向学生进行讲解时,必须有一定的示范,让学生更容易理解新的信息,同时结合以学生的信息反馈,使学生在亲身体验中获得意义的建构和理解。

◉ **拓展阅读**

行为的自我管理——一种奖励设计①

自我行为的管理方法

自我管理行为的基本方法就是要把操作性条件反射的原理与自己的实际情况结合起来。有七件事要做:

1. 选择"目标行为"。首先,要确定你希望改变的行为。

2. 记录初始值。记录下你达到目标需要花的时间,或者记录下你每天作出的合意反应及不合意反应的数量。

3. 建立目标。所要建立的目标就是目标行为的增加或减少。你需要记住行为塑造的原则,不可操之过急,要为每一天、每一周都建立现实并合理的进步目标。

4. 选择强化物。如果你完成了每天的目标,就要按照计划给自己奖励,例如,一天的奖励可以是看电视,吃一块糖,去找朋友聚一聚,玩一会儿乐器,或找一件自己喜欢的事做。同时,也要为自己制定达到一周目标后的奖励办法,例如,看一场电影,下一次馆子,或做一次周末旅行。

5. 为进步做量化记录。要精确记录每天花在"目标行为"上的时间,以及自己做出的"目标行为"的数量。

6. 奖励成功的行为。一定要诚实待己,如果你达到了每天的目标,就要给自己奖励;如果没有达到目标,则没有奖励。要根据每周计划完成情况决定奖励与否。

7. 当你对自己的行为管理能力了解更多之后,即可调整你的计划。如果你在自我管理中获得成功,你进行自我管理的做法就会得到强化。

发现一个适合自己的强化物往往并不容易。例如对一个人来说,受到表扬或吃一块糖都是强化物,而对另一个人却都不是。一种办法就是应用普雷麦克原则来确定适用的

---

① [美]库恩等著,郑刚等译:《心理学导论——思想与行为的认识之路》,中国轻工业出版社 2008 年版,第 319—320 页。

强化物。普雷麦克(David Premack)提出的原则是:任何一个经常发生的(或占优势的)反应都可以用于强化一个不经常发生的反应。假设你是一个经常听音乐的并热爱音乐的人,同时又是一个很少倒垃圾并总是懒得倒垃圾的人,那么,你可以用听音乐去强化倒垃圾的行为,要求自己在听音乐之前把垃圾倒干净,这样,你就会培养自己经常清理垃圾的行为。你经常愿意做的事情都可以作为强化物,比如看电视、和朋友聊天、听音乐等。

坚持做自我记录

即使你不能每天都真的做到给自己奖赏,你的锻炼计划仍有望获得成功。对于人类来说,只要知道自己即将达到一个理想的目标,就能得到最有效的强化。因此,自我管理方法中的一个关键步骤,是做自我记录,即记录下每天的反应频率。有一个实验,研究者要求一部分选修心理学课的同学每天记录自己的学习时间,并用表格记录下他们每天和每周的学习活动。做这种自我记录得不到任何奖励,但结果发现,那些做记录的同学的考试成绩显著优于那些没有被要求做记录的同学。

◉ 思考与练习

1. 学习的含义是什么? 有什么特点?

2. 学习分类有那些观点?

3. 主要的学习理论有哪些? 各自的主要观点是什么?

4. 学习动机的含义是什么? 如何进行分类?

5. 关于学习动机主要有哪些观点?

6. 学习动机与学习效果的关系是什么?

7. 结合自己的学习实践,谈谈如何激发学习动机?

8. 学习迁移是什么? 有哪些种类?

9. 根据各种学习迁移的理论,如何促进迁移的发生?

10. 结合教学实际,谈谈如何促进学习迁移的发生?

11. 学习策略的含义是什么?

12. 有哪些学习策略? 各自的特点是什么?

◉ 参考文献

1. [美]伍尔福克著:《教育心理学》,中国轻工业出版社 2008 年版。

2. 冯忠良等著:《教育心理学》,人民教育出版社 2000 年版。

3. 李伯黍、燕国材主编:《教育心理学》,华东师范大学出版社 2009 年版。

4. 施良方著:《学习论》,人民教育出版社 2001 年版。

5. 陈琦主编:《当代教育心理学》,北京师范大学出版社 1997 年版。

6. 皮连生主编:《教育心理学》,上海教育出版社 2004 年版。

7. 汪凤炎、燕良轼主编:《教育心理学》,暨南大学出版社 2011 年版。

8. 连榕、罗丽芳主编:《教育心理学概论》,北京大学出版社 2009 年版。

9. 陈美荣、胡永萍主编:《教育心理学》,中山大学出版社 2012 年版。

10. 皮连生主编:《学与教的心理学》,华东师范大学出版社 2009 年版。

11. 张春兴主编:《教育心理学》,浙江教育出版社 1998 年版。

12. 刘电芝主编:《学习策略研究》,人民教育出版社 1999 年版。

13. [美]R. M. 加涅著,皮连生等译:《学习的条件和教学论》,华东师范大学出版社 1999 年版。

第十二章 教学心理

● **内容提要**

教学心理与学习心理同属于教育心理学的内容,对于即将从事教育工作的学生具有重要的意义。本章主要介绍了教学心理的基本规律和原理,从教师在教育教学实践的工作实践出发探讨了教师心理、教学设计、课堂管理以及教学评价几个方面的内容。

第一节 教师心理

在学生的发展过程中,教师是最为重要的影响因素。教师的心理品质和专业素养不仅标志着教师的职业水准,同时也影响着学生身心的健康成长和全面发展。传统教学中,教师总是以权威者的身份出现。然而,现代教育的发展和社会的进步,使教师的身份更加多元化,对教师的要求更加专业化,从当代社会对教师角色的期待和现代教育的发展要求出发,教师主要承担着这样的一些角色。

一、教师的角色

(一)学习的指导者和促进者

有目的、有计划地向学生传递科学文化知识是教师的首要任务。教师在教育教学的过程中,要引导学生去掌握基本知识和基本技能,并在学习的过程中发展各种能力。但教师必须认识到,学习是一个主动建构的过程,学生同样是教学的主体,教师的教必须依托于学生的学,充分发挥学生的主观能动性。所以,作为学生学习的指导者和促进者,教师必须尊重学生的主体地位,为学生的学习提供支持和帮助,促使学生自我学习能力的发展和完善。

(二)行为规范的示范者和教育者

教师职业的特殊性不仅在于知识的传承和心智的启蒙,还有思想品德的培养和熏陶。学生有着天然的"向师性"的心理特征,在学生的眼中,教师应该是有教养和有道德的行为楷模,教师的一言一行都会成为学生的效仿对象。所以,教师必须注意自己的言行举止,要认识到自己特殊的职业身份,处处严格要求自己,用自己的言传身教来培养和教育学生。

(三)班集体的领导者和管理者

学校的教育总是以一个集体的形式来进行的,班集体就是学校里最基本的活动单位。要想保证教学的顺利进行,教师必须要担当起管理的责任和义务。首先,教师要维护好班级纪律,合理地实施奖励和惩罚。其次,要培养良好的班风,营造积极的心理气氛。再者,以民主管理的理念,构建和谐的师生关系。但教师必须意识到,从知识、年龄、学历和经验各个角度来讲,教师又是学生的领导者。教师要合理地分配班级任务、选配学生干部、处理学生问题,不能以任何理由推诿或放弃对班级的管理责任。

(四)心理健康的维护者和保健者

学生处于身心迅速发展的阶段,心智的不成熟和外界因素的影响往往会造成一些心理问题的出现,严重的甚至成为心理疾病。如果不能及时地解决或消除,就会影响到学生的学习和生活。尤其是当代,调查表明学生的心理问题有增多并走向低龄化的趋势。所以维护学生的心理健康,发展学生的健全人格已成为现代教师的重要职责。一方面,教师要主动学习维护心理健康的知识和技能,在学生有问题出现时,能够给予及时的帮助或解决。另外,教师要为学生营造温馨和谐的班级氛围,创造有利于学生健康发展的心理环境。

(五)教育教学的学习者和研究者

教师的工作复杂而多变,教师在教育实践中总会遇到一些难以解决的问题,这些问题没有现成的方法,需要教师用自己的智慧和努力在不断的研究和学习中寻找答案。另外,科技的飞速发展是当代社会的突出特点,教师必须及时更新自己的知识储备,完善自己的知识结构,才能走在学生的前面。所以教师要多反思、多学习,提高自己的科研能力和教育教学能力,实现教学的最优化。

【资料窗 12 −1】

学生对教师角色期待的问卷调查结果①

	有效教师特征	无效教师特征
	合作、民主	脾气坏,无耐心
	仁慈、体谅	不公平,偏爱
	能忍耐	不愿帮助学生
	兴趣广泛	狭隘,对学生要求不合理
	和蔼可亲	抑郁,不和善
1940 年西方学者的调查	公正	讽刺、挖苦学生
	有幽默感	外表讨厌
	言行稳定一致	顽固
	有兴趣研究学生的问题	啰嗦不停
	处事有伸缩性	言行霸道
	了解学生,给予鼓励	骄矜自负
	精通教学技能	无幽默感

---

① 皮连生主编:《学与教的心理学》,华东师范大学出版社 2009 年版,第 5 页。

续表

	学生喜欢的教师特征（初一、初二共2026人）	（人次%）	学生不喜欢的教师特征（初一、初二共2026人）	（人次%）
1980年代中国学者谢千秋的问卷调查	教学方法好	78	对学生不同情,把人看死	71.7
	知识广博,肯教人	71.9	经常责骂学生,讨厌学生	72.4
	耐心温和,容易接近	75.6	教学方法枯燥无味	61.5
	实事求是,严格要求	57.5	偏爱,不公正	64.3
	热爱学生,尊重学生	59.9	上课拖堂,下课不理学生	67.8
	对人、对事公平合理	52.4	说话无次序,不易懂	48.9
	负责任,守信用	33.8	只听班干部反映情况	43.3
	说到做到	36	不和学生打成一片	26.1
	有政治头脑,关心国家大事	18.2	布置作业太多、太难	28.3
	讲文明,守纪律	14.4	向家长告状	25.2

二、教师的心理特征对教学的影响

教师作为教学过程的主体,在教学过程中有着重要的作用。教师的认知结构和人格特征等都对学生有着重要的影响。那么作为一个合格的教师应当具有怎样的心理特征呢?

(一)教师的认知特征

1. 教师的知识结构

教师的知识结构是教师专业素质的基础,无论在学生还是他人的眼中,教师必须具有渊博的知识,也就是人们常说的"给学生一杯水,教师要有一桶水"。

首先,教师必须精通本学科的知识,教师要熟知本专业的知识特点和逻辑系统,要对本学科的历史发展和来龙去脉十分清楚,要对自己所教授的学科精益求精,才能有深度的加工和提炼。才能引导学生进行有目的、有计划的学习。另外对教学来说,所有的延伸和拓展都是围绕本专业的核心知识来进行的,没有深厚的专业知识作基础,教师将无法准确把握知识的重点。

其次,教师必须精通教育学和心理学的专业知识,这可以使教师的工作更加符合教育的科学规律,使教师的教学策略更加富有成效和针对性。

再者,教师要拥有开阔的视野和广博的知识经验,也就是要拓展知识的广度。教师不仅要熟知专业知识,还要了解或熟悉相关专业的知识,比如一个学文学的人应该对历史、哲学等人文学科的知识有一定的了解。因为,这些学科之间有着密切的联系,知道一些相关专业的知识,可以让自己的知识结构提升一个高度和层次。尤其是对现代的教师而言,知识的丰富和信息的便捷,从要求和条件来说都是一种前所未有的机遇。

专业教师的知识结构是广度、深度和精度的三维结合,只有勤于思考、博闻强记,才能成为一个优秀的教师。

也有学者对教师的知识结构做过专门的研究,如表 12-1 所示:

表 12-1 教师的专业知识结构①

研究者	教师知识分类
舒尔曼	(1)学科知识内容(2)一般教法知识(3)课程知识(4)学科教学法知识(5)有关学生的知识(6)有关教学情境的知识(7)其他课程知识
斯腾伯格	(1)内容知识(2)教学法的知识(具体的,非具体的)(3)实践的知识(外显的、缄默的)
申继亮、辛涛	(1)本体性知识(教师所具有的特定的学科知识)(2)实践性知识(教师在面临实现有目的的行为中所具有的课程情境知识和与之相关的知识)(3)条件性知识(教师所具有的教育学和心理学知识)

2. 教师的能力结构

(1)教师的信息加工能力

虽然课程的设置和教学的安排有着统一的要求和规定,教师似乎只是一个执行者,但课程的大多数内容都需要通过教师的劳动才能转化为学生的学习内容。教师需要对教学内容进行一定程度的再加工,使其具有可利用性和可接受性,从而促使学生学习的顺利完成。所以教学过程也是教师的创造和再生的过程。这就要求教师必须具有高水平的信息加工能力,能

---

① 转引自连榕、罗丽芳主编:《教育心理学概论》,北京大学出版社 2009 年版,第280页。

够改造和加工信息,使之更加符合学生的身心特征。同时,也要引导学生的信息加工能力,使学生能主动地创造性地掌握知识。

（2）教师的组织教学能力

有效地组织教学也是教师所应具备的基本能力之一。学生的学习质量与教师的组织教学能力密切相关。这其中涉及到教师如何选择适当的教学策略、如何编制教学计划、如何进行课堂管理、如何进行教学评价等方面的内容。教师要实现既定的教学目标,就要根据教材内容的安排、学生的知识背景以及教学时间教学资源等因素来制订合理的教学计划,选择适合的教学方法。还要调控教学的进程、处理教学中的偶发事件、对学生的学习进行反馈和评定等。

（3）教师的教学监控能力

教学监控能力是教师为了保证教学的效果,在教学过程中对教学活动进行主动的计划、检查、评价、控制和调节的能力。一方面,教师对教学活动要进行一定的计划和安排,以保证教学目标和教学效果的实现。另一方面教师要对教学活动进行有意识的监督和反馈,及时发现和反思教学活动中的问题。还有就是对教学活动进行及时的调整和调节。教学活动是一个动态和创造性的过程,这其中有很多未知和偶然的因素,教师必须对这一过程进行反思和监督,对其中的问题及时矫正和调节,这是教师能力结构中的关键因素。

【资料窗 12 – 2】

提高教师教学监控能力的两种方法:微型教学与教学反思

国内外研究表明,微型教学这种方式也是训练新教师,提高教师的教学监控水平的一条重要途径。微型教学是以少数的学生为对象,在较短的时间内(5—12 分钟)尝试做小型的课堂教学,可以把这种教学过程摄制成录像,课后再进行分析。一般采用以下程序:

1. 明确选定特定的教学行为作为着重分析的问题(如解释的方法和提问的方法等)。

2. 观看有关的教学录像,指导者说明这种教学行为具有的特征,让新教师能理解要点。

3. 新教师制定微型教学的计划,以一定数量的学生为对象,实际进行微型教学,并录音、录像。

4. 和指导者一起观看录像,分析自己的教学行为。指导者帮助教师分析一定的行为是否恰当,考虑改进行为的方法。

5. 在以上分析和评价的基础上,再进行微型教学。这时要考虑改进教学的方案。

6. 进行以另外的学生为对象的微型教学,并录音、录像。

7. 和指导教师一起分析第二次微型教学。

此外,在专家型教师的培养研究中,有关教学反思的研究对提高教师教学监控能力也能有所启示。

[资料来源]《心理学基础》,教育科学出版社 2008 年版,第 330 页。

(4)教师的教育科研能力

教师必须要不断更新自己的知识结构,保持知识的新颖性和时代性。变革和创造是现代社会的关键词,也是现代社会发展的主要特点。作为教师要始终走在学科发展的前沿,要及时了解本学科的知识发展方向和最新动态。要善于从多个信息渠道学习新知识、新技能,使自己的知识结构能够与时俱进。教师还要经常对教学实践中的问题进行思考和总结,超越教学的经验层面,提升自己的理论素养。教师的工作是一种创造性的劳动,没有更新和思考,就会变得机械和重复,也就失去了动力和源泉。

(二)教师的人格特征

1. 树立坚定的信念

教师职业的特殊性,要求教师对教育必须抱有一种坚定的信念和理想。教师的工作是一种长期性和艰苦性的劳动,它需要教师有极大地耐心和热情,才能保证教育的效果。如果仅仅把教育作为是一种职业,就很难有效实现教育的目标和理想。一个对教育事业充满热情的教师才会有责任感和自豪感,才会积极主动地投身教育工作。教师的职业信念是教师工作的动力源泉,它支配、调节着教师的工作,影响着教师的教学成效。

2. 培养热烈的情感

这种强烈的情感首先表现为对教育事业的浓厚兴趣。兴趣永远是最好的老师,对教育工作的浓厚兴趣是教师高效完成教育工作的重要动力。对教育本身的兴趣是提升教师动机水平的重要因素,这会促使教师主动地去了解爱护学生,积极地去研究教育教学方法,提升自己的责任心和教学能力。

热爱是这种强烈情感的核心,一个优秀的教师必须热爱教育事业,热爱自己的学生,热爱所教的学科,拥有这种情感的教师才会真正地关心每一个学生,才会认真地研究每一节课,才能将教育的理想贯穿于教学实践的始终。

3. 修炼良好的性格

性格良好的教师会表现出稳定而适宜的职业气质,会根据教育教学规律调节自己的行为甚至性格,这也是教师人格特征里最为重要的因素。教师必须善于控制自己的情绪和情感,要多以积极乐观的态度来处理出现的问题,不能在学生面前随意流露不良的情绪。教师展现给学生的,应该是乐观的、开朗的、积极的形象,这会对学生产生潜移默化的影响。

教师在工作中,必须秉承公平公正地原则,一视同仁地对待每一个学生,不能带有个人偏见或意见。同时,教师必须是具有独立思考能力的人,不能偏听偏信,更不能感情用事,即使在紧急或危急的情况下,也要沉着地处理和应对。

4. 磨砺坚强的意志

教育工作的艰巨要求教师必须具有坚强的意志。教育是一项以培养人为最终目的的工作,它要求教师必须坚持不懈地去实现这一目标,永远为之而努力。

教育的对象要求教师必须具有坚强的意志,教师是学生的榜样,是学生时时会模仿的对象,这种示范性要求教师谨言慎行,要求教师必须具有一种持之以恒、百折不挠的精神,去克服困难,用自身的言行陶冶学生的情操。

(三)教师对学生的期望

教师的期望是教师在对学生有一定了解的基础上对学生未来发展的一种希冀或预测。教师对不同的学生会有不同的期待,并会以显性或隐蔽的方式表现出来,学生也会接收到教师的期待信息,并随之发生一些心理或行为上的变化。美国心理学家罗森塔尔和雅各布森对这一现象进行了研究,他们在一所小学中做了一个实验,先对1—6年级的学生做了智力测验,然后在这些班级随机抽取了20%的学生,并告诉他们的教师说这些学生都非常有发展潜力。8个月后,又做了第二次的智力测验,发现被赋予高期望的那20%的学生的智商分数有了明显的提高。而且从教师的描述中,这部分学生表现的求知欲和适应力也更强。这个实验结果表明,教师对学生的期望会传递给学生,并成为激发学生学习动机的重要因素,从而使学生向着教师期望的方向发展。

从这个著名的实验中,我们可以知道,教师要对学生建立起积极的期待,教师甚至要刻意地去这样做。因为在教学实践中,很多教师甚至在自己毫无察觉的情况下,就向学生传递了消极的期待信号,接受这种信号的学生会变得没有自信,会认为自己的能力或智力较差,导致学习成绩的下降。这种信息的传递具有循环的功能,被寄予高期望的学生会表现出良好的行为倾向,进而又强化了教师先前的期望,长此以往,被寄予高期望的学生会越来越好,反之,被寄予低期望的学生则会出现恶性循环。所以,教师认真去了解每一个学生,发现他们的优势和长处,尤其是学习困难或有问题行为的学生。教师还要不断地反思自己的行为和态度,不要在不经意间挫伤学生的信心。

【资料窗 12-3】

当教师对学生不抱什么期望时,主要是通过以下方式反馈给学生的:

1. 对不抱期望的学生提问时,不肯耐心地等待他作出回答。这是由于对该生过分同情或过分焦虑引起的。

2. 该生一旦作了错误的回答,不让他再采取对策,而马上告诉正确答案,或是叫别的学生作答。

3. 对不抱期望的学生,即使他们认认真真作答,也会吹毛求疵,这是因为许多教师认为这种学生妨碍了他的教学计划。

4. 对不抱期望的学生,即使他作出正确的回答,也不像对自己抱有期望的学生那样给予表扬。

5. 对不抱期望的学生,不作反馈。

6. 对不抱期望的学生不那么注意,对他们漠不关心。

7. 对不抱期望的学生,提问次数少。

8. 将不抱期望的学生的座位安排得离讲台远远的。

9. 对不抱期望的学生在学习上不提任何要求。

当学生接受到教师对自己不抱期望的信息后,就会改变对自我的认知,形成消极的自我概念,这严重地损害了其个人的自尊心和自信心。有的学生为了维护自尊,甚至会采取消极的防御机制,表现出逃学、不交作业等行为,从而导致学业进一步失败。学业的进一步失败,必然会进一步强化教师原有的低期望,从而形成恶性循环。

[资料来源]转引自连榕、罗丽芳主编:《教育心理学概论》,北京大学出版社 2009 年

版,第284页。

(四)教师的教学效能感

自我效能感是一个人对自己能力的预测和估计,自我效能感的高低会影响个体努力的程度和认知状况,会影响个体的坚持时间和方向,效能感高的人就会用较多的努力和坚持来完成一件事情。教师在进行教学时也会有一定水平的效能感,它是教师对自己影响学生学习行为和能力的主观判断,这种判断会影响到教师的动机水平以及教师对学生的期待,对教师的工作效率和积极性有着重要的影响。

班杜拉的自我效能理论是教学效能感的理论来源。班杜拉认为人的自我效能感是人对自己是否有能力完成某件事情的预期估计,主要包含了两种成分,即结果预期和效能预期。结果预期是个体对行为可能引起某种结果的判断,比如教师相信学生不论何种家庭背景、智力水平都是可以进行培养教育的。效能预期是个体对自己是否有能力进行某种行为的判断,比如教师对自己是否能改变出现问题行为的学生的主观判断。效能预期对人的行为影响更大,这种效能预期越高,个体表现出的行为和情绪就越积极,努力的程度也更长久。

教师的教学效能同样会影响到教师的工作努力程度以及工作的情绪。效能高的老师在面对困难的时候,会努力克服困难,相信自己的能力。在工作的时候常常是信心十足、精神饱满,对工作表现出极大的热情,还会及时总结自己的教学经验,不断提高自己的教学能力,所以往往会取得较好的教学效果。研究表明,教师的教学效能感对学生的自我效能感也有很大的影响,会直接影响到学生的动机水平以及意志努力程度等。

三、教师的威信

(一)教师威信的含义

教师的威信是教师的教育教学行为对学生的影响而产生的心理效应,是教师在学生心目中的地位和威望。教师的威信对学生具有积极的影响力,它是由教师的学识、人格、品德等因素决定的。教师的威信是教师有效影响学生的重要条件,可以让教师顺利地完成教学任务。具有威信的教师和学生之间保持有良好的师生关系,会受到学生的尊敬与爱戴。所以教师的威信一旦形成,他们的要求就更容易被学生接受和认可,学生对教师也会有更多的信服和信任,从而积极主动地配合教师完成教学任务。同时,学生对有威信的教师的情感也更加深厚,会把教师当作自己的榜样,更愿意和这样的教师交往和沟通,所谓"亲其师,信其道"正是这个道理。

(二)教师威信的影响因素

教师威信的形成受到多种因素的影响,从外部因素来讲,社会对待教师的态度、家长对待教师的态度以及学生对待教师的态度等都对教师的威信有着影响作用。比如整个社会是否有尊师重教的风气、教师的生活待遇和工作条件,会给大家造成一种潜在的影响,影响着教师的社会地位。

但影响教师威信最重要的因素还是教师的自身素质。首先教师专业的教育教学艺术、渊博的知识、高尚的品格是教师威信建立的重要前提。其次,教师的生活作风、仪表和习惯也是教师赢得威信的必要条件。还有教师对学生的关心程度、处理问题是否公平、教师给学生的第一印象等都会对教师威信的建立有着影响。教师必须细心精心耐心地对待这些问题,否则都有可能会造成教师威信的下降或丧失。

(三)教师威信的树立和维护

1. 建立良好的第一印象

心理学的研究证明,良好的第一印象对于人之间的交往非常重要,这种印象会在相当一段时间内影响着我们对于此人的认识和评价。所以教师要非常注重和学生的第一次接触,比如教师要精心设计自己的前几节课,要注意自己的衣着和态度,做好充分的准备给学生留下深刻的心理印象,为日后树立威信打下良好的基础。

2. 培养高尚的道德品质

高尚的道德品质是教师职业的要求也是教师获得威信的前提条件。教师是社会文化的传承者,会被学生自然地认为是与社会道德准则高度符合的人。如果教师出现了一些与社会道德准则不相吻合的行为,教师的形象就会在学生的心目中大打折扣,无法树立起自己的威信。相反,那些对工作认真负责,对教学有着热情和兴趣的教师会受到学生的尊敬和敬佩。

3. 培养高超的专业素养

广博的知识和优良的认知结构是形成教师威信的必要条件。教师必须勤奋刻苦地去拓宽自己的知识范畴,深入细致地去钻研自己的教学技能,从而提高自己的专业素质。

4. 培养良好的性格特征

良好的性格是与人顺利交往的基础,对于师生的交往而言同样重要。作为教师,性格因素往往也是教师个人魅力的展现,具有良好性格的教师会得到学生更多的喜爱和亲近,这会缩短师生之间的距离,使得教师的教学要求更加容易被学生所接受,教学的成效会更加突出和显著。

5. 注重仪表风度的养成

教师的仪表和风度影响着学生对教师的评价,对教师威信的建立也有重要影响。有些教师认为教师只要拥有专业的技能和认真的态度就可以赢得学生的尊重和喜欢,对仪表不太注重。事实上,在相关的调查研究中,学生都表示比较喜欢那些衣着得体、举止大方的教师。对那些举止不雅、不讲卫生的教师则会有不同程度的反感。

6. 公平公正的对待学生

心理学的研究表明,教师对待学生的态度是影响教师威信的重要因素之一。尤其是教师是否能公平公正的对待学生是调查中学生最为关心的教师素质问题。教师在与学生相处时,必须平等真诚地对待每一位学生,教师要赏罚有因、一视同仁,不能去迁就某些学生,更不能故意为难学生。

第二节　教学设计

一、确定教学目标

(一)教学目标的含义

教学目标是指预期学生在教学活动中获得的学习结果。这其中涉及学生要学习的内容、教师如何开展教学活动、学生要达到的水平等。但教学目标必须着眼于学生的学习行为而不是教师的行为,同时要对学生的学习结果而不是学习过程进行描述。

教学目标指导着教学活动的方向。教师必须根据教学目标来选择合适的教学策略和方法,要根据教学目标来确定教学方法与学习类型的一致。

教学目标是教学结果的评价依据。对一节课进行评述的时候,首先要考虑这节课是否实现了教学目标的要求。比如有的课虽然很生动,学生思维也比较活跃,但学生并没有获得新的知识,这样的课就不符合教育的要求。

教学目标同时还指引着学生的学习,教师在上课初始就要告诉学生明确的学习目标,让学生了解要学习的内容和要求,这样学生的注意力更容易集中,并能根据目标的要求来调控自己的学习。

(二)教学目标的分类

教学目标不是单一的基础知识和基本技能的要求体现,教学目标包括了多种层次和水平,应体现学生学习的各个层面。

美国教育心理学家布鲁姆从 20 世纪 50 年代开始就带领一个委员会对教学目标进行了分类研究,将教学目标分为了认知、情感和动作技能三个领域,每一个领域的目标又从低级到高级分为若干层次。认知目标包括了知识、领会、应用、分析、综合、评价六个层次;情感目标分为了接受、反应、形成价值观念、组织价值观念系统、价值体系个性化五个层次;动作技能分为了知觉、模仿、操作、准确、连贯、习惯化六个层次。

美国心理学家加涅认为从教学可能产生的教学结果即学生的学习结果出发可将教学目标分为言语信息、智慧技能、认知策略、态度和动作技能五种类别。(具体内容参见第十一章)

(三)教学目标的表述

教学目标的表述对于教学的影响也是非常明显的,传统教学目标在表述时所使用的语言往往归于含糊,比如会经常使用体会、认识、培养等词语,这些词多与心理状态相关,无法进行准备的观察和操作。还有就是将一些对教学行为的具体要求当作教学目标,比如"教学生学习圆形的面积公式"、"带领学生观察溶液的变化"等,这些都是对教师行为的要求,不是对学习结果的要求。

所以,教学目标必须明确,在表述时必须注意以下问题:

第一,教学目标表述的行为主体是学生而不是教师,必须反映学生的学习变化,陈述学生的学习结果。

第二,教学目标的表述要明确、具体,具有可观察性和可操作性,要有利于引导教师的教和学生的学。

第三,要多使用行为动词,比如背诵、默写、口算等外显的,可观察的动词描述,或是一些包含心理加工意义的动词,比如区分、识别、演示、生成等。

1. 行为目标表述法

美国行为心理学家马杰提出了用行为术语陈述教学目标的理论与技术,认为行为目标有以下三种要素:

(1)所表述的应该是可观察的行为

教学目标中要求以可观察和可测量的词语来描述,使教师能够清晰地判断学生是否达到了要求。要尽量避免使用"理解、欣赏、领会"等描述心理变化过程的术语。多使用动宾结构的短语,比如"会做两位数的加法"等。

(2)要说明行为发生的条件

教学目标中要说明对学习者表现出所要求行为的条件,也就是学习者达到教学目标所要求的情况,比如环境、设备、信息、时间、学习方式等因素。

(3)要明确能够接受的行为标准

行为标准是用以衡量学习结果的行为是否达到了最低要求,在描述中常常要涉及"正确的程度、完成目标所用的时间、完成的精确性"等方面的问题。行为标准的表述可以使教学目标更加具体,更加便于评定。比如表12-2就是马杰对阅读分析能力的行为目标分析。

表 12-2 马杰的三部分系统①

部分	中心问题	例子
学生的行为	做什么	用字母 F 标出陈述文字中的事实,用字母 O 标出其中的观点
行为条件	在什么条件下	提供一篇报纸中的文字
行为标准	有多好	标对了陈述中的75%

---

① 李伯黍、燕国材主编:《教育心理学》,华东师范大学出版社2009年版,第184页。

2. 描述心理过程与外部行为相结合的目标表述法

行为目标表述法有些过于强调外显的行为表现,容易忽略内在的心理变化,所以,这种方法虽然有益于判断和评价,但可能会使教学受制于行为的训练而忽视了学生内在心理状态的培养。为了弥补行为目标的不足,美国教育心理学家格伦兰提出了将内部心理过程与外显行为描述相结合的方法。

在陈述教学目标时,可以先使用记忆、理解、欣赏、体会等描述心理过程的词语,然后再通过列举子目标来具体表述达到这些要求的标准。比如语文课的一个教学目标可以这样表述:

理解议论文写作中的类比法(内部心理过程):

(1)用自己的话解释运用类比的条件。(行为样例)

(2)在课文中找出运用类比法阐明论点的条件。(行为样例)

(3)对提供的含有类比法和喻证法的课文,能指出包含类比法的句子。(行为样例)①

格伦兰将内部心理过程与行为变化相结合的目标陈述法,可以弥补行为目标陈述的不足和传统教学目标的模糊性,所以有较高的应用价值。

【资料窗 12 - 4】

良好陈述目标的实例分析

例 1:教学课题《神态与动作描写训练》(初中一年级下学期语文课)

教学目标:

1. 能从学过的课文中找出对人物神态与动作描写的词语。

2. 能大体上分析所提供的材料中对人物神态与动作描写的作用。

3. 能正确修改学生习作中一些人物神态与动作描写上的不妥之处。

4. 能根据所给的材料较形象地续写一段描写神态与动作的文字。

【评析】 此处是语文单项能力目标。目标反映语文读、写结合的原则。前两个目标是阅读教学目标,反映学生结合课文理解了什么是人物神态和动作描写(从找出有关词语中看出),以及神态与动作描写的作用(从学生的分析中看出);后两个目标是写作教学目标,把从课文中习得的神态与动作描写方法运用于修改作文和续写一段文章。目标定位适当、具体,可以观察和测量。

---

① 李伯黍、燕国材主编:《教育心理学》,华东师范大学出版社 2009 年版,第 224 页。

例2:教学课题《长方形的面积》(小学四年级下学期数学课)

教学目标:

1. 能借助透明方格胶片或带有方格的面积图,说明长方形面积等于它的长乘宽的理由;

2. 对给予的长方形图形和实物,能正确计算它们的面积。

【评析】　对于小学四年级学生来说,套用长方形面积计算公式求长方形面积并不难,因为 $a×b＝?$ 的计算技能已经是学生的现有能力。本课题的难点是学生理解长方形面积计算公式。目标1是本课题教学的重点和难点,所以要求借用透明方格说明长方形公式是怎样来的。两个目标一个反映理解,另一个反映应用。两个目标暗含行为目标的两个成分:一是行为,二是行为产生的条件。

例3:教学课题《力的图示》(初中二年级物理课)

教学目标:

1. 能说出力的三要素。

2. 对提供的实例,能用力的三要素来分析力的作用效果。

3. 对提供的实例,能用力的图示法正确作出力的图示。

【评析】　在物理学中,"力"是一个原始概念,难下定义。在本课题教学中要求学生理解力的三要素和它们的图示法。此处三个目标中,目标1是知识目标,目标2和目标3是力的性质概念的运用目标。通过"说出"、"分析"和"作图"三个行为动词,目标变得可以观察和测量。

例4:教学课题《(中国)地形特点》(初中二年级第一学期地理课)

教学目标:

1. 能用自己的话说出中国地形三大特点及其影响:

(1)地势由西向东变化特点及其对河流的影响;

(2)沿海大陆架分布特点及其对经济的影响;

(3)地形类型分布特点及其对经济的影响。

2. 对给予的某一维度地形剖面图,能填写不同剖面所代表的地形类型。

3. 能说出"山地"和"山区"两个术语的含义异同。

【评析】　本课题重点是地理知识教学。通过"用自己的话说出"、"填图"、"说明术语含义异同",使目标具体,可以测量,而且表明学生理解了所学地理知识。

[资料来源]皮连生主编:《学与教的心理学》,华东师范大学出版社2009年版,第202—203页。

二、分析学习准备

学生的学习准备是教学进行的基础,是新的学习成为可能的起点。教师在备课前必须充分了解学生的身心准备情况,才能更好地因材施教。

(一)分析学习者的态度准备

学生的学习态度影响着学生对待学习的倾向性,会涉及到认知、情感、意志等因素。学生对于某个学科或某个阶段会有一种预先的认知,如果学生认识到了这种学科的价值,就会表现出较为积极的学习倾向。另外,学生对学习会有一种内心的情绪体验,会表现出喜欢或厌恶等反应。还有学生对待某种学科的学习兴趣,学生对教师的情感等因素都会影响着学生的学习状态。

(二)分析学习者的知识准备

学生已有的知识结构是教师进行教学的前提,教学内容必须与学生的知识背景相联系才能取得更好的效果。所以教学设计必须要考虑学生的知识准备情况。

知识的获取主要有两种途径,一种是通过正规的学校教育获得的科学知识,另一种是在生活中获得的日常知识。教师在进行教学设计时,必须清楚学生对知识的理解程度,要考虑纠正与科学知识不符的日常概念,又要以学生日常知识为基础考虑与科学知识的衔接。

教师在进行教学设计时,要对学生已有的知识经验进行一定的梳理,以避免原有知识的遗忘和新旧知识的混淆。要对原有的知识进行适当的复习,使得新知识能够更好地被同化。

(三)分析学习者的能力准备

学习者的能力基础也是教学设计的重要依据。教师要对学生的能力有所了解,才能有效地组织教学。比如在进行初一数学的教学设计时,教师必须要了解学生的数学基础能力,如数学运算、逻辑推理、空间视觉等能力,可进行准备性的测验和检测,根据学生的能力构成状况来进行教学设计。

【资料窗 12 - 5】

最近发展区与教学支架

苏联心理学家维果茨基提出的"最近发展区"理论的观点含有学习准备的新见解,并被人们广泛接受。

最近发展区是指个体不能独立完成但在有能力的教师或同伴的帮助下就能完成的

学习任务范围。当儿童能够从与一个更有知识的人的交互作用中获益时,他们便是处在最近发展区之内。

如果儿童的学习准备水平在某一学习任务的最近发展区之上,那么,儿童无须帮助就能顺利完成学习任务;如果儿童的学习准备水平恰好落在某一学习任务的最近发展区内,那么额外的帮助对于儿童成功地完成学习任务就是十分必要的;如果儿童的学习准备水平在某一学习任务的最近发展区之下,那么,即使有额外的帮助,儿童仍然难以取得学习的成功。

提供教学支架是最近发展区理论在教学中的具体应用。所谓提供教学支架是指通过提供教学支持,帮助学生完成他们起初不能独立完成的学习任务,成功地通过最近发展区,并最终能够独自完成学习任务。教师可以通过多种方式给学生提供教学支架。

教学支架的类型与实例

教学支架类型	实例
1. 示范	美术教师在让学生尝试一种新画法之前,给学生做了演示性绘画。
2. 大声思维	物理课老师在黑板上解决力学问题时,边示范边将她的解题思路大声地说出来。
3. 提问	在给学生做示范并大声思维后,物理老师向学生提出几个关键性问题。
4. 调整教学材料	一名小学体育教师在教学生投篮技术时先降低了篮球筐的高度,当学生熟练后,再将球筐高度升起。
5. 言语指点	当幼儿园的孩子学习系鞋带时,老师跟他们说:"鞋带像个兔宝宝,现在兔宝宝来到洞口并跳了进去。"

[资料来源]全国十二所重点师范大学联合编写:《心理学基础》,教育科学出版社2008年版,第310—313页。

三、选择教学方法

教学方法就是为实现一定的教学目的,完成一定的教学任务,而采取的教学活动方式。在教育的发展和研究历史中,出现过多种的教学方法,但教师必须根据不同的教学任务来选择合适的方法。

(一)讲授法

讲授法是最常用的一种传统的教学方法,主要是通过教师的讲解、演示等方式将教学内容呈现给学生。

有人质疑讲授法过于强调教师的作用而不利于学生的主动探索，认为这种方法是一种机械的教学方法。美国著名的教育心理学家奥苏伯尔对此曾提出了不同意见，并进行了研究和论证（我们在第十一章已经作过机械学习与意义学习的论述），奥苏伯尔认为如果能够通过教师一堂课的见解就能使学生在较短时间内获得大量的知识，就没有必要要求学生去自己探索结果。

讲授法的主要优点是，教师拥有更多的主动权和表达权，可以灵活地处理和组织教学内容；可以根据学生的情况作出及时的调整；讲授法比较节省时间和空间，教师可以在同一空间内同时向多人传授知识。但教师在使用时还必须注意一些问题，一是教师本身需要较强的语言表达能力；二是教师必须给学生提供足够的思考空间，不能满堂灌；三是必须进行总结和提炼。

讲授法也有一些明显的缺点，比较难以满足每个学生的学习需求和特点，不利于学生主动性的发挥，难以使学生保持持久的注意力等。

（二）问答法

问答法是教师根据教学内容提出问题，来激发学生的思考，促使学生发现结果并作出评价的教学方法。问答法的主要特点在于可以使师生之间有更多的互动和交流，有助于加强教师对学生的了解，也能够从教师的反馈中调整自己的学习状态。

但使用问答法的时候必须要注意一些问题：

1. 对所要提问的问题必须有充分的准备，精心的设计

教师在进行教学设计时必须明确所提问的问题，问题的数量、类型和难度都要进行事先的计划和设计。提出的问题要有针对性，要能起到促进学生思考的作用，不能只是在课堂上有感而发，随意性提出问题。

2. 提出的问题要具有层次性

问题的设计必须丰富，要有不同难度水平和类型的问题。要有涉及认知阶段低等难度的问题，也要有理解、分析、综合方面的高难度问题，适当安排不同类型的问题构成比例，尽量满足不同层次的学生需求。

3. 要把握问题的难度

教师必须把握好问题的难度,提出的问题水平要适当。有研究认为教师所提问题如果能被75%左右的学生正确回答,这样的问题难度就是适当的。但这不能适用于所有的情况,因为教学的有效性不仅取决于问题的难度,关键是问题的设计必须与教学目标相一致。

4. 提问的时候要面对全体学生

教师在提问的时候必须注意要面向所有的学生,如果提问的时候总是关注成绩较好或是举手的学生,就会影响其他学生的积极性,降低这种方法使用效果。

5. 提问的时候要给学生留有思考的时间

教师在提出问题之后必须给学生留有足够的思考时间。如果等待的时间太短,学生就会因为来不及思考造成焦虑或紧张的情绪,无法进行正常的回答。有的老师会"等不及"学生,在没有得到理想答案时,很快地就转向了其他的学生,这会影响到学生的自信和回答问题的积极性。

6. 对学生的回答要给予适当的反馈

教师要在学生回答之后,作出适当的反馈。这有助于激发学生的学习动机和主动性。另外学生可以从教师的反馈中获得相应的信息来分析自己的学习。教师在反馈时,要以鼓励性的评价为主,在指出学生错误时,也要采用尊重的态度。

(三)讨论法

讨论法是指在教师的组织下,学生以小组的形式就某一议题相互交流个人的看法和观点,相互启发、相互学习的一种教学方法。这种方法主要以学生的活动为中心,学生可以自由地发表自己的见解和主张,并提出一定的依据来说服他人。而教师则居于次要地位,主要负责组织、协调、指导和总结。

讨论法是一种突出学生中心地位的教学方法,有其独特的优点:首先学生居于主要地位,有利于发挥积极主动性和培养独立思考的能力;其次有利于学生创新精神的培养和批判思维的形成;再者有利于培养学生团队合作的态度,更好地与同伴进行沟通和交流。

但讨论法也有一些缺点,比如讨论中获得的知识往往不够系统;讨论不容易控制,有时会偏离主题等。所以,在使用讨论法的时候,教师必须注意以下问题:

讨论前要做好充分的准备。教师要在讨论前做好组织工作,分配小组成员、明确讨论时的要求等,尤其重要的是要确定明确的讨论议题,议题必须有讨论的价值,并且是学生感兴趣并有能力进行探究的问题。

2. 在讨论时教师要进行及时的引导和监控。学生在讨论时有时会出现偏题或不积极参与的现象,教师必须细心地观察,要对学生进行及时的引导,要多鼓励学生大胆发言,积极地参与讨论。对讨论偏题或困难的小组给予一定的帮助和指导。

3. 讨论结束后要进行总结。对于讨论的结果,教师要先请学生总结本组讨论的结果,然后再进行综合性的总结。教师要阐明自己的观点,总结讨论中的优缺点,鼓励讨论积极的学生或小组。对存在争议的问题,教师要耐心地解释或让学生保留自己的观点。

(四)练习和作业

教师需要给学生布置一些独立完成的学习任务或活动,以便巩固所学的知识或技能。学生进入学校后,就要开始面对写作业这一学习任务,但有时也会将作业当成一种负担,而产生厌烦的情绪。那么写作业对于学习成绩究竟有着怎样的影响?心理学家对此做了相关的研究后发现,做家庭作业是可以促进学习的,并且随着年级的增长,作业对学习的促进作用也越来越大;那些需要重复练习的内容或技能更适合留作家庭作业;家庭作业如果有了父母的监督会对成绩有更大的促进作用;家庭作业可以随着年级的增长适当地增加。

教师在布置练习或作业时必须注意一些问题,首先练习或作业要与教学目标保持一致;练习或作业的设计要富于变化,难度和类型要有一定的层次性;教师在学生做练习的时候要适当地给予帮助和指导;在练习和作业完成后要进行及时的反馈。

除了以上所述的几种方法外,还有一些其他的方法,比如发现学习、掌握学习、合作学习等。表 12 -3 所列的就是合作学习小组中的角色分配方法。

表 12-3 合作学习小组中学生的角色①

根据设立学习小组的意图、参加者的年龄,下表列举了在合作学习中学生可能充当的角色。当然,我们教学生如何扮演每种角色,学生要轮流尝试扮演不同角色,这样才能在以后各种类型的小组学习中积极参与。

角色	描述
鼓励者	鼓励那些不情愿的、腼腆害羞的同学参与学习
赞赏者	对他人的贡献予以赞赏,确认其成绩
裁判员	平衡各成员的参与活动,防止个别成员一言堂
辅导员	划定要讨论的学术范畴,解释相关概念
提问官	确认所有成员均已提问并回答
检察员	负责检查整个小组是否理解
指挥官	保证小组工作围绕任务而开展
书记员	负责记录成员的观点、决定和计划
信息反馈员	让小组知悉进步与否
噪音监测员	监测噪音水平
器材保管员	收拾并保管器材

四、组织教学内容

(一)教材的组织呈现

1. 布鲁纳的螺旋式组织方式

美国教育心理学家布鲁纳认为每一门学科都有着自己的基本结构,也就是这门学科的基本概念和基本原理,教学的主要目的就是要让学生掌握这种基本结构,所以教材应该把反映该学科基本概念和原理的内容作为主体。

布鲁纳认为儿童的认知特点具有连续的阶段性特征,是一种从具体思

① [美]伍尔福克(Woolfolk, A.)著,何友先等译:《教育心理学》,中国轻工业出版社 2008 年版,第 440 页。

维到抽象思维发展的趋势。他认为儿童的认知发展有三个时期,一是表演式再现表象阶段,这个时期,儿童主要借助动作去学习,具有操作性的特点。二是映像式再现表象阶段,儿童开始利用各种感觉组织以图解或表象的形式进行学习。三是象征式表象阶段,儿童开始以抽象的符合系统来进行学习。而教材的呈现就要与儿童的认知发展特征相符合,教材要随着学生年龄的增加,逐渐降低直观程度,增加抽象的内容,呈现一种螺旋式上升的特征。

2. 加涅的层级组织方式

加涅按照学习的层次,将学习活动分为了八类。

(1)信号学习:就是经典性条件作用,学习对某种信号作出某种反应,主要特点是:刺激—强化—反应。

(2)刺激—反应学习:即操作性条件作用,与经典性条件作用不同,对分化了的刺激,作出反应,然后得到强化。

(3)连锁学习:是一系列刺激—反应的组合,可以完成较复杂的学习任务。

(4)言语联想学习:也是一系列刺激—反应的联合,但它是由言语单位组成的联结。

(5)辨别学习:学会识别不同的刺激,并对之作出不同的反应。

(6)概念学习:学会对一类刺激作出同样的反应,也就是对事物的抽象特征的反应。

(7)原理的学习:原理是两个或两个以上的概念组成的联合。原理学习必须了解两个或两个以上概念之间的关系。

(8)解决问题的学习:应用所学的原理去解决问题。

后来加涅又对这种分类作了修正,将前四类学习合在一起定义为连锁学习,把概念学习扩展为具体概念和定义概念两类,变为了六类:(1)连锁学习;(2)辨别学习;(3)具体概念学习;(4)定义概念学习;(5)规则的学习;(6)解决问题的学习。

加涅的这两种分类都是由简单到复杂,由低级到高级的层级系统分类方法。教材的组织安排要符合这一层级系统,应该从低层次到高层次逐渐呈现教学内容,在完成了低层次学习的基础上再进行高层次的学习。

3. 奥苏伯尔的先行组织者组织方式

从第十一章的内容我们知道,奥苏伯尔按照学习材料和学习者原有知识结构的关系,将学习划分为意义学习和机械学习。认为意义学习必须符合两个条件,一是学习者的心理准备倾向,另一个是新旧材料之间的联系。在教学设计中如何使材料的呈现具有潜在的意义,奥苏伯尔提出了"先行组织者"的理论。

"先行组织者"是指在上课之前提供给学生的和学习内容有关的引导性材料,是新旧知识之间发生联系的桥梁。奥苏伯尔主张使用那些具有高度概括性和普遍性的材料作为先行组织者,这样会使教材具有更好地结构,同时要使用学习者可以理解或接受的方式来呈现,以便能够更加迅速的建立新旧知识之间的联系。

(二)选择教学策略

1. 概念的教学策略

概念是对同类事物共同特征和本质属性的反映。学生学习的一个重要内容就是概念。有些概念具有非常明确的特征,比如正方形的概念,这类概念会比较容易学习。但还有很多概念的特征比较模糊,这就需要对概念进行准确的定义并采取适当的教学策略。

美国心理学家埃根(P. Eggen)提出了概念—例证的教学策略,认为可以用以下四个步骤来进行,第一,给概念下定义;第二,阐明定义中的术语,以使学生正确理解概念的本质特征;第三,提供能阐明概念本质特征的正例和反例;第四,提供另外一些范例,让学生自己练习区分哪个是正例,哪个是反例,并说明理由,或者学生自己举出概念的正例和反例。[1]

当然在进行概念教学时,还可以用相反的顺序来进行,先出示正例和反例,再归纳概括出概念的本质特征。无论采用哪种教学方式,关键的是要让学生从中区分概念的本质特征,比如在学习鸟类的定义时,会因为生活中的鸟类原型,认为飞行能力是判断鸟类的标准,而实际上有些鸟比如鸵鸟、企鹅等是不会飞的,但另外一些不是鸟类的动物比如蝙蝠却具有飞行的能力。

---

[1] 全国十二所重点师范大学联合编写:《心理学基础》,教育科学出版社 2008 年版,第 321 页。

这就需要教师要给出足够的正例和反例,来说明概念的本质特征。

2. 问题解决的教学策略

学生在学习时需要解决各种各样的具体问题,这种问题解决的能力也是教学的重要目标。很多心理学家也认为,大多数人的学习都会涉及到问题解决。通常的问题解决策略分为四个阶段:

(1)发现问题并确认问题的条件

教师在进行教学时,必须要引导学生发现并关注问题,要用适当的方式进行呈现,比如模型、展示、实验、演示、语言等,首先引起学生思考的兴趣。然后要带领学生对问题的条件进行分析,对问题进行讨论,确定解决问题的基本方案。研究发现,对问题进行分析讨论后,学生在解决同类问题时,会有较高的效率。

(2)定义目标并对问题进行表征

学生有时不能正确解决问题,往往是因为不能准确的表征问题。表征问题通常需要忽略无关的细节去发现关键的信息。所以教师要指导学生排除语义的障碍,理清未知与已知的关系;帮助学生识别问题的类型;分析问题中各种关系,将新问题与学生已有的经验建立起联系。下面以一道经典的数学题为例来说明其中的含义。

兄弟两人相距5000米,两个人同时出发,相向而行,刚好在兄弟两个出发之时,他们养的小狗从其中一个人跑向另一人,当到达第二个人时,再转身跑向第一个人,就这样,小狗不停地奔跑直至两人相遇。如果兄弟两人的速度都是每分钟100米,小狗的速度是每分钟200米,那么在兄弟二人相遇之时,小狗跑了多少米?

在解决这个问题时,教师需要引导学生对问题进行归类和转换。其实不管小狗来回跑了多少趟,学生只需要知道小狗奔跑的时间就可以计算出小狗跑的路程,那么这个问题就可以表征或归类为时间问题,而小狗所用的时间与两人相遇所用的时间是相同的,因此只需要算出两人的相遇时间就可以解决这个问题。

(3)寻找解决问题的方法和策略

问题解决的策略常用的有算法式和启发式两种。

算法式是为了完成既定的目标,根据解决问题的各种可能性,一步一步地去尝试,最终使问题得以解决的方法。通常这种方法是针对于特定的学科领域来进行的。但需要注意的是有很多问题用算法式会非常烦琐甚至无法解决。比如在计算六位数的排列组合时,理论上可以进行逐一的尝试,但实际上却不太可能操作。

另外一种方法是启发式,根据对一些问题形成的经验,有时可以帮助人们迅速地解决问题。手段—目的分析法、逆向思维法、类比法是常用的启发式方法。

手段—目的分析法是将问题分为几个层次的子问题,然后逐次找出解决子问题的方法。人们会在解决子问题的过程中逐渐接近最终的目标,在数学的教学中,我们经常会使用这种方法。

逆向思维法是从结果出发,向后逆推,到达解决问题的最初状态,从而解决问题。逆向思维法在几何学习中常常用到,也被叫作反证法。比如证明四边形的四个内角中至少有一个角不小于90°。用反证法,假设四个角为$\angle A$,$\angle B$,$\angle C$,$\angle D$且全小于90°,则$\angle A + \angle B + \angle C + \angle D < 90° + 90° + 90° + 90° = 360°$,而四边形内角和为360°,不能构成四边形,所以不成立,可知结论成立。

类比法是利用一种解决问题的已有经验和方案,去解决具有类似性质的问题,比如对蝙蝠的研究最后导致了声呐系统的发明。

(4)训练学生对学习过程进行反思、监控和总结

在使用问题解决策略时,即使学生已经能够对问题进行正确的表征并找到了合适的解决策略,教师也仍然要训练学生进行自我监控,培养学生的自我反思和元认知能力。引导学生对自己的问题解决过程进行反思,尽量寻找更多的解决办法,并比较不同方法的优劣,作出最佳的选择。

在学生选择了解决方案之后,要通过实施来检验它的应用结果,并对自己的解决方案和过程作出总结和评价。很多学生在获得一种解决方案之后往往会停止思考,从而失去了寻找最佳答案的机会。所以,及时的反思和总结,有利于拓宽学生的解决路径,并积累更多的经验,会使学生在今后的问题解决中体会到更多的成功和信心。

【资料窗 12 – 6】

提高学生元认知知识和技能的教学策略

· 作为正在进行的教学课程的一部分,深入、广泛地一次教几种策略。

· 示范和解释新的策略。

· 如果学生没有理解策略的一些部分,使用某些方法再次示范和再次解释,这些方

法对于策略运用时容易使人迷惑或误解的部分非常敏感。

·向学生解释何时何地运用这种策略。

·提供足够的练习,让学生在尽可能多的有关任务中运用策略。

·鼓励学生监控自己在运用策略时是如何做的。

·通过提高学生正在获得有用的技能的意识,增强学生使用策略的动机,告诉他们这些技能是竞争能力的核心。

·强调反思过程的重要性,而不仅仅是速度快;尽可能地减少学生的高焦虑;鼓励学生不要开小差,让他能够专心于学业任务。

[资料来源][美]伍尔福克(Woolfolk,A.)著,何友先等译:《教育心理学》,中国轻工业出版社 2008 年版,第 277 页。

3. 阅读教学策略

阅读教学策略主要是针对文字材料而采取的教学策略。研究发现,增加阅读的内容和拓展阅读的范围对于学生的阅读理解能力有较大的促进作用。

罗宾逊(F. P. Robinson)提出的 SQ3R 是最早提出的阅读程序。分别是 S(Surrey)——概览,Q(Question)——提问,3R(Read,Recite,Review)——阅读、背诵、复习。

概览是先要获得对文章内容的初步了解;提问是要在初读的基础上进行自我提问,促进思考;阅读是关键的步骤,要带着问题有重点地去阅读;在阅读完之后,要对主要的内容进行背诵;最后在背诵的基础上去进行全面的复习。

有一种适合小学的五步阅读策略 READS:R(Review)回顾标题和副标题;E(Examine)检验黑体字;A(Ask)问自己:"我期望学什么?"D(Do)做——阅读! S(Summarize)用自己的话进行总结。按照这几个步骤可以使学生更清楚地知道所读的内容是如何组织的。

还有一种 KWL 的策略,比较适用于多数年级的学生。它的主要步骤是 K(Know):关于这个科目我已经知道了什么? W(Want)我想知道什么? L(Learned)在阅读和回答问题结束时我学到了什么?[①]

---

① [美]伍尔福克(Woolfolk,A.)著,何友先等译:《教育心理学》,中国轻工业出版社 2008 年版,第 328—329 页。

（三）选择教学媒体

教学媒体的选择也是教师在进行教学设计时要考虑的问题。教学媒体是承载和传播教学信息的载体或工具。包括有教材、教学参考资料等文字资料，还有挂图、模型、幻灯片、录音机、电视、多媒体等辅助设备。

在选择教学媒体的时候必须注意教学媒体的使用首先要符合教学目标的要求，例如在进行解剖教学时，要辅以模型、挂图或是多媒体等设备。其次必须与学习者的身心发展特点相适应，不同年龄和阶段的学生应该采用不同的教学媒体。对于幼儿来讲，直观性是重要的教学原则，可采用游戏、角色扮演等方式。随着年龄的增长，可以增加图片、电视和多媒体的使用，用来获得更多的间接经验。而对于较成熟的学习者，则可以使用符号语言来进行教学。教学环境也会影响到教学媒体的选择，比如学校的经济状况、班级大小以及教师的使用技能等。

五、实施教学评价

（一）教学评价的概念

教学评价是指根据教学目标，系统地收集有关学生行为变化的资料，并进行一定的测量，然后进行相关的价值判断的过程。教学评价是一个持续的过程，由评估目标、描述目标、收集分析资料、作出价值判断等步骤组成。

在进行教学评价时，必须以教学目标作为依据。才能明确在教学之后，学生是否达到了预期的变化。所以，教学目标是教学评价的标准和依据。教学评价常常需要进行一定的测量来收集资料，但不能将测量等同于评价。评价是测量的目的，测量只是一种评价的手段和途径。

教学评价对于教学有着重要的作用，教学评价可以作为改进教学的依据，可以为师生提供反馈，也可以作为家长了解学生情况的参考。

（二）教学评价的类型

根据不同的评价标准，可以将教学评价分为不同的类型。

1. 常模参照评价和标准参照评价

根据对教学资料的评价方式，可以将教学评价分为常模参照评价和标准参照评价。

常模参照评价是以学生团体测验的平均成绩作为参照标准,通过分析学生得分的高低和其成绩在团体中的相对位置来作出判断。这种评价方式着重于学生彼此之间的比较,适合用于分组、编制新的班级等情形。

标准参照评价是参照既定的作业标准,根据学生在考试中的得分来评定学生的学业成绩。标准参照评价采用的是绝对评价方式,重点考察学生是否达到了教学目标的要求以及学习的程度。这种方法可以用于基本知识和基本技能的测量,也可以用于个别的指导。

2. 标准化成绩测验和教师自编测验

按照测验编制的主体,教学评价可分为标准化成绩测验和教师自编测验。

标准化成绩测验是由学科专家和试卷编制专家按照标准化的程序和既定的标准编制的测验。这种测验往往选取有代表性的材料进行编制,具有较高的信度和效度,是评价学生学业成绩的重要工具。像针对非英语国家的托福考试、雅思考试,我国的汉语水平考试等都属于是这类测验。

教师自编测验是教师根据自己的教学情况和教学需要,自己编制的教学测验。教师自编测验的主要目的是为了及时了解学生的学习情况,具有较强的针对性,使用起来方便灵活,但使用范围较小。

3. 诊断性评价、形成性评价、总结性评价

根据教学评价实施的时机,可将教学评价分为诊断性评价、形成性评价和总结性评价。

诊断性评价是在教学进行之前,为了了解学生的学习基础和对新知识的准备情况而进行的评价,类似于通常所说的"摸底测验"。这种评价有助于了解学生的知识储备并及时调整教学设计。

形成性评价是在教学过程中进行的评价,主要用于及时发现教学中的学习问题。形成性评价多采用非正式的考试形式,例如随堂的小测验等。这种评价及时方便,可以帮助教师实现反馈和调节教学的功能。

总结性评价是在教学活动结束之后进行的测验,主要是为了了解学生的全面情况。通常会在一门课程或一个学期结束之后进行,对整个教学情况作出完整的判断。总结性评价侧重于在较大范围内的判断,往往是在形

成性评价的基础上来完成的。

第三节　课堂管理

一、课堂管理概述

教师要顺利完成教学过程,实现教学的目标,就必须对课堂进行有效的课堂管理。课堂管理是有效进行课堂教学的保证,教师的课堂管理能力和水平直接影响到教学的质量。

(一)课堂管理的定义

课堂管理就是教师为了实现教学目标、完成教学任务、保证教学质量而采取的课堂管理策略与行为。课堂是教学的基本场所,课堂教学的优劣取决于教师、学生、教学情境的协调关系,这就需要教师去管理、协调、组织和控制各种影响教学的因素,进而保证课堂的教学效率。

(二)课堂管理的功能

课堂管理的主要目的就是为了促进和维持良好的课堂环境,及时消除课堂中的不利因素,调整课堂的心理气氛,形成稳定和谐的课堂环境。

首先,课堂管理具有促进功能,是指教师在课堂里要创设组织良好的学习环境,促进教学目标的实现和教学任务的完成。教师要实现这种功能就要精心设计教学环节,激发学生的思考,调动学生的积极主动性;培养民主平等的师生关系和良好的课堂气氛;制定合理的课堂行为规范,养成学生的自律意识;正确处理班级中的问题以及彼此之间的关系,形成友爱合作的人际关系等。

其次,课堂管理具有维持功能,主要是指教师在课堂教学中运用一定的管理措施来维持良好的课堂秩序。课堂中往往会有很多突发的事件,教师要善于正确的引导和巧妙的处理来化解,否则就会影响到教学的正常进行。教师在面对问题时不能是简单的压制,而需要调节学生的紧张和焦虑感,缓解冲突和压力,排除不稳定因素,保持课堂教学的正常进行。

（三）课堂管理的影响因素

教师的风格

在课堂管理中,教师是最为重要的因素。教师本身的人格特征、教师的威信、教师的管理方式都会对课堂管理有着重要的影响。容易冲动的教师会常常感情用事而没有原则;独断专行的教师会扼杀学生参与的积极性。有威信的教师会增加课堂管理的影响力,提高管理的效率;而使用高压管理策略的教师则会破坏课堂的心理气氛。

2. 班级规模的大小

班级规模的大小对于课堂管理也有着重要的影响。研究表明,班级规模越大,课堂管理难度也越大。班级规模较大时,学生与教师的情感交流会减少,课堂管理的阻力也较大。

3. 班级的凝聚力

班集体的凝聚力是进行良好课堂管理的前提。班级的凝聚力越强,课堂管理的效率就越高。教师要把握不同班级的特点,采用不同的管理模式来加强凝聚力的培养和管理的技巧。

二、课堂群体的管理

（一）课堂里的群体及其作用

课堂里的群体不是孤立的个体,他们通过相互的交往形成各种群体。这些群体具有一定的组织和纪律,会根据共同的目标进行交往,会受到共同规范的约束。

课堂内存在的群体包括正式群体和非正式群体。正式群体是由教育行政部门规定的群体,有着固定的编制、组织结构及职务分配。正式群体有着明确的职责分工,有着统一的规章制度和纪律。比如班级、小组、少先队、共青团等都属于是正式群体。

非正式群体是以感情、共同兴趣爱好为纽带,以个体需要为基础发展形成的群体。非正式群体没有严密的组织,也没有明确的分工和纪律,它是由心理倾向相似的个体在学习和生活中自然结成的群体。课堂中的非正式群体主要是一些兴趣观点相近的同学组合而成的小集体。这种非正式群体对于课堂管理有着双重的影响。如果非正式群体的目标与观点与正式群体保持一致,就会起到促进的作用。反之,则起到阻碍作用。教师要注意引导班级中的非正式群体,主动与其沟通,并关注其中的核心人物,支持他们的正当活动,及时消除不利的影响。

(二)课堂群体管理的影响因素

1. 群体规范

群体规范是群体成员的共同行为准则,包括成文的和不成文的两种形式,它是群体成员保持思想、态度和行为一致性的保证。如果没有了群体规范,群体就会失去约束和方向,而无法进行有效的活动。

美国社会心理学家谢里夫(M. Sherif)认为群体规范有三个阶段:第一阶段是相互影响阶段,群体成员会发表自己的意见和看法;第二阶段会出现占优势的意见;第三阶段意见会趋向于一致。

群体规范会对群体成员形成一种内在的约束力和心理压力,会促使群体成员调整自己的观点和行为,以保持一致性。教师要创设条件形成良好的规范。

【资料窗 12 −7】

适用于小学的规则

Evertson 和她的同事列举了四条小学班级管理中常用的规则:

1. 尊重他人,对他人有礼貌。这条规则既适用于学生也适用于成人(包括代课教师)。教师要详细解释"礼貌"的含义,例如有礼貌具体是指按顺序排队,不插队,使用"请"、"谢谢"等礼貌用语,不打架、不直呼他人姓名、不辱骂嘲笑他人等。

2. 积极学习并为学习做好准备。这条规则意在引起学生对学习的重视。无论是一天开始的时间还是不同科目交替的过程中,学生都应该保持积极的学习态度。

3. 他人讲话时要安静地倾听。这条规则适用于大班上课或小组讨论中的所有教师和学生。

4. 遵守学校的所有规则。这条规则意在提醒学生,学校的所有规则同样适用于学生所在的班级。有了这条规则的限定,学生就无法以"教师从来没有告诉我们这一点"为理由,在明知违反校规的情况下(诸如嚼香口胶或在课堂中听收音机)还心存抱怨。

适用于中学的规则

Emmer 和她的同事(2006)列举了六条适用于中学的规则:

1. 带齐上课所需的所有物品。教师必须具体说明这些物品可能会包括钢笔、铅笔、纸张、笔记本、教科书等等。

2. 上课铃响后在座位上坐好,准备上课。许多教师将这个规则和课堂开始的标准程序联系在一起。例如在黑板前的热身练习,或要求学生响铃时准备好规定题目的文章。

3. 尊重他人、对他人有礼貌。这条规则包括禁止打架、侮辱他人和制造麻烦。此规则适用于包括教师在内的所有人。

4. 尊重他人的财产所有权。这条规则适用于包括学校、教师和其他学生在内的财产。

5. 当他人说话的时候要安静地坐着倾听。这条规则适用于教师或有其他学生说话的场合。

6. 遵守学校的所有规则。和小学的班级规则一样,这条规则设计了很多行为和情况,因此教师不必对学生重复每条校规。此项规则意在提醒学生无论是在班级内还是在其他场合,教师都会监督学生的行为。有些高年级学生很擅长向教师证明他们并没有违反规则,基于这一点,教师本身必须非常熟悉各项校规。

[资料来源][美]伍尔福克(Woolfolk, A.)著,何友先等译:《教育心理学》,中国轻工业出版社 2008 年版,第 471—472 页。

2. 群体的凝聚力

群体的凝聚力是群体成员相互接纳,为实现既定目标而共同努力的程度及和谐度。群体的凝聚力对班集体有着重要的影响,有较强凝聚力的班级往往会使群体成员拥有更多的责任感和荣誉感,教师更容易完成教学任务。

要加强班级的凝聚力,教师必须以身作则,公平公正,在学生中树立其威信;要建立能被学生接受、理解的班级规范和制度;要注意引导班上的非正式群体,培养良好的班风;要选拔组建优秀的班级干部队伍。

3. 课堂的心理气氛

课堂的心理气氛是教学过程的精神环境,是课堂里呈现的态度与情感的综合反映。课堂的心理气氛一旦形成,往往就会持续很长一段时间。通常情况下,课堂心理气氛可以分为积极的、消极的和对抗的三种类型。积极的心理气氛活跃而有秩序,愉悦而不随意;消极的心理气氛紧张拘谨,学生反应迟钝;对抗的心理气氛则表现为课堂管理失控,学生有意出现问题行为等。

研究发现,课堂心理气氛的形成与教师的领导方式、情绪状态和管理风格密切相关,表12-4呈现的就是教师的领导特征与学生反应的关系。

表12-4 教师领导的类型、特征及学生的反应①

领导类型	领导的特征	学生对这类领导的典型反应
强硬集权型	对学生时时严加监视。	屈服,但一开始就厌恶和不喜欢这种领导。
	要求即刻无条件地接受一切命令——严厉的纪律。	推卸责任是常见的事情。
	他认为表扬可能会宠坏儿童,所以很少给予表扬。	学生易激怒,不愿合作,而且可能会背后伤人。
	认为没有教师监督,学生就不可能自觉学习。	教师一离开课堂,学习就明显松弛。
仁慈集权型	不认为自己是一个专断独行的人。	大部分学生喜欢他,但看穿他这套方法的学生可能会恨他。
	表扬并关心学生。	在各方面都依赖教师——在学生身上没有多大的创造性。
	他的专断的症结在于他的自信。他的口头禅是:"我喜欢这样做"或"你能给我这样做吗?"	屈从,并缺乏个人的发展。
	以我为班级一切工作的标准。	班级工作的量可能是多的,而质也可能是好的。
放任自流的老师	在和学生打交道中几乎没有什么信心,或认为学生爱怎样就怎样。	不仅品德差,而且学习也差。
	很难作出决定。	学生中有许多"推卸责任"、"寻找替罪羊"、"容易激怒"的行为。
	没有明确的目标。	没有合作。
	不鼓励学生,也不反对学生;不参加学生的活动,也不提供帮助或方法。	谁也不知道应该做些什么。

① 皮连生主编:《学与教的心理学》,华东师范大学出版社2009年版,第307页。

续表

领导类型	领导的特征	学生对这类领导的典型反应
民主的教师	和集体共同制订计划和作出决定。	学生喜欢学习,喜欢同别人尤其喜欢同教师一道工作。
	在不损害集体的情况下,很乐意给个别学生以帮助、指导和援助。	学生工作的质和量都很高。
	尽可能鼓励集体的活动。	学生互相鼓励,而且独自承担某些责任。
	给予客观的表扬和批评。	不论教师在不在课堂,需要引起动机的问题很少。

三、课堂中问题行为的控制

(一)课堂问题行为的类型

课堂中问题行为是指学生在课堂中表现出与教学要求不一致、违反课堂纪律、影响正常教学秩序的行为。很多学者都对课堂问题进行了研究。

奎伊(H. C. Quay)等人将课堂问题行为分为了人格型、行为型和情绪型三种类型。人格型问题行为主要表现在课堂焦虑和紧张。行为型问题行为的特征主要是对抗性。情绪型问题行为主要表现在情绪的控制性较差。

也有学者根据问题行为的表现特点和影响范围将其分为了外向攻击型和内向退缩型两种。外向攻击型会有明显的对抗行为,会扰乱课堂的正常秩序。内向退缩型则主要是内部的心理问题,比如注意力不集中、情绪低落、紧张不安等。

(二)课堂问题行为的矫正策略

课堂教学中问题行为的控制是课堂管理的重要内容,面对课堂中的问题行为,教师必须谨慎地处理和对待,既不能漠视,也不能武断。

1. 教师要在班级管理中制定明确的课堂纪律

任何集体的管理都需要有一定的规范和纪律,良好的制度和纪律是保证集体有效运行的基础和前提。课堂是一个对环境氛围要求极高的场所，需要所有成员的配合和努力，来营造一种思维高度集中的思索空间。多数学生是未成年人，紧靠自制力很难营造理想的教学环境，所以，必须制定明确的课堂纪律。

2. 教师要善于区分学生存在的问题类型

我们已经知道，课堂中的问题行为有不同的表现和成因，教师必须区分这些问题，以便采用合适的方法进行矫正。比如人格型问题，教师需要加强引导和鼓励，增加学生的自信心和自我效能感，需要的时间比较长。对于对抗型的问题行为，则需要采用适当的强制措施，比如直接指出学生的问题行为，强调课堂纪律的重要性。

3. 对学生的积极行为要进行及时地强化

每个人都希望被别人肯定和认可，学生则最希望得到教师的肯定与表扬。教师对于学生要多采用表扬和鼓励的方法，对于学生的积极行为要进行及时地肯定，并且要让学生明白受表扬的原因，这会对其他学生产生替代性强化的作用。但鼓励和表扬一定要适度和合理，注意把握表扬的尺度，以获得所有学生的信服。表扬的方式要多样化，即便是消极行为的终止也可以提出表扬，实现对该行为的强化。

4. 对问题行为的处理方式要巧妙

学生出现问题行为的原因是多种多样的，可能是学生自身的因素也可能是家庭的因素，甚至是教师的原因。教师在处理问题行为时不能冲动和急躁，要在不伤害学生自尊的前提下实施。比如学生思想的不集中、交头接耳等，教师并不需要停止课堂教学的进程，专门来处理，可以通过眼神、手势、身体接近等方式来制止。

凡事预则立，教师在进行问题行为矫正的时候，更多的应该以预防为主，严格要求自己，用自己的学识吸引学生，用自己的关心获得理解，用自己的智慧化解矛盾。

【资料窗 12 – 8】

惩罚学生的七种类型

1. 对学生的行为表达失望和不满的态度。如果学生喜欢并尊重教师的话，严肃认真地对学生表达教师对他们的失望与伤心,可以使学生停止他们的错误行为,并反思他们的行为。

2. 撤销学生的某些权利。如果学生没有完成家庭作业的话,可以撤销学生的自由活动时间。例如:要求他们在某个自由活动时间或休息时间做完作业。

3. 退出小组活动。干扰其他同学或无法与他人合作的学生可以暂时剥夺其参加小组活动的权利,直到学生做好合作的准备为止。有些教师给学生 10—15 分钟的惩罚时间,让学生在这个时间内到其他教室做好合作的准备,其间,教师和其他学生都不予理会违反规则的学生。

4. 写下对问题的反思。学生可以以日记或随笔的形式记下他们的所作所为和这些行为对其他人的影响。如果可以的话,学生还可以写道歉信。另一种做法是要求学生客观地描述他们做了什么事情。这些记录在教师或其他管理者需要关于学生的行为证据的时候是有用的。

5. 课后留校。课后留校的时间可以选择在放学后或是午餐时间。课后留校的主要目的是要教师与学生对所发生的问题进行沟通(在中学阶段,课后留校常被作为一种惩罚手段;停学和开除则是比较极端的惩罚措施)。

6. 到校长办公室。专家型教师通常避免用这种方法,但如果情况非常糟糕的话,他们还是会选用这个方法。有些学校规定,如果学生违反某些规定(如打架),则必须被送到校长办公室。当教师要求一个学生到校长办公室却遭到学生拒绝时,教师可以打电话到办公室告知这一事情。这样一来,学生只有两个选择:要么自行到校长办公室,要么是受到校长的惩罚。

7. 和家长联系。如果学生的某些问题重复出现,大部分教师和学生家长取得联系。这样做是为了获得更多的支持来帮助学生,而不是责怪家长或惩罚学生。

[资料来源][美]伍尔福克(Woolfolk, A.)著,何友先等译:《教育心理学》,中国轻工业出版社 2008 年版,第 473 页。

● **拓展阅读**

教师的案例汇编:他们会怎么做?①

建构主义观关于学习的一个很有影响的观点是,在不同的学习情境下,针对不同的学习目的来学习知识,能够提高对知识的掌握水平。从某种程度上来看,学习过程就像教师和学生一起"穿越"一片知识的图景。本章的教师案例汇编就是一个精心设置的图景,值得反复领会。全面地探讨了针对动机、学习环境、评价和指导策略等不同主题的学

① [美]伍尔福克(Woolfolk, A.)著,何友先等译:《教育心理学》,中国轻工业出版社 2008 年版,第 387—388 页。

习活动。

作为第一次涉足这个图景,我们先来看一下本章的主题之一:以学生为中心的指导模式。在这个部分你可能会面临的问题是,学生和课程的不匹配。多数学生显得缺乏学习动机。可能他们觉得你所做的与他们也毫无关系,甚至认为他们对自己的学习也没什么责任。基于以学生为中心的指导知识能够帮助你解决学生上述的问题,创设一个积极、有意义的学习环境。

他们会怎么做?

这里列出一些实践经验丰富的教师对"书评"的反应。

中学教师 Mark H. Smith

经验是最好的老师。在一个理想化的世界里,你能够根据你设想的教学材料和你认为适合学生的课程来做课程计划,从而达到你预期的教学目的。但是当你看到你的学生的真实水平的时候,你明白,必须根据现实的情况去设定你的课程计划。高标准和高期望是很好的目标,但是它们必须适合你的学生。教育的专业性表现在,教师能够根据具体的情境不断进行灵活的调整。学无定法,能够找到适应学生的方法的老师,其教学更容易成功。

因为一个班级有很多不同水平的学生,找到某个恰当的介入点是非常重要的,因为这样你可以调动学生的积极性,让他们投入到学习中来。组织各种活动可能是个好办法,甚至在活动中,班里前几名的优秀生可以帮助老师的教学活动。让所有的学生都同时翻到某页书并非一件容易的事。但只要给予足够的耐心和努力,你能够找到适合学生的教学方法并能得到学生的回应。

中学教师 Thomas W. Nnewkirk

将外部世界与课堂结合起来,将是一件奇妙的事,但你更可能会遇到这样的情况,学生们并无兴趣去阅读另外的"催人入睡"的书。所以,重要的是找到我的学生适用的相关的书籍。还好,在阅读书目中有一些关于最近上映的电影的书籍,还有音乐、电视甚至是与经济有关的书目,我在这些书籍与学生生活之间找到的联系越多,就越有可能激发他们的阅读动机。

中学教师 Jeff D. Horton

教师打算用于教学的材料是个关键问题。我的确相信学生需要了解文学的经典。但是,虽然教师能自发地阅读、学习这些文学作品,我们必须明白的是学生是未必做得到的。教师需要用某种方式把文学作品的"经典"向学生展示出来,从而激发学生对此的兴趣。可以挑选出书中能反映本书风格和有关作者的内容,而不是让学生阅读全书。然后借助于其他的工具书来展示这本书的其他部分。而且还可以通过电影这种更加容易吸引学生兴趣的形式。无论你用什么样的教学工具,必须要有与教学内容有关的学习活动。

虽然有的学生表达了关于这个文学作品的复杂的理解,但每个学生都能为集体讨论带来自己独到的看法,也因此贡献自己的一份力量。除了课堂讨论以外,可以设计个人和小组作业的形式来鼓励学生对这部文学作品发表自己的感想。考虑到课程的多样化，我会通过与学生约定记分规则来为学生的表现进行打分。

中学教师 Michael J. Ellis

这堂课的课程目标似乎是向学生展示一系列的文学巨著。这是一个很崇高的目标。但是，在教学中，崇高必须让位于操作性。一个教师的首要职责是引导学生掌握必要的技能。有时，让他们阅读狄更斯的作品并非是最好的途径。这种课程可能对班里那些优等生是适用的。我曾经尝试着把文章分离成几部分，这是个充满逻辑的"恶梦"，而且会有效地耗费掉双倍于原来的备课时间，但这是最好的方式来确保当你忙于满足一部分学生的需求的同时，能够保证某一个层次的学生的需求也能被满足。

对于班里其余的学生来说，他们巴不得扔掉那个阅读书目。在班里强调让阅读水平不高的学生读更长的小说无异于强迫他们自杀。如果你选择更短的篇章和年轻人读的小说，那么至少这班的学生完成阅读的几率会大大提高。此外，给学生看一些相关的影像资料永远是个不错的主意。

● 思考与练习

1. 结合实践谈谈你对教师角色的认识。

2. 如何树立教师的威信？

3. 怎样提高教师的个人效能感？

4. 结合实际谈谈你对师生关系的看法。

5. 设置教学目标时应注意什么问题？

6. 为什么教师的教学要在学生的最近发展区之内进行？

7. 总结教师在课堂上的教学方法，并分析其特点和适用范围。

8. 结合自身实践谈谈如何处理课堂中的问题行为？

9. 如何构建积极的课堂心理气氛？

10. 教学评价有哪些方式？

● 参考文献

1. 张大均主编：《教学心理学》，西南师范大学出版社 1997 年版。

2. 张大均主编：《教学心理学研究》，西南师范大学出版社 1998 年版。

3. 皮连生主编：《学与教的心理学》，华东师范大学出版社 2009 年版。

4. 张春兴主编：《教育心理学》，浙江教育出版社 1998 年版。

5. [美]R. M. 加涅著，皮连生等译：《学习的条件和教学论》，华东师范大学出版社 1999 年版。

6. [美]R. M. 加涅著，皮连生等译：《教学设计原理》，华东师范大学出版社 1999 年版。

7. 冯忠良，冯姬著：《教学新论——结构化与定向化教学心理学原理》，北京师范大学出版社 2011 年版。

8. [美]斯莱文著:《教育心理学》,人民邮电出版社 2011 年版。

9. 胡谊编著:《教学设计——心理学的原理与技术》,华东师范大学出版社 2010 年版。

10. 张大均、郭成主编:《教学心理学纲要》,人民教育出版社 2006 年版。

11. 张大均、王映学主编:《教学心理学新视点》,人民教育出版社 2005 年版。

12. [美]迈耶著,姚梅林译:《教育心理学的生机——学科学习与教学心理学》,江苏教育出版社 2005 年版。

13. 胡谊等编著:《教师心理学》,中国轻工业出版社 2009 年版。

14. 陈琦主编:《当代教育心理学》,北京师范大学出版社 1997 年版。

15. 连榕、罗丽芳主编:《教育心理学概论》,北京大学出版社 2009 年版。

16. [英]冯塔纳著,王新超译:《教师心理学》,北京大学出版社 2004 年版。

17. [美]伍尔福克(Woolfolk, A.)著,何友先等译:《教育心理学》,中国轻工业出版社 2008 年版。

责任编辑：王世勇

封面设计：徐　晖

图书在版编目（CIP）数据

心理学 / 梅宪宾主编.—北京：人民出版社，2013.2

ISBN 978-7-01-011777-5

Ⅰ．①心　Ⅱ．①梅…　Ⅲ．①心理学－高等学校－教材　Ⅳ.
①B84

中国版本图书馆CIP数据核字（2013）第036683号

心理学

XINLIXUE

梅宪宾　主编

人民出版社 出版发行

（100706　北京朝阳门内大街166号）

北京海石通印刷有限公司印刷　新华书店经销

2013年2月第1版　2013年2月北京第1次印刷

开本：710毫米×1000毫米　1/16　印张：30.75

字数：486千字　印数：0,001—5,000册

ISBN 978-7-01-011777-5　定价：64.60元

邮购地址　100706　北京朝阳门内大街166号

人民东方图书销售中心　电话：（010）65250042　65289539